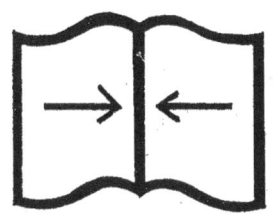

RELIURE SERREE
Absence de marges
intérieures

CONTRASTE IRREGULIER

Contraste insuffisant
NF Z 43-120-14

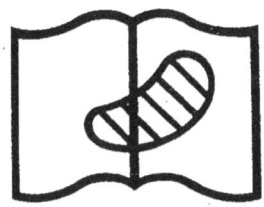

ILLISIBILITE PARTIELLE

Original illisible
NF Z 43-120-10

# ŒUVRES COMPLÈTES

# DE VOLTAIRE

TOME PREMIER

PARIS
LIBRAIRIE HACHETTE ET Cie
79, BOULEVARD SAINT-GERMAIN, 79

A LA MÊME LIBRAIRIE

# ŒUVRES
# DES PRINCIPAUX ÉCRIVAINS FRANÇAIS
### VOLUMES IN-18 JÉSUS.

On peut se procurer chaque volume de cette série relié en percaline gaufrée, sans être rogné, moyennant 50 cent.; en demi-reliure, dos en chagrin, tranches jaspées, moyennant 1 fr. 50 cent., et avec tranches dorées, moyennant 2 fr. en sus du prix marqué.

### 1re Série à 1 franc 25 c. le volume.

**Barthélemy** : *Voyage du jeune Anacharsis en Grèce dans le milieu du IVe siècle avant l'ère chrétienne.* 8 volumes.
*Atlas* pour le Voyage du jeune Anacharsis, dressé par J. D. Barbié du Bocage, revu par A. D. Barbié du Bocage. In-8, 1 fr. 50 c.
**Boileau** : *Œuvres complètes.* 2 vol.
**Bossuet** : *Œuvres choisies.* 5 vol.
**Corneille** : *Œuvres complètes.* 7 vol.
**Fénelon** : *Œuvres choisies.* 4 vol.
**La Fontaine** : *Œuvres complètes.* 3 volumes.
**Marivaux** : *Œuvres choisies.* 2 vol.
**Molière** : *Œuvres complètes.* 3 vol.
**Montaigne** : *Essais*, précédés d'une lettre à M. Villemain sur l'éloge de Montaigne, par P. Christian. 2 vol.
**Montesquieu** : *Œuvres complètes.* 3 volumes.
**Pascal** : *Œuvres complètes.* 3 vol.
**Racine** : *Œuvres complètes.* 3 vol.
**Rousseau** (J.-J.) : *Œuvres complètes.* 13 volumes.
**Saint-Simon** (le duc de) : *Mémoires complets et authentiques sur le siècle de Louis XIV et la Régence*, collationnés sur le manuscrit original par M. Chéruel, et précédés d'une notice de M. Sainte-Beuve, de l'Académie française. 13 vol.
**Sedaine** : *Œuvres choisies.* 1 vol.
**Voltaire** : *Œuvres complètes.* 46 vol.

### 2e Série à 3 francs 50 cent. le volume.

**Chateaubriand** : *Le génie du Christianisme.* 1 vol.
— *Les Martyrs;* — *le Dernier des Abencerrages.* 1 vol.
— *Atala;* — *René;* — *les Natchez.* 1 vol.
**Fléchier** : *Mémoires sur les Grands-Jours d'Auvergne en 1665*, annotés par M. Chéruel et précédés d'une notice par M. Sainte-Beuve. 1 vol.
**Malherbe** : *Œuvres poétiques*, réimprimées pour le texte sur la nouvelle édition des *Œuvres complètes de Malherbe*, publiées par M. Lud. Lalanne dans la Collection des GRANDS ÉCRIVAINS DE LA FRANCE. 1 v.
**Sévigné** (Mme de) : *Lettres de Mme de Sévigné, de sa famille et de ses amis*, réimprimées pour le texte sur la nouvelle édition publiée par M. Monmerqué dans la Collection des GRANDS ÉCRIVAINS DE LA FRANCE. 8 vol.

---

COULOMMIERS. — Typogr. ALBERT PONSOT et P. BRODARD.

# ŒUVRES COMPLÈTES

# DE VOLTAIRE

COULOMMIERS. — TYP. ALBERT PONSOT ET P. BRODARD.

# ŒUVRES COMPLÈTES

# DE VOLTAIRE

TOME PREMIER

PARIS
LIBRAIRIE HACHETTE ET Cie
79, BOULEVARD SAINT-GERMAIN, 79

1876

# NOTICE SUR VOLTAIRE.

Il y a plus de quatre-vingts ans que Voltaire est mort, et pourtant, quand on s'apprête à parler de lui, il semble qu'on va écrire la vie d'un contemporain : c'est que Voltaire a fait une révolution, et que cette révolution est encore obligée de se défendre. Puisque la lutte continue, il n'est pas surprenant que celui qui l'a commencée, et qui l'a soutenue pendant soixante ans avec un éclat incomparable, excite, comme aux premiers jours, l'enthousiasme et la haine. Il avait presque disparu de la scène pendant ces dernières années; mais sa popularité renaît, à mesure que ses anciens ennemis reprennent de l'audace. Si jamais le XIX° siècle devient voltairien, c'est la faction ultramontaine qui l'aura voulu.

Il faudrait pourtant tâcher de raconter sa vie sans ménagement pour ses faiblesses, et sans injustice. Après tout, Voltaire avait vingt et un ans quand Louis XIV mourut. Il aurait pu connaître dans son enfance La Fontaine, Racine, Bossuet, Bayle, Boileau. Il était déjà prisonnier à la Bastille, quand Massillon prêcha le *Petit-Carême*, et M. de Caumartin, qui lui donna l'idée d'écrire *la Henriade*, avait dans son enfance assisté aux tragédies des Grands Jours d'Auvergne, sous la conduite de Fléchier, son précepteur. Le grand écrivain qui fut la principale gloire du XVIII° siècle, et qui en demeure parmi nous la personnification, se rattache au XVII° siècle par sa naissance, par son éducation, et par les amis et les protecteurs de sa jeunesse.

Voltaire est né à Chatenay, près de Paris, le 20 février 1694. C'est cette année-là précisément que l'Académie française achevait son premier Dictionnaire. Son père, François Arouet, était notaire à Paris, et devint, deux ans après, trésorier de la chambre des comptes. Sa mère, Marie-Catherine Daumart, appartenait à une famille noble du Poitou. Il fut baptisé à Paris, le 22 novembre 1694, sous le nom de François-Marie Arouet. Le nom de Voltaire est celui d'un petit bien appartenant à sa mère, et il le prit, selon l'usage du temps, pour se distinguer de son frère aîné. C'est ainsi que Boileau n'était guère connu pendant sa vie que sous le nom de M. Despréaux. Le frère puîné de Colbert, le grand ministre, s'appelait M. de Croissy. Voltaire, en prenant ce nom, ne songeait nullement à dissimuler sa roture. Il avait d'abord signé Arouet le cadet, et prit, pour la première fois, dans la dédicace d'*Œdipe*, le nom d'Arouet de Voltaire.

Il fit ses études au collège des jésuites. On cite parmi ses maîtres le P. Tournemine, le P. Porée et le P. Lejay. On prétend que le P. Lejay prophétisa que cet enfant serait un jour le coryphée du théisme. Il est certain que Voltaire commença dès le collége à éclipser tout le monde et à fronder toutes choses. On était enfant très-longtemps alors ; mais lui, il ne le fut pas du tout. Son parrain, l'abbé de Châteauneuf, était ami de Ninon, de La Fare, de Chaulieu, de tous les esprits forts du temps. Voltaire entra par lui dans cette société au sortir du collége, et en prit les goûts et les maximes. Ninon mourut en lui laissant deux mille francs pour acheter des livres; mais il vécut assez longtemps dans l'intimité de Chaulieu et de La Fare, et c'est là qu'il connut Sully, le prince de Conti, le grand prieur de Vendôme, les poëtes, les princes, les seigneurs que la peur de Mme de Maintenon n'avait pas rendus hypocrites. Il s'accoutuma parmi eux à vivre et à parler librement, à aimer le luxe et un peu le scandale. Il faisait déjà des vers: nous avons une *Ode à sainte Geneviève*, qu'il composa à quinze ans; une *Ode sur le vœu de Louis XIII*, qu'il composa à dix-huit ans. Ainsi le futur auteur de l'*Essai sur les mœurs* débuta par deux cantiques. Son *Ode sur le vœu de Louis XIII* concourut pour le prix de l'Académie française. Ce fut l'abbé du Jarry qui l'emporta. Il est assez curieux de comparer aujourd'hui les deux pièces. L'ode de Voltaire n'est pas bonne; mais celle de du Jarry est détestable. On y parle des *pôles brûlants*, ce qui prouve que l'auteur était aussi fort en physique qu'en poésie. Voltaire ne manqua pas de publier son *Ode*, et de critiquer celle de son rival. Mais son père, qui voulait lui acheter une charge de magistrat, et qui regardait un poëte comme une manière de libertin, l'arracha à ses compromettants amis, et l'envoya comme en exil auprès du marquis de Châteauneuf, ambassadeur de France en Hollande.

Voltaire, qui n'avait pas encore vingt ans, trouva en Hollande une Mme du Noyer, Française et huguenote, dont la fille lui parut charmante. Ce fut une autre aventure. Mme du Noyer cria qu'on voulait séduire sa fille, et l'ambassadeur renvoya le séducteur en France. Voltaire, de retour à Paris, fit quelques efforts pour séparer la mère et la fille. Il eut même un instant la pensée d'intéresser les dévots à sa cause, en leur parlant de cette mère protestante, et de l'honneur d'arracher une jeune âme à l'hérésie; mais il échoua, par bonheur pour lui, dans cette belle tentative, et, pour rentrer en grâce auprès de son père justement irrité, il se laissa enfermer dans l'étude d'un procureur nommé Alain, qui demeurait auprès de la place Maubert, et chez lequel il connut son ami Thiriot. Il ne se consait pas trop bien dans son nouvel emploi. Il n'avait renoncé ni à ses anciens amis, ni surtout à la poésie, malgré les menaces et les sévérités paternelles. Son frère aîné était un jansénist outré, et leur père disait : « J'ai pour fils deux fous, l'un en prose et l'autre en vers. »

Le jeune poëte serait mort d'ennui dans cet antre de procureur. Un ami de son père, M. de Caumartin, intendant des finances, l'emmena au château de Saint-Ange, à trois lieues de Fontainebleau. Cette retraite, qui fut courte, eut pourtant sur Voltaire une influence sérieuse. Il y prit des habitudes de travail et de réflexion, que n'auraient pu lui donner ni l'étude de procureur où il languissait, ni le cénacle d'amis dissipés et frivoles où il se perdait. Il y apprit à juger, avec plus de maturité, les hommes et les choses. M. de Caumartin connaissait mieux la cour qu'un grand seigneur uniquement occupé de son ambition et de ses plaisirs ; c'était un magistrat d'assez bonne maison (il descendait d'un garde des sceaux) pour être reçu dans les meilleures compagnies, et assez employé, toute sa vie, aux grandes affaires, pour suivre avec intelligence la marche des événements politiques. Voltaire puisa dans sa conversation un vif enthousiasme pour Henri IV et une admiration sincère pour les grandeurs du règne de Louis XIV. Il le vit dans les récits de M. de Caumartin, non pas tel qu'il était alors, gouverné par Mme de Maintenon et les jésuites, vaincu sur tous les champs de bataille de l'Europe, et augmentant tous les jours une dette nationale qui s'éleva, à sa mort, à deux milliards soixante-deux millions ; mais tel qu'on l'avait admiré dans l'éclat de son règne, maître de lui-même, de la France et de l'Europe, servi par les Colbert et les Louvois, entouré des plus grands généraux du monde, donnant l'impulsion aux travaux publics sur tous les points de l'empire, régularisant l'administration, faisant fleurir les arts et les lettres comme Périclès, Auguste, Léon X, François I$^{er}$, et réalisant dans sa personne l'idéal d'un grand roi. Il conçut dès lors le plan de *la Henriade*, et forma le projet d'écrire un jour le *Siècle de Louis XIV*. Voltaire resta toute sa vie fidèle à cette double admiration. Au fort de sa lutte contre la superstition et l'intolérance, il conserva ses sentiments monarchiques, et un goût déclaré pour les gouvernements forts et réguliers. C'était un réformateur en religion, en jurisprudence, en administration, mais un conservateur en politique.

Cependant Louis XIV mourut, et le duc d'Orléans fut, de fait, roi de France. Voltaire, qui plus tard rendit justice au régent, ne fut frappé d'abord que du relâchement de tous les pouvoirs, de la faiblesse et de l'arbitraire qui en résultaient. Une satire contre le régent et contre sa fille la duchesse de Berry, dont la vie était scandaleuse, le fit exiler à Tulle, et ensuite, par faveur, à Sully-sur-Loire. On était en 1716 et il n'était guère qu'un enfant malgré toutes ces aventures. L'année suivante parut une pièce de vers, qu'on appela les *J'ai vu*, et qui se terminait par ce vers :

J'ai vu ces maux, et je n'ai pas vingt ans.

Elle était de Lebrun ; mais on l'attribua à Voltaire, et il fut mis à la Bastille le 17 mai 1717. Il y écrivit tout un chant de la *Henriade*, corrigea sa tragédie d'*Œdipe*, composa sur la Bastille même une pièce de vers pleine de gaieté, et apprit un matin que le régent avait reconnu son innocence et lui ouvrait les portes de sa prison. Son innocence n'était pas entière, s'il était, comme il s'en vante, l'auteur d'une épigraphe latine, *Regnante puero*, etc., où le duc d'Orléans est traité d'empoisonneur et d'incestueux. Il se laissa pourtant présenter par Nocé au Palais-Royal, et dit au régent qui l'avait reçu à sa table : « Monseigneur, chargez-vous, s'il vous plaît, de ma nourriture ; mais ne vous chargez plus de mon logement. »

Quelques mois après, il fut éloigné de Paris, à cause de ses liaisons avec le baron de Gortz, et rappelé presque aussitôt. Enfin, le 18 novembre 1718, la tragédie d'*Œdipe* fut représentée sur le Théâtre-Français. On peut dire qu'elle alla aux nues. A partir de ce moment-là, Voltaire, en dépit de son extrême jeunesse, fut un homme célèbre.

Voltaire est le premier qui ait fait réussir sur notre théâtre des tragédies sans amour. Il avait d'abord composé son *Œdipe* dans toute l'horreur du sujet antique, et sans y mêler les fades amours de Philoctète et de Jocaste. C'était rompre en visière, dès son début, au goût dominant, et s'annoncer en esprit indépendant des vieilles routines. Mais l'assemblée des comédiens ne l'entendit pas ainsi. Cette nouveauté les scandalisa, comme une nouveauté théologique aurait scandalisé une assemblée de Sorbonne. « Ce jeune homme mériterait bien, disait Dufresne, qu'en punition de son orgueil, on jouât sa pièce avec cette grande vilaine scène traduite de Sophocle. » Ce fut pourtant la scène de Sophocle qui fit le succès d'*Œdipe*, et Voltaire avait trop le goût de l'antiquité pour ne pas se montrer intraitable sur ce point.

Rien ne manqua à la gloire de ce premier succès. Le prince de Conti adressa une pièce de vers à l'auteur après la première représentation. La Motte, auteur tragique lui-même, chargé de lire le manuscrit pour l'impression, donna son approbation en ces termes : « Le public, à la représentation de cette pièce, s'est promis un digne successeur de Corneille et de Racine, et je crois qu'il ne sera point rabattu rien de ses espérances. » Dès pour comble, les dévots s'ameutèrent et crièrent à l'impiété contre *Œdipe*. Voltaire y avait mis ces deux vers, qui furent bientôt dans toutes les bouches, et qui annonçaient de loin l'auteur de l'*Essai sur les mœurs* :

Les prêtres ne sont pas ce qu'un vain peuple pense;
Notre crédulité fait toute leur science.

Il y a des hommes qui couvent leur gloire comme un avare son trésor; et d'autres qui, ayant réussi sur-le-champ, et trouvant en eux-mêmes un fonds inépuisable de ressources, jouissent de leur bonheur avec un emportement qu'aucune inquiétude ne vient troubler. Voltaire était de ce nombre; il accueillait la gloire comme une conquête facile et une maîtresse fidèle. A une des représentations d'*Œdipe*, il parut sur le théâtre portant la queue du grand prêtre. La maréchale de Villars demanda qui était ce jeune homme qui voulait faire tomber la pièce. On lui dit que c'était l'auteur. Elle voulut voir un homme qui jouait ainsi avec le succès. Voltaire lui fut présenté et l'aima. Cet amour ne fut pas heureux, et lui laissa des regrets amers.

Il reparut au théâtre en 1720 par *Artémire*. Sa passion pour Mme de Villars était éteinte, puisqu'il fit jouer le principal rôle de sa nouvelle tragédie par Mlle de Corsambleu, sa maîtresse. Le public, on devait s'y attendre, fut sévère pour *Artémire*, qui ne put se maintenir à la scène. On applaudit un homme nouveau, en haine des réputations consacrées; mais il ne faut pas qu'il réussisse deux fois, parce qu'alors il devient dangereux à son tour. Le génie déjoue ces calculs en ne se décourageant pas, en s'imposant. Voltaire, après la chute d'*Artémire*, demeura plein d'ardeur au travail; il avait plusieurs tragédies sur le métier; il achevait la *Ligue*; il faisait des plans d'histoire et de traités philosophiques. Ce n'était pas pour lui le moment de s'arrêter, de se pacifier : Dubois venait d'être fait cardinal, et Montesquieu donnait les *Lettres persanes*.

C'est vers ce temps, en 1722, que Voltaire composa l'*Épître à Uranie*, où, pour la première fois, il se déclare ouvertement partisan de la religion naturelle. Il connaissait alors la fille du maréchal d'Alègre, Mme de Rupelmonde, qui lui confiait ses incertitudes sur la religion, et il fit cette *Épître* pour établir qu'il suffit d'avoir de la vertu et de croire en Dieu. On peut dire que Voltaire fut toute sa vie fidèle à cette profession de foi. Il attaqua avec énergie les religions positives, et principalement la religion catholique, mais toujours au profit du déisme et de la loi naturelle.

Entends, Dieu que j'implore, entends du haut des cieux
Une voix plaintive et sincère.
Mon incrédulité ne doit pas te déplaire;
Mon cœur est ouvert à tes yeux.
L'insensé te blasphème, et moi je te révère;
Je ne suis pas chrétien, mais c'est pour t'aimer mieux.

Cette pièce, appelée d'abord *Épître à Julie*, puis *Épître à Uranie*, et insérée enfin dans les œuvres de Voltaire sous ce titre : *le Pour et le Contre*, ne fut publiée que longtemps après avoir été écrite; mais l'auteur la montra à plusieurs personnes, et il en courut des copies. Dans un voyage qu'il fit en Hollande avec Mme de Rupelmonde pendant cette même année 1722, il la montra à Bruxelles à Jean-Baptiste Rousseau, qui affichait alors la dévotion et criait à l'impiété. Rousseau, de son côté, montra à Voltaire le *Jugement de Pluton*, et une *Ode à la postérité*, qui ne devait pas aller à son adresse. Ils se séparèrent ennemis irréconciliables. De retour à Paris, Voltaire se retira à la campagne chez le président de Maisons, ami de sa famille, pour achever le poëme de *la Ligue*, et remanier la tragédie d'*Artémire*. M. de Maisons recevait chez lui des hommes de lettres, que Voltaire consultait sur ses écrits. Un jour qu'il leur avait lu un chant de *la Ligue*, et qu'il n'avait recueilli autour de lui que des censures, il jeta au feu son manuscrit. Il en coûta au président Hénault, qui l'arracha aux flammes, une paire de manchettes en dentelle. Le poëme parut à Londres en 1723, d'après une mauvaise copie dérobée à l'auteur, et à Évreux en 1724. Cette fois, l'auteur du larcin était l'abbé Desfontaines, qui, non content de s'approprier les bénéfices de l'œuvre d'autrui, avait pris d'incroyables libertés avec les vers de Voltaire en y intercalant les siens. Ce poëme fit grand bruit. Le monde lettré se passionna pour les beaux vers, dont il est plein; les fanatiques ne voulurent y voir que l'apothéose de Coligny, et la Saint-Barthélemy vouée à l'exécration de la postérité. Voltaire trahi voulut publier son poëme lui-même, mais on lui refusa un privilége, et le roi, à qui il fit offrir la dédicace, ne voulut pas l'accepter. L'orage grondait autour de Voltaire. Plus il devenait grand, plus on pressentait en lui un ennemi terrible. Il venait justement de faire réussir au Théâtre-Français la tragédie de *Marianne*, qui n'était au fond qu'*Artémire* remaniée. La cabale avait eu beau s'efforcer. Celui qui, au parterre, au moment pathétique où Marianne prend le poison, cria tout à coup : La reine boit, compromit un instant le succès à la première représentation; mais la pièce se releva le lendemain, et l'auteur d'*Œdipe*, de *la Henriade*, de *Marianne*, se vit, à trente ans, et sans comparaison, l'écrivain le plus populaire de la France. Ses ennemis en frémissaient de rage, et ne songeaient qu'aux moyens de l'écraser.

Il lui arriva alors une aventure à la fois ridicule et cruelle. A un dîner chez le duc de Sully, où il parlait en homme qui connaît sa valeur, il eut le malheur de déplaire au chevalier de Rohan-Chabot, grand seigneur, enrichi dans le trafic et l'usure. « Quel est, dit le chevalier, ce jeune homme qui parle si haut ? — Monsieur, répondit Voltaire, c'est un homme qui ne traîne pas un grand nom, mais qui honore celui qu'il porte. » On conçoit la rage du chevalier. Il se vengea en traître. A quelques jours de là, Voltaire dînait encore chez le duc de Sully. On le fait demander dans la rue. Il vient : ce sont deux estafiers, gagés par le chevalier de Rohan, qui le saisissent dès qu'il paraît, et lui donnent des coups de bâton. Le chevalier de Rohan-Chabot était là dans sa voiture, et ce fut lui qui cria à ses spadassins : *C'est assez*. On peut se donner ici le spectacle de la justice des parlements au XVIII° siècle. Un juif hollandais, fort riche, nommé de Lys, donna de l'argent à un laquais pour bâtonner Francœur, violon de l'Opéra. Les coups de bâton ne furent pas donnés, parce que le projet fut découvert et le laquais pris auparavant. Le parlement condamna de Lys et son laquais à être rompus vifs. Mais le chevalier de Rohan avait pu faire bâtonner Voltaire sans être seulement réprimandé. Voltaire demanda justice au duc de Sully, qui aima mieux prendre parti pour un escroc, qui avait un grand nom, que pour un homme de cœur indignement outragé. Le poète ne lui pardonna jamais, et, pour ne pas ajouter à l'éclat d'un nom désormais ennemi, il substitua Mornay à Sully dans la *Henriade*. Réduit à se venger lui-même, il s'enferme, il apprend à manier une épée ; et, quand enfin il se sent en état de se mesurer avec le chevalier, il le provoque. Son adversaire répond en le faisant mettre à la Bastille. Il y resta six mois, au bout desquels il reçut l'ordre de quitter Paris.

On était en 1726. Voltaire se rendit à Londres, où il ne resta pas moins de trois ans. Cet exil lui fut profitable. Il s'instruisit dans la littérature anglaise, alors fort négligée chez nous, et dans la philosophie anglaise, qui lui plut par la netteté du style et l'absence de théories ambitieuses et d'esprit de système. Il fut frappé surtout du spectacle d'un peuple qui pensait librement, et se gouvernait lui-même. La loi était en Angleterre forte et protectrice ; en France, l'autorité du régent était arbitraire et faible. Voltaire jusque-là n'avait guère combattu que pour la liberté de penser : à partir de ce moment, il s'éprit de la liberté civile. Il crut voir le règne de la raison, après lequel il avait soupiré toute sa vie. L'Angleterre était précisément ce qu'il lui fallait, car il y trouvait une cour, une aristocratie, et la liberté. Une république lui aurait moins convenu ; il n'y avait pas en lui un atome d'austérité : il lui fallait des plaisirs, du luxe, peut-être du faste ; il ne haïssait pas l'intrigue ; il avait un tel art de louer, qu'il ne pouvait se passer de protecteurs. Il était plein d'horreur pour les lettres de cachet et la jurisprudence de nos parlements ; mais quand J. J. Rousseau publia, plus de vingt ans après, son *Discours sur l'origine de l'inégalité parmi les hommes*, il fut le premier à crier à la barbarie.

Dès la première année de son séjour à Londres, Voltaire y publia la *Henriade* par souscription, et la dédia à la reine d'Angleterre. La souscription lui rapporta, dit-on, cent cinquante mille francs, qui furent le fondement de sa fortune. Disons dès à présent qu'elle devint, vers la moitié de sa vie, considérable. Son père, mort en 1724, lui avait laissé quatre mille deux cent cinquante livres de rente. Ce petit patrimoine s'augmenta, en 1745, de sa part dans la succession de son frère aîné. A son retour en France, il s'associa à quelques spéculations dans lesquelles il fut heureux; et Paris-Duverney, entre autres, lui fit gagner six cent mille livres sur les vivres de l'Italie. Il eut environ cent mille livres de revenu, somme énorme pour le temps, et qui le fit accuser d'avarice par les uns, et par les autres d'agiotage. Il est certain que des spéculations sur les vivres ou sur les loteries, et une association avec Paris-Duverney, ne paraissent pas conformes aux principes d'une délicatesse sévère. Voltaire voulut être riche pour être indépendant, et ce fut une des leçons que l'Angleterre lui donna; mais les moyens nous répugnent : Paris-Duverney est de trop, et l'indépendance, grâce à Dieu, ne coûte pas si cher. Puisque Voltaire avait cinq mille livres de rente, et que *la Henriade* seule lui rapportait une somme de cent cinquante mille livres, il ne courait pas risque d'être réduit à accepter des pensions et des places comme la plupart des gens de lettres de son temps, ou à copier de la musique pour vivre, comme le fit plus tard Jean-Jacques Rousseau. Mais ce n'était pas l'indépendance seulement qu'il lui fallait : c'était le luxe, c'était la domination, et il y parvint. Il eut un château, un carrosse, des flatteurs et des parasites. Tout cela était dans son caractère, tout cela fait partie de son rôle. Une fois riche, et même avant de l'être, il fut généreux. Il donna beaucoup, avec ostentation souvent, presque toujours avec discernement. Il avait les vices de l'extrême civilisation ; mais son cœur était foncièrement bon, plein d'élan et de magnanimité.

Quand il revint à Paris, avec une permission tacite de reparaître, il rapportait la tragédie de *Brutus* et les *Lettres anglaises*; mais il ne produisit pas sur-le-champ ces ouvrages, qui devaient lui créer de nouveaux embarras. Il se mit sur les rangs pour l'Académie. A trente-cinq ans qu'il avait alors, avec l'éclat répandu sur lui par *la Henriade* et par ses succès au théâtre, il devait y entrer tout droit; cependant il fut éconduit, et Le Gros de Boze, un de ses juges, qui occupait, Dieu sait pourquoi ! le fauteuil de Fénelon, déclara que Voltaire ne serait jamais un personnage académique. Justement à cette époque, comme pour donner raison à Le Gros de Boze, il écrivit une élégie sur la mort de Mlle Le Couvreur, qui mit en danger sa liberté et le força de se réfugier à Rouen sous un faux nom. C'était une étrange vie, au XVIIIe siècle, que celle d'un homme de lettres. Il fallait, pour vivre, avoir un protecteur, dont on recevait de l'argent et des dîners, et qu'on payait en bons mots et en dédicaces. A la moindre allusion contre le clergé ou contre un grand seigneur, on devait craindre une lettre de cachet, ou un arrêt du parlement. Tous les jours on mettait un écrivain à la Bastille; et tous les jours on brûlait un livre au bas du grand escalier du palais. Un chevalier de Rohan-Chabot faisait donner des coups de bâton à Voltaire; un Le Gros de Boze excluait Voltaire de l'Académie française. Avec tout cela, on enivrait la nation et on la menait. Voltaire fut exilé presque toute sa vie; et il fut plus roi de France, toute sa vie, que le régent, Louis XV, et Louis XVI.

*Brutus* fut représenté le 11 décembre 1730. Il fit en ce même temps *la Mort de César*, une tragédie en trois actes et sans femmes. Il n'osa la faire représenter alors; elle ne parut que furtivement, longtemps après, dans un collège. Il voulut la faire imprimer; la police s'y refusa. On croit qu'il commença vers la même époque le poëme de *la Pucelle*. Il mettait la main à la fois à une foule de travaux, passant de la tragédie à un poëme burlesque, et se reposant de la poésie avec la philosophie et l'histoire. En 1731, pendant que Pope, en Angleterre, publiait son *Essai sur l'homme*, Voltaire donnait son *Charles XII*, un morceau d'histoire achevé, où la critique est judicieuse, les appréciations saines, le style vif et naturel, le récit entraînant, le plan complet et simple. En 1732, le 7 mars, il rentrait au théâtre avec *Ériphyle*, qui ne réussit point. Pour se relever de cet échec, il écrit *Zaïre* en dix-huit jours. Elle parut sur le Théâtre-Français le 13 août 1732. Ce fut un délire. Les succès d'*Œdipe* furent retrouvés et dépassés, et avec bien plus de justice. Cette fois, Voltaire était lui-même; il avait trouvé, il avait créé son genre. Ses contemporains furent subjugués. Il ne leur suffit plus de le mettre à côté de Corneille et de Racine. On ne parla plus que du nouveau Sophocle. Voltaire lui seul demeura inébranlable dans son admiration pour l'antiquité, et pour ce qu'il appelait « la désespérante perfection de Racine. »

*Le Temple du Goût*, qu'il publia en 1733, augmenta le nombre de ses ennemis; mais il contracta vers le même temps une liaison durable, qui eut de l'influence sur sa vie entière. Il devint l'amant et l'ami tout à la fois de la marquise du Chastelet, grande dame qui passait sa vie à déchiffrer Newton et à courir les bals, toujours occupée de parure et de métaphysique, étrange composé de pédant et de jolie femme. C'était précisément ce qu'il fallait à Voltaire, également passionné pour le travail et pour le plaisir. Cet amour, qui fut mêlé de quelques orages et qui aurait été un scandale en des temps plus scrupuleux, ne coûta rien aux lettres. Voltaire donna au théâtre, en 1734, *Adélaïde du Guesclin*, qui devait faire fortune trente ans plus tard, mais qui périt alors, étouffée sous une cabale gigantesque. On la siffla sans interruption depuis cinq heures jusqu'à huit. Au dernier acte quand un personnage de la pièce prononça ces paroles :

Es-tu content, Coucy ?

on répondit du parterre : *Couci, couci.* Et les rires éclatèrent dans toutes les loges. C'est ainsi qu'on traitait Voltaire, après avoir tant pleuré à *Zaïre.* Le public faisait comme le chevalier de Rohan : il donnait des coups de bâton à son poëte.

Les *Lettres sur les Anglais*, faites à Londres huit ans auparavant, parurent la même année. Tous les mécontents lurent avec avidité cette apologie d'un gouvernement voisin, qui était une satire du nôtre. L'effet fut immense, parce que les idées étaient nouvelles, et qu'elles venaient à propos. Les *Considérations sur la grandeur et la décadence des Romains*, qui paraissaient en même temps, eurent un effet moins considérable et moins prompt : c'est que Montesquieu ne parlait qu'aux penseurs, et que Voltaire intéressait jusqu'aux moindres esprits. Le parlement fit brûler les *Lettres philosophiques* par la main du bourreau, le 10 avril 1734 ; et Voltaire tout aussitôt publia ses trois premiers *Discours sur l'homme*, pleins d'une mâle philosophie. Il donna aussi, pour la première fois, la *Mort de César*, qui ne fut jouée qu'en 1743. Enfin, il laissa paraître la *Lettre à Uranie*, cette fameuse lettre qui avait tant irrité Jean-Baptiste Rousseau, et qui contenait la profession de foi du théisme. A ce coup, la liberté de Voltaire fut sérieusement menacée, et il ne trouva d'autre moyen pour se garantir que de renier son ouvrage, et de l'attribuer à Chaulieu qui était mort. Cet acte de faiblesse ne coûtait rien à Voltaire. Il savait plier, il savait mentir. Ce grand écrivain n'était pas un grand homme, et la gloire lui était plus chère que la vertu.

Tous ces ménagements diminuaient le péril sans l'écarter tout à fait. A la fin de 1735 et au commencement de 1736, on colporta dans Paris des morceaux de *la Pucelle*. Ces infidélités rendaient des ennemis de Voltaire, et le compromettaient doublement, par la hardiesse de ses pensées, et par les mutilations qu'on faisait subir à ses vers. Le garde des sceaux Chauvelin fut rempli d'indignation en lisant quelques fragments de ce déplorable ouvrage. Il déclara que, si Voltaire le faisait paraître, il pourrirait dans un cul de basse-fosse. Une courte satire intitulée *le Mondain*, et qui, dans le fond, ne devait pas si redoutable, acheva de perdre Voltaire. Il venait de donner *Alzire* avec un très-grand succès ; ses ennemis cherchaient une revanche : *le Mondain* la leur fournit. Ce n'était qu'un badinage très-innocent, où l'auteur s'était peint lui-même au naturel.

Regrettera qui veut le bon vieux temps...
Moi je rends grâce à la nature sage

Qui pour mon bien m'a fait naître en cet âge.
Ce temps profane est tout fait pour mes mœurs.
J'aime le luxe, et même la mollesse,
Tous les plaisirs, les arts de toute espèce,
La propreté, le goût, les ornements....

L'abbé Desfontaines dénonça cette plaisanterie à l'abbé Couturier, qui avait du crédit sur l'esprit du cardinal Fleury. Desfontaines falsifia l'ouvrage, y mit des vers de sa façon, comme il avait fait à la *Henriade*. L'ouvrage fut traité de scandaleux, et l'auteur de la *Henriade* et de *Zaïre* fut encore une fois forcé de prendre la fuite. Il se réfugia en Hollande.

Cet exil volontaire fut de courte durée. De retour en France, il se retira à Cirey, chez la marquise du Chastelet, et pendant quelque temps, subissant l'influence de sa maîtresse, il ne s'occupa plus que de sciences physiques. Il avait publié, pendant son séjour en Hollande, les *Éléments de la philosophie de Newton*, pour lesquels le chancelier d'Aguesseau avait refusé un privilége. Il donna successivement un *Essai sur la nature du feu et sur sa propagation*, et des *Doutes sur la mesure des forces motrices et sur leur nature*. Le premier de ces deux ouvrages concourut pour le prix de l'Académie des sciences. Il n'obtint qu'une mention honorable, et la partagea avec la marquise du Chastelet, qui avait aussi envoyé un mémoire. Ce fut l'illustre Euler qui obtint le prix. Les *Doutes sur la mesure des forces motrices* furent aussi adressés à l'Académie des sciences. Voltaire y prenait le parti de Descartes et de Newton contre Leibnitz et les Bernouilli, que défendait Mme du Chastelet. Il se donnait de plus en plus à la physique; mais si la curiosité l'entraînait de ce côté, son génie n'y était pas. Il n'aurait fait qu'un physicien médiocre: Clairaut eut le courage de le lui dire, et de le ramener aux lettres. Il rapporta de cette excursion dans les sciences physiques des idées plus précises sur la nature, et un nouveau fonds d'arguments pour la querelle qui allait bientôt absorber sa vie.

La tragédie de *Zulime*, jouée en 1740, n'eut pas de succès. Mais l'*Essai sur les mœurs*, qui parut la même année, exerça une influence presque souveraine. Voltaire, qui dominait les cœurs par sa poésie, s'empara des esprits par ce livre. Il y avait peu de vues d'ensemble, peu de doctrines, rien de grand, rien de fécond; mais une indépendance de pensées toute nouvelle, une façon de juger les événements qui rompait avec la routine, une sorte de scepticisme dédaigneux, une critique sinon très-profonde, au moins très-dégagée de tout préjugé, et par-dessus tout une haine du fanatisme, et de la superstition, et de l'arbitraire, qui répondait à tous les instincts, à toutes les aspirations de l'époque, et mettait pour ainsi dire le feu aux poudres. Voltaire, à partir de ce moment, fut le chef avoué des théistes, qu'on appela depuis les esprits forts, et qui s'appellent aujourd'hui les libres penseurs. La tragédie de *Mahomet*, œuvre médiocre en soi, mais d'une grande portée par l'audace du sujet et l'indépendance des développements, fut jouée le 9 août 1742. Molière avait fait la comédie de *Tartufe*; Voltaire, en écrivant la tragédie de *Mahomet*, voulait montrer le fanatisme guerroyant, le fanatisme à grandes visées, qui ne dépense pas sa force à séduire une femme et à capter un héritage, mais à fonder un empire et une religion, à enchaîner les corps et à fasciner les âmes.

*Mahomet* était un argument; *Mérope* ne fut qu'une tragédie; tragédie pleine de larmes, qui réussit comme *Zaïre*, et pour des motifs analogues. Le public, ayant aperçu Voltaire dans une loge, applaudit à tout rompre pendant un grand quart d'heure. « On n'a jamais vu rendre à aucun auteur des honneurs aussi marqués, » dit un contemporain. *Mérope* et *Zaïre* n'ont certainement ni la grandeur et la simplicité des chefs-d'œuvre de Corneille, ni la perfection poétique, et le pathétique humain, si on peut s'exprimer ainsi, des chefs-d'œuvre de Racine. Mais on y entendait gronder une passion plus violente; la tragédie s'y acheminait vers le drame. Le lendemain de ce succès, qui fut immense, Voltaire frappa pour la seconde fois à la porte de l'Académie. Il avait deux protecteurs, le maréchal de Richelieu, son ami d'enfance, et Mme de Châteauroux, alors toute-puissante. Mais ni Mme de Châteauroux, ni le maréchal de Richelieu, ni *Mérope*, ne purent faire de Voltaire un académicien. Ce ne fut pas de Boze cette fois qui se mit en travers; ce fut Boyer, l'ancien évêque de Mirepoix, renforcé par M. de Maurepas, alors ministre. Voltaire fut trouver M. de Maurepas, et lui demanda si en effet il lui était contraire. « Oui, et je vous écraserai, » répondit le ministre. Le mot est dur; et, venant d'un homme si aimable et d'un esprit si léger, il paraît invraisemblable. Toutefois, Boyer l'emporta, et l'archevêque de Sens, depuis cardinal de Luynes, fut fait académicien. Il s'agissait de remplacer le cardinal Fleury. L'Académie ne dérogeait pas.

Voltaire avait alors quarante-neuf ans. Il se trouva pendant quelque temps assez directement mêlé à la politique. Voici ce qui engagea le ministère à se servir de lui. Il connaissait depuis longtemps le roi de Prusse, Frédéric II. Il avait été en correspondance avec lui dès le mois d'août 1736, quand Frédéric n'était que prince royal, et avait revu les épreuves de l'*Anti-Machiavel*, ouvrage assez peu remarquable par lui-même et qui n'annonçait ni un grand roi ni un despote. Voltaire et le prince avaient même eu, vers ce temps-là, une courte entrevue à Wesel; et il s'était formé entre eux, malgré la différence des situations, une liaison qui ressemblait à de l'amitié. Frédéric, en montant sur le trône, en 1740, n'avait pas changé de sentiments. En 1741, il écrivit à Voltaire du champ de bataille de Molwitz. Voltaire était alors à Lille, où il faisait représenter pour la première fois sa tragédie de *Mahomet*, lorsqu'on lui apporta la lettre du roi. Il interrompit la représentation pour en donner lecture, et dit ensuite à ses amis : « La pièce de Frédéric fera réussir la mienne. » En 1743, après la mort du cardinal Fleury, le cabinet de Versailles voulait la paix, et ne voulait pas la demander. On eut l'idée de se servir de Voltaire comme d'un intermédiaire agréable au roi de Prusse, et dont la mission demeurerait aisément secrète. Elle le fut tellement, que son départ pour Berlin passa pour une disgrâce. « On attribue un bon mot au roi de Prusse, dit Barbier dans ses *Mémoires*. Il dit qu'il ne conçoit pas la France : que nous avons un grand général, qui est le maréchal de Belle-Ile ; un grand ministre, M. Chauvelin ; un grand poëte, Voltaire ; et que tous les trois sont disgraciés. » Frédéric reçut Voltaire en ami, et fit la sourde oreille à toutes les ouvertures du cabinet de Versailles. L'ambassadeur revint comme il était parti. De retour en France, le comte et le marquis d'Argenson, nouvellement entrés dans le ministère, et qui étaient liés avec lui de longue date par leur parent, M. de Caumartin, eurent plusieurs fois recours à sa plume. Ces négociations, ces services, demeuraient stériles pour Voltaire. Une pièce médiocre, *la Princesse de Navarre*, qui fut représentée à Versailles, le 23 février 1745, lui rapporta plus que tous ses services et tous ses succès. Mme de Pompadour l'avait commandée à Voltaire pour le premier mariage du Dauphin ; et elle lui donna en retour une charge de gentilhomme ordinaire, et la place d'historiographe de France. Ces faveurs si mal méritées lui inspirèrent les vers suivants :

>    Mon Henri IV et ma Zaïre
>    Et mon américaine Alzire
> Ne m'ont valu jamais aucun regard du roi
> J'eus beaucoup d'ennemis avec très-peu de gloire.
> Les honneurs et les biens pleuvent enfin sur moi
>    Pour une charge de la foire.

Voltaire, à cinquante-deux ans, avait une charge à la cour. Il devenait un personnage académique ; il était digne enfin d'être le confrère des Le Gros de Boze, des Boyer, du cardinal de Luynes, du maréchal de Richelieu, de Gisard, Montgault, Languet de Gergy, Sallier, Surien, Alary, Hardion, Seguy, Giry de Saint-Cyr. On n'exigea plus de lui qu'une petite formalité ; ce fut d'écrire une lettre au P. de Latour, où il protesta de son respect pour la religion et de son attachement à l'ordre des jésuites. Grâce à cette déclaration sincère, et à la charge de gentilhomme qu'il devait à la maîtresse du roi, Voltaire put enfin entrer à l'Académie, le 7 février 1746.

Il lui arriva, vers cette époque, une de ces petites aventures assez fréquentes dans sa vie, qui ont donné, par sa faute, des armes à ses ennemis. Il était devenu d'une irritabilité extrême à l'égard de la critique; il ne dédaignait plus personne; le plus mince pamphlet, le plus ridicule écrivain excitait sa colère; il se mettait à l'œuvre aussitôt, et dépensait autant de verve, autant d'esprit pour écraser un Robert Covelle que pour se venger d'un Jean-Baptiste Rousseau. Sa vengeance alla quelquefois jusqu'à la diffamation. Il rendit Le Franc de Pompignan ridicule à un tel point, que le pauvre homme entendait les vers mordants et les cruelles plaisanteries de Voltaire jusque sur les lèvres de ses amis. Il mit Fréron sur la scène et l'y couvrit d'opprobre. Il dénonça à l'univers les vices de cet abbé Desfontaines, qui mourut d'hydropisie, et dont on disait :

*Periit aqua,*
*Qui meruit igne.*

Il eut ses victimes de choix, qu'il ramenait partout dans sa prose et dans ses vers, pour les livrer à l'indignation ou à la risée de ses lecteurs. Une telle conduite est à coup sûr une tache pour son caractère; mais enfin, dans ces diatribes violentes, il ne faisait qu'user de représailles. On l'attaquait avec les mêmes armes. Jamais la calomnie ne s'acharna contre un homme avec tant d'énergie; c'était la rançon de sa gloire. Une fois, c'était après son entrée à l'Académie, se sentant en crédit puisqu'il était gentilhomme ordinaire et académicien, il voulut se venger en grand seigneur. Un violon de l'Opéra, nommé Travenol, colportait la *Voltairomanie* de Desfontaines, un pamphlet infâme, que Desfontaines a chèrement payé comme le savent tous les lecteurs de Voltaire. Voltaire eut recours au lieutenant de police, et obtint contre cet obscur ennemi une lettre de cachet. Les agents chargés de la mettre à exécution se trompent; et, au lieu d'arrêter le coupable, ils arrêtent son père, un vieillard, un innocent. Quand Voltaire l'apprit, il s'empressa de réparer sa faute involontaire; mais il eut beau faire des excuses, offrir de l'argent, Travenol déposa sa plainte, exigea des dommages-intérêts, et fit en un mot du scandale, afin qu'il fût bien constaté que Voltaire avait recours à l'arbitraire de la police pour se venger de ses ennemis.

*Sémiramis* fut jouée avec succès en 1748. La pompe du spectacle fut une nouveauté accueillie avec empressement, et rompit l'uniformité des tragédies classiques, rigoureusement enfermées dans la règle des trois unités. On était rassasié de ces éternels dialogues entre trois ou quatre personnages, de ce vestibule de palais, qui servait tour à tour à César ou à Pompée, à Oreste ou à Clytemnestre. Voltaire, en élargissant son cadre, loin de rompre avec l'antiquité, se rapprochait d'elle. Ce n'est pas la première antiquité qui était si exigeante et si gourmée: c'est la seconde. Il donna aussi plusieurs comédies, *la Prude*, en 1747, *Nanine*, en 1749. *L'Enfant prodigue* est de 1736; mais, dans la comédie, il ne s'élève jamais au-dessus du médiocre. Il ne savait pas plaisanter à la troisième personne. On n'était pas plus salé dans les satires, mais on n'était pas plus froid dans la comédie. L'année qui suivit la représentation de *Sémiramis* fut tristement mémorable pour lui par la mort de Mme du Chastelet.

Leur liaison subsistait, mais non leur amour. M. de Saint-Lambert était alors l'amant préféré. Elle mourut à Lunéville, dans les bras de Voltaire, en présence de son mari, et en mettant au monde un enfant mort-né dont Saint-Lambert était le père. Telles étaient, il faut l'avouer, les mœurs françaises du grand monde au xviiie siècle. Le mariage n'était plus qu'un contrat civil entre deux associés. Jean-Jacques lui-même, malgré l'austérité de sa morale, est fort relâché quand il s'agit du mariage. Il lui paraît fort naturel qu'une femme qui a un mari se donne en outre un amant. Si quelqu'un était un peu ridicule, aux yeux des contemporains, dans cet étrange ménage de Cirey et de Lunéville, ce n'était pas M. du Chastelet, c'était Voltaire, à cause de Saint-Lambert. Ce fut pourtant Voltaire qui regretta le plus amèrement la marquise du Chastelet. Il y avait entre eux une communauté de pensées qui remplaçait la communauté de sentiments. Voltaire l'aimait comme une amie, après l'avoir aimée comme une maîtresse; il avait pour elle une confiance sans bornes, une admiration sincère. Elle était la confidente de ses écrits, et elle avait certainement influé sur la direction de ses études. Chose étrange, et qui est encore un trait de mœurs, elle était plus incrédule que lui, moins littéraire, plus préoccupée des études abstraites, de la physique, de l'astronomie. Elle manqua à Voltaire au moment où la lutte allait prendre un plus grand caractère, et où lui-même allait devenir chef de parti. Plusieurs ouvrages philosophiques considérables marquèrent, comme on sait, le milieu du xviiie siècle. L'*Essai sur l'origine des connaissances humaines*, par Condillac, est de 1746; l'*Esprit des lois*, par Montesquieu, est de 1748; le *Discours contre les sciences*, de J. J. Rousseau, est de 1749. Cette même année vit paraître le commencement de l'*Histoire naturelle* de Buffon. Enfin, en 1751, d'Alembert et Diderot donnèrent le premier volume de l'*Encyclopédie*, œuvre de peu de valeur réelle, mais d'une importance historique immense, parce qu'elle rallia les amis de la philosophie, leur donna un but et des intérêts communs, un nom et un chef.

Voltaire, pendant ce temps-là, avait quitté la cour de Lunéville, et s'était retiré à Sceaux, chez la duchesse du Maine. Il donna successivement *Oreste*, en 1750, le *Duc de Foix* et *Rome sauvée*, en 1752. *Le Duc de Foix* n'était qu'une transformation d'*Adélaïde du Guesclin*, qui reparut plus tard avec succès sous sa première forme. Voltaire était alors dans un de ces moments qui se rencontrent même dans la vie la plus glorieuse, où quelque chose qui ressemble à la lassitude et au découragement se glisse secrètement dans l'esprit. Il avait perdu Mme du Chastelet; le public lui semblait devenu froid pour ses œuvres; un grand nombre de beaux esprits lui préféraient Crébillon dans la tragédie; la cabale contre lui reprenait des forces; les dévots le harcelaient par d'éternelles calomnies; la marquise de Pompadour, qui l'avait autrefois protégé, ne le trouvait plus assez courtisan, et donnait toutes ses préférences à Crébillon. Elle avait fait les plus grands efforts, en haine de Voltaire, pour assurer au *Catilina* de Crébillon un succès qui pût faire oublier *Zaïre* et *Mérope*. Enfin le roi Louis XV, qui n'aimait pas les esprits indépendants, même en matière de religion, n'avait pour lui que de l'éloignement. Après une représentation du *Temple de la Gloire*, Voltaire s'était approché de lui en disant d'un ton à la fois respectueux et libre, dont il avait le secret : « Trajan est-il content? » Le roi fut indifférent à l'éloge, et choqué de la familiarité. Il vivait dans le Parc-aux-Cerfs et dans les bras de Mme d'Étiole, et se souciait fort peu de gouverner son État; mais avec cela, il était roi jusqu'au bout des ongles, et roi très-chrétien. Il tourna le dos à Voltaire, qui se retira irrité et confus. Cette blessure saigna longtemps.

Le roi de Prusse l'appelait depuis plusieurs années. Échapper à ce roi dédaigneux et malveillant, à cette maîtresse du roi, à ces gens de lettres haineux et jaloux, à ces cabales, à ces monitoires, à ces menaces du clergé et de la police, et trouver, à la cour de Berlin, un ami qui était roi et qui donnait à la fois, avec l'appareil de la royauté, la liberté de penser et d'écrire en philosophe, et l'illusion de faire servir le pouvoir royal aux progrès de la philosophie, n'était-ce pas un assez grand attrait pour attirer enfin Voltaire? Il partit pour Berlin, où il eut sur-le-champ une pension de vingt mille livres, la croix du Mérite, la clef de chambellan, une voiture et un logement au palais. Il eut mieux que cela, l'amitié et la familiarité de Frédéric, qu'il ne quitta plus. Il jouit du plaisir de donner des leçons à un roi, d'entendre un roi parler en philosophe; il soupe tous les soirs à la table de Frédéric avec Algarotti, d'Argens, La Metrie, Maupertuis et Pöllnitz. Il lui fallut quelque temps pour comprendre que, pour être incrédule et sans préjugés, Frédéric n'en était pas moins un despote. Les rois avaient beau jeu pour lui faire illusion, surtout de loin, et Catherine II qu'il ne connut que par ses lettres, et qui eut le bon esprit de ne pas l'appeler à Saint-Pétersbourg, passa toujours dans son esprit pour un philosophe et un grand homme.

Pour Frédéric, il n'y eut pas moyen de s'y tromper longtemps, quelque bonne volonté qu'il y pût mettre. Leurs premières querelles furent des querelles d'auteurs. Voltaire parla « du linge sale de Frédéric, » et fit entendre qu'il était chargé de polir ses phrases et de refaire ses ouvrages. Frédéric avoua que Voltaire n'était que son maître de langue. « On suce l'orange, dit-il, et on jette l'écorce. » Des gens de lettres français vinrent à la traverse de leurs relations. Il y avait là Maupertuis, président de l'Académie des sciences, qui était le plus grand philosophe de la Prusse, et que la présence de Voltaire inquiétait. Cette académie de Prusse se ressentait des mœurs de son fondateur. Elle condamna, par arrêt, le pauvre Kœnig à avoir tort. Cette procédure parut plaisante à Voltaire, qui prit la défense de Kœnig. Maupertuis s'enflamma pour l'inviolabilité de ses décrets. Frédéric n'entendait pas raillerie sur la jurisprudence de son académie. Il parla en roi, ce qui fit penser à Voltaire que ce n'était pas la peine de quitter le voisinage de Versailles. Il se ressouvint alors de sa royauté à lui, et, voulant faire à son tour acte de despotisme, il écrivit la *Diatribe du docteur Akakia*. Frédéric ne pouvait pas lutter sur ce terrain. Il demanda la suppression du manuscrit, et l'obtint. Malheureusement Voltaire en avait un double, et la *Diatribe* parut imprimée en Hollande. La trahison venait-elle de Voltaire ou d'un dépositaire infidèle? Le roi n'hésita pas. Il donna ordre au bourreau de brûler la *Diatribe* sous les fenêtres de l'auteur. L'auteur prit aussitôt son collier, sa croix de chambellan, le brevet de sa pension, les mit sous enveloppe avec une belle lettre, et écrivit sur le paquet :

> Je les reçus avec tendresse,
> Je les renvoie avec douleur,
> Comme un amant jaloux, dans sa mauvaise humeur,
> Rend le portrait de sa maîtresse.

Ce quatrain était un préliminaire de paix; la paix se fit. Le chambellan reprit sa clef, soupa avec Frédéric, et Maupertuis fut raillé impitoyablement. Mais la confiance ne put renaître. Voltaire écrivait, dans le palais de Potsdam, le portrait que voici de Frédéric :

> Assemblage éclatant de qualités contraires,
> Écrasant les mortels et les nommant ses frères,
> Misanthrope et farouche avec un air humain,
> Souvent impétueux, et quelquefois trop fin,
> Modeste avec orgueil, colère avec faiblesse,
> Pétri de passions, et cherchant la sagesse,
> Dangereux politique et dangereux auteur,
> Mon patron, mon disciple et mon persécuteur.

Pensant ainsi de Frédéric, et le disant, à qui? à la sœur même du roi, à la margrave de Bareith, Voltaire ne pouvait pas songer à demeurer à la cour de Prusse. Il commença par prendre ses sûretés pour son argent, et demanda un congé pour aller prendre les eaux d'Aix en Savoie. Il ne l'obtint pas sans peine. On lui fit promettre de revenir. Enfin il partit. A quelques lieues de la Prusse on l'arrêta. Un certain Freytag le mit aux arrêts, lui, sa nièce et son secrétaire. On fouilla ses malles et ses portefeuilles, pour retrouver ce que Freytag appelait « l'œuvre de poésie du roi son maître. » Il en coûta au philosophe quinze jours de captivité et une somme d'argent que Freytag lui extorqua sous prétexte de frais d'arrestation et de séquestre. Frédéric désavoua le tout; Voltaire protesta de tous les côtés. Bref, il y eut ample moisson pour les rieurs. La gloire d'un côté, la toute-puissance de l'autre, n'empêchèrent pas Voltaire et Frédéric d'être parfaitement ridicules. Ils se réconcilièrent à demi par la suite, et eurent assez d'esprit l'un et l'autre pour ne plus chercher à se revoir. Voltaire avait publié pendant son séjour à Berlin le *Siècle de Louis XIV*, la *Diatribe du docteur Akakia*, le poëme sur *la Religion naturelle*, et les *Annales de l'Empire*.

Il s'établit d'abord aux *Délices*, dans les environs de Genève. Il avait fui la royauté jusqu'à Berlin, et il l'avait retrouvée encore; il fut demander la liberté à la république, et elle ne la lui donna pas. Après deux ou trois ans d'hésitations, il finit par se fixer à Ferney. Ferney était en France, ce qui ne lui déplaisait pas, et à quelques lieues de Genève, ce qui le rassurait fort. Il était bien aise d'avoir une porte de derrière, dont au surplus il n'eut jamais besoin de faire usage. Il s'y établit à l'âge de soixante-quatre ans, et n'en sortit que vingt ans après, pour venir mourir à Paris. Son séjour aux *Délices* avait été marqué par une tragédie, *l'Orphelin de la Chine*, par un petit poème, le *Désastre de Lisbonne*, et par une publication subreptice de la *Pucelle*, remplie de fautes, de lacunes et d'interpolations.

Voilà donc Voltaire établi à Ferney, en 1758. C'est l'année de la publication de l'*Esprit*, par Helvétius. Montesquieu était mort depuis trois ans. Jean-Jacques devait publier l'année suivante son *Contrat social*. Voltaire avait été souvent exilé, souvent emprisonné; il avait eu grand nombre d'ouvrages brûlés par autorité de justice. Une véritable meute d'écrivains sans vergogne vivaient des calomnies et des libelles qu'ils ne cessaient de publier contre lui. La police le surveillait, le clergé l'abhorrait, les gens de lettres l'enviaient ou l'idolâtraient, car il n'y avait pas de milieu avec lui. Il fallait l'adorer ou le combattre. Son nom remplissait l'Europe, ses tragédies régnaient seules sur la scène; il était le maître en histoire, et il allait l'être en philosophie. Il était, ou il avait été, l'ami de Frédéric le Grand, de Stanislas, roi de Pologne, et de Catherine II, impératrice de Russie. Il se mit à vivre à Ferney en seigneur de paroisse opulent, ayant auprès de lui pour tenir sa maison sa nièce, Mme Denis, et pour jouer sa partie d'échecs un jésuite, le P. Adam, qui n'était pas, disait-il, le premier homme du monde. Cet étrange commensal scandalisait beaucoup les dévots, et un peu les philosophes; mais il écoutait les sarcasmes sans broncher, et à ceux qui lui demandaient ce qu'il faisait en pareil lieu, il répondait tranquillement : « Je patiente, j'attends le moment de la grâce. » Voltaire finit par le mettre à la porte. Wagnère, son secrétaire, Huber, l'habile découpeur, qui excellait à reproduire la silhouette de Voltaire, et qui plus tard, devenu peintre, remplit l'Europe des portraits de son patron, Mlle de Varicourt, qu'il appelait Belle et Bonne, Mlle Corneille un peu plus tard, lui tenaient assidûment compagnie. Les gens de lettres, les curieux, les parasites affluaient à Ferney. Il aimait ce concours, qui lui rappelait sa gloire; il aimait jusqu'aux flatteurs, sans en être dupe. Les grands seigneurs venaient aussi, et de tous les pays du monde. Ces hommages le charmaient plus que tous les autres. Il travaillait sans relâche, et produisait avec une facilité étourdissante, ce qui ne l'empêchait pas d'être un excellent seigneur de paroisse, de recueillir les ouvriers de Genève, de fonder pour eux une fabrique d'horlogerie, et d'élever à quelques pas de son château une église assez mesquine, avec cette pompeuse inscription : *Deo erexit Voltaire*. Il était avec cela bon maître de maison, ne paraissant qu'à table ou pour la promenade, mais quand il se montrait, toujours affable, prêt à tout, mettant son monde à l'aise. Il menait la conversation, comme de juste, et la remplissait presque seul, car on n'était là que pour l'entendre. Sa conversation valait ses ouvrages, tour à tour mordante, étincelante, facétieuse ou sublime, selon l'inspiration ou le caprice du moment. Rien n'était au-dessus ni au-dessous de lui. Les plaisanteries les plus salées lui venaient aussi aisément que les pensées les plus profondes. Il se donnait carrière sur les personnes; rien ne l'arrêtait, et, quand un hôte l'importunait, il le laissait voir. Il usait en cela des priviléges de la royauté. Un jour que l'abbé Coyer s'installait chez lui pour un mois : « Savez-vous bien, lui dit-il, monsieur l'abbé, la différence qu'il y a entre vous et don Quichotte? C'est que don Quichotte prenait les auberges pour des châteaux, et que vous prenez les châteaux pour des auberges. » Il lut une fois une page de Jean-Jacques Rousseau contre lui, qui le fit entrer dans une violente colère. « Ah! le scélérat! ah! le gueux! ah! le faquin! Je vais le traiter comme il le mérite; je vais le traîner dans le ruisseau.... — Mais il est proscrit, lui dit-on; il est sans asile. Il pense peut-être à venir à vous. S'il se présente à Ferney, quel sera votre accueil? — Mon accueil? dit Voltaire; je lui donnerai ma chambre et mon lit. Je lui dirai : « Voici la meilleure chambre de la maison. » Je lui donnerai la première place à ma table. Je lui dirai : « Vous « voilà chez vous. Restez-y tant que vous voudrez, et disposez de « tout à votre convenance. »

Voltaire, à Ferney, faisant bâtir son église et son théâtre, jouant la comédie, faisant répéter ses acteurs, recevant ses hôtes, écrivant à ses amis couronnés, gouvernant de loin ce qu'on appelait alors la république des lettres, produisait tous les jours un nouvel ouvrage, grand ou court, frivole ou sérieux : il avait pour principe qu'il faut occuper le monde, lui ressasser les idées, prêcher sans relâche, se répéter sans cesse, et qu'on n'arrivait à rien qu'à force de persévérance. Le premier ouvrage daté de Ferney fut *Candide*. Est-ce un conte, un roman, une satire, un traité de philosophie? C'est tout cela à la fois. C'est surtout un modèle des grâces légères et sans apprêt, qui donnent tant de charmes à sa prose. Voltaire y maltraite un peu Leibnitz qu'il connaissait mal; au fond, il ne combat que l'esprit de système, son grand ennemi, ou plutôt l'un de ses grands ennemis. Un système était pour lui quelque chose comme une superstition; et il l'attaquait, si on peut le dire, pour défendre la liberté. Voltaire était un ami intraitable, trop intraitable, du sens commun. Il aurait été digne de s'élever au-dessus de lui. Il se contenta de le représenter en tout avec éclat.

*La Mort de Socrate* parut la même année que *Candide*, en 1759. C'est un ouvrage médiocre, qui ne fut pas représenté, et que nous rappelons seulement parce que ce n'est ni une comédie, ni une tragédie : c'est un drame. Voltaire ne comprenait de l'antiquité que les beaux vers de Sophocle. La vie même de ce vieux monde, sa pensée, son cœur, lui échappaient. Il était trop de son temps ; il en avait les vices comme les vertus. On pourrait dire sans exagération qu'il était le xviii siècle en personne.

Un ouvrage bien plus important que *la Mort de Socrate*, puisqu'il est une date dans la carrière de Voltaire, c'est la traduction libre de l'*Ecclésiaste* et des *Psaumes*. On a dit que Voltaire avait fait cette traduction de bonne foi; il est bien difficile de le croire. S'il fut de bonne foi, il faut dire qu'il n'entendait rien aux mâles et simples beautés de l'Ecriture. Tout le monde crut et dut croire à une parodie. Ne disait-il pas lui-même à ceux qui s'étonnaient de lui voir toujours une Bible à la main que, quand on a un procès, il faut toujours avoir sous les yeux le factum de ses adversaires? L'effet fut immense dans un pays où ceux même qui n'étaient plus chrétiens hésitaient jusque-là à en convenir. Le clergé se déchaîna. Voltaire ne supporta pas cette tempête en philosophe. Il se jeta dans la mêlée, et répondit aux pamphlets et aux diatribes par des pamphlets et des diatribes. C'est l'époque de ses grandes luttes contre Le Franc de Pompignan et Jean-Baptiste Rousseau; c'est la date de la première représentation de *l'Ecossaise* (août 1760). Tout le monde put savoir qu'il avait à sa disposition une force répressive plus redoutable que celle des rois et des parlements. Ses sarcasmes, qui couraient en un clin d'œil d'un bout de l'Europe à l'autre, devaient aller jusqu'à la postérité.

*Tancrède* fut représenté pour la première fois le 3 septembre 1760. Ce fut encore un des grands succès tragiques de Voltaire. La versification était peut-être un peu faible; mais ce seul signe indiquait l'âge de l'auteur (66 ans). Toute la pièce au contraire respire l'énergie de la jeunesse. C'est la chevalerie dans sa fleur. Voltaire, entre autres mérites, avait celui de chercher sans cesse à renouveler l'intérêt dramatique en mettant au théâtre les mœurs les plus opposées. Il suffit de nommer *Zaïre*, *Mérope*, *Mahomet*, *l'Orphelin de la Chine*, *Alzire*, *Tancrède*. Après *Tancrède*, il ne fit plus que déchoir comme auteur dramatique. *Le Triumvirat* (1764), *les Scythes* (1767), *les Guèbres*, *Sophonisbe* (1774), sont des tragédies de sa vieillesse, qui attestent sa prodigieuse fécondité, son énergie, mais où l'inspiration fait défaut. Il avait quatre-vingts ans quand il fit *Sophonisbe*; et il fit encore cinq tragédies, *les Lois de Minos*, *Don Pèdre* et *les Pélopides*, qui ne furent pas représentées, *Irène* dont il dirigea, à quatre-vingt-quatre ans la première représentation, *Agathocle*, qui fut donnée par les comédiens le jour anniversaire de sa mort, le 31 mai 1779.

Ces immenses travaux pour le théâtre étaient loin d'absorber toute son activité. Il jetait pour ainsi dire, à profusion, des satires en prose et en vers, des romans, de petits poëmes légers où il excellait, des articles pour l'*Encyclopédie*, des traités d'histoire, de morale. Il suffisait à une correspondance que l'on n'a pas réussi encore à recueillir tout entière, et qui le montre à toutes les heures de sa vie prêt à répondre sur tous les sujets, philosophie, histoire, controverse religieuse, poésie, et à semer, comme en se jouant, les aperçus ingénieux, les traits charmants, les plus fines plaisanteries, la raillerie la plus acérée. Il y avait à peine un homme de lettres en Europe qui ne le prît pour but de sa polémique ou ne reçût de lui ses inspirations. Cette direction universelle d'un homme qui remplit son siècle est peut-être plus étonnante encore et plus admirable que ses écrits.

Quelque temps après *Tancrède*, il se réconcilia avec Frédéric, et recommença avec lui un commerce de lettres très-actif. Le duc de Choiseul essaya d'arriver à la paix par cet intermédiaire; mais Frédéric fut intraitable. Ce fut la dernière fois que Voltaire eut à se mêler directement de la politique; une autre cause l'occupa pendant ses vingt dernières années : ce fut sa lutte contre l'intolérance, qui dégénéra plus d'une fois en une lutte contre le christianisme. Condorcet prétend que la cour de Rome eut un instant l'idée de le faire cardinal. Cette politique rappelle les empereurs du Bas-Empire, qui aimaient mieux payer les barbares pour avoir la paix, que de payer une armée pour faire la guerre aux barbares. Voltaire songeait si peu à devenir prince de l'Église, qu'il se sentait de jour en jour plus animé contre elle. Il venait justement en 1762 de se déterminer à publier *la*

*Pucelle*. Il faut bien avouer que, comme poète, il y est en tout digne de lui-même, et que jamais on ne fit plus facilement de plus jolis vers; mais il faut dire aussi que, de tous les péchés littéraires de Voltaire, qui en a commis beaucoup, celui-ci est le plus grand. D'abord c'est un ouvrage ordurier, et ce mot suffit. Il n'y a pas de plus triste spectacle que celui d'un grand talent dégradé jusqu'à donner des grâces à la peinture du vice. Mais quand un homme tel que Voltaire va chercher dans l'histoire de son pays une sainte et noble héroïne, dont on ne devrait parler qu'à genoux, puisqu'elle a sauvé la France et qu'elle est morte en martyre, et qu'au lieu de parler d'elle avec enthousiasme, de célébrer en beaux vers son courage, ses vertus, son sublime dévouement, il en fait le sujet de ses plaisanteries obscènes, la traînant pour ainsi dire dans un mauvais lieu, il commet une mauvaise action, une impiété, un véritable crime. L'histoire ne doit pas avoir de ménagement pour une action aussi lâche; et précisément parce que Voltaire est encore tout entier, parce qu'il est encore, soixante ans après sa mort, chef de parti, il n'est pas permis de parler du poème de *la Pucelle* sans le flétrir au nom du patriotisme et de la morale, et sans dire bien haut qu'il est pour le nom de son auteur une souillure ineffaçable. On croira sans peine qu'un ouvrage fait pour affliger et pour désoler les hommes les plus calmes dut porter au comble l'irritation des fanatiques. Voltaire se livrait de ses propres mains; il leur donnait raison. Ce fut comme un débordement universel d'injures, devant lequel ses amis les plus ardents furent un moment obligés de se taire. Heureusement pour lui, des diversions puissantes attirèrent ailleurs l'attention. L'année même de la publication de *la Pucelle* vit le supplice de Calas et la suppression des jésuites. L'ordre du parlement qui déclarait leur association dissoute ne fut pas suivi d'une exécution immédiate, et l'édit royal de dissolution ne parut qu'en 1764. L'intervalle fut rempli par des intrigues de tout genre, et par des discussions envenimées, auxquelles Voltaire ne prit qu'une faible part. L'agitation était loin d'être terminée en 1765, puisque cette même année eut lieu l'arrestation du procureur général de La Chalotais, le plus redoutable ennemi des jésuites. Mme de Pompadour était morte l'année précédente, ce qui était, dans ces temps malheureux, un événement considérable. Quelques grandes publications marquèrent aussi cette période. L'*Émile*, de J. J. Rousseau remonte à 1762; le *Traité des délits et des peines*, de Beccaria, est de 1764; Voltaire lui-même ajouta une introduction importante à son *Essai sur les mœurs* (1765). Vers le même temps, il appela auprès de lui, à Ferney, avec un certain faste de bienfaisance, la petite-fille d'un grand-oncle de Corneille. Il faut dire qu'il ne se démentit pas. Il commença par lui assurer quinze cents livres de rentes viagères; il la maria ensuite à M. Dupuits, officier d'état-major, et il donna une édition de Corneille en douze volumes grand in-8°, enrichie de ses commentaires, qui, vendue par souscription au profit de sa protégée, rapporta une somme considérable. Enfin, ce qui contribua plus que tout le reste à rendre à Voltaire une position agressive, c'est qu'il devint définitivement, à cette époque, le chef du parti philosophique qui porte dans l'histoire le nom de parti encyclopédique.

L'*Encyclopédie* avait commencé à paraître en 1751. Elle avait pour directeurs Diderot et d'Alembert, et comptait parmi ses rédacteurs, Saint-Lambert, Turgot, d'Holbach, Jaucourt, Montesquieu, Buffon. Voltaire avait lui-même fourni d'assez nombreux articles. Cet ouvrage était considéré par ses rédacteurs et par ses adversaires comme le résumé de la science moderne et de l'esprit moderne. A ce titre, la faction des ennemis de la philosophie ne cessait de l'attaquer par tous les moyens. Le 7 février 1752, un arrêt du grand conseil supprima les deux premiers volumes, et la publication demeura suspendue pendant dix-huit mois. Les éditeurs obtinrent au bout de ce temps la permission de continuer, et arrivèrent en 1759 jusqu'au septième volume. Alors ce fut un nouveau déchaînement. Il y eut censure de la Sorbonne, mandement de l'archevêque; et, pour comble, l'ouvrage fut déféré au parlement. Un membre de l'Académie française, l'avocat général Séguier, se chargea de cette besogne. Le parlement ne condamna pas l'*Encyclopédie*; il prit un parti assez étrange : il nomma une commission de théologiens et d'avocats, auxquels il adjoignit deux professeurs de philosophie et un membre de l'Académie des inscriptions, pour examiner les articles incriminés, se transformant ainsi en tribunal de censure. Quelques jours après, le chancelier, qui regardait l'arrêt du parlement comme un empiétement sur les droits de sa charge, prit à son tour un singulier moyen pour défendre son autorité. Il fit rendre par le conseil d'État, le 8 mars 1759, un arrêt qui révoquait les lettres de privilége accordées à l'*Encyclopédie*, et arrêtait ainsi cette importante publication au milieu de son cours. Les libraires se trouvaient ruinés par cette décision, les quatre mille trois cents souscripteurs étaient en avance de cent quatorze livres sur les volumes suivants, et les volumes qu'ils avaient entre les mains devenaient inutiles par le défaut des planches qui ne devaient être publiées que plus tard. M. de Malesherbes, premier président de la cour des aides, fils du chancelier Lamoignon de Blancmesnil, se rendit lui-même chez le libraire Le Breton, et saisit tous les manuscrits.

L'effet produit par cette résolution fut immense. Les luttes du parlement avec la cour avaient donné à la bourgeoisie le goût de l'opposition et un certain sentiment de ses droits naturels; les querelles des jansénistes avaient provoqué les réflexions des esprits sérieux sur le luxe du clergé, sur ses richesses, sur l'absurdité de certaines querelles théologiques. L'esprit du temps allait à la revendication des droits de la raison : c'était précisément la cause de l'*Encyclopédie*. Dès qu'elle fut persécutée, elle se trouva populaire. Tous ceux qui haïssaient d'instinct l'arbitraire et le fanatisme se rallièrent aux encyclopédistes, et commencèrent, sans s'en douter, l'agitation révolutionnaire.

Dans ces conditions, un arrêt de la cour devenait impuissant pour arrêter la publication. Les éditeurs eurent recours au moyen constamment employé dans ces temps d'arbitraire : ils publièrent l'*Encyclopédie* à l'étranger. Mais bientôt on s'enhardit, car le pouvoir était à la fois violent et faible, jusqu'à reprendre clandestinement la publication à Paris. Les libraires en furent quittes pour faire venir les volumes de Hollande aux environs de Paris, où ils étaient imprimés; et les souscripteurs pour les faire entrer dans Paris en fraude, à leurs risques et périls. On arriva ainsi vers 1766 aux derniers volumes de cet immense dictionnaire. Ce fut alors, presqu'à la fin de l'entreprise, que se découvrit inopinément un autre genre de persécution dont elle avait eu à souffrir, et qui n'était, au reste, que la conséquence de la première. Un jour, avant la publication du dernier volume, Diderot, ayant eu besoin de recourir à un de ses articles de philosophie de la lettre S, le trouva entièrement mutilé. Confondu d'étonnement, il cherche un autre article, qu'il a peine à reconnaître. La main tremblante, l'œil voilé, la rage dans le cœur, il compulse tous les volumes déjà publiés : partout les mêmes mutilations; des articles décousus, ou plutôt des articles rajustés ensemble sans aucun art; des interpolations, des erreurs grossières : voilà ce qu'était devenue son œuvre, après vingt ans d'un travail obstiné. Diderot en pleura des larmes de sang. Tout avait été tronqué, bouleversé; les faussaires n'avaient respecté personne. Quels étaient les auteurs de cet acte de barbarie? Le libraire lui-même, Le Breton, assisté de son prote. Ils s'étaient, de leur propre autorité, constitués en tribunal de censure. Avait-on jamais ouï parler de dix volumes in-folio clandestinement mutilés, tronqués, hachés, déshonorés par un imprimeur? Le Breton s'était donné la tâche d'ôter la philosophie de l'*Encyclopédie*, afin d'en ôter le péril, et il était trop ignorant et trop inintelligent pour s'apercevoir que du même coup il en ôtait tout l'attrait. Ce qu'on y cherchait, ce qu'on y voulait trouver, c'était la philosophie ferme et hardie de quelques-uns des travailleurs. Le Breton, avec ses ciseaux, en avait fait un dictionnaire insipide.

Il fallut pourtant se taire; car la moindre plainte mettait dans les mains de l'autorité la preuve légale de la continuation de l'*Encyclopédie*. Mais de tous côtés on pense à refaire l'œuvre et à la refaire sans mutilation. Panckoucke acheta deux cent cinquante mille livres les planches de la première édition, et se mit à l'œuvre pour cette édition réparatrice. C'est là que Voltaire intervint. Il ne fallait rien moins, pour cette œuvre difficile, que le meilleur de tous les ouvriers. Trois volumes étaient déjà imprimés, lorsque l'assemblée du clergé, en 1770, se plaignit au roi de cette réimpression. Aussitôt tout fut arrêté, et les trois premiers volumes furent portés à la Bastille.

La persécution rapproche et fortifie. Les rédacteurs de l'*Encyclopédie* ne formèrent vraiment un parti que quand ils furent ainsi frappés ensemble dans leur œuvre collective. Voltaire qui, à soixante-dix-sept ans, avait à lui seul plus de zèle et de ferveur que tous les autres philosophes ensemble, fut l'âme, le chef, et, comme on disait alors, le *patriarche* du parti. Il entreprit de faire à lui tout seul une *Encyclopédie*; ramassant ses articles qui avaient déjà paru dans le *Dictionnaire philosophique*, en ajoutant de nouveaux, il publia à la fin de 1770 trois volumes sous ce titre: *Question sur l'Encyclopédie*, par des amateurs. La police fut très-sévère pour ce nouvel ouvrage; il se répandit au dehors, mais à Paris on n'en eut jamais que quelques exemplaires.

Le patriarche y avait pourtant recours à une tactique déjà plusieurs fois employée par lui, mais dont il fit, dans le reste de sa vie, un trop fréquent usage. Il faisait le bon apôtre; il parlait de son respect pour le christianisme en le déchirant. Ces ménagements percés à jour abaissaient sans profit son caractère. Les ennemis ne s'y trompaient pas, les amis s'en indignaient. Voltaire, qui se croyait un fin politique, ne voyait dans ces patelinages qu'une excellente plaisanterie. Il en riait à gorge déployée avec ses intimes. Il n'était plus au temps de l'*Épître à Uranie*, quand le lieutenant de police Héraut lui disait: « Vous aurez beau faire, vous ne détruirez jamais le christianisme, » et qu'il répondait: « Nous verrons bien. »

Tout le monde sait qu'il porta cette manie de l'hypocrisie, car il faut appeler ainsi une hypocrisie nécessairement gratuite, jusqu'à faire publiquement ses pâques dans sa terre de Ferney. Cette farce impie remonte à l'année 1768. « Il a communié le jour de Pâques, nous dit Grimm dans sa *Correspondance*, avec tout le zèle d'un néophyte et toute la pompe d'un seigneur de paroisse. Il avait fait venir de Lyon six gros cierges, et les faisant porter devant lui avec un missel, escorté de deux gardes-chasse, il s'est rendu à l'église de Ferney où il a reçu la communion de la main de son curé. Après cette cérémonie, il a adressé aux assistants un discours pathétique sur le vol. Ce discours, commençant par ces mots: *La loi naturelle est la plus ancienne*, fit d'abord pâlir tout le clergé, c'est-à-dire le curé qui le représentait; mais l'orateur ne disant rien que de très-chrétien, le clergé se remit peu à peu de sa frayeur. L'orateur finit son discours édifiant en fixant les yeux sur un de ses paysans qu'il soupçonnait de l'avoir volé, et en disant que les voleurs étaient obligés à restitution entre les mains de leur curé, ou bien, s'ils aimaient mieux, entre les mains de leur seigneur. Le discours fini, le seigneur de Ferney demanda à son curé un reçu de tout, et reprit avec sa procession le chemin du château, en repassant le ruisseau qui le sépare de l'église. »

On peut juger du bruit. Le roi et la reine se montrèrent fort satisfaits. Il y avait en effet de quoi se réjouir, le sacrilége était des plus complets. « Et pourquoi tant de bruit à propos d'une chose si simple ? disait Voltaire. Est-ce la première fois ? J'ai tâché de faire mes pâques aussi souvent que ma mauvaise santé me l'a permis. » En même temps qu'il lui venait de si saintes pensées, il écrivait à un ami : « Je suis las de leur entendre répéter qu'il n'a fallu que douze hommes pour établir le christianisme, et j'ai envie de leur prouver qu'il n'en faut qu'un pour le détruire. » Il eut, au sujet de cette affaire, une curieuse correspondance avec l'évêque d'Annecy, qui ne pouvait admettre ni le sermon prononcé dans l'église par un laïque, ni ces deux gardes accompagnant leur seigneur la baïonnette au bout du fusil. Un pécheur si notoire et si endurci ne devait être admis à la sainte table qu'après une rétractation publique. Voltaire répondait, à son ordinaire, par des protestations d'orthodoxie entremêlées d'épigrammes. « Pouvez-vous supposer, répondait l'évêque, que je vous saurai bon gré d'une communion de politique, dont les protestants même n'ont pas été moins scandalisés que nous ? » En 1768, Voltaire, malade, se faisait encore administrer le viatique ; et comme c'était le temps des refus de sacrements et des discussions théologiques, il faisait sommer judiciairement le curé de Ferney de l'admettre à la communion. Ses amis les plus dévoués rougissaient d'une telle conduite. Et en effet, comment l'excuser ? S'il voulait tromper quelqu'un, c'était une bassesse ; s'il ne voulait que railler une religion, c'était une impiété. Il disait pour cette fois qu'un officier du roi ne devait pas, après sa mort, être jeté à la voirie. Capucinade de courtisan, qui excusait mal un sacrilége !

En 1770, la charge de père temporel des capucins de Gex vint à vaquer. Il la demanda, et l'obtint. Il avait toujours été au plus mal avec les évêques, et assez bien avec le pape. Clément XIV avait fort bien accueilli la dédicace de Mahomet, et même, si l'on en croit Condorcet, il fut fortement question, en 1759 ou 1760, de faire de Voltaire un cardinal. En tout cas, en 1770, on en fit un capucin. A partir de ce moment il signa souvent : Voltaire, capucin indigne. Il était enchanté de prendre ce titre, et c'est probablement tout ce qu'il avait vu dans ce patronage d'un couvent.

Pendant ces mêmes années, où nous venons de rencontrer des faits si regrettables, Voltaire s'était signalé d'une façon toute différente en dénonçant à l'indignation du monde entier des sentences barbares, dont on ne peut aujourd'hui même se souvenir sans horreur. Les noms de Calas, de Sirven, de Labarre, de Lally, sont à jamais consacrés par leur malheur, et par l'éloquence et le génie de Voltaire. Le supplice de Calas remonte à 1762. Le fils de cet infortuné avait abjuré le protestantisme. On le trouve pendu dans la maison de son père. Le père est arrêté, accusé de la mort de son fils, condamné à la roue, exécuté. Dans le même temps, la fille de Sirven s'échappe d'un couvent où on l'avait enfermée pour la convertir. Au bout de vingt jours on la trouve noyée au fond d'un puits. Nul doute, c'est le père qui l'a tuée. Averti par la catastrophe de Calas, Sirven s'enfuit par les glaces et les neiges, avec sa femme et les deux filles qui lui restent. La première nouvelle que la famille apprend en arrivant sur le territoire de la Suisse, c'est que le père et la mère sont condamnés à être pendus; les deux filles à demeurer sous la potence pendant l'exécution de leur mère, et à être reconduites par le bourreau hors du territoire, sous peine d'être pendues si elles reviennent. Le chevalier Labarre est accusé d'avoir chanté une chanson licencieuse, de ne s'être pas découvert en passant devant une procession, d'avoir endommagé, étant ivre, un crucifix de bois placé sur le pont d'Abbeville. Il fut condamné pour ces faits, dont le dernier ne fut pas établi, à subir la question ordinaire et extraordinaire, à souffrir le supplice de l'amputation de la langue jusqu'à la racine, à avoir la main droite coupée devant la porte de l'église, puis à être traîné dans un tombereau jusqu'à la place du marché, attaché à un poteau avec une chaîne de fer, et brûlé à petit feu. Cette sentence fut confirmée par le parlement de Paris, et exécutée à Abbeville le 1er juillet 1766. On se refuse à poursuivre cette liste funèbre. Ce sont les dates surtout qui sont éloquentes: ces atrocités se passent moins de vingt-cinq ans avant la Révolution française! Quand Voltaire apprit le supplice de Calas, car ce fut par lui qu'il commença cette croisade, il lui sembla que cette civilisation, dont il était l'apôtre, n'était qu'un mensonge brillant qui recouvrait la barbarie. Il sentit la même horreur qui l'avait animé en retraçant l'histoire de la Saint-Barthélemy, l'histoire de l'inquisition. Il résolut de faire rendre justice à la mémoire de Calas, à sa femme, à celle de Sirven et de Montbailly, à une victime plus illustre sinon plus malheureuse, au comte de Lally-Tollendal, décapité en place de Grève, sur des accusations calomnieuses, et traîné au supplice avec un bâillon dans la bouche pour protéger les meurtriers contre les révélations de la victime. Voltaire n'épargna rien, ni argent, ni peine, ni démarches. Il semblait que ça fût sa propre affaire; et c'était son affaire en effet, puisque c'était la cause de la civilisation et de la justice. Il appela l'indignation de l'Europe sur les juges prévaricateurs; son éloquence éveilla leurs remords jusque sur le tribunal où ils continuaient de siéger; le capitoul David, meurtrier de Calas, en perdit la raison et la vie. Jamais l'éloquence de Voltaire n'avait été plus pathétique ni plus véritablement émue. Pendant tout le temps que dura la révision du procès de Calas, il y songea pour ainsi dire jour et nuit. « Il ne m'arriva pas de sourire une fois pendant ces trois années, » dit-il. Il y avait certainement un danger réel et capable de faire reculer les plus intrépides, à engager ainsi la lutte contre les parlements, si puissants par eux-mêmes et par la popularité que leur donnait alors leur opposition aux vues de la cour. Quand les *Lettres sur le chevalier de Labarre* parurent, le parlement de Paris, qui avait confirmé l'arrêt, s'en émut, et le premier président porta ses plaintes au roi et au chancelier. Voltaire réussit dans tout ce que la justice humaine pouvait faire. Il rendit la veuve et les enfants de Calas à leur patrie, la veuve de Sirven, celle de Monthailly, à leur famille; il protégea auprès de Frédéric le complice de Labarre, condamné comme lui au bûcher. Il vécut assez pour apprendre la réhabilitation de Lally. La nouvelle lui en parvint sur son lit de mort. Il eut encore la force d'écrire au fils de la victime. « Le mourant ressuscite en apprenant cette nouvelle, » lui disait-il. Ce ne sont pas là de bonnes actions isolées ; c'est un service rendu à l'humanité, à la philosophie. Ces lois barbares ne pouvaient plus durer après les écrits de Voltaire. C'en était fait de cette justice de cannibales. La France, avertie et épouvantée de l'horreur et du chaos de sa législation, n'eut qu'un cri pour arriver à un code moins atroce, à une justice plus protectrice. Voltaire, en combattant ces iniquités, poursuivait la même guerre qu'il avait faite toute sa vie à la superstition et au fanatisme. Il faisait triompher la raison et la justice : noble couronnement d'une vie presque séculaire consacrée à la philosophie et aux lettres !

En 1771 eurent lieu les querelles des parlements et du chancelier Maupeou. Les contemporains, qui ne s'y connaissaient pas, appelèrent cela une révolution. Tous les philosophes furent pour les parlements contre la cour, c'est-à-dire pour la bourgeoisie appuyée sur la loi, contre un pouvoir arbitraire et absolu. Il semble que Voltaire, par fidélité à ses principes, et dans l'intérêt même de sa popularité, devait prendre le même parti. Mais il y avait en lui un fonds de fidélité monarchique qui lui faisait attendre les réformes plutôt de la royauté que d'une magistrature vénale. Ces conseillers qui achetaient leurs charges, qui appliquaient avec barbarie des lois barbares, qui faisaient brûler les livres des philosophes au pied de l'escalier de leur palais, qui décrétaient les écrivains de prise de corps, dès qu'un abus était signalé par eux, ne lui paraissaient pas dignes d'être soutenus. Il se refusait à voir en eux même un fantôme de représentation nationale. Il ne voulut voir dans la défaite des parlements que l'abolition des épices et de la vénalité des charges ; et la diminution du ressort du parlement de Paris

Voltaire jouissait dans sa vieillesse de la plus grande popularité que jamais homme ait obtenue. Au théâtre, il était roi; ses contemporains le mettaient au-dessus de Racine et de Corneille. Il avait brillé au premier rang dans tous les genres, dans le poëme épique, dans la satire, dans la poésie légère. Sa prose était un modèle de netteté et d'élégance. Il avait donné à l'histoire une forme et une précision toutes nouvelles. Il était le chef avoué d'un parti philosophique qui préludait à la Révolution française en s'emparant de tous les esprits. Il avait porté les premiers coups à ce qui restait en France de fanatisme religieux et de fanatisme juridique. Ses décisions étaient accueillies partout comme des oracles. En 1769, l'impératrice Catherine lui envoya, presque par ambassadeur, son portrait, une pelisse de fourrure, et le *Code de Catherine II*, traduit en français. L'année suivante, les encyclopédistes entreprirent d'élever une statue de marbre à leur chef. Le projet fut conçu dans le salon de Mme Necker, et Pigale fut chargé de l'exécuter. C'est la même qu'on voit encore dans la grande salle de la bibliothèque de l'Institut, portant cette inscription : *A Voltaire vivant, les gens de lettres ses compatriotes*. En 1772, l'année de la mort de Louis XV, Mlle Clairon, dans une de ces soirées littéraires comme on en donnait alors, et qui avaient une importance presque européenne, couronna son buste de laurier, en récitant des vers à sa louange.

Voltaire, qui avait applaudi avec transport aux premiers actes de Louis XVI, et qui avait regardé les ordonnances de Turgot comme le salut du peuple, voulut revoir Paris, où il sentait bien que l'attendait un triomphe. Il y arriva le 10 février 1778, et descendit chez le marquis de Villette, marquis de fraîche date, homme de lettres plus que médiocre, mais que Voltaire aimait d'une tendresse particulière. Grimm dit quelque part dans sa *Correspondance* que M. de Villette, « qui avait toutes les prétentions, » prétendait être le fils de Voltaire. Il avait épousé Mlle de Varicourt, que le patriarche avait pour ainsi dire élevée auprès de lui à Ferney, qu'il appelait *Belle et Bonne*, et qui méritait ce nom. M. de Villette demanda un jour à Sophie Arnoult ce qu'elle pensait de sa femme après l'avoir vue : « C'est, dit-elle, une fort belle édition de *la Pucelle*. » L'hôtel qu'ils habitaient à Paris faisait le coin de la rue de Beaune et du quai que l'on a depuis appelé le quai Voltaire.

A peine Voltaire fut-il à Paris qu'il y eut à sa porte un véritable concours de tout ce qu'il y avait dans la capitale de gens de lettres, d'artistes, d'étrangers illustres et de grands seigneurs libéraux. Il vint aussi des femmes, parmi lesquelles nous citerons, comme contraste, Mme Necker, femme du directeur général des finances, et Mme du Barry. Mme de Villette et Mme Denis faisaient les honneurs dans un premier salon ; Voltaire entrait un instant, disait à chacun quelques mots aimables, et se retirait ensuite avec Wagnère, son secrétaire, pour mettre à jour sa correspondance, et faire de nouvelles corrections à sa tragédie d'*Irène*; car il travailla jusqu'au jour de sa mort. Turgot vint avec tout le monde le féliciter; ce fut le visiteur le mieux accueilli. Il n'était plus ministre; mais il avait rendu libre le commerce des grains et aboli la corvée. Voltaire le reçut avec toutes ses séductions, lui saisit la main et la baisa malgré sa résistance. « Laissez-moi, dit-il, baiser cette main qui a signé le salut du peuple. » L'illustre Franklin amena son petit-fils, et demanda pour lui la bénédiction de Voltaire. Le vieillard étendit les mains sur sa tête en souriant, et ne prononça que ces paroles : *God and liberty!*

Dans les cercles, dans les cafés, dans les gazettes, à la cour, aux théâtres, il n'était question que de Voltaire. Le roi, fort puritain, et d'une humeur quelque peu sauvage, ne partageait pas l'engouement général; mais Marie-Antoinette et le plus jeune frère du roi, qui fut depuis Charles X, brûlaient du désir de voir l'auteur de *Mérope*, de *Zaïre*, de *Sémiramis*, de *Tancrède*. La reine fit inutilement tous ses efforts pour triompher de la malveillance de Louis XVI. On la vit à la première représentation d'*Irène*, un crayon à la main, notant tous les passages où l'auteur exprimait des sentiments religieux. Le comte d'Artois, à qui peut-être ne déplaisaient pas les ouvrages même les plus légers de Voltaire, le fit à plusieurs reprises assurer de sa protection, et de la part qu'il prenait à ses triomphes. Ce fut un grand chagrin pour Voltaire de ne pouvoir être reçu à la cour, et d'apprendre que l'archevêque de Paris avait écrit au roi pour demander son éloignement. « Vous êtes bien bon de tant regretter Versailles, lui dit un philosophe; savez-vous bien ce qui serait arrivé? Le roi, avec son affabilité ordinaire, vous aurait ri au nez et parlé de votre chasse de Ferney; la reine, de votre théâtre; Monsieur, vous aurait demandé compte de vos revenus, Madame vous aurait cité quelques-uns de vos vers; la comtesse d'Artois ne vous aurait rien dit, et le comte vous aurait entretenu de la *Pucelle*. »

Le soir même de son arrivée, Voltaire lut et déclama lui-même, dans son salon, la plus grande partie de sa tragédie d'*Irène*, et passa le reste de la nuit à corriger les deux derniers actes. Mme Vestris, chargée du rôle d'Irène, étant venue le voir à son lever, il lui dit : « J'ai été occupé de vous, madame, toute la nuit, comme si je n'avais que vingt ans. » Lekain, son acteur favori, qui avait joué toutes ses pièces, qu'il avait élevé lui-même pour le théâtre, et qu'il n'avait jamais vu sur la scène française, était mort à Paris le 8 février 1778. Ce fut la première nouvelle que Voltaire apprit en arrivant, et la plus fâcheuse qu'il pût recevoir, dans l'extrême préoccupation que lui causait sa dernière œuvre. Il montra beaucoup d'impatience et d'humeur à une répétition que les comédiens vinrent faire chez lui; et il en résulta une hémorragie qui donna de vives inquiétudes. Tronchin l'avertit de songer sérieusement à ses affaires, et de se considérer, ce furent ses expressions, comme ayant l'épée de Damoclès incessamment suspendue sur sa tête.

Son premier mot, lorsqu'il vomissait encore le sang à pleine bouche, fut de demander un prêtre. « Je ne veux pas qu'on me jette à la voirie, » dit-il. Il se confesse dans les formes au P. Gauthier, chapelain des Incurables, et, sur sa prière, remit entre ses mains la déclaration suivante : « Je soussigné, déclare qu'étant attaqué depuis quatre jours d'un vomissement de sang à l'âge de quatre-vingt-quatre ans, et n'ayant pu me traîner à l'église, et M. le curé de Saint-Sulpice ayant bien voulu ajouter à ses bonnes œuvres celle de m'envoyer M. l'abbé Gauthier, prêtre, je me suis confessé à lui, et que, si Dieu dispose de moi, je meurs dans la sainte religion catholique où je suis né, espérant de la miséricorde divine qu'elle daignera pardonner toutes mes fautes, et que, si j'avais jamais scandalisé l'Église, j'en demande pardon à Dieu et à elle.

« Et a signé, VOLTAIRE, le 2 mars 1778, dans la maison de M. le marquis de Villette, en présence de M. l'abbé Mignot, mon neveu, et de M. le marquis de Villevieille, mon ami. »

Voltaire en réchappa pour cette fois, malgré les prévisions de Tronchin qui le croyait mort. A peine remis sur pied, il regretta sa confession, dont la ville se moquait et dont on se montrait médiocrement édifié à la cour. Ses gens affirmaient à qui voulait les entendre que c'était la neuvième fois qu'il recevait le viatique dans des occasions semblables. En tout cas, son hypocrisie n'était que de surface. « Il faut toujours persévérer dans la religion de ses pères, disait-il au curé de Saint-Sulpice; et, si j'étais né dans l'Inde, je voudrais mourir une queue de vache à la main. » Au reste, quoiqu'il parlât toujours de ses maladies, il oubliait parfaitement l'épée de Damoclès quand la crise était disparue. « Vous avez si fort surpassé tous vos confrères en tout genre, lui dit Mercier, vous surpasserez encore Fontenelle dans l'art de vivre longtemps. — Ah! monsieur, Fontenelle était un Normand : il a trompé la nature. »

Le 30 mars, Voltaire se rendit à l'Académie et au théâtre. Voici comment Grimm raconte cette double visite dans ses Correspondances littéraires. « Son carrosse a été suivi dans les cours du Louvre par une foule de peuple empressé à le voir. Il a trouvé toutes les portes, toutes les avenues de l'Académie assiégées d'une multitude qui ne s'ouvrait que lentement à son passage, et se précipitait aussitôt sur ses pas avec des acclamations et des applaudissements multipliés. L'Académie est venue au-devant de lui jusque dans la première salle, honneur qu'elle n'avait jamais fait à aucun de ses membres, et pas même aux princes étrangers qui ont assisté à ses séances.... On l'a nommé directeur, à l'unanimité, quoique cette charge se tire ordinairement au sort. M. de Voltaire a reçu cette distinction avec beaucoup de reconnaissance, et la lecture que lui a faite ensuite M. d'Alembert de l'*Éloge de Boileau* a paru l'intéresser infiniment. L'assemblée était aussi nombreuse qu'elle pouvait l'être sans la présence de MM. les évêques, qui s'étaient tous dispensés de s'y trouver. »

Grimm aurait pu ajouter que les abbés eux-mêmes s'étaient abstenus, à l'exception de l'abbé de Boismont et de l'abbé Millot, qui n'avaient rien à espérer du clergé ni de la cour. A cette époque, l'Académie tenait encore ses séances au Louvre, et le Théâtre-Français donnait ses représentations aux Tuileries, dans une salle qu'on appelait la salle des Machines, et sur l'emplacement de laquelle ont été faites depuis la salle des séances de la Convention, et plus tard la salle des séances du conseil d'État.

« La marche de M. de Voltaire depuis le vieux Louvre jusqu'aux Tuileries a été une espèce de triomphe public. Toute la cour des Princes, qui est immense, jusqu'à l'entrée du Carrousel, était remplie de monde. Il n'y en avait guère moins sur la grande terrasse du jardin, et cette multitude était composée de tout âge, de tout sexe et de toute condition. Du plus loin qu'on a pu apercevoir sa voiture, il s'est élevé un cri de joie universel ; les acclamations, les battements de mains, les transports ont redoublé à mesure qu'il approchait.... Dans la salle même, l'enthousiasme du public, que l'on ne croyait pas pouvoir aller plus loin, a paru redoubler encore lorsque, M. de Voltaire placé aux secondes, dans la loge des gentilshommes de la chambre, entre Mme Denis et Mme de Villette, l'acteur Brizard est venu apporter une couronne de lauriers que Mme de Villette a posée sur la tête du grand homme, mais qu'il a retirée aussitôt, quoique le public le pressât de la garder par des battements de main et par des cris qui retentissaient de tous les coins de la salle avec un fracas inouï. Toutes les femmes étaient debout. Il y avait plus de monde encore dans les corridors que dans les loges. Ce transport, cette espèce de délire universel a duré plus de vingt minutes, et ce n'est pas sans peine que les comédiens ont pu parvenir enfin à commencer la pièce. C'était *Irène* qu'on donnait pour la sixième fois.... La pièce fut à peine écoutée. A la fin de la tragédie, le buste de Voltaire fut couronné sur le théâtre par tous les acteurs, et Mme Vestris récita ces vers, que M. de Saint-Marc venait de faire sur-le-champ :

> Aux yeux de Paris enchanté
> Reçois en ce jour un hommage
> Que confirmera d'âge en âge
> La sévère postérité.
> Non, tu n'as pas besoin d'atteindre au noir rivage

Pour jouir de l'honneur de l'immortalité.
Voltaire, reçois la couronne
Que l'on vient de te présenter ;
Il est beau de la mériter
Quand c'est la France qui la donne !

« Une actrice, Mlle Fanier, en déposant sa guirlande sur le buste de Voltaire, l'embrassa dans un moment d'enthousiasme, et cet exemple fut suivi par toutes les autres. »

La foule reconduisit Voltaire aux flambeaux jusque chez lui, et le cocher fut obligé de marcher au pas. Voltaire disait : « On veut donc me faire mourir de plaisir ! »

Quelques jours après, il donna un singulier pendant à sa confession, et à la déclaration remise entre les mains de l'abbé Gauthier : il se fit recevoir franc-maçon.

L'âge, la maladie, les émotions achevaient de l'épuiser. Il se montra encore en public chez Mme de Montesson, la maîtresse ou plutôt la femme du duc d'Orléans, où le duc et la duchesse de Chartres lui présentèrent leurs enfants, dont un a été le roi Louis-Philippe. Il alla deux ou trois fois à l'Académie, et décida ses confrères à entreprendre la rédaction d'un nouveau dictionnaire. Il fit aussi quelques visites, par exemple, à Sophie Arnoult et au foyer de la Comédie-Française. Chez Mme de Luxembourg, une dame exprima le vœu qu'on fît un traité avec les Anglais. « Madame, dit Voltaire en montrant l'épée du maréchal de Broglie, qui était présent, voilà la plume avec laquelle il faut signer ce traité. » Ces visites l'épuisaient, la foule ne cessait de le poursuivre jusque chez lui, et il commençait à désirer le repos et la solitude. Saint-Ange, le traducteur d'Ovide, lui disait un jour : « Aujourd'hui, monsieur, je ne suis venu voir qu'Homère ; je viendrai voir un autre jour Euripide et Sophocle, et puis Tacite, et puis Lucien.... — Monsieur, je suis bien vieux. Si vous pouviez faire toutes ces visites en une fois ! »

Il fut emporté en quelques heures. Beaucoup de prêtres briguèrent la gloire de le confesser ; mais il s'y refusa. Le curé de Saint-Sulpice lui parla de Dieu. « Je l'ai toujours adoré sincèrement. — Mais croyez-vous à la divinité de Jésus-Christ ? — Au nom de Dieu, ne me parlez pas de cet homme-là, et laissez-moi mourir en paix. » Il mourut le 30 mai 1778, entre dix et onze heures du soir, âgé de quatre-vingt-quatre ans et quelques mois.

Son neveu, l'abbé Mignot (le frère de Mme Denis), obtint une décharge du curé de Saint-Sulpice, et emporta le corps à l'abbaye de Scellières, dont il était abbé commendataire. Il fit procéder en hâte aux obsèques et à l'inhumation. Le lendemain, arrivèrent les défenses de l'évêque de Troyes. A Paris, on défendit aux comédiens de jouer les pièces de Voltaire jusqu'à nouvel ordre, aux journalistes de parler de sa mort ni en bien ni en mal, aux régents des colléges de faire apprendre de ses vers à leurs écoliers.

La marquise de Boufflers fit les vers suivants qui coururent tout Paris, et qui ne sont en effet que des vers de circonstance :

Dieu fait bien ce qu'il fait ; La Fontaine l'a dit.
Si j'étais cependant l'auteur d'un si grand œuvre,
Voltaire eût conservé ses sens et son esprit ;
Je me serais gardé de briser mon chef-d'œuvre.

Celui que dans Athène eût adoré la Grèce,
Que dans Rome à sa table Auguste eût fait asseoir,
Nos Césars d'aujourd'hui n'ont pas voulu le voir,
Et Monsieur de Beaumont lui refuse une messe.

Oui, vous avez raison, Monsieur de Saint-Sulpice.
Eh ! pourquoi l'enterrer ? N'est-il pas immortel ?
A ce divin génie, on peut sans injustice
Refuser un tombeau, mais non pas un autel.

L'Académie française, dont l'usage constant était de faire dire un service solennel pour chacun de ses membres décédés, s'adressa aux Cordeliers, qui répondirent qu'ils avaient reçu défense. L'Académie décida qu'aucun service n'aurait lieu avant que celui de Voltaire n'eût été célébré. On s'obstina de part et d'autre, et ce fut la fin de cet usage.

Jean-Jacques Rousseau mourut la même année que Voltaire.

Ce qui donne à Voltaire une place à part dans l'histoire des lettres, c'est son universalité et son influence. Nous avons vu qu'il s'essaya dans tous les genres, et que, dans plusieurs, il s'éleva au premier rang ; et nous avons insisté sur son dernier séjour à Paris, pour montrer à quel point il passionnait et dominait ses contemporains. C'est une chance rare, que la réunion d'un poëte et d'un philosophe dans un seul homme. Voltaire dut à cette circonstance de maîtriser son temps, et de laisser une trace ineffaçable dans les esprits et dans les mœurs. S'il n'eût été que philosophe, la foule l'eût moins connu et moins admiré ; s'il n'eût été que poëte, ses succès eussent été plus personnels. Ses opinions philosophiques pénétrèrent loin et durèrent longtemps, parce qu'elles furent servies et comme portées par l'immense succès du poëte.

Ses contemporains le mettaient, comme poëte tragique, à côté de Racine et de Corneille, peut-être au-dessus. Il s'en faut bien qu'il atteigne la grandeur de Corneille, ou la perfection de Racine. Il n'a point de ces éclairs qui éblouissent dans *Cinna*, dans *Polyeucte*, dans *le Cid*. Il n'approche point de cette vigueur héroïque, de cette majesté des conceptions de Corneille. Ses tragédies n'ont pas la perfection des plans de Racine ; ses caractères sont moins étudiés; ses vers surtout sont bien loin d'être aussi parfaits. C'est toujours dans la nature humaine que Racine cherche les sources de l'émotion; et Voltaire la demande le plus souvent au jeu des événements et à des effets de théâtre. Ce qu'on ne peut lui refuser, c'est une intelligence complète des conditions de son art, une grande fécondité et une grande variété dans la conception de ses plans, une versification toujours noble et facile, souvent éloquente, de la hardiesse dominée par le goût le plus sûr, l'instinct ou, si l'on veut, le génie de la terreur, qui est une des plus grandes parties du tragique. On ose à peine dire que l'habileté de l'artiste se sent plus chez lui que l'émotion et l'inspiration du poëte, et qu'en cela, tout en restant aux premiers rangs, il est déjà, comme tragique, un poëte de décadence. Cela est encore plus frappant dans la *Henriade*. Rien ne manque à ce poëme, de ce qui peut s'analyser et se prescrire. *La Henriade* est un chef-d'œuvre, la poétique à la main. Ce qui manque, c'est la naïveté. L'auteur pensait en historien de génie; et, à force d'art, il donnait à son récit les apparences d'un poëme.

Dans la poésie légère, où il faut surtout de la facilité et de la grâce, il n'a pas de rival, au moins dans notre langue. Il excella également dans la poésie didactique; car nul, après Boileau, ne posséda comme lui ce vers élégant et précis, plus précis, plus clair, plus méthodique, dans son allure en apparence si facile, que la prose la plus parfaite. Voltaire fut au-dessous du médiocre dans la comédie, et cela se comprend : il ne savait pas disparaître. Il était plutôt fait pour railler la nature humaine que pour l'étudier.

Il rendit comme historien des services incontestables. Il avait le goût, plutôt que le talent de la critique; mais c'était beaucoup d'en avoir le goût, et de le répandre. Il portait dans les études historiques un esprit entièrement dégagé de la routine. Si d'autres préoccupations offusquent son jugement et ôtent beaucoup de leur valeur à ses propres écrits, il n'en a pas moins ouvert la voie où d'autres sont entrés après lui avec une indépendance plus complète. Avec un esprit si admirablement doué, si curieux, si prompt à saisir les rapports les plus éloignés; avec une vie si longue et si constamment occupée, on comprend que Voltaire ait touché à tout, et jeté de tous côtés des lumières. Cependant il était trop pressé de produire, et la plupart du temps trop préoccupé des thèses qu'il soutenait pour atteindre à l'érudition véritable. Ses erreurs sont innombrables; et en somme il est plutôt un des précurseurs de l'histoire qu'un historien. En revanche, dans les matières qui n'exigeaient pas des recherches persévérantes et profondes, comme l'*Histoire de Charles XII* et le *Siècle de Louis XIV*, il a laissé de vrais chefs-d'œuvre. C'est là que triomphe sa qualité dominante, le bon sens, servi par une facilité, par une netteté, par une précision incomparables. Il ne fait pas de théories, il ne met pas l'histoire en maximes. Il raconte tout uniment, tout simplement : mais avec lui les faits se déroulent sans confusion; on les suit comme dans la réalité; on en comprend les causes et la portée, sans que l'auteur paraisse les indiquer seulement ; et en même temps tout s'anime, tout est vivant, tout est peint aux yeux. Quand une belle pensée ou une heureuse expression se rencontre, elle entre si naturellement dans l'esprit, qu'on ne songe pas à admirer. C'est le comble de l'art que d'ôter tout appareil à la profondeur, et de la rendre, en apparence, naturelle.

Voltaire est certainement un philosophe, et un des plus grands noms de l'histoire de la philosophie. Cependant il n'a pas créé de système, et n'a adopté le système de personne. Dans l'histoire des idées, on n'en peut citer aucune qui procède de lui. Il a servi la philosophie en répandant la philosophie, en l'émancipant et en mettant les philosophes en état de travailler avec profit pour eux et pour les autres. Considéré au point de vue de ses opinions philosophiques spéciales, ce n'est qu'un disciple très-ordinaire de Locke. Il aime, dans la philosophie de Locke, le parti pris de ne pas se payer de mots, de ne croire que ce qu'on comprend, de rejeter les prétendues maximes qui ne sont que de vieux préjugés, de s'appuyer sur des faits bien observés, de ne pas s'écarter du sens commun, d'avouer au besoin son ignorance ou son impuissance. Il n'est pas sensualiste dans le sens précis de ce mot, quoiqu'il ait combattu la doctrine des idées innées, car il l'a combattue sans la connaître. Descartes, qu'il jugeait d'après Locke, était plus près de lui qu'il ne le croyait, puisque Voltaire admettait, comme Descartes, la souveraineté de la raison et l'existence de Dieu. Il était spiritualiste par toutes ses tendances, et même par ses opinions, quoi qu'il fît, avec Locke, des réserves dont il n'appréciait pas la portée. Il voulait croire à l'immortalité de l'âme, et il en était bien près, ce qui ne l'empêchait pas d'étaler toutes les objections, et d'avouer quelquefois ses incertitudes. Il en est de même pour la liberté; il lui arrivait d'écrire dix pages contre elle, et de conclure en disant qu'elle ne faisait pas l'ombre d'un doute. Comment n'aurait-il pas cru à la liberté dans l'homme, à la raison dans l'homme, lui qui demanda toute sa vie l'émancipation de l'humanité, et qui combattit toute sa vie la superstition, qui est l'ennemie naturelle de la raison, et l'arbitraire, qui est l'ennemi naturel de la liberté? Ceux qui lisent *Candide* superficiellement, le prennent pour un argument contre la Providence, et ce n'est pas même un argument contre Leibnitz. L'esprit de système, en philosophie, exagère tout, transforme tout. De ce que Dieu gouverne le monde, il ne s'ensuit pas qu'il n'y ait pas de mal dans le monde; et de ce que l'ordre domine le désordre dans l'œuvre de Dieu, il ne s'ensuit pas que le désordre bien expliqué devienne de l'ordre. L'auteur de *Candide* pouvait croire à la Providence, et il y croyait, avec des intervalles de doute peut-être, parce que le philosophe était poëte en même temps, et se laissait aller à ses impressions. On peut affirmer que l'habitude dominante de l'esprit de Voltaire était de croire à la raison, à Dieu, à la liberté, et d'espérer l'immortalité de l'âme.

Pourquoi lui a-t-on attribué les opinions contraires? Parce qu'un parti a eu intérêt à le rendre odieux, et que dans son œuvre immense il est aisé de trouver des contradictions; parce que beaucoup d'hommes imposent leurs propres définitions à leurs adversaires, et que si leurs adversaires refusent à Dieu, par exemple, un des attributs qu'ils lui reconnaissent, ils ne disent pas : « Vous vous trompez sur la nature de Dieu; » mais : « Vous ne croyez pas en Dieu. »

Avec ces doctrines, qui sont celles de la majorité des hommes éclairés, Voltaire ne serait pas un philosophe; son rôle, il faut le répéter, n'a pas été de trouver, mais de répandre. Il n'a pas fécondé la science, il l'a armée. Elle était renfermée dans les écoles : il l'a rendue populaire. Elle était entravée par l'esprit de système, par la routine, par la superstition, et par les forces publiques mises depuis des siècles au service de l'intolérance. Il a raillé l'esprit de système, démasqué la superstition, foulé aux pieds la routine, et lutté avec obstination, avec courage, contre les lois et les gouvernements qui dégradaient l'espèce humaine en mutilant, en enchaînant la volonté et la pensée. Pour soutenir cette cause de l'émancipation de l'humanité, il a donné tous les instants de sa longue vie. Personne n'a déployé dans cette cause plus de persévérance, plus de talent, et des talents plus divers. Il a fouillé l'histoire de tous les peuples, pour y puiser des arguments. Il a parlé aux grands et aux puissants avec une éloquence si entraînante et si passionnée, qu'on voyait bien qu'il y mettait son âme tout entière. Il a jeté à la foule des plaisanteries si fines, des sarcasmes si mordants, des vers d'une allure si triomphante, qu'il l'a attirée, domptée, enthousiasmée, dégagée à jamais de ses anciennes entraves. Aujourd'hui historien, et demain poëte; tantôt traduisant Newton, et tantôt commentant l'Écriture sainte; écrivant tour à tour un poëme épique et une comédie; lançant entre deux volumes un pamphlet de deux pages; prenant toutes les formes, saisissant toutes les armes; infatigable, se tenant sur la brèche, combattant à chaque heure, à chaque minute, sans faiblir, sans disparaître un moment, aussi prompt à la riposte, aussi salé, aussi mordant à quatre-vingts ans qu'à quarante; attaquant l'ennemi sous toutes ses transformations, et n'ayant au fond qu'un ennemi, l'intolérance, comme il n'avait qu'un drapeau, la liberté de penser : tel fut Voltaire; et c'est en cela qu'il a rendu à la philosophie le plus grand, le plus signalé, le plus nécessaire de tous les services, en la faisant maîtresse d'elle-même.

Qu'il ait souvent passé les bornes dans cette lutte, qu'il ait employé de mauvais moyens dans une bonne cause, qu'il ait même emprunté plus d'une fois les armes de ses adversaires, qui en doute? Et qui ne le lui reproche? Voltaire n'est pas un sage, ce n'est pas un héros, ce n'est pas un apôtre; c'est un polémiste. On a fait des volumes de ses erreurs. Mais c'est sa cause qu'il faut regarder. Sa cause est juste, et il l'a glorieusement servie.

Les diatribes dont il a été et dont il est encore tous les jours l'objet ont accoutumé beaucoup d'esprits à voir en lui principalement, presque uniquement, un ennemi du christianisme. Ce n'est là que le petit côté de Voltaire, le mauvais côté si l'on veut en tout cas le côté indifférent. Il n'a pas renversé le christianisme, quoiqu'il s'en soit vanté; et au fond, ce n'est pas au christianisme qu'il en voulait: c'est à la superstition et à l'intolérance; et c'est si réellement à la superstition et à l'intolérance, qu'il a combattu les superstitions des philosophes e' l'intolérance des parlements avec autant de zèle qu'il en mettait à poursuivre l'inquisition et les faux miracles. Nous nous soucions fort médiocrement aujourd'hui de ses arguments contre l'Écriture. Nous savons qu'il n'a fait que ressasser des objections qui sont déjà dans Julien, et que Bayle, entre autres, avait reprises, presque de son temps, avec plus d'érudition que lui. Les *Lettres de quelques juifs* ont raison contre la théologie de Voltaire; mais Voltaire a raison contre la superstition et l'intolérance.

La Révolution a éclaté bien peu d'années après la mort de Voltaire. Ce grand fait, qui a tout changé dans le monde, a surtout changé le point de vue d'après lequel nous jugeons les hommes et les siècles passés. Il nous semble tout naturel aujourd'hui de concevoir une société purement civile fondée sur l'intérêt commun ou sur les principes plus vrais et plus nobles de la religion naturelle, et sans aucun rapport nécessaire avec les dogmes d'une religion positive. Cette idée si simple paraissait tellement nouvelle aux plus hardis penseurs du xviiie siècle, que tout en l'exprimant dans leurs livres, ils se défendirent pour la plupart d'en demander l'application. On comprenait à peine en France que le roi pût séparer sa cause de celle de la religion, tant les liens étaient anciens et étroits entre le catholicisme et la royauté. Le pouvoir civil invoquait une légitimité de droit divin, principe mystique dont l'Église était le garant. Loin d'être une cérémonie vaine, le sacre semblait très-analogue à un sacrement. Le roi de France, oint des saintes huiles, et fils aîné de l'Église, exerçait en régnant un sacerdoce. De son côté, le clergé, protégé par ces doctrines et par cette solidarité avec l'autorité royale, prenait une très-grande part à l'administration. Outre les attributions qu'il tirait directement de son titre de re ligion d'État, comme de tenir les registres de l'état civil, de décider la plupart des causes relatives aux mariages, d'intervenir par l'usage des monitoires dans les affaires judiciaires, de censurer les livres et les écrits périodiques, d'imposer, au moins à ceux qu'on appelait les nouveaux convertis, la participation aux cérémonies et aux sacrements de l'Église, il était maître de l'enseignement par ses congrégations; il partageait la puissance des parlements par les conseillers clercs, et celle de l'administration civile par les conseillers d'État d'église; il avait à la cour un grand aumônier, un ministre chargé de la feuille, qui tenait dans ses mains la fortune de toutes les familles, un jésuite confesseur du roi, devant lequel tremblaient les plus grands. Malgré l'opposition des parlements, opposition limitée à la revendication des libertés de l'Église gallicane, on peut presque dire que le clergé régnait. Ce mot n'a rien d'exagéré quand on pense à Richelieu, à Mazarin, à la longue prépondérance du P. de La Chaise et de Mme de Maintenon sous Louis XIV, au cardinal Dubois, au cardinal Fleury. De plus, les évêques et le clergé du second ordre formaient en France, et en France seulement, un ordre politique dont les prérogatives étaient les seules que n'eussent pas entamées les empiétements du pouvoir royal. On ne pouvait demander au roi de droit divin, au fils aîné de l'Église, de se séparer du clergé et de rendre à l'autorité son caractère purement laïque : cette grande idée ne vint que tardivement à la Constituante elle-même; ni compter sur la tolérance des membres du clergé, puisque l'Église, en se faisant intolérante, croyait obéir à son devoir. Convaincus de la légitimité de leur puissance, les prêtres auraient cru prévariquer en ne l'employant pas à courber par la force les aspirations de la libre pensée. Que faire contre un pouvoir si sûr de lui-même, si profondément enraciné dans le sol, uni par des liens si étroits à l'administration, à la justice, à la politique, et dont les intérêts étaient identifiés depuis des siècles avec ceux de la dynastie royale? Il paraissait plus facile de le détruire que de l'amoindrir. On l'attaquait par sa base, c'est-à-dire en attaquant la foi, parce qu'on ne croyait pas que, tant que la foi subsisterait, le clergé pût devenir ou moins puissant, ou moins intolérant. Tel est l'ordinaire effet du pouvoir excessif et de la compression violente. Voltaire, en attaquant la domination cléricale, attaqua jusqu'aux fondements du christianisme, et ne sut pas se préserver lui-même de l'intolérance.

Il est facile aujourd'hui de séparer le dogme des défenseurs du dogme, de mettre d'un côté les idées chrétiennes, et de l'autre cet amas de superstitions sous lesquelles les fanatiques ont à plusieurs reprises comme étouffé le christianisme, et les persécutions, à la fois odieuses et inutiles, qu'ils ont dans tous les temps exercées en son nom, au mépris des maximes et des prescriptions de l'Évangile. Voltaire aurait dû faire cette distinction. Cela eût été grand, cela eût été juste. Il ne l'a pas faite, c'est son tort et son malheur; mais comprenons au moins combien sa situation était différente de la nôtre, en nous rappelant quelle était alors la force morale de la superstition par l'ignorance où croupissaient les masses, et sa force légale par l'appui que lui donnait le pouvoir séculier. On ne faisait plus d'*auto-da-fé*, au moins en France; mais la philosophie discutait sous le fouet. Combien de fois Voltaire, avec toute sa prudence que nous lui reprochons, avec son hypocrisie même, a-t-il été obligé de chercher un refuge en Angleterre, en Prusse, en Hollande? La plupart de ses livres ont dû être d'abord anonymes. Les plus importants ont paru à l'étranger, et n'ont pu pénétrer en France que par la fraude. Lorsqu'il vint à Paris pour y mourir, en 1778, chargé d'ans et de gloire, l'archevêque de Paris écrivit au roi pour lui demander d'éloigner ce vieillard, ce mourant; et le roi l'aurait fait, si tout Paris n'avait porté en triomphe cet ennemi public. Cependant où en était, pour les mœurs, pour la doctrine, ce clergé intolérant du xviiie siècle? Que ceux qui ont étudié à fond la société française à cette époque, disent si les encyclopédistes ont plus contribué à amener la catastrophe que ceux mêmes qu'elle a frappés. De même pour les parlements, et pour ces restes de barbarie féodale qui devaient rester debout jusqu'au 14 juillet et au 4 août 1789. Les plaidoyers de Voltaire avaient beau être éloquents, ils ne l'étaient pas autant que les arrêts d'Abbeville et de Toulouse. En résumé, nous n'absolvons pas les excès de Voltaire, nous les regrettons, nous les condamnons. Nous demandons seulement qu'on se place, pour les juger, en pleine société du xviiie siècle; et nous demandons surtout que l'on voie en Voltaire ce qui était surtout en lui, c'est-à-dire l'ennemi de toutes les oppressions et de tous les fanatismes.

# THÉATRE.

## AVERTISSEMENT

DE L'ÉDITION DU THÉATRE DE VOLTAIRE

PUBLIÉE EN 1768, PAR LES FRÈRES CRAMER.

Nous donnons ici toutes les pièces de théâtre de M. de Voltaire, avec les variantes que nous avons pu recueillir; ce sera la seule édition correcte et complète. Toutes celles qu'on en a données à Paris sont très-informes : cela ne pouvait être autrement. Il arriva plus d'une fois que le public, séduit par les ennemis de l'auteur, sembla rejeter aux premières représentations les mêmes morceaux qu'il redemanda ensuite avec empressement quand la cabale fut dissipée.

Quelquefois les acteurs, déroutés par les cris de la cabale, se voyaient forcés de changer eux-mêmes les vers qui avaient été le prétexte du murmure; ils leur en substituaient d'autres au hasard. Presque tous ses ouvrages dramatiques ont été représentés et imprimés à Paris dans son absence. De là viennent les fautes dont fourmillent les éditions faites dans cette capitale.

Par exemple, dans la pièce de *Gengis*, imprimée par nous in-8°, sous les yeux de l'auteur, on trouve, dans la scène où Gengis paraît pour la première fois, les vers suivants :

Cessez de mutiler tous ces grands monuments,
Ces prodiges des arts consacrés par les temps :
Respectez-les; ils sont le prix de mon courage.
Qu'on cesse de livrer aux flammes, au pillage,
Ces archives des lois, ce vaste amas d'écrits.
Tous ces fruits du génie, objets de vos mépris :

Si l'erreur les dicta, cette erreur m'est utile;
Elle occupe ce peuple, et le rend plus docile, etc.

Ce morceau est tronqué et défiguré dans l'édition de Duchesne et dans les autres. Voici comme il s'y trouve :

Cessez de mutiler tous ces grands monuments,
Ces prodiges des arts consacrés par les temps,
Échappés aux fureurs des flammes, du pillage :
Respectez-les; ils sont le prix de mon courage, etc.

On voit assez que ce qu'on a retranché était absolument nécessaire et très à sa place.

Ce vers qu'on a substitué,

Échappés aux fureurs des flammes, du pillage,

est un vers indigne de quiconque est instruit des règles de son art, et connaît un peu l'harmonie. *Échappés aux fureurs des flammes*, est une césure monstrueuse.

Ceux qui se plaisent à étudier l'esprit humain doivent savoir que les ennemis de l'auteur, pour faire tomber la pièce, insinuèrent que les meilleurs morceaux étaient dangereux, et qu'il fallait les retrancher; ils eurent la malignité de faire regarder ces vers comme une allusion à la religion, qui rend le peuple plus docile. Il est évident que par ce passage on ne peut entendre que les sciences des Chinois, méprisées alors des Tartares. On a représenté cette pièce en Italie : il y en a trois traductions. Les inquisiteurs ne se sont jamais avisés de retrancher cette tirade.

La même difficulté fut faite en France à la tragédie de *Mahomet*; on suscita contre elle une persécution violente; on fit défendre les représentations : ainsi le fanatisme voulait anéantir la peinture du fanatisme. Rome vengea l'auteur. Le pape Benoît XIV protégea la pièce; elle lui fut dédiée; des académiciens la représentèrent dans plusieurs villes d'Italie, et à Rome même.

Il faut avouer qu'il n'y a point de pays au monde où les gens de lettres aient été plus maltraités qu'en France; on ne leur rend justice que bien tard.

La tragédie de *Tancrède* est défigurée d'un bout à l'autre d'une manière encore plus barbare. Dans les éditions de France, il n'y a presque pas une scène où il ne se trouve des vers qui pèchent également contre la langue, l'harmonie, et les règles du théâtre.

Le libraire de Paris est d'autant plus inexcusable qu'il pouvait consulter notre édition, à laquelle il devait se conformer.

Les éditeurs de Paris ont porté la négligence jusqu'à répéter les mêmes vers dans plusieurs scènes d'*Adélaïde du Guesclin*. Nous trouvons dans leur édition, à la scène septième du second acte, ces vers qui n'ont pas de sens :

Gardez d'être réduit au hasard dangereux
Que les chefs de l'État ne trahissent leurs vœux.

Il y a dans notre édition :

Tous les chefs de l'État, lassés de ces ravages,
Cherchent un port tranquille après tant de naufrages.
Gardez d'être réduit au hasard dangereux
De vous voir ou trahir, ou prévenir par eux.

Ces vers sont dans les règles de la syntaxe la plus exacte. Ceux qu'on a substitués dans l'édition de Paris sont de vrais solécismes, et n'ont aucun sens. *Gardez d'être réduit au hasard que les chefs de l'État ne trahissent leurs vœux.* De quels vœux s'agit-il ? Que veut dire *Être réduit au hasard qu'un autre ne trahisse ses vœux ?* On s'imagine qu'il n'y a qu'à faire des vers qui riment, que le public ne s'aperçoit pas s'ils sont bons ou mauvais, et que la rapidité de la déclamation fait disparaître les défauts du style ; mais les connaisseurs remarquent ces fautes, et ils sont blessés des barbarismes innombrables qui défigurent presque toutes nos tragédies. C'est un devoir indispensable de parler purement sa langue.

Nous avons souvent entendu dire à l'auteur que la langue était trop négligée au théâtre, et que c'est là que les règles du langage doivent être observées avec le plus de scrupule, parce que les étrangers y viennent apprendre le français. Il disait que ce qui avait nui le plus aux belles-lettres était le succès de plusieurs pièces qui, à la faveur de quelques beautés, ont fait oublier qu'elles étaient écrites dans un style barbare. On sait que Boileau, en mourant, se plaignait de cette horrible décadence. Les éloges prodigués à cette barbarie ont achevé de corrompre le goût.

Les comédiens croient que les lois de l'art d'écrire, l'élégance, l'harmonie, la pureté de la langue, sont des choses inutiles ; ils coupent, ils retranchent, ils transposent tout à leur plaisir, pour se ménager des situations qui les fassent valoir. Ils substituent à des passages nécessaires des vers ineptes et ridicules; ils en chargent leurs manuscrits; et c'est sur ces manuscrits que des libraires ignorants impriment des choses qu'ils n'entendent point.

L'extrême abondance des ouvrages dramatiques a dégradé l'art, au lieu de le perfectionner; et les amateurs des lettres, accablés sous l'immensité des volumes, n'ont pas eu même le temps de distinguer si ces ouvrages imprimés sont corrects ou non.

Les nôtres du moins le seront; et nous pouvons assurer les étrangers qui attendent notre édition qu'ils n'y trouveront rien qui offense une langue devenue leurs délices et l'objet constant de leurs études.

# ŒDIPE.

TRAGÉDIE EN CINQ ACTES AVEC DES CHŒURS.

(18 novembre 1718.)

A MADAME, DUCHESSE DOUAIRIÈRE D'ORLÉANS [1].

Madame,

Si l'usage de dédier ses ouvrages à ceux qui en jugent le mieux n'était pas établi, il commencerait par Votre Altesse Royale. La protection éclairée dont vous honorez les succès ou les efforts des auteurs met en droit ceux même qui réussissent le moins, d'oser mettre sous votre nom des ouvrages qu'ils ne composent que dans le dessein de vous plaire. Pour moi, dont le zèle tient lieu de mérite auprès de vous, souffrez que je prenne la liberté de vous offrir les faibles essais de ma plume. Heureux si, encouragé par vos bontés, je puis travailler longtemps pour Votre Altesse Royale, dont la conservation n'est pas moins précieuse à ceux qui cultivent les beaux-arts qu'à toute la France, dont elle est les délices et l'exemple.

Je suis, avec un profond respect, etc.

AROUET DE VOLTAIRE.

## LETTRES [2]

ÉCRITES EN 1719, QUI CONTIENNENT LA CRITIQUE DE L'ŒDIPE DE SOPHOCLE, DE CELUI DE CORNEILLE, ET DE CELUI DE L'AUTEUR.

### LETTRE I

*Écrite au sujet des calomnies dont on avait chargé l'auteur.*

Je vous envoie, monsieur, ma tragédie d'*Œdipe*, que vous avez vue naître. Vous savez que j'ai commencé cette pièce à dix-neuf ans : si quelque chose pouvait faire pardonner la médiocrité d'un ouvrage, ma jeunesse me servirait d'excuse. Du moins, malgré les défauts dont cette tragédie est pleine, et que je suis le premier à reconnaître, j'ose me flatter que vous verrez quelque différence entre cet ouvrage et ceux que l'ignorance et la malignité m'ont imputés.

1. Françoise-Marie de Bourbon, dite Mademoiselle de Blois, fille de Louis XIV et de Mme de Montespan, épouse de Philippe, duc d'Orléans, régent. (Ed.)
2. Ces lettres sont adressées à M. de Genonville, mort conseiller au parlement. (Ed.)

¹ Vous savez mieux que personne que cette satire intitulée les *J'ai vu*, est d'un poëte du Marais, nommé Le Brun, auteur de l'opéra d'*Hippocrate amoureux*, qu'assurément personne ne mettra en musique.

Ces *J'ai vu* sont grossièrement imités de ceux de l'abbé Re

1. Dans l'édition de 1719, au lieu de ce qui suit, on lisait :

« Je sens combien il est dangereux de parler de soi; mais mes malheurs ayant été publics, il faut que ma justification le soit aussi. La réputation d'honnête homme m'est plus chère que celle d'auteur : ainsi je crois que personne ne trouvera mauvais qu'en donnant au public un ouvrage pour lequel il a eu tant d'indulgence, j'essaye de mériter entièrement son estime en détruisant l'imposture qui pourrait me l'ôter.

« Je sais que tous ceux avec qui j'ai vécu sont persuadés de mon innocence; mais aussi, bien des gens, qui ne connaissent ni la poésie ni moi, m'imputent encore les ouvrages les plus indignes d'un honnête homme et d'un poëte.

« Il y a peu d'écrivains célèbres qui n'aient essuyé de pareilles disgrâces; presque tous les poëtes qui ont réussi ont été calomniés; et il est bien triste pour moi de ne leur ressembler que par mes malheurs.

« Vous n'ignorez pas que la cour et la ville ont de tout temps été remplies de critiques obscurs, qui, à la faveur des nuages qui les couvrent, lancent, sans être aperçus, les traits les plus envenimés contre les femmes et contre les puissances, et qui n'ont que la satisfaction de blesser adroitement, sans goûter le plaisir dangereux de se faire connaître. Leurs épigrammes et leurs vaudevilles sont toujours des enfants supposés dont on ne connaît point les vrais parents; ils cherchent à charger de ces indignités quelqu'un qui soit assez connu pour que le monde puisse l'en soupçonner, et qui soit assez peu protégé pour ne pouvoir se défendre. Telle était la situation où je me suis trouvé en entrant dans le monde. Je n'avais pas plus de dix-huit ans; l'imprudence attachée d'ordinaire à la jeunesse pouvait aisément autoriser les soupçons que l'on faisait naître sur moi : j'étais d'ailleurs sans appui, et je n'avais jamais songé à me faire des protecteurs, parce que je ne croyais pas que je dusse jamais avoir des ennemis.

« Il parut, à la mort de Louis XIV, une petite pièce imitée des *J'ai vu* de l'abbé Regnier. C'était un ouvrage où l'auteur passait en revue tout ce qu'il avait vu dans sa vie; cette pièce est aussi négligée aujourd'hui qu'elle était alors recherchée : c'est le sort de tous les ouvrages qui n'ont d'autre mérite que celui de la satire. Cette pièce n'en avait point d'autre; elle n'était remarquable que par les injures grossières qui y étaient indignement répandues, et c'est ce qui lui donna un cours prodigieux : on oublia la bassesse du style en faveur de la malignité de l'ouvrage. Elle finissait ainsi :

J'ai vu ces maux, et je n'ai pas vingt ans.

« Comme je n'avais pas vingt ans alors, plusieurs personnes crurent que j'avais mis par là mon cachet à cet indigne ouvrage; on ne me fit pas l'honneur de croire que je pusse avoir assez de prudence pour me déguiser. L'auteur de cette misérable satire ne contribua pas peu à la faire courir sous mon nom, afin de mieux cacher le sien. Quelques-uns m'imputèrent cette pièce par malignité, pour me décrier et pour me perdre ; quelques autres, qui l'admiraient bonnement, me l'attribuèrent pour m'en faire honneur : ainsi un ouvrage que je n'avais point fait, et même que je n'avais point encore vu alors, m'attira de tous côtés des malédictions et des louanges.

« Je me souviens que, passant alors par une petite ville de province, les beaux esprits du lieu me prièrent de leur réciter cette pièce, qu'ils disaient être un chef-d'œuvre; j'eus beau leur répondre que je n'en étais point l'auteur, et que la pièce était misérable, ils ne m'en crurent point sur ma parole; ils admirèrent ma retenue, et j'acquis ainsi auprès gnier, de l'Académie, avec qui l'auteur n'a rien de commun. Ils finissent par ces vers :

J'ai vu ces maux, et je n'ai pas vingt ans.

Il est vrai que je n'avais pas vingt ans alors ; mais ce n'est pas d'eux, sans y penser, la réputation d'un grand poëte et d'un homme fort modeste.

« Cependant ceux qui m'avaient attribué ce malheureux ouvrage continuèrent à me rendre responsable de toutes les sottises qui se débitaient dans Paris, et que moi-même je dédaignais de lire. Quand un homme a eu le malheur d'être calomnié une fois, il est sûr de l'être toujours, jusqu'à ce que son innocence éclate, ou que la mode de le persécuter soit passée ; car tout est mode en ce pays, et on se lasse de tout à la fin, même de faire du mal.

« Heureusement ma justification est venue, quoique un peu tard ; celui qui m'avait calomnié et qui avait causé ma disgrâce m'a signé lui-même, les larmes aux yeux, le désaveu de sa calomnie, en présence de deux personnes de considération, qui ont signé après lui. M. le marquis de La Vrillière a eu la bonté de faire voir ce certificat à Mgr le régent.

« Ainsi il ne manquait à ma justification que de la faire connaître au public. Je le fais aujourd'hui parce que je n'ai pas eu occasion de le faire plus tôt ; et je le fais avec d'autant plus de confiance, qu'il n'y a personne en France qui puisse avancer que je sois l'auteur des choses dont j'ai été accusé, ni que j'en aie débité aucune, ni même que j'en aie jamais parlé que pour marquer le mépris souverain que je fais de ces indignités.

« Je m'attends bien, etc. » (Voy., ci-après, page 9 du texte.)

Dans l'édition de 1775, Voltaire fit des additions et corrections à ce morceau. Il y a : « Quand un homme a eu le malheur d'être calomnié une fois, on dit qu'il le sera longtemps. On m'assure que de toutes les modes de ce pays-ci, c'est celle qui dure davantage.

« La justification est venue, quoique un peu tard ; le calomniateur a signé, les larmes aux yeux, le désaveu de sa calomnie devant un secrétaire d'État ; c'est sur quoi un vieux connaisseur en vers et en hommes m'a dit : « Oh ! le beau billet qu'a La Châtre ! Continuez, mon enfant, à « faire des tragédies : renoncez à toute profession sérieuse pour ce mal« heureux métier ; et comptez que vous serez harcelé publiquement toute « votre vie, puisque vous êtes assez abandonné de Dieu pour vous faire « de gaieté de cœur un homme public. » Il m'en a cité exemples : il m'a donné les meilleures raisons du monde pour me détourner de faire des vers. Que lui ai-je répondu ? Des vers.

« Je me suis donc aperçu de bonne heure qu'on ne peut ni résister à son goût dominant, ni vaincre sa destinée. Pourquoi la nature force-t-elle un homme à calculer, celui-ci à faire rimer des syllabes, cet autre à former des croches et des rondes sur des lignes parallèles ?

*Scit Genius, natale comes qui temperat astrum.*
(Horace, II, épître II, v. 187.)

Mais on prétend que tous peuvent dire :

*Ploravere suis non respondere favorem
Speratum meritis.*
(*Id.*, II, épître I<sup>re</sup>, v. 2.)

Boileau disait à Racine (épître VII, 42-45) :

Cesse de t'étonner si l'envie animée,
Attachant à ton nom sa rouille envenimée,
La calomnie en main, quelquefois te poursuit.

« Scudéri et l'abbé d'Aubignac calomniaient Corneille ; Montfleuri et une raison qui puisse faire croire que j'aie fait les vers de M. Le Brun.

*Hos* Le Brun *versiculos fecit ; tulit alter honores.*

J'apprends que c'est un des avantages attachés à la littérature, et surtout à la poésie, d'être exposé à être accusé sans cesse de toutes les sottises qui courent la ville. On vient de me montrer une épître de l'abbé de Chaulieu au marquis de La Fare, dans laquelle il se plaint de cette injustice. Voici le passage :

. . . . . . . . . . . . . . . . . . . .
Accort, insinuant, et quelquefois flatteur,
J'ai sû d'un discours enchanteur
Tout l'usage que pouvait faire
Beaucoup d'imagination,
Qui rejoignit avec adresse,
Au tour précis, à la justesse
Le charme de la fiction.
. . . . . . . . . . . . . . . . . . . .
Chapelle, par malheur. . . . . . . . . . .
. . . . . . . . . . . . comme moi libertin,
Entre les amours et le vin,
M'apprit, sans rabot et sans lime,
L'art d'attraper facilement,
Sans être esclave de la rime,
Ce tour aisé, cet enjouement
Qui seul peut faire le sublime.

Que ne m'ont point coûté ces funestes talents !
Dès que j'eus bien ou mal rimé quelque sornette,
Je me vis, tout en même temps,
Affublé du nom de poëte.
Dès lors on ne fit de chanson,

toute sa troupe calomniaient Molière ; Térence se plaint dans ses prologues (*Andria*, prol., 5-7) d'être calomnié par un vieux poète ; Aristophane calomnia Socrate ; Homère fut calomnié par Margitès. C'est là l'histoire de tous les arts et de toutes les professions.

« Il s'est trouvé des gens, etc. » (Voy., dans le texte, page 9, l'alinéa qui commence ainsi.)

« Vous savez comment M. le régent a daigné me consoler de ces petites persécutions ; vous savez quel beau présent il m'a fait. Je ne dirai pas, comme Chapelain disait de Louis XIII :

Les trois fois mille francs qu'il met dans ma famille
Témoignent mon mérite, et font connaître assez
Qu'il ne hait pas mes vers, pour être un peu forcés.

« Chérile, Chapelain et moi, nous avons été tous trois trop bien payés pour de mauvais vers.

*Rettulit acceptos, regale nomisma, Philippos.*
(Horace, II, épître 1, v. 234.)

« Le régent, qui s'appelle Philippe, rend la comparaison parfaite. Ne nous enorgueillissons ni des méchancetés de nos ennemis, ni des bontés de nos protecteurs : on peut-être avec tout cela un homme très-médiocre ; on peut être récompensé et en.ié sans aucun mérite.

« Mais il faut convenir que c'est un grand bonheur pour les lettres, etc. » La fin comme dans le texte. (ED.)

On ne lâcha de vaudeville,
Que, sans rime ni sans raison,
On ne me donnât par la ville.

Sur la foi d'un ricanement,
Qui n'était que l'effet d'un gai tempérament,
Dont je fis, j'en conviens, assez peu de scrupule,
 Les fats crurent qu'impunément
Personne devant moi ne seroit ridicule.
Ils m'ont fait là-dessus mille injustes procès :
 J'eus beau les souffrir et me taire,
On m'imputa des vers que je n'ai jamais faits;
 C'est assez que j'en susse faire.

Ces vers, monsieur, ne sont pas dignes de l'auteur de *la Tocane* et de *la Retraite* ; vous les trouverez bien plats[1], et aussi remplis de fautes que d'une vanité ridicule. Je vous les cite comme une autorité en ma faveur ; mais j'aime mieux vous citer l'autorité de Boileau. Il ne répondit un jour aux compliments d'un campagnard qui le louait, d'une impertinente satire contre les évêques, très-fameuse parmi la canaille, qu'en répétant à ce pauvre louangeur :

Vient-il de la province une satire fade,
D'un plaisant du pays insipide boutade;
Pour la faire courir on dit qu'elle est de moi,
Et le sot campagnard le croit de bonne foi.
 (BOILEAU, épître VI, v. 69-72.)

Je ne suis ni ne serai Boileau ; mais les mauvais vers de M. Le Brun m'ont attiré des louanges et des persécutions qu'assurément je ne méritais pas.

Je m'attends bien que plusieurs personnes, accoutumées à juger de tout sur le rapport d'autrui, seront étonnées de me trouver si innocent après m'avoir cru, sans me connaître, coupable des plus plats vers du temps présent. Je souhaite que mon exemple puisse leur apprendre à ne plus précipiter leurs jugements sur les apparences les plus frivoles, et à ne plus condamner ce qu'ils ne connaissent pas. On rougirait bientôt de ses décisions, si l'on voulait réfléchir sur les raisons par lesquelles on se détermine.

Il s'est trouvé des gens qui ont cru sérieusement que l'auteur de la tragédie d'*Atrée* était un méchant homme, parce qu'il avait rempli la coupe d'Atrée du sang du fils de Thyeste ; et aujourd'hui il y a des consciences timorées qui prétendent que je n'ai point de religion, parce que Jocaste se défie des oracles d'Apollon. C'est ainsi qu'on décide presque toujours dans le monde ; et ceux qui sont accoutumés à juger de la sorte ne se corrigeront pas par la lecture de cette lettre ; peut-être même ne la liront-ils point.

Je ne prétends donc point ici faire taire la calomnie, elle est trop inséparable des succès ; mais du moins il m'est permis de

[1] Tout ce morceau fut retranché dans l'édition qu'on fit de ces lettres, parce qu'on ne voulut pas affliger l'abbé de Chaulieu : on doit des égards aux vivants on ne doit aux morts que la vérité.

souhaiter que ceux qui ne sont en place que pour rendre justice ne fassent point des malheureux sur le rapport vague et incertain du premier calomniateur. Faudra-t-il donc qu'on regarde désormais comme un malheur d'être connu par les talents de l'esprit, et qu'un homme soit persécuté dans sa patrie, uniquement parce qu'il court une carrière dans laquelle il peut faire honneur à sa patrie même?

Ne croyez pas, monsieur, que je compte parmi les preuves de mon innocence le présent dont M. le régent a daigné m'honorer; cette bonté pourrait n'être qu'une marque de sa clémence : il est au nombre des princes qui, par des bienfaits, savent lier à leur devoir ceux même qui s'en sont écartés. Une preuve plus sûre de mon innocence, c'est qu'il a daigné dire que je n'étais point coupable, et qu'il a reconnu la calomnie lorsque le temps a permis qu'il pût la découvrir.

Je ne regarde point non plus cette grâce que Mgr le duc d'Orléans m'a faite comme une récompense de mon travail, qui ne méritait tout au plus que son indulgence; il a moins voulu me récompenser que m'engager à mériter sa protection[1].

Sans parler de moi, c'est un grand bonheur pour les lettres que nous vivions sous un prince qui aime les beaux-arts autant qu'il hait la flatterie, et dont on peut obtenir la protection plutôt par de bons ouvrages que par des louanges, pour lesquelles il a un dégoût peu ordinaire dans ceux qui, par leur naissance et par leur rang, sont destinés à être loués toute leur vie.

## LETTRE II.

Monsieur, avant que de vous faire lire ma tragédie, souffrez que je vous prévienne sur le succès qu'elle a eu, non pas pour m'en applaudir, mais pour vous assurer combien je m'en défie.

Je sais que les premiers applaudissements du public ne sont pas toujours de sûrs garants de la bonté d'un ouvrage. Souvent un auteur doit le succès de sa pièce ou à l'art des acteurs qui la jouent, ou à la décision de quelques amis accrédités dans le monde, qui entraînent pour un temps les suffrages de la multitude; et le public est étonné, quelques mois après, de s'ennuyer à la lecture du même ouvrage qui lui arrachait des larmes dans la représentation.

Je me garderai donc bien de me prévaloir d'un succès peut-être passager, et dont les comédiens ont plus à s'applaudir que moi-même.

On ne voit que trop d'auteurs dramatiques qui impriment à la tête de leurs ouvrages des préfaces pleines de vanité; « qui comptent les princes et les princesses qui sont venus pleurer aux représentations; qui ne donnent d'autres réponses à leurs censeurs que l'approbation du public; » et qui enfin, après s'être placés à côté de Corneille et de Racine, se trouvent confondus dans la foule des mauvais auteurs, dont ils sont les seuls qui s'exceptent.

---

1. Voltaire avait ajouté cette phrase, qu'il a depuis supprimée : « L'envie de lui plaire me tiendra lieu désormais de génie. » (ÉD.)

J'éviterai du moins ce ridicule ; je vous parlerai de ma pièce plus pour avouer mes défauts que pour les excuser ; mais aussi je traiterai Sophocle et Corneille avec autant de liberté que je me traiterai avec justice.

J'examinerai les trois *Œdipes* avec une égale exactitude. Le respect que j'ai pour l'antiquité de Sophocle et pour le mérite de Corneille ne m'aveuglera pas sur leurs défauts ; l'amour-propre ne m'empêchera pas non plus de trouver les miens. Au reste, ne regardez point ces dissertations comme les décisions d'un critique orgueilleux, mais comme les doutes d'un jeune homme qui cherche à s'éclairer. La décision ne convient ni à mon âge, ni à mon peu de génie ; et si la chaleur de la composition m'arrache quelques termes peu mesurés, je les désavoue d'avance, et je déclare que je ne prétends parler affirmativement que sur mes fautes.

## LETTRE III,

### Contenant la critique de l'Œdipe de Sophocle.

Monsieur, mon peu d'érudition ne me permet pas d'examiner « si la tragédie de Sophocle fait son imitation par le discours, le nombre, et l'harmonie ; ce qu'Aristote appelle expressément un discours agréablement assaisonné[1]. » Je ne discuterai pas non plus « si c'est une pièce du premier genre, simple et implexe : simple, parce qu'elle n'a qu'une simple catastrophe ; et implexe, parce qu'elle a la reconnaissance avec la péripétie. »

Je vous rendrai seulement compte avec simplicité des endroits qui m'ont révolté, et sur lesquels j'ai besoin des lumières de ceux qui, connaissant mieux que moi les anciens, peuvent mieux excuser tous leurs défauts.

La scène ouvre, dans Sophocle, par un chœur de Thébains prosternés au pied des autels, et qui, par leurs larmes et par leurs cris, demandent aux dieux la fin de leurs calamités. Œdipe, leur libérateur et leur roi, paraît au milieu d'eux.

« Je suis Œdipe, leur dit-il, si vanté par tout le monde. » Il y a quelque apparence que les Thébains n'ignoraient pas qu'il s'appelait Œdipe.

À l'égard de cette grande réputation dont il se vante, M. Dacier dit que c'est une adresse de Sophocle, qui veut fonder par là le caractère d'Œdipe, qui est orgueilleux.

« Mes enfants, dit Œdipe, quel est le sujet qui vous amène ici ? » Le grand prêtre lui répond : « Vous voyez devant vous des jeunes gens et des vieillards. Moi qui vous parle, je suis le grand prêtre de Jupiter. Votre ville est comme un vaisseau battu de la tempête ; elle est prête d'être abîmée, et n'a pas la force de surmonter les flots qui fondent sur elle. » De là le grand prêtre prend occasion de faire une description de la peste, dont Œdipe était aussi bien informé que du nom et de la qualité du grand prêtre de Jupiter. D'ailleurs ce grand prêtre rend-il son homélie bien pathétique en comparant une ville pestiférée, couverte de morts et de mourants, à un vaisseau battu par la tempête ? Ce

---

[1]. M. Dacier, préface sur l'*Œdipe* de Sophocle.

prédicateur ne savait-il pas qu'on affaiblit les grandes choses quand on les compare aux petites?

Tout cela n'est guère une preuve de cette perfection où on prétendait, il y a quelques années, que Sophocle avait poussé la tragédie; et il ne paraît pas qu'on ait si grand tort dans ce siècle de refuser son admiration à un poëte qui n'emploie d'autre artifice pour faire connaître ses personnages que de faire dire à l'un : « Je m'appelle Œdipe, si vanté par tout le monde; » et à l'autre : « Je suis le grand prêtre de Jupiter. » Cette grossièreté n'est plus regardée aujourd'hui comme une noble simplicité.

La description de la peste est interrompue par l'arrivée de Créon, frère de Jocaste, que le roi avait envoyé consulter l'oracle, et qui commence par dire à Œdipe :

« Seigneur, nous avons eu autrefois un roi qui s'appelait Laïus.

ŒDIPE. — Je le sais, quoique je ne l'aie jamais vu.

CRÉON. — Il a été assassiné, et Apollon veut que nous punissions ses meurtriers.

ŒDIPE. » — Fut-ce dans sa maison ou à la campagne que Laïus fut tué? »

Il est déjà contre la vraisemblance qu'Œdipe, qui règne depuis si longtemps, ignore comment son prédécesseur est mort; mais qu'il ne sache pas même si c'est aux champs ou à la ville que ce meurtre a été commis, et qu'il ne donne pas la moindre raison ni la moindre excuse de son ignorance, j'avoue que je ne connais point de terme pour exprimer une pareille absurdité.

C'est une faute du sujet, dit-on, et non de l'auteur : comme si ce n'était pas à l'auteur à corriger son sujet lorsqu'il est défectueux! Je sais qu'on peut me reprocher à peu près la même faute; mais aussi je ne me ferai pas plus de grâce qu'à Sophocle, et j'espère que la sincérité avec laquelle j'avouerai mes défauts justifiera la hardiesse que je prends de relever ceux d'un ancien.

Ce qui suit me paraît également éloigné du sens commun. Œdipe demande s'il ne revint personne de la suite de Laïus à qui on puisse en demander des nouvelles; on lui répond « qu'un de ceux qui accompagnaient ce malheureux roi, s'étant sauvé, vint dire dans Thèbes que Laïus avait été assassiné par des voleurs, qui n'étaient pas en petit, mais en grand nombre. »

Comment se peut-il faire qu'un témoin de la mort de Laïus dise que son maître a été accablé sous le nombre, lorsqu'il est pourtant vrai que c'est un homme seul qui a tué Laïus et toute sa suite?

Pour comble de contradiction, Œdipe dit, au second acte, qu'il a ouï dire que Laïus avait été tué par des voyageurs, mais qu'il n'y a personne qui dise l'avoir vu; et Jocaste, au troisième acte, en parlant de la mort de ce roi, s'explique ainsi à Œdipe :

« Soyez bien persuadé, seigneur, que celui qui accompagnait Laïus a rapporté que son maître avait été assassiné par des voleurs : il ne saurait changer présentement ni parler d'une autre manière; toute la ville l'a entendu comme moi. »

Les Thébains auraient été bien plus à plaindre, si l'énigme du sphinx n'avait pas été plus aisée à deviner que toutes ces contradictions.

Mais ce qui est encore plus étonnant, ou plutôt ce qui ne l'est point après de telles fautes contre la vraisemblance, c'est qu'Œdipe, lorsqu'il apprend que Phorbas vit encore, ne songe pas seulement à le faire chercher; il s'amuse à faire des imprécations et à consulter les oracles, sans donner ordre qu'on amène devant lui le seul homme qui pouvait lui fournir des lumières. Le chœur lui-même, qui est si intéressé à voir finir les malheurs de Thèbes, et qui donne toujours des conseils à Œdipe, ne lui donne pas celui d'interroger ce témoin de la mort du feu roi; il le prie seulement d'envoyer chercher Tirésie.

Enfin Phorbas arrive au quatrième acte. Ceux qui ne connaissent point Sophocle s'imaginent sans doute qu'Œdipe, impatient de connaître le meurtrier de Laïus et de rendre la vie aux Thébains, va l'interroger avec empressement sur la mort du feu roi. Rien de tout cela. Sophocle oublie que la vengeance de la mort de Laïus est le sujet de sa pièce : on ne dit pas un mot à Phorbas de cette aventure; et la tragédie finit sans que Phorbas ait seulement ouvert la bouche sur la mort du roi son maître. Mais continuons à examiner de suite l'ouvrage de Sophocle.

Lorsque Créon a appris à Œdipe que Laïus a été assassiné par des voleurs qui n'étaient pas en petit, mais en grand nombre, Œdipe répond, au sens de plusieurs interprètes : « Comment des voleurs auraient-ils pu entreprendre cet attentat, puisque Laïus n'avait point d'argent sur lui? » La plupart des autres scoliastes entendent autrement ce passage, et font dire à Œdipe : « Comment des voleurs auraient-ils pu entreprendre cet attentat, si on ne leur avait donné de l'argent? » Mais ce sens-là n'est guère plus raisonnable que l'autre : on sait que des voleurs n'ont pas besoin qu'on leur promette de l'argent pour les engager à faire un mauvais coup.

Et puisqu'il dépend souvent des scoliastes de faire dire tout ce qu'ils veulent à leurs auteurs, que leur coûterait-il de leur donner un peu de bon sens?

Œdipe, au commencement du second acte, au lieu de mander Phorbas, fait venir devant lui Tirésie. Le roi et le devin commencent par se mettre en colère l'un contre l'autre. Tirésie finit par lui dire :

« C'est vous qui êtes le meurtrier de Laïus. Vous vous croyez fils de Polybe, roi de Corinthe, vous ne l'êtes point; vous êtes Thébain. La malédiction de votre père et de votre mère vous a autrefois éloigné de cette terre; vous y êtes revenu, vous avez tué votre père, vous avez épousé votre mère, vous êtes l'auteur d'un inceste et d'un parricide; et si vous trouvez que je mente, dites que je ne suis pas prophète. »

Tout cela ne ressemble guère à l'ambiguïté ordinaire des oracles : il était difficile de s'expliquer moins obscurément; et si vous joignez aux paroles de Tirésie le reproche qu'un ivrogne a fait autrefois à Œdipe qu'il n'était pas fils de Polybe, et l'oracle d'Apollon qui lui prédit qu'il tuerait son père et qu'il épouserait sa mère, vous trouverez que la pièce est entièrement finie au commencement de ce second acte.

Nouvelle preuve que Sophocle n'avait pas perfectionné son art, puisqu'il ne savait pas préparer les événements, ni cacher sous le voile le plus mince la catastrophe de ses pièces.

Allons plus loin. Œdipe traite Tirésie de *fou* et de *vieux enchanteur* : cependant, à moins que l'esprit ne lui ait tourné à doit le regarder comme un véritable prophète. Eh! de quel étonnement et de quelle horreur ne doit-il point être frappé en apprenant de la bouche de Tirésie tout ce qu'Apollon lui a prédit autrefois? Quel retour ne doit-il point faire sur lui-même en apprenant ce rapport fatal qui se trouve entre les reproches qu'on lui a faits à Corinthe qu'il n'était qu'un fils supposé, et les oracles de Thèbes qui lui disent qu'il est Thébain? entre Apollon qui lui a prédit qu'il épouserait sa mère, et qu'il tuerait son père, et Tirésie qui lui apprend que ses destins affreux sont remplis? Cependant, comme s'il avait perdu la mémoire de ces événements épouvantables, il ne lui vient d'autre idée que de soupçonner Créon, son *ancien et fidèle ami* (comme il l'appelle), d'avoir tué Laïus; et cela, sans aucune raison, sans aucun fondement, sans que le moindre jour puisse autoriser ses soupçons, et (puisqu'il faut appeler les choses par leur nom) avec une extravagance dont il n'y a guère d'exemple parmi les modernes, ni même parmi les anciens.

« Quoi! tu oses paraître devant moi! dit-il à Créon; tu as l'audace d'entrer dans ce palais, toi qui es assurément le meurtrier de Laïus, et qui as manifestement conspiré contre moi pour me ravir ma couronne!

« Voyons, dis-moi, au nom des dieux, as-tu remarqué en moi de la lâcheté ou de la folie, pour que tu aies entrepris un si hardi dessein? N'est-ce pas la plus folle de toutes les entreprises que d'aspirer à la royauté sans troupes et sans amis, comme si, sans ce secours, il était aisé de monter au trône? »

Créon lui répond:

« Vous changerez de sentiment si vous me donnez le temps de parler. Pensez-vous qu'il y ait un homme au monde qui préférât d'être roi, avec toutes les frayeurs et toutes les craintes qui accompagnent la royauté, à vivre dans le sein du repos avec toute la sûreté d'un particulier qui, sous un autre nom, posséderait la même puissance? »

Un prince qui serait accusé d'avoir conspiré contre son roi, et qui n'aurait d'autre preuve de son innocence que le verbiage de Créon, aurait besoin de la clémence de son maître. Après tous ces grands discours, étrangers au sujet, Créon demande à Œdipe :

« Voulez-vous me chasser du royaume[1]?

ŒDIPE. — Ce n'est pas ton exil que je veux; je te condamne à la mort.

CRÉON. — Il faut que vous fassiez voir auparavant si je suis coupable.

ŒDIPE. — Tu parles en homme résolu de ne pas obéir.

CRÉON. — C'est parce que vous êtes injuste.

ŒDIPE. — Je prends mes sûretés.

CRÉON. — Je dois prendre aussi les miennes.

ŒDIPE. — O Thèbes! Thèbes!

CRÉON. — Il m'est permis de crier aussi: Thèbes! Thèbes! »

Jocaste vient pendant ce beau discours, et le chœur la prie d'emmener le roi; proposition très-sage, car, après toutes les folies qu'Œdipe vient de faire, on ne ferait pas mal de l'enfermer.

1. On avertit qu'on a suivi partout la traduction de M. Dacier.

JOCASTE. — J'emmènerai mon mari quand j'aurai appris la cause de ce désordre.
LE CHŒUR. — Œdipe et Créon ont eu ensemble des paroles sur des rapports fort incertains. On se pique souvent sur des soupçons très-injustes.
JOCASTE. — Cela est-il venu de l'un et de l'autre ?
LE CHŒUR. — Oui, madame.
JOCASTE. — Quelles paroles ont-ils donc eues ?
LE CHŒUR. — C'est assez, madame ; les princes n'ont pas poussé la chose plus loin, et cela suffit. »

Effectivement, comme si cela suffisait, Jocaste n'en demande pas davantage au chœur.

C'est dans cette scène qu'Œdipe raconte à Jocaste qu'un jour, à table, un homme ivre lui reprocha qu'il était un fils supposé. « J'allai, continue-t-il, trouver le roi et la reine ; je les interrogeai sur ma naissance ; ils furent tous deux très-fâchés du reproche qu'on m'avait fait. Quoique je les aimasse avec beaucoup de tendresse, cette injure, qui était devenue publique, ne laissa pas de me demeurer sur le cœur, et de me donner des soupçons. Je partis donc, à leur insu, pour aller à Delphes : Apollon ne daigna pas répondre précisément à ma demande ; mais il me dit les choses les plus affreuses et les plus épouvantables dont on ait jamais ouï parler : que j'épouserais infailliblement ma propre mère ; que je ferais voir aux hommes une race malheureuse qui les remplirait d'horreur, et que je serais le meurtrier de mon père. »

Voilà encore la pièce finie. On avait prédit à Jocaste que son fils tremperait ses mains dans le sang de Laïus, et porterait ses crimes jusqu'au lit de sa mère. Elle avait fait exposer ce fils sur le mont Cithéron, et lui avait fait percer les talons (comme elle l'avoue dans cette même scène) : Œdipe porte encore les cicatrices de cette blessure ; il sait qu'on lui a reproché qu'il n'était point fils de Polybe : tout cela n'est-il pas pour Œdipe et pour Jocaste une démonstration de leurs malheurs ? et n'y a-t-il pas un aveuglement ridicule à en douter ?

Je sais que Jocaste ne dit point dans cette scène qu'elle dût un jour épouser son fils ; mais cela même est une nouvelle faute. Car, lorsque Œdipe dit à Jocaste : « On m'a prédit que je souillerais le lit de ma mère, et que mon père serait massacré par mes mains, » Jocaste doit répondre sur-le-champ : « On en avait prédit autant à mon fils ; » ou du moins elle doit faire sentir au spectateur qu'elle est convaincue, dans ce moment, de son malheur.

Tant d'ignorance dans Œdipe et dans Jocaste n'est qu'un artifice grossier du poëte, qui, pour donner à sa pièce une juste étendue, fait filer jusqu'au cinquième acte une reconnaissance déjà manifestée au second, et qui viole les règles du sens commun, pour ne point manquer en apparence à celles du théâtre.

Cette même faute subsiste dans tout le cours de la pièce.

Cet Œdipe, qui expliquait les énigmes, n'entend pas les choses les plus claires. Lorsque le pasteur de Corinthe lui apporte la nouvelle de la mort de Polybe, et qu'il lui apprend que Polybe n'était pas son père, qu'il a été exposé par un Thébain sur le mont Cithéron, que ses pieds avaient été percés et liés avec des courroies, Œdipe ne soupçonne rien encore : il n'a d'autre crainte que d'être né d'une famille obscure ; et le chœur, toujours présent dans le cours de la pièce, ne prête aucune attention à tout ce qui aurait dû instruire Œdipe de sa naissance. Le chœur, qu'on donne pour une assemblée de gens éclairés, montre aussi peu de pénétration qu'Œdipe ; et, dans le temps que les Thébains devraient être saisis de pitié et d'horreur à la vue des malheurs dont ils sont témoins, il s'écrie : « Si je puis juger de l'avenir, et si je ne me trompe dans mes conjectures, Cithéron, le jour de demain ne se passera pas que vous ne nous fassiez connaître la patrie et la mère d'Œdipe, et que nous ne menions des danses en votre honneur, pour vous rendre grâces du plaisir que vous aurez fait à nos princes. Et vous, prince, duquel des dieux êtes-vous donc fils ? Quelle nymphe vous a eu de Pan, dieu des montagnes ? Êtes-vous le fruit des amours d'Apollon ? car Apollon se plaît aussi sur les montagnes. Est-ce Mercure, ou Bacchus, qui se tient aussi sur les sommets des montagnes ? etc. »

Enfin celui qui a autrefois exposé Œdipe arrive sur la scène. Œdipe l'interroge sur sa naissance ; curiosité que M. Dacier condamne après Plutarque, et qui me paraîtrait la seule chose raisonnable qu'Œdipe eût faite dans toute la pièce, si cette juste envie de se connaître n'était pas accompagnée d'une ignorance ridicule de lui-même.

Œdipe sait donc enfin tout son sort au quatrième acte. Voilà donc encore la pièce finie.

M. Dacier, qui a traduit l'*Œdipe* de Sophocle, prétend que le spectateur attend avec beaucoup d'impatience le parti que prendra Jocaste, et la manière dont Œdipe accomplira sur lui-même les malédictions qu'il a prononcées contre le meurtrier de Laïus. J'avais été séduit là-dessus par le respect que j'ai pour ce savant homme ; et j'étais de son sentiment lorsque je lus sa traduction. La représentation de ma pièce m'a bien détrompé ; et j'ai reconnu qu'on peut, sans péril louer tant qu'on veut les poètes grecs, mais qu'il est dangereux de les imiter.

J'avais pris dans Sophocle une partie du récit de la mort de Jocaste et de la catastrophe d'Œdipe. J'ai senti que l'attention du spectateur diminuait avec son plaisir au récit de cette catastrophe : les esprits, remplis de terreur au moment de la reconnaissance, n'écoutaient plus qu'avec dégoût la fin de la pièce. Peut-être que la médiocrité des vers en était la cause ; peut-être que le spectateur, à qui cette catastrophe est connue, regrettait de n'entendre rien de nouveau ; peut-être aussi que la terreur ayant été poussée à son comble, il était impossible que le reste ne parût languissant. Quoi qu'il en soit, je me suis cru obligé de retrancher ce récit, qui n'était pas de plus de quarante vers ; et dans Sophocle, il tient tout le cinquième acte. Il y a grande apparence qu'on ne doit point passer à un ancien deux ou trois cents vers inutiles, lorsqu'on n'en passe pas quarante à un moderne.

M. Dacier avertit dans ses notes que la pièce de Sophocle n'est point finie au quatrième acte. N'est-ce pas avouer qu'elle est finie que d'être obligé de prouver qu'elle ne l'est pas ? On ne se trouve pas dans la nécessité de faire de pareilles notes sur les tragédies de Racine et de Corneille ; il n'y a que *les Horaces* qui auraient besoin d'un tel commentaire; mais le cinquième acte des *Horaces* n'en paraîtrait pas moins défectueux.

Je ne puis m'empêcher de parler ici d'un endroit du cinquième acte de Sophocle, que Longin a admiré, et que Despréaux a traduit[1] :

> Hymen, funeste hymen, tu m'as donné la vie;
> Mais dans ces mêmes flancs où je fus renfermé
> Tu fais rentrer ce sang dont tu m'avais formé;
> Et par là tu produis et des fils et des pères,
> Des frères, des maris, des femmes et des mères,
> Et tout ce que du sort la maligne fureur
> Fit jamais voir au jour et de honte et d'horreur.

Premièrement, il fallait exprimer que c'est dans la même personne qu'on trouve ces mères et ces maris; car il n'y a point de mariage qui ne produise de tout cela. En second lieu, on ne passerait point aujourd'hui à Œdipe de faire une si curieuse recherche des circonstances de son crime, et d'en combiner ainsi toutes les horreurs; tant d'exactitude à compter tous ses titres incestueux, loin d'ajouter à l'atrocité de l'action, semble plutôt l'affaiblir.

Ces deux vers de Corneille[2] disent beaucoup plus :

> Ce sont eux qui m'ont fait l'assassin de mon père;
> Ce sont eux qui m'ont fait le mari de ma mère.

Les vers de Sophocle sont d'un déclamateur, et ceux de Corneille sont d'un poëte.

Vous voyez que, dans la critique de l'*Œdipe* de Sophocle, je ne me suis attaché à relever que les défauts qui sont de tous les temps et de tous les lieux : les contradictions, les absurdités, les vaines déclamations, sont des fautes par tout pays.

Je ne suis point étonné que, malgré tant d'imperfections, Sophocle ait surpris l'admiration de son siècle : l'harmonie de ses vers et le pathétique qui règne dans son style ont pu séduire les Athéniens, qui, avec tout leur esprit et toute leur politesse, ne pouvaient avoir une juste idée de la perfection d'un art qui était encore dans son enfance.

Sophocle touchait au temps où la tragédie fut inventée : Eschyle, contemporain de Sophocle, était le premier qui se fût avisé de mettre plusieurs personnages sur la scène. Nous sommes aussi touchés de l'ébauche la plus grossière dans les premières découvertes d'un art, que des beautés les plus achevées lorsque la perfection nous est une fois connue. Ainsi Sophocle et Euripide, tout imparfaits qu'ils sont, ont autant réussi chez les Athéniens que Corneille et Racine parmi nous. Nous devons nous-mêmes, en blâmant les tragédies des Grecs, respecter le génie de leurs auteurs : leurs fautes sont sur le compte de leur siècle, leurs beautés n'appartiennent qu'à eux; et il est à croire que, s'ils étaient nés de nos jours, ils auraient perfectionné l'art qu'ils ont presque inventé de leur temps.

1. *Traité du Sublime*, chap. XIX, édit. Lahure, p. 447. (ÉD.)
2. *Œdipe*, acte V, sc. V. (ÉD.)

Il est vrai qu'ils sont bien déchus de cette haute estime où ils étaient autrefois : leurs ouvrages sont aujourd'hui ou ignorés ou méprisés ; mais je crois que cet oubli et ce mépris sont au nombre des injustices dont on peut accuser notre siècle. Leurs ouvrages méritent d'être lus, sans doute ; et, s'ils sont trop défectueux pour qu'on les approuve, ils sont trop pleins de beautés pour qu'on les méprise entièrement.

Euripide surtout, qui me paraît si supérieur à Sophocle, et qui serait le plus grand des poëtes, s'il était né dans un temps plus éclairé, a laissé des ouvrages qui décèlent un génie parfait, malgré les imperfections de ses tragédies.

Eh ! quelle idée ne doit-on point avoir d'un poëte qui a prêté des sentiments à Racine même ? Les endroits que ce grand homme a traduits d'Euripide, dans son inimitable rôle de Phèdre, ne sont pas les moins beaux de son ouvrage.

Dieux, que ne suis-je assise à l'ombre des forêts !
Quand pourrai-je, au travers d'une noble poussière,
Suivre de l'œil un char fuyant dans la carrière ?
. . . . . . Insensée, où suis-je ? et qu'ai-je dit ?
Où laissé-je égarer mes vœux et mon esprit ?
Je l'ai perdu, les dieux m'en ont ravi l'usage.
Œnone, la rougeur me couvre le visage ;
Je te laisse trop voir mes honteuses douleurs,
Et mes yeux, malgré moi, se remplissent de pleurs.
(*Phèdre*, acte I, sc. III[1].)

Presque toute cette scène est traduite mot pour mot d'Euripide. Il ne faut pas cependant que le lecteur, séduit par cette traduction, s'imagine que la pièce d'Euripide soit un bon ouvrage : voilà le seul bel endroit de sa tragédie, et même le seul raisonnable ; car c'est le seul que Racine ait imité. Et comme on ne s'avisera jamais d'approuver l'*Hippolyte* de Sénèque, quoique Racine ait pris dans cet auteur toute la déclaration de Phèdre, aussi ne doit-on pas admirer l'*Hippolyte* d'Euripide pour trente ou quarante vers qui se sont trouvés dignes d'être imités par le plus grand de nos poëtes.

Molière prenait quelquefois des scènes entières dans Cyrano de Bergerac, et disait pour son excuse : « Cette scène est bonne ; elle m'appartient de droit : je reprends mon bien partout où je le trouve. »

Racine pouvait à peu près en dire autant d'Euripide.

Pour moi, après avoir dit bien du mal de Sophocle, je suis obligé de vous en dire tout le bien que j'en sais : tout différent en cela des médisants, qui commencent toujours par louer un homme, et qui finissent par le rendre ridicule.

J'avoue que peut-être sans Sophocle je ne serais jamais venu à bout de mon *Œdipe* ; je ne l'aurais même jamais entrepris. Je traduisais d'abord la première scène de mon quatrième acte ; celle du grand prêtre qui accuse le roi est entièrement de lui ; la scène des deux vieillards lui appartient encore. Je voudrais lui avoir d'autres obligations, je les avouerais avec la même

---

1. *Œuvres complètes* de Racine, édit. Lahure, t. I, v. 466. (Éd.)

bonne foi. Il est vrai que, comme je lui dois des beautés, je lui dois aussi des fautes : et j'en parlerai dans l'examen de ma pièce, où j'espère vous rendre compte des miennes.

LETTRE IV,
*Contenant la critique de l'OEdipe de Corneille*[1].

Monsieur, après vous avoir fait part de mes sentiments sur l'*OEdipe* de Sophocle, je vous dirai ce que je pense de celui de Corneille. Je respecte beaucoup plus, sans doute, ce tragique français que le grec; mais je respecte encore plus la vérité, à qui je dois les premiers égards. Je crois même que quiconque ne sait pas connaître les fautes des grands hommes est incapable de sentir le prix de leurs perfections. J'ose donc critiquer l'*OEdipe* de Corneille; et je le ferai avec d'autant plus de liberté, que je ne crains pas que vous me soupçonniez de jalousie, ni que vous me reprochiez de vouloir m'égaler à lui. C'est en l'admirant que je hasarde ma censure; et je crois avoir une estime plus véritable pour ce fameux poëte, que ceux qui jugent de l'*OEdipe* par le nom de l'auteur, et non par l'ouvrage même, et qui eussent méprisé dans tout autre ce qu'ils admirent dans l'auteur de *Cinna*.

Corneille sentit bien que la simplicité ou plutôt la sécheresse de la tragédie de Sophocle ne pouvait fournir toute l'étendue qu'exigent nos pièces de théâtre. On se trompe fort lorsqu'on pense que tous ces sujets, traités autrefois avec succès par Sophocle et par Euripide, l'*OEdipe*, le *Philoctète*, l'*Électre*, l'*Iphigénie en Tauride*, sont des sujets heureux et aisés à manier : ce sont les plus ingrats et les plus impraticables; ce sont des sujets d'une ou de deux scènes tout au plus, et non pas d'une tragédie. Je sais qu'on ne peut guère voir sur le théâtre des événements plus affreux ni plus attendrissants, et c'est cela même qui rend le succès plus difficile. Il faut joindre à ces événements des passions qui les préparent : si ces passions sont trop fortes, elles étouffent le sujet; si elles sont trop faibles, elles languissent. Il fallait que Corneille marchât entre ces deux extrémités, et qu'il suppléât, par la fécondité de son génie, à l'aridité de la matière. Il choisit donc l'épisode de Thésée et de Dircé; et quoique cet épisode ait été universellement condamné, quoique Corneille eût pris dès longtemps la glorieuse habitude d'avouer ses fautes, il ne reconnut point celle-ci; et, parce que cet épisode était tout entier de son invention, il s'en applaudit dans sa préface : tant il est difficile aux plus grands hommes, et même aux plus modestes, de se sauver des illusions de l'amour-propre !

Il faut avouer que Thésée joue un étrange rôle pour un héros. Au milieu des maux les plus horribles dont un peuple puisse être accablé, il débute par dire (acte I, sc. 1) que

Quelque ravage affreux qu'étale ici la peste,
L'absence aux vrais amans est encor plus funeste.

---

1. *OEuvres complètes* de Corneille, édit. Lahure, t. III, p. 165. (Éd.)

Et parlant, dans la troisième scène, à Œdipe :

> Je vous aurais fait voir un beau feu dans mon sein,
> Et tâché d'obtenir cet aveu favorable
> Qui peut faire un heureux d'un amant misérable.
> ......... Il est tout vrai, j'aime en votre palais ;
> Chez vous est la beauté qui fait tous mes souhaits.
> Vous l'aimez à l'égal d'Antigone et d'Ismène ;
> Elle tient même rang chez vous et chez la reine ;
> En un mot, c'est leur sœur, la princesse Dircé,
> Dont les yeux....

Œdipe répond :

> Quoi ! ses yeux, prince, vous ont blessé ?
> Je suis fâché pour vous que la reine sa mère
> Ait su vous prévenir pour un fils de son frère.
> Ma parole est donnée, et je n'y puis plus rien :
> Mais je crois qu'après tout ses sœurs la valent bien.

THÉSÉE.
> Antigone est parfaite, Ismène est admirable :
> Dircé, si vous voulez, n'a rien de comparable ;
> Elles sont l'une et l'autre un chef-d'œuvre des cieux ;
> Mais........
> Ce n'est pas offenser deux si charmantes sœurs
> Que voir en leur aînée aussi quelques douceurs.

Il faut avouer que les discours de Guillot-Gorju et de Tabarin ne sont guère différents.

Cependant l'ombre de Laïus demande un prince ou une princesse de son sang pour victime : Dircé, seul reste du sang de ce roi, est prête à s'immoler sur le tombeau de son père ; Thésée, qui veut mourir pour elle, lui fait accroire qu'il est son frère, et ne laisse pas de lui parler d'amour, malgré la nouvelle parenté (acte IV, sc. 1) :

> J'ai mêmes yeux encore, et vous mêmes appas....
> Mon cœur n'écoute point ce que le sang veut dire ;
> C'est d'amour qu'il gémit, c'est d'amour qu'il soupire ;
> Et, pour pouvoir sans crime en goûter la douceur,
> Il se révolte exprès contre le nom de sœur.

Cependant, qui le croirait ? Thésée, dans cette même scene, se lasse de son stratagème. Il ne peut pas soutenir plus longtemps le personnage de frère ; et, sans attendre que le frère de Dircé soit connu, il lui avoue toute la feinte, et la remet par là dans le péril dont il voulait la tirer, en lui disant pourtant que

> .... L'amour, pour défendre une si chère vie,
> Peut faire vanité d'un peu de tromperie.

Enfin, lorsque Œdipe reconnaît qu'il est le meurtrier de Laïus, Thésée, au lieu de plaindre ce malheureux roi, lui propose un duel pour le lendemain, et il épouse Dircé à la fin de la pièce. Ainsi la passion de Thésée fait tout le sujet de la tragédie, et les malheurs d'Œdipe n'en sont que l'épisode.

Dircé, personnage plus défectueux que Thésée, passe tout

son temps à dire des injures à Œdipe et à sa mère : elle dit à Jocaste, sans détour (acte III, sc. II), qu'elle est indigne de vivre.

> Votre second hymen put avoir d'autres causes :
> Mais j'oserai vous dire, à bien juger les choses
> Que, pour avoir reçu la vie en votre flanc,
> J'y dois avoir sucé fort peu de votre sang.
> Celui du grand Laïus, dont je m'y suis formée,
> Trouve bien qu'il est doux d'aimer et d'être aimée ;
> Mais il ne trouve pas qu'on soit digne du jour,
> Quand aux soins de sa gloire on préfère l'amour.

Il est étonnant que Corneille, qui a senti ce défaut, ne l'ait connu que pour l'excuser. « Ce manque de respect, dit-il [1], de Dircé envers sa mère ne peut être une faute de théâtre, puisque nous ne sommes pas obligés de rendre parfaits ceux que nous y faisons voir. » Non, sans doute, on n'est pas obligé de faire des gens de bien de tous ses personnages ; mais les bienséances exigent du moins qu'une princesse qui a assez de vertu pour vouloir sauver son peuple aux dépens de sa vie, en ait assez pour ne point dire des injures atroces à sa mère.

Pour Jocaste, dont le rôle devrait être intéressant, puisqu'elle partage tous les malheurs d'Œdipe, elle n'en est pas même le témoin ; elle ne paraît point au cinquième acte, lorsque Œdipe apprend qu'il est son fils : en un mot, c'est un personnage absolument inutile, qui ne sert qu'à raisonner avec Thésée, et à excuser les insolences de sa fille, qui agit, dit-elle (acte I, sc. v),

> En amante à bon titre, en princesse avisée.

Finissons par examiner le rôle d'Œdipe, et avec lui la contexture du poëme.

Il commence par vouloir marier une de ses filles avant que de s'attendrir sur les malheurs des Thébains ; bien plus condamnable en cela que Thésée, qui, n'étant point, comme lui, chargé du salut de tout ce peuple, peut sans crime écouter sa passion.

Cependant, comme il fallait bien dire, au premier acte, quelque chose du sujet de la pièce, on en touche un mot dans la cinquième scène. Œdipe soupçonne que les dieux sont irrités contre les Thébains, parce que Jocaste avait autrefois fait exposer son fils, et trompé par là les oracles des dieux qui prédisaient que ce fils tuerait son père, et épouserait sa mère.

Il me semble qu'il doit croire plutôt que les dieux sont satisfaits que Jocaste ait étouffé un monstre au berceau ; et vraisemblablement ils n'ont prédit les crimes de ce fils qu'afin qu'on l'empêchât de les commettre.

Jocaste soupçonne, avec aussi peu de fondement, que les dieux punissent les Thébains de n'avoir pas vengé la mort de Laïus. Elle prétend qu'on n'a jamais pu venger cette mort : comment donc peut-elle croire que les dieux la punissent de n'avoir pas fait l'impossible ?

---

1. Dans l'*Examen d'Œdipe*, édit. Lahure, t. III, p. 224. (ÉD.)

Avec moins de fondement encore Œdipe répond (acte I, sc. vi) :

> Pourrions-nous en punir des brigands inconnus,
> Que peut-être jamais en ces lieux on n'a vus ?
> Si vous m'avez dit vrai, peut-être ai-je moi-même
> Sur trois de ces brigands vengé le diadème ;
> Au lieu même, au temps même, attaqué seul par trois.
> J'en laissai deux sans vie, et mis l'autre aux abois.

Œdipe n'a aucune raison de croire que ces trois voyageurs fussent des brigands, puisqu'au quatrième acte (sc. iv), lorsque Phorbas paraît devant lui, il lui dit :

> Et tu fus un des trois que je sus arrêter
> Dans ce passage étroit qu'il fallut disputer.

S'il les a arrêtés lui-même, et s'il ne les a combattus que parce qu'ils ne voulaient pas lui céder le pas, il n'a point dû les prendre pour des voleurs, qui font ordinairement très-peu de cas de ces cérémonies, et qui songent plutôt à détrousser les gens qu'à leur disputer le haut du pavé.

Mais il me semble qu'il y a dans cet endroit une faute encore plus grande. Œdipe avoue à Jocaste qu'il s'est battu contre trois inconnus, au temps même et au lieu même où Laïus a été tué. Jocaste sait que Laïus n'avait avec lui que deux compagnons de voyage : ne devrait-elle donc pas soupçonner que Laïus est peut-être mort de la main d'Œdipe? Cependant elle ne fait nulle attention à cet aveu ; et de peur que la pièce ne finisse au premier acte, elle ferme les yeux sur les lumières qu'Œdipe lui donne ; et, jusqu'à la fin du quatrième acte, il n'est pas dit un mot de la mort de Laïus, qui pourtant est le sujet de la pièce. Les amours de Thésée et de Dircé occupent toute la scène.

C'est au quatrième acte (sc. iv) qu'Œdipe, en voyant Phorbas, s'écrie :

> C'est un de mes brigands à la mort échappé,
> Madame, et vous pouvez lui choisir des supplices :
> S'il n'a tué Laïus, il fut un des complices.

Pourquoi prendre Phorbas pour un brigand? et pourquoi affirmer avec tant de certitude qu'il est complice de la mort de Laïus? Il me paraît que l'Œdipe de Corneille accuse Phorbas avec autant de légèreté que l'Œdipe de Sophocle accuse Créon.

Je ne parle point de l'acte gigantesque d'Œdipe qui tue trois hommes tout seul dans Corneille, et qui en tue sept dans Sophocle. Mais il est bien étrange qu'Œdipe se souvienne, après seize ans, de tous les traits de ces trois hommes; « que l'un avait le poil noir, la mine assez farouche, le front cicatrisé, et le regard un peu louche; que l'autre avait le teint frais, et l'œil perçant; qu'il était chauve sur le devant, et mêlé sur le derrière ; » et, pour rendre la chose encore moins vraisemblable, il ajoute (acte IV, sc. iv) :

> On en peut voir en moi la taille et quelques traits.

Ce n'était point à Œdipe à parler de cette ressemblance; c'était à Jocaste, qui, ayant vécu avec l'un et avec l'autre, pouvait en être bien mieux informée qu'Œdipe, qui n'a jamais vu Laïus qu'un moment en sa vie. Voilà comme Sophocle a traité cet endroit : mais il fallait que Corneille, ou n'eût point lu du tout Sophocle, ou le méprisât beaucoup, puisqu'il n'a rien emprunté de lui, ni beautés, ni défauts.

Cependant, comment se peut-il faire qu'Œdipe ait seul tué Laïus, et que Phorbas, qui a été blessé à côté de ce roi, dise pourtant qu'il a été tué par des voleurs ? Il était difficile de concilier cette contradiction ; et Jocaste, pour toute réponse, dit que

C'est un conte
Dont Phorbas, au retour, voulut cacher sa honte.

Cette petite tromperie de Phorbas devait-elle être le nœud de la tragédie d'*Œdipe* ? Il s'est pourtant trouvé des gens qui ont admiré cette puérilité ; et un homme distingué à la cour par son esprit m'a dit que c'était là le plus bel endroit de Corneille.

Au cinquième acte (sc. I), Œdipe, honteux d'avoir épousé la veuve d'un roi qu'il a massacré, dit qu'il veut se bannir et retourner à Corinthe ; et cependant il envoie chercher Thésée et Dircé, pour lire

En leur âme
S'ils prêteraient la main à quelque sourde trame.

Eh ! que lui importent les sourdes trames de Dircé, et les prétentions de cette princesse sur une couronne à laquelle il renonce pour jamais ?

Enfin il me paraît qu'Œdipe apprend avec trop de froideur son affreuse aventure. Je sais qu'il n'est point coupable, et que sa vertu peut le consoler d'un crime involontaire ; mais s'il a assez de fermeté dans l'esprit pour sentir qu'il n'est que malheureux, doit-il se punir de son malheur ? et s'il est assez furieux et assez désespéré pour se crever les yeux, doit-il être assez froid pour dire à Dircé dans un moment si terrible (acte V, sc. VII) :

Votre frère est connu ; le savez-vous, madame ?...
Votre amour pour Thésée est dans un plein repos.
. . . . . . . . . . . . . . . . . . . . . . . . .
Aux crimes, malgré moi, l'ordre du ciel m'attache,
Pour m'y faire tomber, à moi-même il me cache ;
Il offre, en m'aveuglant sur ce qu'il a prédit,
Mon père à mon épée, et ma mère à mon lit.
Hélas ! qu'il est bien vrai qu'en vain on s'imagine
Dérober notre vie à ce qu'il nous destine !
Les soins de l'éviter font courir au-devant,
Et l'adresse à le fuir y plonge plus avant.

Doit-il rester sur le théâtre à débiter plus de quatre-vingts vers avec Dircé et avec Thésée, qui est un étranger pour lui, tandis que Jocaste, sa femme et sa mère, ne sait encore rien de son aventure, et ne paraît pas même sur la scène ?

Voilà à peu près les principaux défauts que j'ai cru apercevoir dans l'*Œdipe* de Corneille. Je m'abuse peut-être : mais je parle de ses fautes avec la même sincérité que j'admire les beautés qui y sont répandues; et quoique les beaux morceaux de cette pièce me paraissent très-inférieurs aux grands traits de ses autres tragédies, je désespère pourtant de les égaler jamais : car ce grand homme est toujours au-dessus des autres, lors même qu'il n'est pas entièrement égal à lui-même.

Je ne parle point de la versification : on sait qu'il n'a jamais fait de vers si faibles et si indignes de la tragédie. En effet, Corneille ne connaissait guère la médiocrité, et il tombait dans le bas avec la même facilité qu'il s'élevait au sublime.

J'espère que vous me pardonnerez, monsieur, la témérité avec laquelle je parle, si pourtant c'en est une de trouver mauvais ce qui est mauvais, et de respecter le nom de l'auteur sans en être l'esclave.

Et quelles fautes voudrait-on que l'on relevât? Seraient-ce celles des auteurs médiocres, dont on ignore tout, jusqu'aux défauts? C'est sur les imperfections des grands hommes qu'il faut attacher sa critique; car si le préjugé nous faisait admirer leurs fautes, bientôt nous les imiterions, et il se trouverait peut-être que nous n'aurions pris de ces célèbres écrivains que l'exemple de mal faire.

## LETTRE V,

### Qui contient la critique du nouvel Œdipe.

Monsieur, me voilà enfin parvenu à la partie de ma dissertation la plus aisée, c'est-à-dire à la critique de mon ouvrage; et, pour ne point perdre de temps, je commencerai par le premier défaut, qui est celui du sujet. Régulièrement, la pièce d'*Œdipe* devrait finir au premier acte. Il n'est pas naturel qu'Œdipe ignore comment son prédécesseur est mort. Sophocle ne s'est point mis du tout en peine de corriger cette faute; Corneille, en voulant la sauver, a fait encore plus mal que Sophocle; et je n'ai pas mieux réussi qu'eux. Œdipe, chez moi, parle ainsi à Jocaste (acte I, sc. III) :

> On m'avait toujours dit que ce fut un Thébain
> Qui leva sur son prince une coupable main.
> Pour moi, qui, sur son trône élevé par vous-même[1],
> Deux ans après sa mort ai ceint le diadème,
> Madame, jusqu'ici respectant vos douleurs,
> Je n'ai point rappelé le sujet de vos pleurs,
> Et, de vos seuls périls chaque jour alarmée,
> Mon âme à d'autres soins semblait être fermée.

Ce compliment ne me paraît point une excuse valable de l'ignorance d'Œdipe. La crainte de déplaire à sa femme en lui parlant de son premier mari ne doit point du tout l'empêcher de s'informer des circonstances de la mort de son prédécesseur : c'est avoir trop de discrétion et trop peu de curiosité. Il ne lui est pas permis non plus de ne point savoir l'histoire de Phorbas.

---

[1] Voltaire cite inexactement ce vers et le suivant, quoiqu'ils soient de lui. (Éd.)

un ministre d'État ne saurait jamais être un homme assez obscur pour être en prison plusieurs années sans qu'on en sache rien. Jocaste a beau dire (acte I, sc. III) :

Dans un château voisin conduit secrètement,
Je dérobai sa tête à leur emportement;

on voit bien que ces deux vers ne sont mis que pour prévenir la critique ; c'est une faute qu'on tâche de déguiser, mais qui n'est pas moins faute.

Voici un défaut plus considérable, qui n'est pas du sujet, et dont je suis seul responsable : c'est le personnage de Philoctète. Il semble qu'il ne soit venu à Thèbes que pour y être accusé ; encore est-il soupçonné peut-être un peu légèrement. Il arrive au premier acte, et s'en retourne au troisième ; on ne parle de lui que dans les trois premiers actes, et on n'en dit pas un seul mot dans les deux derniers. Il contribue un peu au nœud de la pièce, et le dénoûment se fait absolument sans lui. Ainsi il paraît que ce sont deux tragédies, dont l'une roule sur Philoctète et l'autre sur Œdipe.

J'ai voulu donner à Philoctète le caractère d'un héros ; mais j'ai bien peur d'avoir poussé la grandeur d'âme jusqu'à la fanfaronnade. Heureusement, j'ai lu dans Mme Dacier qu'un homme peut parler avantageusement de soi lorsqu'il est calomnié. Voilà le cas où se trouve Philoctète : il est réduit par la calomnie à la nécessité de dire du bien de lui-même. Dans une autre occasion, j'aurais tâché de lui donner plus de politesse que de fierté; et s'il s'était trouvé dans les mêmes circonstances que Sertorius et Pompée, j'aurais pris la conversation héroïque de ces deux grands hommes pour modèle, quoique je n'eusse pas espéré de l'atteindre. Mais comme il est dans la situation de Nicomède, j'ai donc cru devoir le faire parler à peu près comme ce jeune prince, et qu'il lui était permis de dire, *un homme tel que moi*, lorsqu'on l'outrage. Quelques personnes s'imaginent que Philoctète était un pauvre écuyer d'Hercule, qui n'avait d'autre mérite que d'avoir porté ses flèches, et qui veut s'égaler à son maître dont il parle toujours. Cependant il est certain que Philoctète était un prince de la Grèce, fameux par ses exploits, compagnon d'Hercule, et de qui même les dieux avaient fait dépendre le destin de Troie. Je ne sais si je n'en ai point fait en quelques endroits un fanfaron ; mais il est certain que c'était un héros.

Pour l'ignorance où il est, en arrivant, sur les affaires de Thèbes, je ne la trouve pas moins condamnable que celle d'Œdipe. Le mont Œta, où il avait vu mourir Hercule, n'était pas si éloigné de Thèbes qu'il ne pût savoir aisément ce qui se passait dans cette ville. Heureusement, cette ignorance vicieuse de Philoctète m'a fourni une exposition du sujet qui m'a paru assez bien reçue ; et c'est ce qui me persuade que les beautés d'un ouvrage naissent quelquefois d'un défaut.

Dans toutes les tragédies, on tombe dans un écueil tout contraire. L'exposition du sujet se fait ordinairement à un personnage qui en est aussi bien informé que celui qui lui parle. On est obligé, pour mettre les auditeurs au fait, de faire dire aux principaux acteurs ce qu'ils ont dû vraisemblablement déjà dire mille fois. Le point de perfection serait de combiner tellement les événemens, que l'acteur qui parle n'eût jamais dû dire ce qu'on met dans sa bouche que dans le temps même où il le dit. Telle est, entre autres exemples de cette perfection, la première scène de la tragédie de *Bajazet*. Acomat ne peut être instruit de ce qui se passe dans l'armée; Osmin ne peut savoir de nouvelles du sérail; ils se font l'un à l'autre des confidences réciproques qui instruisent et qui intéressent également le spectateur; et l'artifice de cette exposition est conduit avec un ménagement dont je crois que Racine seul était capable.

Il est vrai qu'il y a des sujets de tragédie où l'on est tellement gêné par la bizarrerie des événements, qu'il est presque impossible de réduire l'exposition de sa pièce à ce point de sagesse et de vraisemblance. Je crois, pour mon bonheur, que le sujet d'*Œdipe* est de ce genre; et il me semble que, lorsqu'on se trouve si peu maître du terrain, il faut toujours songer à être intéressant plutôt qu'exact : car le spectateur pardonne tout, hors la langueur; et, lorsqu'il est une fois ému, il examine rarement s'il a raison de l'être.

A l'égard de ce souvenir d'amour entre Jocaste et Philoctète, j'ose encore dire que c'est un défaut nécessaire. Le sujet ne me fournissait rien par lui-même pour remplir les trois premiers actes; à peine même avais-je de la matière pour les deux derniers. Ceux qui connaissent le théâtre, c'est-à-dire ceux qui sentent les difficultés de la composition aussi bien que les fautes, conviendront de ce que je dis. Il faut toujours donner des passions aux principaux personnages. Eh! quel rôle insipide aurait joué Jocaste, si elle n'avait eu du moins le souvenir d'un amour légitime, et si elle n'avait craint pour les jours d'un homme qu'elle avait autrefois aimé?

Il est surprenant que Philoctète aime encore Jocaste après une si longue absence : il ressemble assez aux chevaliers errants, dont la profession était d'être toujours fidèles à leurs maîtresses. Mais je ne puis être de l'avis de ceux qui trouvent Jocaste trop âgée pour faire naître encore des passions : elle a pu être mariée si jeune, et il est si souvent répété dans la pièce qu'Œdipe est dans une grande jeunesse, que, sans trop presser les temps, il est aisé de voir qu'elle n'a pas plus de trente-cinq ans. Les femmes seraient bien malheureuses, si on n'inspirait plus de sentiments à cet âge.

Je veux que Jocaste ait plus de soixante ans dans Sophocle et dans Corneille; la construction de leur fable n'est pas une règle pour la mienne; je ne suis pas obligé d'adopter leurs fictions; et s'il leur a été permis de faire revivre dans plusieurs de leurs pièces des personnes mortes depuis longtemps, et d'en faire mourir d'autres qui étaient encore vivantes, on doit bien me passer d'ôter à Jocaste quelques années.

Mais je m'aperçois que je fais l'apologie de ma pièce, au lieu de la critique que j'en avais promise; revenons vite à la censure.

Le troisième acte n'est point fini : on ne sait pourquoi les acteurs sortent de la scène. Œdipe dit à Jocaste (acte III, sc. v) :

Suivez mes pas, rentrons; il faut que j'éclaircisse
Un soupçon que je forme avec trop de justice.

> . . . . . . . . . . . . . . . . . . . Suivez-moi,
> Et venez dissiper ou combler mon effroi.

Mais il n'y a pas de raison pour qu'Œdipe éclaircisse son doute plutôt derrière le théâtre que sur la scène : aussi, après avoir dit à Jocaste de le suivre, revient-il avec elle le moment d'après, et il n'y a aucune autre distinction entre le troisième et le quatrième acte que le coup d'archet qui les sépare.

La première scène du quatrième acte est celle qui a le plus réussi ; mais je ne me reproche pas moins d'avoir fait dire dans cette scène à Jocaste et à Œdipe tout ce qu'ils avaient dû s'apprendre depuis longtemps. L'intrigue n'est fondée que sur une ignorance bien peu vraisemblable : j'ai été obligé de recourir à un miracle pour couvrir ce défaut du sujet.

Je mets dans la bouche d'Œdipe (acte IV, sc. I) :

> Enfin je me souviens qu'aux champs de la Phocide
> (Et je ne conçois pas par quel enchantement
> J'oubliais jusqu'ici ce grand événement ;
> La main des dieux sur moi si longtemps suspendue
> Semble ôter le bandeau qu'ils mettaient sur ma vue),
> Dans un chemin étroit je trouvai deux guerriers, etc.

Il est manifeste que c'était au premier acte qu'Œdipe devait raconter cette aventure de la Phocide ; car, dès qu'il apprend de la bouche du grand prêtre que les dieux demandent la punition du meurtrier de Laïus, son devoir est de s'informer scrupuleusement et sans délai de toutes les circonstances de ce meurtre. On doit lui répondre que Laïus a été tué en Phocide, dans un chemin étroit, par deux étrangers ; et lui qui sait que, dans ce temps-là même, il s'est battu contre deux étrangers en Phocide, doit soupçonner dès ce moment que Laïus a été tué de sa main. Il est triste d'être obligé, pour cacher cette faute, de supposer que la vengeance des dieux ôte dans un temps la mémoire à Œdipe, et la lui rend dans un autre. La scène suivante d'Œdipe et de Phorbas me paraît bien moins intéressante chez moi que dans Corneille. Œdipe, dans ma pièce, est déjà instruit de son malheur avant que Phorbas achève de l'en persuader ; Phorbas ne laisse l'esprit du spectateur dans aucune incertitude, il ne lui inspire aucune surprise, il ne doit donc point l'intéresser. Dans Corneille, au contraire, Œdipe, loin de se douter d'être le meurtrier de Laïus, croit en être le vengeur, et il se convainc lui-même en voulant convaincre Phorbas. Cet artifice de Corneille serait admirable, si Œdipe avait quelque lieu de croire que Phorbas est coupable, et si le nœud de la pièce n'était pas fondé sur un mensonge puéril.

> C'est un conte
> Dont Phorbas, au retour, voulut cacher sa honte.
> (Acte IV, sc. IV.)

Je ne pousserai pas plus loin la critique de mon ouvrage ; il me semble que j'en ai reconnu les défauts les plus importants. On ne doit pas en exiger davantage d'un auteur, et peut-être un censeur ne m'aurait-il pas plus maltraité. Si on me demande pourquoi je n'ai pas corrigé ce que je condamne, je répondrai qu'il y a souvent dans un ouvrage des défauts qu'on est obligé de laisser malgré soi; et d'ailleurs il y a peut-être autant d'honneur à avouer ses fautes qu'à les corriger. J'ajouterai encore que j'en ai ôté autant qu'il en reste : chaque représentation de mon *OEdipe* était pour moi un examen sévère où je recueillais les suffrages et les censures du public, et j'étudiais son goût pour former le mien. Il faut que j'avoue que Mgr le prince de Conti est celui qui m'a fait les critiques les plus judicieuses et les plus fines. S'il n'était qu'un particulier, je me contenterais d'admirer son discernement; mais puisqu'il est élevé au-dessus des autres par son rang autant que par son esprit, j'ose ici le supplier d'accorder sa protection aux belles-lettres dont il a tant de connoissance.

J'oubliais de dire que j'ai pris deux vers dans l'*OEdipe* de Corneille. L'un est au premier acte (sc. I) :

Ce monstre à voix humaine, aigle, femme et lion.

L'autre est au dernier acte (sc. VI); c'est une traduction de Sénèque (*OEdipe*, acte V, v. 950) :

. . . . . *Nec sepultis mixtus, et vivis tamen*
*Exemptus....*
Et le sort qui l'accable
Des morts et des vivants semble le séparer.

Je n'ai point fait scrupule de voler ces deux vers, parce qu'ayant précisément la même chose à dire que Corneille, il m'était impossible de l'exprimer mieux; et j'ai mieux aimé donner deux bons vers de lui, que d'en donner deux mauvais de moi.

Il me reste à parler de quelques rimes que j'ai hasardées dans ma tragédie. J'ai fait rimer *frein* à *rien*, *héros* à *tombeaux*, *contagion* à *poison*, etc. Je ne défends point ces rimes, parce que je les ai employées; mais je ne m'en suis servi que parce que je les ai crues bonnes. Je ne puis souffrir qu'on sacrifie à la richesse de la rime toutes les autres beautés de la poésie, et qu'on cherche plutôt à plaire à l'oreille qu'au cœur et à l'esprit. On pousse même la tyrannie jusqu'à exiger qu'on rime pour les yeux encore plus que pour les oreilles. *Je ferois*, *j'aimerois*, etc., ne se prononcent point autrement que *traits* et *attraits;* cependant on prétend que ces mots ne riment point ensemble, parce qu'un mauvais usage veut qu'on les écrive différemment. M. Racine avait mis dans son *Andromaque* (acte III, sc. I) :

M'en croirez-vous? lassé de ses trompeurs attraits,
Au lieu de l'enlever, seigneur, je la fuirois[1].

Le scrupule lui prit, et il ôta la rime *fuirois*, qui me paraît, à ne consulter que l'oreille, beaucoup plus juste que celle de *jamais* qu'il lui substitua.

La bizarrerie de l'usage, ou plutôt, des hommes qui l'établissent, est étrange sur ce sujet comme sur bien d'autres. On permet que le mot *abhorre*, qui a deux r, rime avec *encore*, qui n'en a qu'une. Par la même raison, *tonnerre* et *terre* devraient

---

[1]. OEuvres complètes de Racine, édit. Lahure, t. I, p. 120. (ÉD.)

rimer avec *père* et *mère*; cependant on ne le souffre pas, et personne ne réclame contre cette injustice.

Il me paraît que la poésie française y gagnerait beaucoup, si on voulait secouer le joug de cet usage déraisonnable et tyrannique. Donner aux auteurs de nouvelles rimes, ce serait leur donner de nouvelles pensées, car l'assujettissement à la rime fait que souvent on ne trouve dans la langue qu'un seul mot qui puisse finir un vers : on ne dit presque jamais ce qu'on voulait dire ; on ne peut se servir du mot propre : on est obligé de chercher une pensée pour la rime, parce qu'on ne peut trouver de rime pour exprimer ce qu'on pense.

C'est à cet esclavage qu'il faut imputer plusieurs impropriétés qu'on est choqué de rencontrer dans nos poëtes les plus exacts. Les auteurs sentent encore mieux que les lecteurs la dureté de cette contrainte, et ils n'osent s'en affranchir. Pour moi, dont l'exemple ne tire point à conséquence, j'ai tâché de regagner un peu de liberté ; et si la poésie occupe encore mon loisir, je préférerai toujours les choses aux mots, et la pensée à la rime.

## LETTRE VI,
### *Qui contient une dissertation sur les chœurs.*

Monsieur, il ne me reste plus qu'à parler du chœur que j'introduis dans ma pièce. J'en ai fait un personnage qui paraît à son rang comme les autres acteurs, et qui se montre quelquefois sans parler, seulement pour jeter plus d'intérêt dans la scène, et pour ajouter plus de pompe au spectacle.

Comme on croit d'ordinaire que la route qu'on a tenue était la seule qu'on devait prendre, je m'imagine que la manière dont j'ai hasardé les chœurs est la seule qui pouvait réussir parmi nous.

Chez les anciens, le chœur remplissait l'intervalle des actes, et paraissait toujours sur la scène. Il y avait à cela plus d'un inconvénient : car, ou il parlait dans les entr'actes de ce qui s'était passé dans les actes précédents, et c'était une répétition fatigante ; ou il prévenait de ce qui devait arriver dans les actes suivants, et c'était une annonce qui pouvait dérober le plaisir de la surprise ; ou enfin il était étranger au sujet, et par conséquent il devait ennuyer.

La présence continuelle du chœur dans la tragédie me paraît encore plus impraticable. L'intrigue d'une pièce intéressante exige d'ordinaire que les principaux acteurs aient des secrets à se confier. Eh ! le moyen de dire son secret à tout un peuple ? C'est une chose plaisante de voir Phèdre, dans *Euripide*, avouer à une troupe de femmes un amour incestueux, qu'elle doit craindre de s'avouer à elle-même. On demandera peut-être comment les anciens pouvoient conserver si scrupuleusement un usage si sujet au ridicule : c'est qu'ils étaient persuadés que le chœur était la base et le fondement de la tragédie. Voilà bien les hommes, qui prennent presque toujours l'origine d'une chose pour l'essence de la chose même. Les anciens savaient que ce spectacle avait commencé par une troupe de paysans ivres qui chantaient les louanges de Bacchus, et ils voulaient que le théâtre fût toujours rempli d'une troupe d'acteurs qui, en chantant les louanges des dieux, rappelassent l'idée que le peuple avait de l'origine de la tragédie. Longtemps même le poëme dramatique ne fut qu'un simple chœur; les personnages qu'on y ajouta ne furent regardés que comme des épisodes; et il y a encore aujourd'hui des savants qui ont le courage d'assurer que nous n'avons aucune idée de la véritable tragédie, depuis que nous en avons banni les chœurs. C'est comme si, dans une même pièce, on voulait que nous missions Paris, Londres et Madrid sur le théâtre, parce que nos pères en usaient ainsi lorsque la comédie fut établie en France.

M. Racine, qui a introduit des chœurs dans *Athalie* et dans *Esther*, s'y est pris avec plus de précaution que les Grecs; il ne les a guère fait paraître que dans les entr'actes; encore a-t-il eu bien de la peine à le faire avec la vraisemblance qu'exige toujours l'art du théâtre.

A quel propos faire chanter une troupe de Juives lorsque Esther a raconté ses aventures à Elise? Il faut nécessairement, pour amener cette musique, qu'Esther leur ordonne de lui chanter quelque air (acte I, sc. II):

Mes filles, chantez-nous quelqu'un de ces cantiques....

Je ne parle pas du bizarre assortiment du chant et de la déclamation dans une même scène; mais du moins il faut avouer que des moralités mises en musique doivent paraître bien froides après ces dialogues pleins de passion qui font le caractère de la tragédie. Un chœur serait bien mal venu après la déclaration de Phèdre, ou après la conversation de Sévère et de Pauline.

Je croirai donc toujours, jusqu'à ce que l'événement me détrompe, qu'on ne peut hasarder le chœur dans une tragédie qu'avec la précaution de l'introduire à son rang, et seulement lorsqu'il est nécessaire pour l'ornement de la scène; encore n'y a-t-il que très-peu de sujets où cette nouveauté puisse être reçue. Le chœur serait absolument déplacé dans *Bajazet*, dans *Mithridate*, dans *Britannicus*, et généralement dans toutes les pièces dont l'intrigue n'est fondée que sur les intérêts de quelques particuliers : il ne peut convenir qu'à des pièces où il s'agit du salut de tout un peuple.

Les Thébains sont les premiers intéressés dans le sujet de ma tragédie : c'est de leur mort ou de leur vie dont il s'agit ; et il n'est pas hors des bienséances de faire paraître quelquefois sur la scène ceux qui ont le plus d'intérêt de s'y trouver.

## LETTRE VII.

*A l'occasion de plusieurs critiques qu'on a faites d'Œdipe.*

Monsieur, on vient de me montrer une critique de mon *Œdipe*, qui, je crois, sera imprimée avant que cette seconde édition puisse paraître. J'ignore quel est l'auteur de cet ouvrage. Je suis fâché qu'il me prive du plaisir de le remercier des éloges qu'il me donne avec bonté, et des critiques qu'il fait de mes fautes avec autant de discernement que de politesse.

J'avais déjà reconnu, dans l'examen que j'ai fait de ma tragédie, une bonne partie des défauts que l'observateur relève; mais je me suis aperçu qu'un auteur s'épargne toujours quand il se critique lui-même, et que le censeur veille lorsque l'auteur s'endort. Celui qui me critique a vu sans doute mes fautes d'un œil plus éclairé que moi : cependant je ne sais si, comme j'ai été un peu indulgent, il n'est pas quelquefois un peu trop sévère. Son ouvrage m'a confirmé dans l'opinion où je suis que le sujet d'*OEdipe* est un des plus difficiles qu'on ait jamais mis au théâtre. Mon censeur me propose un plan sur lequel il voudrait que j'eusse composé ma pièce : c'est au public à en juger; mais je suis persuadé que, si j'avais travaillé sur le modèle qu'il me présente, on ne m'aurait pas fait même l'honneur de me critiquer. J'avoue qu'en substituant, comme il le veut, Créon à Philoctète, j'aurais peut-être donné plus d'exactitude à mon ouvrage; mais Créon aurait été un personnage bien froid, et j'aurais trouvé par là le secret d'être à la fois ennuyeux et irréprébensible.

On m'a parlé de quelques autres critiques : ceux qui se donnent la peine de les faire me feront toujours beaucoup d'honneur, et même de plaisir, quand ils daigneront me les montrer. Si je ne puis à présent profiter de leurs observations, elles m'éclaireront du moins pour les premiers ouvrages que je pourrai composer, et me feront marcher d'un pas plus sûr dans cette carrière dangereuse.

On m'a fait apercevoir que plusieurs vers de ma pièce se trouvaient dans d'autres pièces de théâtre. Je dis qu'on m'en a fait apercevoir; car, soit qu'ayant la tête remplie de vers d'autrui, j'aie cru travailler d'imagination quand je ne travaillais que de mémoire, soit qu'on se rencontre quelquefois dans les mêmes pensées et dans les mêmes tours, il est certain que j'ai été plagiaire sans le savoir, et que, hors ces deux beaux vers de Corneille que j'ai pris hardiment, et dont je parle dans mes lettres, je n'ai eu dessein de voler personne.

Il y a dans *les Horaces* (acte I, sc. III) :

Est-ce vous, Curiace? en croirai-je mes yeux?

Et dans ma pièce il y avait (acte I, sc. I) :

Est-ce vous, Philoctète? en croirai-je mes yeux?

J'espère qu'on me fera l'honneur de croire que j'aurais bien trouvé tout seul un pareil vers. Je l'ai changé cependant aussi bien que plusieurs autres, et je voudrais que tous les défauts de mon ouvrage fussent aussi aisés à corriger que celui-là.

On m'apporte en ce moment une nouvelle critique de mon *OEdipe* : celle-ci me paraît moins instructive que l'autre, mais beaucoup plus maligne. La première est d'un religieux, à ce qu'on vient de me dire; la seconde est d'un homme de lettres.

et ce qui est assez singulier, c'est que le religieux possède mieux le théâtre, et l'autre le sarcasme. Le premier a voulu m'éclairer, et y a réussi; le second a voulu m'outrager, mais il n'en est point venu à bout. Je lui pardonne sans peine ses injures en faveur de quelques traits ingénieux et plaisants dont son ouvrage m'a paru semé. Ses railleries m'ont plus diverti qu'elles ne m'ont offensé; et même, de tous ceux qui ont vu cette satire en manuscrit, je suis celui qui en ai jugé le plus avantageusement. Peut-être ne l'ai-je trouvée bonne que par la crainte où j'étais de succomber à la tentation de la trouver mauvaise : le public jugera de son prix.

Ce censeur assure, dans son ouvrage, que ma tragédie languira tristement dans la boutique de Ribou, lorsque sa lettre aura dessillé les yeux du public. Heureusement il empêche lui-même le mal qu'il me veut faire : si sa satire est bonne, tous ceux qui la liront auront quelque curiosité de voir la tragédie qui en est l'objet; et, au lieu que les pièces de théâtre font vendre d'ordinaire leurs critiques, cette critique fera vendre mon ouvrage. Je lui aurai la même obligation qu'Escobar eut à Pascal. Cette comparaison me paraît assez juste; car ma poésie pourrait bien être aussi relâchée que la morale d'Escobar; et il y a quelques traits dans la satire de ma pièce qui sont peut-être dignes des *Lettres provinciales*, du moins pour la malignité.

Je reçois une troisième critique : celle-ci est si misérable que je n'en puis moi-même soutenir la lecture. On m'en promet encore deux autres. Voilà bien des ennemis : si je fais encore une tragédie, où fuirai-je?

---

### PRÉFACE DE L'ÉDITION DE 1730.

L'*OEdipe*, dont on donne cette nouvelle édition, fut représenté, pour la première fois, à la fin de l'année 1718. Le public le reçut avec beaucoup d'indulgence. Depuis même, cette tragédie s'est toujours soutenue sur le théâtre, et on la revoit encore avec quelque plaisir, malgré ses défauts; ce que j'attribue, en partie, à l'avantage qu'elle a toujours eu d'être très-bien représentée, et en partie à la pompe et au pathétique du spectacle même.

Le P. Folard, jésuite, et M. de La Motte, de l'Académie française, ont depuis traité tous deux le même sujet, et tous deux ont évité les défauts dans lesquels je suis tombé. Il ne m'appartient pas de parler de leurs pièces; mes critiques et même mes louanges paraîtraient également suspectes [1].

Je suis encore plus éloigné de prétendre donner une poétique à l'occasion de cette tragédie : je suis persuadé que tous ces raisonnements délicats, tant rebattus depuis quelques années, ne valent pas une scène de génie, et qu'il y a bien plus à ap-

---

[1]. M. de La Motte donna deux *OEdipes* en 1726, l'un en rimes, et l'autre en prose non rimée. L'*OEdipe* en rimes fut représenté quatre fois, autre n'a jamais été joué.

prendre dans *Polyeucte* et dans *Cinna* que dans tous les préceptes de l'abbé d'Aubignac : Sévère et Pauline sont les véritables maîtres de l'art. Tant de livres faits sur la peinture par des connaisseurs n'instruiront pas tant un élève que la seule vue d'une tête de Raphaël.

Les principes de tous les arts qui dépendent de l'imagination sont tous aisés et simples, tous puisés dans la nature et dans la raison. Les Pradon et les Boyer les ont connus aussi bien que les Corneille et les Racine : la différence n'a été et ne sera jamais que dans l'application. Les auteurs d'*Armide* et d'*Issé*[1], et les plus mauvais compositeurs, ont eu les mêmes règles de musique; le Poussin a travaillé sur les mêmes principes que Vignon. Il paraît donc aussi inutile de parler de règles à la tête d'une tragédie, qu'il le serait à un peintre de prévenir le public par des dissertations sur ses tableaux, ou à un musicien de vouloir démontrer que sa musique doit plaire.

Mais, puisque M. de La Motte veut établir des règles toutes contraires à celles qui ont guidé nos grands maîtres, il est juste de défendre ces anciennes lois, non pas parce qu'elles sont anciennes, mais parce qu'elles sont bonnes et nécessaires, et qu'elles pourraient avoir dans un homme de son mérite un adversaire redoutable.

### DES TROIS UNITÉS.

M. de La Motte veut d'abord proscrire l'unité d'action, de lieu et de temps.

Les Français sont les premiers d'entre les nations modernes qui ont fait revivre ces sages règles du théâtre : les autres peuples ont été longtemps sans vouloir recevoir un joug qui paraissait si sévère; mais comme ce joug était juste, et que la raison triomphe enfin de tout, ils s'y sont soumis avec le temps. Aujourd'hui même, en Angleterre, les auteurs affectent d'avertir au-devant de leurs pièces que la durée de l'action est égale à celle de la représentation; et ils vont plus loin que nous, qui en cela avons été leurs maîtres. Toutes les nations commencent à regarder comme barbares les temps où cette pratique était ignorée des plus grands génies, tels que don Lope de Vega et Shakspeare; elles avouent même l'obligation qu'elles nous ont de les avoir retirées de cette barbarie : faut-il qu'un Français se serve aujourd'hui de tout son esprit pour nous y ramener?

Quand je n'aurais autre chose à dire à M. de La Motte, sinon que MM. Corneille, Racine, Molière, Addison, Congrève, Maffei, ont tous observé les lois du théâtre, c'en serait assez pour devoir arrêter quiconque voudrait les violer : mais M. de La Motte mérite qu'on le combatte par des raisons plus que par des autorités.

Qu'est-ce qu'une pièce de théâtre? La représentation d'une action. Pourquoi d'une seule, et non de deux ou trois? C'est que l'esprit humain ne peut embrasser plusieurs objets à la fois; c'est que l'intérêt qui se partage s'anéantit bientôt; c'est que nous sommes choqués de voir, même dans un tableau, deux

---

1. Quinault et La Motte. (ÉD.)

événements ; c'est qu'enfin la nature seule nous a indiqué ce précepte, qui doit être invariable comme elle.

Par la même raison, l'unité de lieu est essentielle ; car une seule action ne peut se passer en plusieurs lieux à la fois. Si les personnages que je vois sont à Athènes au premier acte, comment peuvent-ils se trouver en Perse au second ? M. Le Brun a-t-il peint Alexandre à Arbelles et dans les Indes sur la même toile ? « Je ne serais pas étonné, dit adroitement M. de La Motte, qu'une nation sensée, mais moins amie des règles, s'accommodât de voir Coriolan condamné à Rome au premier acte, reçu chez les Volsques au troisième, et assiégeant Rome au quatrième, etc. » Premièrement, je ne conçois point qu'un peuple sensé et éclairé ne fût pas ami de règles toutes puisées dans le bon sens, et toutes faites pour son plaisir. Secondement, qui ne sent que voilà trois tragédies, et qu'un pareil projet, fût-il exécuté même en beaux vers, ne serait jamais qu'une pièce de Jodelle ou de Hardy, versifiée par un moderne habile ?

L'unité de temps est jointe naturellement aux deux premières. En voici, je crois, une preuve bien sensible. J'assiste à une tragédie, c'est-à-dire à la représentation d'une action ; le sujet est l'accomplissement de cette action unique. On conspire contre Auguste dans Rome : je veux savoir ce qui va arriver d'Auguste et des conjurés. Si le poète fait durer l'action quinze jours, il doit me rendre compte de ce qui se sera passé dans ces quinze jours ; car je suis là pour être informé de ce qui se passe, et rien ne doit arriver d'inutile. Or, s'il met devant mes yeux quinze jours d'événements, voilà au moins quinze actions différentes, quelque petites qu'elles puissent être. Ce n'est plus uniquement cet accomplissement de la conspiration auquel il fallait marcher rapidement ; c'est une longue histoire, qui ne sera plus intéressante, parce qu'elle ne sera plus vive, parce que tout se sera écarté du moment de la décision, qui est le seul que j'attends. Je ne suis point venu à la comédie pour entendre l'histoire d'un héros, mais pour voir un seul événement de sa vie. Il y a plus : le spectateur n'est que trois heures à la comédie ; il ne faut donc pas que l'action dure plus de trois heures. *Cinna*, *Andromaque*, *Bajazet*, *OEdipe*, soit celui du grand Corneille, soit celui de M. de La Motte, soit même le mien, si j'ose en parler, ne durent pas davantage. Si quelques autres pièces exigent plus de temps, c'est une licence qui n'est pardonnable qu'en faveur des beautés de l'ouvrage ; et plus cette licence est grande, plus elle est faute.

Nous étendons souvent l'unité de temps jusqu'à vingt-quatre heures, et l'unité de lieu à l'enceinte de tout un palais. Plus de sévérité rendrait quelquefois d'assez beaux sujets impraticables, et plus d'indulgence ouvrirait la carrière à de trop grands abus. Car s'il était une fois établi qu'une action théâtrale pût se passer en deux jours, bientôt quelque auteur y emploierait deux semaines, et un autre deux années ; et si l'on ne réduisait pas le lieu de la scène à un espace limité, nous verrions en peu de temps des pièces telles que l'ancien *Jules César* des Anglais, où Cassius et Brutus sont à Rome au premier acte, et en Thessalie dans le cinquième.

Ces lois observées, non-seulement servent à écarter les défauts, mais elles amènent de vraies beautés ; de même que les règles de

PRÉFACE D'OEDIPE.

la belle architecture, exactement suivies, composent nécessairement un bâtiment qui plaît à la vue. On voit qu'avec l'unité de temps, d'action et de lieu, il est bien difficile qu'une pièce ne soit pas simple : aussi voilà le mérite de toutes les pièces de M. Racine, et celui que demandait Aristote. M. de La Motte, en défendant une tragédie de sa composition, préfère à cette noble simplicité la multitude des événements : il croit son sentiment autorisé par le peu de cas qu'on fait de *Bérénice*, par l'estime où est encore *le Cid*. Il est vrai que *le Cid* est plus touchant que *Bérénice*; mais *Bérénice* n'est condamnable que parce que c'est une élégie plutôt qu'une tragédie simple; et *le Cid*, dont l'action est véritablement tragique, ne doit point son succès à la multiplicité des événements; mais il plaît, malgré cette multiplicité, comme il touche malgré l'Infante, et non pas à cause de l'Infante.

M. de La Motte croit qu'on peut se mettre au-dessus de toutes ces règles, en s'en tenant à l'unité d'intérêt, qu'il dit avoir inventée et qu'il appelle un paradoxe : mais cette unité d'intérêt ne me paraît autre chose que celle de l'action. « Si plusieurs personnages, dit-il, sont diversement intéressés dans le même événement, et s'ils sont tous dignes que j'entre dans leurs passions, il y a alors unité d'action, et non pas unité d'intérêt[1]. »

Depuis que j'ai pris la liberté de disputer contre M. de La Motte sur cette petite question, j'ai relu le discours du grand Corneille

---

[1]. « Je soupçonne qu'il y a une erreur dans cette proposition, qui m'avait paru d'abord très-plausible; je supplie M. de La Motte de l'examiner avec moi. N'y a-t-il pas dans *Rodogune* plusieurs personnages principaux diversement intéressés? Cependant il n'y a réellement qu'un seul intérêt dans la pièce, qui est celui de l'amour de Rodogune et d'Antiochus. Dans *Britannicus*, Agrippine, Néron, Narcisse, Britannicus, Junie, n'ont-ils pas tous des intérêts séparés? ne méritent-ils pas tous mon attention? Cependant ce n'est qu'à l'amour de Britannicus et de Junie que le public prend une part intéressante. Il est donc très-ordinaire qu'un seul et unique intérêt résulte de diverses passions bien ménagées. C'est un centre où plusieurs lignes différentes aboutissent; c'est la principale figure du tableau, que les autres font paraître sans se dérober à la vue. Le défaut n'est pas d'amener sur la scène plusieurs personnages avec des désirs et des desseins différents; le défaut est de ne savoir pas fixer notre intérêt sur un seul objet, lorsqu'on en présente plusieurs. C'est alors qu'il n'y a plus unité d'intérêt; et c'est alors aussi qu'il n'y a plus unité d'action.

« La tragédie de *Pompée* en est un exemple : César vient en Égypte pour voir Cléopatre; Pompée, pour s'y réfugier; Cléopatre veut être aimée, et régner; Cornélie veut se venger sans savoir comment; Ptolémée songe à conserver sa couronne. Toutes ces parties désassemblées ne composent point un tout; aussi l'action est double et même triple, et le spectateur ne s'intéresse pour personne.

« Si ce n'est point une témérité d'oser mêler mes défauts avec ceux du grand Corneille, j'ajouterai que mon *OEdipe* est encore une preuve que des intérêts très-divers, et, si je puis user de ce mot, mal assortis, font nécessairement une duplicité d'action. L'amour de Philoctète n'est point lié à la situation d'OEdipe, et dès la cette pièce est double. Il faut donc, je crois, s'en tenir aux trois unités d'action, de lieu et de temps, dans lesquelles presque toutes les autres règles, c'est-à-dire, etc. »

Ce passage, ajouté en 1730, fut, en 1738, remplacé par ce qu'on lit aujourd'hui. (Éd.)

sur les trois unités : il vaut mieux consulter ce grand maître que moi. Voici comme il s'exprime : « Je tiens donc, et je l'ai déjà dit, que l'unité d'action consiste en l'unité d'intrigue, et en l'unité de péril. » Que le lecteur lise cet endroit de Corneille, et il décidera bien vite entre M. de La Motte et moi; et, quand je ne serais pas fort de l'autorité de ce grand homme, n'ai-je pas encore une raison plus convaincante? c'est l'expérience. Qu'on lise nos meilleures tragédies françaises, on trouvera toujours les personnages principaux diversement intéressés ; mais ces intérêts divers se rapportent tous à celui du personnage principal, et alors il y a unité d'action. Si, au contraire, tous ces intérêts différents ne se rapportent pas au principal acteur, si ce ne sont pas des lignes qui aboutissent à un centre commun, l'intérêt est double; et ce qu'on appelle action au théâtre l'est aussi. Tenons-nous-en donc, comme le grand Corneille, aux trois unités, dans lesquelles les autres règles, c'est-à-dire les autres beautés, se trouvent renfermées.

M. de La Motte les appelle des principes de fantaisie, et prétend qu'on peut fort bien s'en passer dans nos tragédies, parce qu'elles sont négligées dans nos opéras : c'est, ce me semble, vouloir réformer un gouvernement régulier sur l'exemple d'une anarchie.

### DE L'OPÉRA.

L'opéra est un spectacle aussi bizarre que magnifique, où les yeux et les oreilles sont plus satisfaits que l'esprit, où l'asservissement à la musique rend nécessaires les fautes les plus ridicules, où il faut chanter des ariettes dans la destruction d'une ville, et danser autour d'un tombeau; où l'on voit le palais de Pluton et celui du Soleil; des dieux, des démons, des magiciens, des prestiges, des monstres, des palais formés et détruits en un clin d'œil. On tolère ces extravagances, on les aime même, parce qu'on est là dans le pays des fées; et, pourvu qu'il y ait du spectacle, de belles danses, une belle musique, quelques scènes intéressantes, on est content. Il serait aussi ridicule d'exiger dans *Alceste* l'unité d'action, de lieu et de temps, que de vouloir introduire des danses et des démons dans *Cinna* et dans *Rodogune*.

Cependant, quoique les opéras soient dispensés de ces trois règles, les meilleurs sont encore ceux où elles sont le moins violées : on les retrouve même, si je ne me trompe, dans plusieurs, tant elles sont nécessaires et naturelles, et tant elles servent à intéresser le spectateur. Comment donc M. de La Motte peut-il reprocher à notre nation la légèreté de condamner dans un spectacle les mêmes choses que nous approuvons dans un autre? Il n'y a personne qui ne pût répondre à M. de La Motte : « J'exige avec raison beaucoup plus de perfection d'une tragédie que d'un opéra, parce qu'à une tragédie mon attention n'est point partagée, que ce n'est ni d'une sarabande, ni d'un pas de deux que dépend mon plaisir, et que c'est à mon âme uniquement qu'il faut plaire. J'admire qu'un homme ait su amener et conduire dans un seul lieu et dans un seul jour un seul événement que mon esprit conçoit sans fatigue, et où mon cœur s'intéresse par degrés. Plus je vois combien cette simplicité est difficile, plus elle me charme; et si je veux ensuite me rendre raison de mon plaisir, je trouve que je suis de l'avis de M. Despréaux, qui dit (*Art poét.*, III, 45) :

Qu'en un lieu, qu'en un jour, un seul fait accompli
Tienne jusqu'à la fin le théâtre rempli [1].

« J'ai pour moi, pourra-t-il dire, l'autorité du grand Corneille. J'ai plus encore ; j'ai son exemple, et le plaisir que me font ses ouvrages à proportion qu'il a plus ou moins obéi à cette règle. »

M. de La Motte ne s'est pas contenté de vouloir ôter du théâtre ses principales règles ; il veut encore lui ôter la poésie, et nous donner des tragédies en prose.

### DES TRAGÉDIES EN PROSE.

Cet auteur ingénieux et fécond, qui n'a fait que des vers en sa vie, ou des ouvrages de prose à l'occasion de ses vers, écrit contre son art même, et le traite avec le même mépris qu'il a traité Homère, que pourtant il a traduit. Jamais Virgile, ni le Tasse, ni M. Despréaux, ni M. Racine, ni M. Pope, ne se sont avisés d'écrire contre l'harmonie des vers ; ni M. de Lulli contre la musique ; ni M. Newton contre les mathématiques. On a vu des hommes qui ont eu quelquefois la faiblesse de se croire supérieurs à leur profession, ce qui est le sûr moyen d'être au-dessous ; mais on n'en avait point encore vu qui voulussent l'avilir. Il n'y a que trop de personnes qui méprisent la poésie, faute de la connaître. Paris est plein de gens de bon sens, nés avec des organes insensibles à toute harmonie, pour qui de la musique n'est que du bruit, et à qui la poésie ne paraît qu'une folie ingénieuse. Si ces personnes apprennent qu'un homme de mérite, qui a fait cinq ou six volumes de vers, est de leur avis, ne se croiront-elles pas en droit de regarder tous les autres poëtes comme des fous, et celui-là comme le seul à qui la raison est revenue ? Il est donc nécessaire de lui répondre, pour l'honneur de l'art, et, j'ose dire, pour l'honneur d'un pays qui doit une partie de sa gloire, chez les étrangers, à la perfection de cet art même.

M. de La Motte avance que la rime est un usage barbare inventé depuis peu.

Cependant tous les peuples de la terre, excepté les anciens Romains et les Grecs, ont rimé et riment encore. Le retour des mêmes sons est si naturel à l'homme, qu'on a trouvé la rime établie chez les sauvages comme elle l'est à Rome, à Paris, à Londres et à Madrid. Il y a dans Montaigne une chanson en rimes américaines traduite en français ; on trouve dans un des *Spectateurs* de M. Addison une traduction d'une ode laponne rimée, qui est pleine de sentiment.

Les Grecs, *quibus dedit ore rotundo Musa loqui*, nés sous un ciel plus heureux, et favorisés par la nature d'organes plus délicats que les autres nations, formèrent une langue dont toutes les syllabes pouvaient, par leur longueur ou leur brièveté, exprimer les sentiments lents ou impétueux de l'âme. De cette variété de syllabes et d'intonations résultait dans leurs vers, et

---

1. *Œuvres complètes* de Boileau, édit. Lahure, p. 186. (Éd.)

même aussi dans leur prose, une harmonie que les anciens Italiens sentirent, qu'ils imitèrent, et qu'aucune nation n'a pu saisir après eux. Mais, soit rime, soit syllabes cadencées, la poésie, contre laquelle M. de La Motte se révolte, a été et sera toujours cultivée par tous les peuples.

Avant Hérodote, l'histoire même ne s'écrivait qu'en vers chez les Grecs, qui avaient pris cette coutume des anciens Égyptiens, le peuple le plus sage de la terre, le mieux policé, et le plus savant. Cette coutume était très-raisonnable; car le but de l'histoire était de conserver à la postérité la mémoire du petit nombre de grands hommes qui lui devait servir d'exemple. On ne s'était point encore avisé de donner l'histoire d'un couvent, ou d'une petite ville, en plusieurs volumes in-folio; on n'écrivait que ce qui en était digne, que ce que les hommes devaient retenir par cœur. Voilà pourquoi on se servait de l'harmonie des vers pour aider la mémoire. C'est pour cette raison que les premiers philosophes, les législateurs, les fondateurs des religions, et les historiens, étaient tous poëtes.

Il semble que la poésie dût manquer communément, dans de pareils sujets, ou de précision ou d'harmonie : mais, depuis que Virgile et Horace ont réuni ces deux grands mérites, qui paraissent si incompatibles, depuis que MM. Despréaux et Racine ont écrit comme Virgile et Horace, un homme qui les a lus, et qui sait qu'ils sont traduits dans presque toutes les langues de l'Europe, peut-il avilir à ce point un talent qui lui a fait tant d'honneur à lui-même ? Je placerai nos Despréaux et nos Racine à côté de Virgile pour le mérite de la versification, parce que, si l'auteur de l'*Énéide* était né à Paris, il aurait rimé comme eux; et si ces deux Français avaient vécu du temps d'Auguste, ils auraient fait le même usage que Virgile de la mesure des vers latins. Quand donc M. de La Motte appelle la versification *un travail mécanique et ridicule*, c'est charger de ce ridicule, non-seulement tous nos grands poëtes, mais tous ceux de l'antiquité.

Virgile et Horace se sont asservis à un travail aussi mécanique que nos auteurs : un arrangement heureux de spondées et de dactyles était aussi pénible que nos rimes et nos hémistiches. Il fallait que ce travail fût bien laborieux, puisque l'*Énéide*, après onze années, n'était pas encore dans sa perfection.

M. de La Motte prétend qu'au moins une scène de tragédie mise en prose ne perd rien de sa grâce ni de sa force. Pour le prouver, il tourne en prose la première scène de *Mithridate*, et personne ne peut la lire. Il ne songe pas que le grand mérite des vers est qu'ils soient aussi corrects que la prose; c'est cette extrême difficulté surmontée qui charme les connaisseurs : réduisez les vers en prose, il n'y a plus ni mérite ni plaisir.

« Mais, dit-il, nos voisins ne riment point dans leurs tragédies. » Cela est vrai; mais ces pièces sont en vers, parce qu'il faut de l'harmonie à tous les peuples de la terre. Il ne s'agit donc plus que de savoir si nos vers doivent être rimés ou non. MM. Corneille et Racine ont employé la rime; craignons que, si nous voulons ouvrir une autre carrière, ce soit plutôt par l'impuissance de marcher dans celle de ces grands hommes, que par le désir de la nouveauté. Les Italiens et les Anglais peuvent se passer de rimes, parce que leur langue a des inversions, et leur poésie mille libertés qui nous manquent. Chaque langue a son génie déterminé par la nature de la construction de ses phrases, par la fréquence de ses voyelles ou de ses consonnes, ses inversions, ses verbes auxiliaires, etc. Le génie de notre langue est la clarté et l'élégance; nous ne permettons nulle licence à notre poésie, qui doit marcher, comme notre prose, dans l'ordre précis de nos idées. Nous avons donc un besoin essentiel du retour des mêmes sons pour que notre poésie ne soit pas confondue avec la prose. Tout le monde connaît ces vers [1] :

Où me cacher? fuyons dans la nuit infernale.
Mais que dis-je? mon père y tient l'urne fatale ;
Le sort, dit-on, l'a mise en ses sévères mains :
Minos juge aux enfers tous les pâles humains.

Mettez à la place :

Où me cacher? fuyons dans la nuit infernale.
Mais que dis-je? mon père y tient l'urne funeste ;
Le sort, dit-on, l'a mise en ses sévères mains :
Minos juge aux enfers tous les pâles mortels.

Quelque poétique que soit ce morceau, fera-t-il le même plaisir, dépouillé de l'agrément de la rime? Les Anglais et les Italiens diraient également, après les Grecs et les Romains, *Les pâles humains Minos aux enfers juge*, et enjamberaient avec grâce sur l'autre vers; la manière même de réciter des vers en italien et en anglais fait sentir des syllabes longues et brèves, qui soutiennent encore l'harmonie sans besoin de rimes : nous, qui n'avons aucun de ces avantages, pourquoi voudrions-nous abandonner ceux que la nature de notre langue nous laisse?

M. de La Motte compare nos poëtes, c'est-à-dire nos Corneille, nos Racine, nos Despréaux, à des faiseurs d'acrostiches, et à un charlatan qui fait passer des grains de millet par le trou d'une aiguille; il ajoute que toutes ces puérilités n'ont d'autre mérite que celui de la difficulté surmontée. J'avoue que les mauvais vers sont à peu près dans ce cas; ils ne diffèrent de la mauvaise prose que par la rime : et la rime seule ne fait ni le mérite du poëte, ni le plaisir du lecteur. Ce ne sont point seulement des dactyles et des spondées qui plaisent dans Homère et dans Virgile : ce qui enchante toute la terre, c'est l'harmonie charmante qui naît de cette mesure difficile. Quiconque se borne à vaincre une difficulté pour le mérite seul de la vaincre, est un fou; mais celui qui tire du fond de ces obstacles mêmes des beautés qui plaisent à tout le monde, est un homme très-sage et presque unique. Il est très-difficile de faire de beaux tableaux, de belles statues, de bonne musique, de bons vers : aussi les noms des hommes supérieurs qui ont vaincu ces obstacles dureront-ils beaucoup plus peut-être que les royaumes où ils sont nés.

Je pourrais prendre encore la liberté de disputer avec M. de La Motte sur quelques autres points; mais ce serait peut-être marquer un dessein de l'attaquer personnellement, et faire soupçonner une malignité dont je suis aussi éloigné que de ses senti-

---

1. Racine, *Phèdre*, acte IV, sc. vi, édit. Lahure, t. I, p. 497. (Éd.)

ments. J'aime beaucoup mieux profiter des réflexions judicieuses et fines qu'il a répandues dans son livre, que de m'engager à en réfuter quelques-unes qui me paraissent moins vraies que les autres. C'est a..sez pour moi d'avoir tâché de défendre un art que j'aime, et qu'il eût dû défendre lui-même.

Je dirai seulement un mot, si M. de La Faye veut bien me le permettre, à l'occasion de l'ode en faveur de l'harmonie, dans laquelle il combat en beaux vers le système de M. de La Motte, et à laquelle ce dernier n'a répondu qu'en prose. Voici une stance dans laquelle M. de La Faye a rassemblé en vers harmonieux et pleins d'imagination presque toutes les raisons que j'ai alléguées :

> De la contrainte rigoureuse
> Où l'esprit semble resserré
> Il reçoit cette force heureuse
> Qui l'élève au plus haut degré.
> Telle dans des canaux pressée,
> Avec plus de force élancée,
> L'onde s'élève dans les airs;
> Et la règle, qui semble austère,
> N'est qu'un art plus certain de plaire,
> Inséparable des beaux vers.

Je n'ai jamais vu de comparaison plus juste, plus gracieuse, ni mieux exprimée. M. de La Motte, qui n'eût dû y répondre qu'en l'imitant seulement, examine si ce sont les canaux qui font que l'eau s'élève, ou si c'est la hauteur dont elle tombe qui fait la mesure de son élévation. « Or où trouvera-t-on, continue-t-il, dans les vers plutôt que dans la prose, cette première hauteur de pensées? etc. »

Je crois que M. de La Motte se trompe comme physicien, puisqu'il est certain que, sans la gêne des canaux dont il s'agit, l'eau ne s'élèverait point du tout, de quelque hauteur qu'elle tombât. Mais ne se trompe-t-il pas encore plus comme poète? Comment n'a-t-il pas senti que, comme la gêne de la mesure des vers produit une harmonie agréable à l'oreille, ainsi cette prison où l'eau coule renfermée produit un jet d'eau qui plaît à la vue? La comparaison n'est-elle pas aussi juste que riante? M. de La Faye a pris sans doute un meilleur parti que moi; il s'est conduit comme ce philosophe qui, pour toute réponse à un sophiste qui niait le mouvement, se contenta de marcher en sa présence. M. de La Motte nie l'harmonie des vers; M. de La Faye lui envoie des vers harmonieux : cela seul doit m'avertir de finir ma prose.

## PERSONNAGES.

OEDIPE, roi de Thèbes.
JOCASTE, reine de Thèbes.
PHILOCTÈTE, prince d'Eubée.
LE GRAND PRÊTRE.
ARASPE, confident d'OEdipe.
EGINE, confidente de Jocaste.
DIMAS, ami de Philoctète.
PHORBAS, vieillard thébain.
ICARE, vieillard de Corinthe.
CHŒUR DE THÉBAINS.

La scène est à Thèbes.

## ACTE PREMIER.

### SCÈNE I. — PHILOCTÈTE, DIMAS.

DIMAS.

Philoctète, est-ce vous? quel coup affreux du sort
Dans ces lieux empestés vous fait chercher la mort
Venez-vous de nos dieux affronter la colère [1]?
Nul mortel n'ose ici mettre un pied téméraire :
Ces climats sont remplis du céleste courroux,
Et la mort dévorante habite parmi nous.
Thèbes, depuis longtemps aux horreurs consacrée,
Du reste des vivants semble être séparée :
Retournez....

PHILOCTÈTE.

Ce séjour convient aux malheureux :
Va, laisse-moi le soin de mes destins affreux,
Et dis-moi si des dieux la colère inhumaine,
En accablant ce peuple, a respecté la reine.

DIMAS.

Oui, seigneur, elle vit ; mais la contagion
Jusqu'au pied de son trône apporte son poison.
Chaque instant lui dérobe un serviteur fidèle,
Et la mort par degrés semble s'approcher d'elle.

---

1. Dans l'édition de 1719, au lieu de ces trois premiers vers, on lit :

Est-ce vous, Philoctète? en croirai-je mes yeux?
Quel implacable dieu vous ramène en ces lieux?
Vous dans Thèbes, seigneur! Eh! qu'y venez-vous faire?

Ce dernier hémistiche avertissait trop clairement de l'inutilité du rôle de Philoctète. (ED.)

On dit qu'enfin le ciel, après tant de courroux,
Va retirer son bras appesanti sur nous :
Tant de sang, tant de morts, ont dû le satisfaire

PHILOCTÈTE.
Eh! quel crime a produit un courroux si sévère?

DIMAS.
Depuis la mort du roi....

PHILOCTÈTE.
Qu'entends-je? quoi! Laïus ...

DIMAS.
Seigneur, depuis quatre ans ce héros ne vit plus.

PHILOCTÈTE.
Il ne vit plus! quel mot a frappé mon oreille!
Quel espoir séduisant dans mon cœur se réveille!
Quoi! Jocaste.... Les dieux me seraient-ils plus doux?
Quoi! Philoctète enfin pourrait-il être à vous?
Il ne vit plus!... quel sort a terminé sa vie?

DIMAS.
Quatre ans sont écoulés depuis qu'en Béotie
Pour la dernière fois le sort guida vos pas.
A peine vous quittiez le sein de vos États,
A peine vous preniez le chemin de l'Asie,
Lorsque, d'un coup perfide, une main ennemie
Ravit à ses sujets ce prince infortuné.

PHILOCTÈTE.
Quoi! Dimas, votre maître est mort assassiné?

DIMAS.
Ce fut de nos malheurs la première origine;
Ce crime a de l'empire entraîné la ruine.
Du bruit de son trépas mortellement frappés,
A répandre des pleurs nous étions occupés,
Quand, du courroux des dieux, ministre épouvantable,
Funeste à l'innocent, sans punir le coupable,
Un monstre (loin de nous que faisiez-vous alors?),
Un monstre furieux vint ravager ces bords.
Le ciel, industrieux dans sa triste vengeance,
Avait à le former épuisé sa puissance;
Né parmi des rochers, au pied du Cithéron,
Ce monstre à voix humaine, aigle, femme et lion,
De la nature entière exécrable assemblage,
Unissait contre nous l'artifice à la rage.
Il n'était qu'un moyen d'en préserver ces lieux.
 D'un sens embarrassé dans des mots captieux
Le monstre, chaque jour, dans Thèbe épouvantée,
Proposait une énigme avec art concertée.
Et si quelque mortel voulait nous secourir,
Il devait voir le monstre et l'entendre, ou périr.

ACTE I, SCÈNE I.

A cette loi terrible il nous fallut souscrire.
D'une commune voix Thèbe offrit son empire
A l'heureux interprète inspiré par les dieux
Qui nous dévoilerait ce sens mystérieux.
Nos sages, nos vieillards, séduits par l'espérance,
Osèrent, sur la foi d'une vaine science,
Du monstre impénétrable affronter le courroux :
Nul d'eux ne l'entendit ; ils expirèrent tous.
Mais Œdipe, héritier du sceptre de Corinthe,
Jeune, et dans l'âge heureux qui méconnaît la crainte,
Guidé par la fortune en ces lieux pleins d'effroi,
Vint, vit ce monstre affreux, l'entendit, et fut roi.
Il vit, il règne encor ; mais sa triste puissance
Ne voit que des mourants sous son obéissance.
Hélas ! nous nous flattions que ses heureuses mains
Pour jamais à son trône enchaînaient les destins.
Déjà même les dieux nous semblaient plus faciles :
Le monstre en expirant laissait ces murs tranquilles ;
Mais la stérilité, sur ce funeste bord,
Bientôt avec la faim nous rapporta la mort.
Les dieux nous ont conduits de supplice en supplice ;
La famine a cessé, mais non leur injustice ;
Et la contagion, dépeuplant nos États,
Poursuit un faible reste échappé du trépas.
Tel est l'état horrible où les dieux nous réduisent.
Mais vous, heureux guerrier que ces dieux favorisent,
Qui du sein de la gloire a pu vous arracher ?
Dans ce séjour affreux que venez-vous chercher ?

PHILOCTÈTE.

J'y viens porter mes pleurs et ma douleur profonde
Apprends mon infortune et les malheurs du monde
Mes yeux ne verront plus ce digne fils des dieux,
Cet appui de la terre, invincible comme eux.
L'innocent opprimé perd son dieu tutélaire ;
Je pleure mon ami, le monde pleure un père.

DIMAS.

Hercule est mort ?

PHILOCTÈTE.

Ami, ces malheureuses mains
Ont mis sur le bûcher le plus grand des humains ;
Je rapporte en ces lieux ses flèches invincibles,
Du fils de Jupiter présents chers et terribles ;
Je rapporte sa cendre, et viens à ce héros,
Attendant des autels, élever des tombeaux.
Crois-moi ; s'il eût vécu, si d'un présent si rare
Le ciel pour les humains eût été moins avare.
J'aurais loin de Jocaste achevé mon destin :

Et, dût ma passion renaître dans mon sein,
Tu ne me verrais point, suivant l'amour pour guide,
Pour servir une femme abandonner Alcide.

DIMAS.

J'ai plaint longtemps ce feu si puissant et si doux;
Il naquit dans l'enfance, il croissait avec vous.
Jocaste, par un père à son hymen forcée,
Au trône de Laïus à regret fut placée.
Hélas! par cet hymen qui coûta tant de pleurs,
Les destins en secret préparaient nos malheurs.
Que j'admirais en vous cette vertu suprême,
Ce cœur digne du trône et vainqueur de soi-même!
En vain l'amour parlait à ce cœur agité,
C'est le premier tyran que vous avez dompté.

PHILOCTÈTE.

Il fallut fuir pour vaincre; oui, je te le confesse,
Je luttai quelque temps; je sentis ma faiblesse :
Il fallut m'arracher de ce funeste lieu,
Et je dis à Jocaste un éternel adieu.
Cependant l'univers, tremblant au nom d'Alcide,
Attendait son destin de sa valeur rapide;
A ses divins travaux j'osai m'associer;
Je marchai près de lui, ceint du même laurier.
C'est alors, en effet, que mon âme éclairée
Contre les passions se sentit assurée.
L'amitié d'un grand homme est un bienfait des dieux :
Je lisais mon devoir et mon sort dans ses yeux;
Des vertus avec lui je fis l'apprentissage;
Sans endurcir mon cœur, j'affermis mon courage :
L'inflexible vertu m'enchaîna sous sa loi.
Qu'eussé-je été sans lui? rien que le fils d'un roi,
Rien qu'un prince vulgaire, et je serais peut-être
Esclave de mes sens, dont il m'a rendu maître.

DIMAS.

Ainsi donc désormais, sans plainte et sans courroux,
Vous reverrez Jocaste et son nouvel époux?

PHILOCTÈTE.

Comment! que dites-vous? un nouvel hyménée....

DIMAS.

Œdipe à cette reine a joint sa destinée.

PHILOCTÈTE.

Œdipe est trop heureux! je n'en suis point surpris;
Et qui sauva son peuple est digne d'un tel prix;
Le ciel est juste.

DIMAS.

Œdipe en ces lieux va paraître :
Tout le peuple avec lui, conduit par le grand prêtre.

ACTE I, SCÈNE I.

Vient des dieux irrités conjurer les rigueurs.
PHILOCTÈTE.
Je me sens attendri, je partage leurs pleurs.
O toi, du haut des cieux, veille sur ta patrie;
Exauce en sa faveur un ami qui te prie;
Hercule, sois le dieu de tes concitoyens;
Que leurs vœux jusqu'à toi montent avec les miens[1]!

1. Voici la fin de cette scène, telle qu'elle était dans la première édition de 1719.

PHILOCTÈTE.
Mon trouble dit assez le sujet qui m'amène;
Tu vois un malheureux que sa faiblesse entraîne,
De ces lieux autrefois par l'amour exilé,
Et par ce même amour aujourd'hui rappelé.
DIMAS.
Vous, seigneur? vous pourriez, dans l'ardeur qui vous brûle
Pour chercher une femme abandonner Hercule?
PHILOCTÈTE.
Dimas, Hercule est mort, et mes fatales mains
Ont mis sur le bûcher le plus grand des humains.
Je rapporte en ces lieux ces flèches invincibles,
Du fils de Jupiter présents chers et terribles.
Je rapporte sa cendre, et viens à ce héros,
Attendant des autels, élever des tombeaux.
Sa mort de mon trépas devrait être suivie :
Mais vous savez, grands dieux, pour qui j'aime la vie!
Dimas, à cet amour si constant, si parfait,
Tu vois trop que Jocaste en doit être l'objet.
Jocaste, par un père à son hymen forcée,
Au trône de Laïus à regret fut placée;
L'amour nous unissait, et cet amour si doux
Était né dans l'enfance, et croissait avec nous.
Tu sais combien alors mes fureurs éclatèrent,
Combien contre Laïus mes plaintes s'emportèrent.
Tout l'État, ignorant mes sentiments jaloux,
Du nom de politique honorait mon courroux.
Hélas! de cet amour accru dans le silence,
Je t'épargnais alors la triste confidence;
Mon cœur, qui languissait de mollesse abattu
Redoutait tes conseils, et craignait ta vertu.
Je crus que, loin des bords où Jocaste respire,
Ma raison sur mes sens reprendrait son empire;
Tu le sais, je partis de ce funeste lieu,
Et je dis à Jocaste un éternel adieu.
Cependant l'univers, tremblant au nom d'Alcide,
Attendait son destin de sa valeur rapide;
A ses divins travaux j'osai m'associer,
Je marchai près de lui ceint du même laurier.
Mais parmi les dangers, dans le sein de la guerre,
Je portais ma faiblesse aux deux bouts de la terre.
Le temps, qui détruit tout, augmentait mon amour;
Et, des lieux fortunés où commence le jour,
Jusqu'aux climats glacés où la nature expire,
Je traînais avec moi le trait qui me déchire.
Enfin je viens dans Thèbe, et je puis de mon feu,
Sans rougir, aujourd'hui te faire un libre aveu.
Par dix ans de travaux utiles à la Grèce,
J'ai bien acquis le droit d'avoir une faiblesse:
Et cent tyrans punis, cent monstres terrassés,

SCÈNE II. — LE GRAND PRÊTRE, LE CHŒUR.

(La porte du temple s'ouvre, et le grand prêtre paraît au milieu du peuple.)

PREMIER PERSONNAGE DU CHŒUR.

Esprits contagieux, tyrans de cet empire,
Qui soufflez dans ces murs la mort qu'on y respire,
Redoublez contre nous votre lente fureur,
Et d'un trépas trop long épargnez-nous l'horreur.

SECOND PERSONNAGE.

Frappez, dieux tout-puissants; vos victimes sont prêtes :
O monts, écrasez-nous.... Cieux, tombez sur nos têtes !
O mort, nous implorons ton funeste secours !
O mort, viens nous sauver, viens terminer nos jours

LE GRAND PRÊTRE.

Cessez, et retenez ces clameurs lamentables,
Faible soulagement aux maux des misérables.
Fléchissons sous un dieu qui veut nous éprouver,
Qui d'un mot peut nous perdre, et d'un mot nous sauver.
Il sait que dans ces murs la mort nous environne,
Et les cris des Thébains sont montés vers son trône.
Le roi vient. Par ma voix le ciel va lui parler ;
Les destins à ses yeux veulent se dévoiler.
Les temps sont arrivés; cette grande journée
Va du peuple et du roi changer la destinée.

SCÈNE III. — ŒDIPE, JOCASTE, LE GRAND PRÊTRE,
ÉGINE, DIMAS, ARASPE, LE CHŒUR.

ŒDIPE.

Peuple qui, dans ce temple apportant vos douleurs,
Présentez à nos dieux des offrandes de pleurs,
Que ne puis-je, sur moi détournant leurs vengeances,

Suffisent à ma gloire, et m'excusent assez.

DIMAS.

Quel fruit espérez-vous d'un amour si funeste?
Venez-vous de l'État embrasé ce qui reste ?
Ravirez-vous Jocaste à son noble époux ?

PHILOCTÈTE.

Son époux! juste ciel! ah! que me dites-vous?
Jocaste !... il se pourrait qu'un second hymenée... ?

DIMAS.

OEdipe à cette reine a joint sa destinée....

PHILOCTÈTE.

Voilà, voilà le coup que j'avais pressenti,
Et dont mon cœur jaloux tremblait d'être averti.

DIMAS.

Seigneur, la porte s'ouvre, et le roi va paraître.
Tout ce peuple, à longs flots, conduit par le grand prêtre,
Vient conjurer des dieux le courroux obstiné :
Vous n'êtes point ici le seul infortuné.

De la mort qui vous suit étouffer les semences!
Mais un roi n'est qu'un homme en ce commun danger,
Et tout ce qu'il peut faire est de le partager.
(Au grand prêtre.)
Vous, ministre des dieux que dans Thèbe on adore,
Dédaignent-ils toujours la voix qui les implore?
Verront-ils sans pitié finir nos tristes jours?
Ces maîtres des humains sont-ils muets et sourds?

LE GRAND PRÊTRE.

Roi, peuple, écoutez-moi. Cette nuit, à ma vue,
Du ciel sur nos autels la flamme est descendue;
L'ombre du grand Laïus a paru parmi nous,
Terrible et respirant la haine et le courroux.
Une effrayante voix s'est fait alors entendre:
« Les Thébains de Laïus n'ont point vengé la cendre;
Le meurtrier du roi respire en ces États,
Et de son souffle impur infecte vos climats.
Il faut qu'on le connaisse, il faut qu'on le punisse.
Peuple, votre salut dépend de son supplice. »

ŒDIPE.

Thébains, je l'avouerai, vous souffrez justement
D'un crime inexcusable un rude châtiment.
Laïus vous était cher, et votre négligence
De ses mânes sacrés a trahi la vengeance.
Tel est souvent le sort des plus justes des rois!
Tant qu'ils sont sur la terre on respecte leurs lois,
On porte jusqu'aux cieux leur justice suprême;
Adorés de leur peuple, ils sont des dieux eux-mêmes:
Mais après leur trépas que sont-ils à vos yeux?
Vous éteignez l'encens que vous brûliez pour eux;
Et, comme à l'intérêt l'âme humaine est liée,
La vertu qui n'est plus est bientôt oubliée.
Ainsi du ciel vengeur implorant le courroux,
Le sang de votre roi s'élève contre vous.
Apaisons son murmure, et qu'au lieu d'hécatombe
Le sang du meurtrier soit versé sur sa tombe.
A chercher le coupable appliquons tous nos soins.
Quoi! de la mort du roi n'a-t-on pas de témoins?
Et n'a-t-on jamais pu, parmi tant de prodiges,
De ce crime impuni retrouver les vestiges?
On m'avait toujours dit que ce fut un Thébain
Qui leva sur son prince une coupable main.
(A Jocaste.)
Pour moi qui, de vos mains recevant sa couronne,
Deux ans après sa mort ai monté sur son trône,
Madame, jusqu'ici, respectant vos douleurs,
Je n'ai point rappelé le sujet de vos pleurs;

Et, de vos seuls périls chaque jour alarmée,
Mon âme à d'autres soins semblait être fermée.

JOCASTE.

Seigneur, quand le destin, me réservant à vous,
Par un coup imprévu m'enleva mon époux,
Lorsque, de ses États parcourant les frontières,
Ce héros succomba sous des mains meurtrières,
Phorbas en ce voyage était seul avec lui ;
Phorbas était du roi le conseil et l'appui :
Laïus, qui connaissait son zèle et sa prudence,
Partageait avec lui le poids de sa puissance.
Ce fut lui qui du prince, à ses yeux massacré,
Rapporta dans nos murs le corps défiguré :
Percé de coups lui-même, il se traînait à peine ;
Il tomba tout sanglant aux genoux de sa reine :
« Des inconnus, dit-il, ont porté ces grands coups ;
Ils ont devant mes yeux massacré votre époux ;
Ils m'ont laissé mourant ; et le pouvoir céleste
De mes jours malheureux a ranimé le reste. »
Il ne m'en dit pas plus ; et mon cœur agité
Voyait fuir loin de lui la triste vérité ;
Et peut-être le ciel, que ce grand crime irrite,
Déroba le coupable à ma juste poursuite :
Peut-être, accomplissant ses décrets éternels,
Afin de nous punir il nous fit criminels.
Le sphinx bientôt après désola cette rive ;
A ses seules fureurs Thèbes fut attentive :
Et l'on ne pouvait guère, en un pareil effroi,
Venger la mort d'autrui, quand on tremblait pour soi.

ŒDIPE.

Madame, qu'a-t-on fait de ce sujet fidèle ?

JOCASTE.

Seigneur, on paya mal son service et son zèle.
Tout l'État en secret était son ennemi :
Il était trop puissant pour n'être point haï ;
Et du peuple et des grands la colère insensée
Brûlait de le punir de sa faveur passée.
On l'accusa lui-même, et d'un commun transport
Thèbe entière à grands cris me demanda sa mort :
Et moi, de tous côtés redoutant l'injustice,
Je tremblai d'ordonner sa grâce ou son supplice.
Dans un château voisin conduit secrètement,
Je dérobai sa tête à leur emportement.
Là, depuis quatre hivers, ce vieillard vénérable,
De la faveur des rois exemple déplorable,
Sans se plaindre de moi ni du peuple irrité,
De sa seule innocence attend sa liberté.

ŒDIPE.
(A sa suite.)

Madame, c'est assez. Courez; que l'on s'empresse;
Qu'on ouvre sa prison, qu'il vienne, qu'il paraisse.
Moi-même devant vous je veux l'interroger.
J'ai tout mon peuple ensemble et Laïus à venger.
Il faut tout écouter; il faut d'un œil sévère
Sonder la profondeur de ce triste mystère.
Et vous, dieux des Thébains, dieux qui nous exaucez,
Punissez l'assassin, vous qui le connaissez !
Soleil, cache à ses yeux le jour qui nous éclaire !
Qu'en horreur à ses fils, exécrable à sa mère,
Errant, abandonné, proscrit dans l'univers,
Il rassemble sur lui tous les maux des enfers;
Et que son corps sanglant, privé de sépulture,
Des vautours dévorants devienne la pâture !

LE GRAND PRÊTRE.

A ces serments affreux nous nous unissons tous.

ŒDIPE.

Dieux, que le crime seul éprouve enfin vos coups !
Ou si de vos décrets l'éternelle justice
Abandonne à mon bras le soin de son supplice,
Et si vous êtes las enfin de nous haïr,
Donnez, en commandant, le pouvoir d'obéir.
Si sur un inconnu vous poursuivez le crime,
Achevez votre ouvrage et nommez la victime.
Vous, retournez au temple; allez, que votre voix
Interroge ces dieux une seconde fois;
Que vos vœux parmi nous les forcent à descendre :
S'ils ont aimé Laïus, ils vengeront sa cendre;
Et, conduisant un roi facile à se tromper,
Ils marqueront la place où mon bras doit frapper.

## ACTE SECOND.

SCÈNE I. — JOCASTE, ÉGINE, ARASPE, LE CHŒUR.

ARASPE.

Oui, ce peuple expirant, dont je suis l'interprète,
D'une commune voix accuse Philoctète,
Madame; et les destins, dans ce triste séjour,
Pour nous sauver, sans doute, ont permis son retour.

JOCASTE.

Qu'ai-je entendu, grands dieux !

ÉGINE.
Ma surprise est extrême !...
JOCASTE.
Qui ? lui ! qui ? Philoctète !
ARASPE.
Oui, madame, lui-même.
A quel autre, en effet, pourraient-ils imputer
Un meurtre qu'à nos yeux il sembla méditer ?
Il haïssait Laïus, on le sait; et sa haine
Aux yeux de votre époux ne se cachait qu'à peine :
La jeunesse imprudente aisément se trahit ;
Son front mal déguisé découvrait son dépit :
J'ignore quel sujet animait sa colère ;
Mais au seul nom du roi, trop prompt et trop sincère,
Esclave d'un courroux qu'il ne pouvait dompter,
Jusques à la menace il osa s'emporter :
Il partit ; et, depuis, sa destinée errante
Ramena sur nos bords sa fortune flottante.
Même il était dans Thèbe en ces temps malheureux
Que le ciel a marqués d'un parricide affreux :
Depuis ce jour fatal, avec quelque apparence
De nos peuples sur lui tomba la défiance.
Que dis-je ? assez longtemps les soupçons des Thébains
Entre Phorbas et lui flottèrent incertains :
Cependant ce grand nom qu'il s'acquit dans la guerre,
Ce titre si fameux de vengeur de la terre,
Ce respect qu'aux héros nous portons malgré nous,
Fit taire nos soupçons, et suspendit nos coups.
Mais les temps sont changés : Thèbe, en ce jour funeste
D'un respect dangereux dépouillera le reste ;
En vain sa gloire parle à ces cœurs agités,
Les dieux veulent du sang, et sont seuls écoutés.
PREMIER PERSONNAGE DU CHŒUR.
O reine ! ayez pitié d'un peuple qui vous aime ;
Imitez de ces dieux la justice suprême ;
Livrez-nous leur victime ; adressez-leur nos vœux :
Qui peut mieux les toucher qu'un cœur si digne d'eux ?
JOCASTE.
Pour fléchir leur courroux s'il ne faut que ma vie,
Hélas ! c'est sans regret que je la sacrifie.
Thébains, qui me croyez encor quelques vertus,
Je vous offre mon sang : n'exigez rien de plus.
Allez.

SCÈNE II. — JOCASTE, ÉGINE.

ÉGINE.
Que je vous plains !

JOCASTE.
Hélas ! je porte envie
A ceux qui dans ces murs ont terminé leur vie.
Quel état ! quel tourment pour un cœur vertueux !

ÉGINE.
Il n'en faut point douter, votre sort est affreux !
Ces peuples, qu'un faux zèle aveuglément anime,
Vont bientôt à grands cris demander leur victime.
Je n'ose l'accuser ; mais quelle horreur pour vous
Si vous trouvez en lui l'assassin d'un époux !

JOCASTE.
Et l'on ose à tous deux faire un pareil outrage !
Le crime, la bassesse eût été son partage !
Égine, après les nœuds qu'il a fallu briser,
Il manquait à mes maux de l'entendre accuser.
Apprends que ces soupçons irritent ma colère,
Et qu'il est vertueux, puisqu'il m'avait su plaire.

ÉGINE.
Cet amour si constant....

JOCASTE.
Ne crois pas que mon cœur
De cet amour funeste ait pu nourrir l'ardeur ;
Je l'ai trop combattu. Cependant, chère Égine,
Quoi que fasse un grand cœur où la vertu domine,
On ne se cache point ces secrets mouvements,
De la nature en nous indomptables enfants ;
Dans les replis de l'âme ils viennent nous surprendre ;
Ces feux qu'on croit éteints renaissent de leur cendre,
Et la vertu sévère, en de si durs combats,
Résiste aux passions et ne les détruit pas.

ÉGINE.
Votre douleur est juste autant que vertueuse,
Et de tels sentiments...

JOCASTE.
Que je suis malheureuse !
Tu connais, chère Égine, et mon cœur et mes maux ;
J'ai deux fois de l'hymen allumé les flambeaux ;
Deux fois, de mon destin subissant l'injustice,
J'ai changé d'esclavage, ou plutôt de supplice ;
Et le seul des mortels dont mon cœur fut touché
A mes vœux pour jamais devait être arraché.
Pardonnez-moi, grands dieux, ce souvenir funeste ;
D'un feu que j'ai dompté c'est le malheureux reste.

Égine, tu nous vis l'un de l'autre charmés,
Tu vis nos nœuds rompus aussitôt que formés :
Mon souverain m'aima, m'obtint malgré moi-même ;
Mon front chargé d'ennuis fut ceint du diadème ;
Il fallut oublier dans ses embrassements
Et mes premiers amours, et mes premiers serments.
Tu sais qu'à mon devoir tout entière attachée,
J'étouffai de mes sens la révolte cachée ;
Que, déguisant mon trouble et dévorant mes pleurs,
Je n'osais à moi-même avouer mes douleurs....

ÉGINE.

Comment donc pouviez-vous du joug de l'hyménée
Une seconde fois tenter la destinée ?

JOCASTE.

Hélas !

ÉGINE.

M'est-il permis de ne vous rien cacher ?

JOCASTE.

Parle.

ÉGINE.

Œdipe, madame, a paru vous toucher ;
Et votre cœur, du moins sans trop de résistance,
De vos États sauvés donna la récompense.

JOCASTE.

Ah ! grands dieux !

ÉGINE.

Était-il plus heureux que Laïus,
Ou Philoctète absent ne vous touchait-il plus ?
Entre ces deux héros étiez-vous partagée ?

JOCASTE.

Par un monstre cruel Thèbe alors ravagée
A son libérateur avait promis ma foi ;
Et le vainqueur du sphinx était digne de moi.

ÉGINE.

Vous l'aimiez ?

JOCASTE.

Je sentis pour lui quelque tendresse ;
Mais que ce sentiment fut loin de la faiblesse !
Ce n'était point, Égine, un feu tumultueux,
De mes sens enchantés enfant impétueux ;
Je ne reconnus point cette brûlante flamme
Que le seul Philoctète a fait naître en mon âme,
Et qui, sur mon esprit répandant son poison,
De son charme fatal a séduit ma raison.
Je sentais pour Œdipe une amitié sévère.
Œdipe est vertueux, sa vertu m'était chère ;
Mon cœur avec plaisir le voyait élevé
Au trône des Thébains qu'il avait conservé.

Cependant sur ses pas aux autels entraînée,
Égine, je sentis dans mon âme étonnée
Des transports inconnus que je ne conçus pas;
Avec horreur enfin je me vis dans ses bras.
Cet hymen fut conclu sous un affreux augure :
Égine, je voyais dans une nuit obscure,
Près d'Œdipe et de moi, je voyais des enfers
Les gouffres éternels à mes pieds entr'ouverts;
De mon premier époux l'ombre pâle et sanglante
Dans cet abîme affreux paraissait menaçante :
Il me montrait mon fils, ce fils qui dans mon flanc
Avait été formé de son malheureux sang;
Ce fils dont ma pieuse et barbare injustice
Avait fait à nos dieux un secret sacrifice :
De les suivre tous deux ils semblaient m'ordonner :
Tous deux dans le Tartare ils semblaient m'entraîner.
De sentiments confus mon âme possédée
Se présentait toujours cette effroyable idée;
Et Philoctète encor trop présent dans mon cœur
De ce trouble fatal augmentait la terreur.

ÉGINE.

J'entends du bruit, on vient, je le vois qui s'avance.

JOCASTE.

C'est lui-même; je tremble : évitons sa présence.

SCÈNE III. — JOCASTE, PHILOCTÈTE.

PHILOCTÈTE.

Ne fuyez point, madame, et cessez de trembler;
Osez me voir, osez m'entendre et me parler.
Ne craignez point ici que mes jalouses larmes
De votre hymen heureux troublent les nouveaux charmes :
N'attendez point de moi des reproches honteux,
Ni de lâches soupirs indignes de tous deux.
Je ne vous tiendrai point de ces discours vulgaires
Que dicte la mollesse aux amants ordinaires.
Un cœur qui vous chérit, et, s'il faut dire plus,
S'il vous souvient des nœuds que vous avez rompus,
Un cœur pour qui le vôtre avait quelque tendresse,
N'a point appris de vous à montrer de faiblesse.

JOCASTE.

De pareils sentiments n'appartenaient qu'à nous :
J'en dois donner l'exemple, ou le prendre de vous.
Si Jocaste avec vous n'a pu se voir unie,
Il est juste, avant tout, qu'elle s'en justifie.
Je vous aimais, seigneur : une suprême loi
Toujours malgré moi-même a disposé de moi;

Et du sphinx et des dieux la fureur trop connue
Sans doute à votre oreille est déjà parvenue ;
Vous savez quels fléaux ont éclaté sur nous,
Et qu'Œdipe....
                    PHILOCTÈTE.
              Je sais qu'Œdipe est votre époux ;
Je sais qu'il en est digne ; et, malgré sa jeunesse,
L'empire des Thébains sauvé par sa sagesse,
Ses exploits, ses vertus, et surtout votre choix,
Ont mis cet heureux prince au rang des plus grands rois.
Ah ! pourquoi la fortune, à me nuire constante,
Emportait-elle ailleurs ma valeur imprudente ?
Si le vainqueur du sphinx devait vous conquérir,
Fallait-il loin de vous ne chercher qu'à périr ?
Je n'aurais point percé les ténèbres frivoles
D'un vain sens déguisé sous d'obscures paroles ;
Ce bras, que votre aspect eût encore animé,
A vaincre avec le fer était accoutumé :
Du monstre à vos genoux j'eusse apporté la tête.
D'un autre cependant Jocaste est la conquête !
Un autre a pu jouir de cet excès d'honneur !
                    JOCASTE.
Vous ne connaissez pas quel est votre malheur.
                    PHILOCTÈTE.
Je perds Alcide et vous : qu'aurais-je à craindre encore ?
                    JOCASTE.
Vous êtes en des lieux qu'un dieu vengeur abhorre ;
Un feu contagieux annonce son courroux,
Et le sang de Laïus est retombé sur nous.
Du ciel qui nous poursuit la justice outragée
Venge ainsi de ce roi la cendre négligée :
On doit sur nos autels immoler l'assassin ;
On le cherche, on vous nomme, on vous accuse enfin.
                    PHILOCTÈTE.
Madame, je me tais ; une pareille offense
Étonne mon courage et me force au silence.
Qui ? moi, de tels forfaits ! moi, des assassinats !
Et que de votre époux.... Vous ne le croyez pas.
                    JOCASTE.
Non, je ne le crois point, et c'est vous faire injure
Que daigner un moment combattre l'imposture.
Votre cœur m'est connu, vous avez eu ma foi,
Et vous ne pouvez point être indigne de moi.
Oubliez ces Thébains que les dieux abandonnent,
Trop dignes de périr depuis qu'ils vous soupçonnent.
Fuyez-moi, c'en est fait ; nous nous aimions en vain ;
Les dieux vous réservaient un plus noble destin ;

Vous étiez né pour eux : leur sagesse profonde
N'a pu fixer dans Thèbe un bras utile au monde,
Ni souffrir que l'amour, remplissant ce grand cœur,
Enchaînât près de moi votre obscure valeur.
Non, d'un lien charmant le soin tendre et timide
Ne doit point occuper le successeur d'Alcide :
De toutes vos vertus comptable à leurs besoins,
Ce n'est qu'aux malheureux que vous devez vos soins.
Déjà de tous côtés les tyrans reparaissent ;
Hercule est sous la tombe, et les monstres renaissent :
Allez, libre des feux dont vous fûtes épris,
Partez, rendez Hercule à l'univers surpris.
 Seigneur, mon époux vient, souffrez que je vous laisse :
Non que mon cœur troublé redoute sa faiblesse ;
Mais j'aurais trop peut-être à rougir devant vous,
Puisque je vous aimais, et qu'il est mon époux.

### SCÈNE IV. — ŒDIPE, PHILOCTÈTE, ARASPE.

ŒDIPE.
Araspe, c'est donc là le prince Philoctète ?
PHILOCTÈTE.
Oui, c'est lui qu'en ces murs un sort aveugle jette,
Et que le ciel encore, à sa perte animé,
A souffrir des affronts n'a point accoutumé.
Je sais de quels forfaits on veut noircir ma vie ;
Seigneur, n'attendez pas que je m'en justifie ;
J'ai pour vous trop d'estime, et je ne pense pas
Que vous puissiez descendre à des soupçons si bas.
Si sur les mêmes pas nous marchons l'un et l'autre,
Ma gloire d'assez près est unie à la vôtre.
Thésée, Hercule et moi, nous vous avons montré
Le chemin de la gloire où vous êtes entré.
Ne déshonorez point par une calomnie
La splendeur de ces noms où votre nom s'allie ;
Et soutenez surtout, par un trait généreux,
L'honneur que vous avez d'être placé près d'eux.
ŒDIPE.
Être utile aux mortels, et sauver cet empire,
Voilà, seigneur, voilà l'honneur seul où j'aspire,
Et ce que m'ont appris en ces extrémités
Les héros que j'admire et que vous imitez.
Certes, je ne veux point vous imputer un crime
Si le ciel m'eût laissé le choix de la victime,
Je n'aurais immolé de victime que moi :
Mourir pour son pays, c'est le devoir d'un roi ;
C'est un honneur trop grand pour le céder à d'autres.

J'aurais donné mes jours et défendu les vôtres;
J'aurais sauvé mon peuple une seconde fois;
Mais, seigneur, je n'ai point la liberté du choix.
C'est un sang criminel que nous devons répandre :
Vous êtes accusé, songez à vous défendre;
Paraissez innocent; il me sera bien doux
D'honorer dans ma cour un héros tel que vous;
Et je me tiens heureux s'il faut que je vous traite,
Non comme un accusé, mais comme Philoctète.

PHILOCTÈTE.

Je veux bien l'avouer; sur la foi de mon nom
J'avais osé me croire au-dessus du soupçon.
Cette main qu'on accuse, au défaut du tonnerre,
D'infâmes assassins a délivré la terre;
Hercule à les dompter avait instruit mon bras
Seigneur, qui les punit ne les imite pas.

ŒDIPE.

Ah! je ne pense point qu'aux exploits consacrées
Vos mains par des forfaits se soient déshonorées,
Seigneur; et si Laïus est tombé sous vos coups,
Sans doute avec honneur il expira sous vous :
Vous ne l'avez vaincu qu'en guerrier magnanime;
Je vous rends trop justice.

PHILOCTÈTE.

    Eh! quel serait mon crime?
Si ce fer chez les morts eût fait tomber Laïus,
Ce n'eût été pour moi qu'un triomphe de plus.
Un roi pour ses sujets est un dieu qu'on révère;
Pour Hercule et pour moi, c'est un homme ordinaire.
J'ai défendu des rois; et vous devez songer
Que j'ai pu les combattre, ayant pu les venger.

ŒDIPE.

Je connais Philoctète à ces illustres marques :
Des guerriers comme vous sont égaux aux monarques;
Je le sais : cependant, prince, n'en doutez pas,
Le vainqueur de Laïus est digne du trépas;
Sa tête répondra des malheurs de l'empire;
Et vous....

PHILOCTÈTE.

   Ce n'est point moi : ce mot doit vous suffire.
Seigneur, si c'était moi, j'en ferais vanité :
En vous parlant ainsi, je dois être écouté.
C'est aux hommes communs, aux âmes ordinaires
A se justifier par des moyens vulgaires;
Mais un prince, un guerrier, tel que vous, tel que moi,
Quand il a dit un mot, en est cru sur sa foi.
Du meurtre de Laïus Œdipe me soupçonne;

Ah! ce n'est point à vous d'en accuser personne :
Son sceptre et son épouse ont passé dans vos bras,
C'est vous qui recueillez le fruit de son trépas.
Ce n'est pas moi surtout de qui l'heureuse audace
Disputa sa dépouille, et demanda sa place.
Le trône est un objet qui n'a pu me tenter :
Hercule à ce haut rang dédaignait de monter.
Toujours libre avec lui, sans sujets et sans maître,
J'ai fait des souverains, et n'ai point voulu l'être.
Mais c'est trop me défendre et trop m'humilier ;
La vertu s'avilit à se justifier.

ŒDIPE.

Votre vertu m'est chère, et votre orgueil m'offense.
On vous jugera, prince ; et, si votre innocence
De l'équité des lois n'a rien à redouter,
Avec plus de splendeur elle en doit éclater.
Demeurez parmi nous....

PHILOCTÈTE.

J'y resterai, sans doute :
Il y va de ma gloire ; et le ciel qui m'écoute
Ne me verra partir que vengé de l'affront
Dont vos soupçons honteux ont fait rougir mon front.

SCÈNE V. — ŒDIPE, ARASPE.

ŒDIPE.

Je l'avouerai, j'ai peine à le croire coupable.
D'un cœur tel que le sien l'audace inébranlable
Ne sait point s'abaisser à des déguisements :
Le mensonge n'a point de si hauts sentiments.
Je ne puis voir en lui cette bassesse infâme.
Je te dirai bien plus ; je rougissais dans l'âme
De me voir obligé d'accuser ce grand cœur :
Je me plaignais à moi de mon trop de rigueur.
Nécessité cruelle attachée à l'empire !
Dans le cœur des humains les rois ne peuvent lire,
Souvent sur l'innocence ils font tomber leurs coups,
Et nous sommes, Araspe, injustes malgré nous.
Mais que Phorbas est lent pour mon impatience !
C'est sur lui seul enfin que j'ai quelque espérance ;
Car les dieux irrités ne nous répondent plus :
Ils ont par leur silence expliqué leurs refus.

ARASPE.

Tandis que par vos soins vous pouvez tout apprendre,
Quel besoin que le ciel ici se fasse entendre ?
Ces dieux dont le pontife a promis le secours,
Dans leurs temples, seigneur, n'habitent pas toujours.

On ne voit point leur bras si prodigue en miracles :
Ces antres, ces trépieds, qui rendent leurs oracles,
Ces organes d'airain que nos mains ont formés,
Toujours d'un souffle pur ne sont pas animés.
Ne nous endormons point sur la foi de leurs prêtres ;
Au pied du sanctuaire il est souvent des traîtres,
Qui, nous asservissant sous un pouvoir sacré,
Font parler les destins, les font taire à leur gré.
Voyez, examinez avec un soin extrême
Philoctète, Phorbas, et Jocaste elle-même.
Ne nous fions qu'à nous ; voyons tout par nos yeux :
Ce sont là nos trépieds, nos oracles, nos dieux.

ŒDIPE.

Serait-il dans le temple un cœur assez perfide ?...
Non, si le ciel enfin de nos destins décide,
On ne le verra point mettre en d'indignes mains
Le dépôt précieux du salut des Thébains.
Je vais, je vais moi-même, accusant leur silence,
Par mes vœux redoublés fléchir leur inclémence.
Toi, si pour me servir tu montres quelque ardeur,
De Phorbas que j'attends cours hâter la lenteur :
Dans l'état déplorable où tu vois que nous sommes,
Je veux interroger et les dieux et les hommes.

## ACTE TROISIÈME.

### SCÈNE I. — JOCASTE, ÉGINE.

JOCASTE.

Oui, j'attends Philoctète, et je veux qu'en ces lieux
Pour la dernière fois il paraisse à mes yeux.

ÉGINE.

Madame, vous savez jusqu'à quelle insolence
Le peuple a de ses cris fait monter la licence :
Ces Thébains, que la mort assiège à tout moment,
N'attendent leur salut que de son châtiment ;
Vieillards, femmes, enfants, que leur malheur accable,
Tous sont intéressés à le trouver coupable.
Vous entendez d'ici leurs cris séditieux ;
Ils demandent son sang de la part de nos dieux.
Pourrez-vous résister à tant de violence ?
Pourrez-vous le servir et prendre sa défense ?

JOCASTE.

Moi ! si je la prendrai ? dussent tous les Thébains
Porter jusque sur moi leurs parricides mains,

## ACTE III, SCÈNE 1.

Sous ces murs tout fumants dussé-je être écrasée,
Je ne trahirai point l'innocence accusée.
Mais une juste crainte occupe mes esprits :
Mon cœur de ce héros fut autrefois épris;
On le sait : on dira que je lui sacrifie
Ma gloire, mes époux, mes dieux, et ma patrie;
Que mon cœur brûle encore.

### ÉGINE.

Ah! calmez cet effroi :
Cet amour malheureux n'eut de témoin que moi;
Et jamais....

### JOCASTE.

Que dis-tu? crois-tu qu'une princesse
Puisse jamais cacher sa haine ou sa tendresse?
Des courtisans sur nous les inquiets regards
Avec avidité tombent de toutes parts;
A travers les respects leurs trompeuses souplesses
Pénètrent dans nos cœurs et cherchent nos faiblesses;
A leur malignité rien n'échappe et ne fuit;
Un seul mot, un soupir, un coup d'œil nous trahit;
Tout parle contre nous, jusqu'à notre silence;
Et quand leur artifice et leur persévérance
Ont enfin, malgré nous, arraché nos secrets,
Alors avec éclat leurs discours indiscrets,
Portant sur notre vie une triste lumière,
Vont de nos passions remplir la terre entière.

### ÉGINE.

Eh! qu'avez-vous, madame, à craindre de leurs coups?
Quels regards si perçants sont dangereux pour vous?
Quel secret pénétré peut flétrir votre gloire?
Si l'on sait votre amour, on sait votre victoire :
On sait que la vertu fut toujours votre appui.

### JOCASTE.

Et c'est cette vertu qui me trouble aujourd'hui.
Peut-être, à m'accuser toujours prompte et sévère,
Je porte sur moi-même un regard trop austère;
Peut-être je me juge avec trop de rigueur :
Mais enfin Philoctète a régné sur mon cœur;
Dans ce cœur malheureux son image est tracée,
La vertu ni le temps ne l'ont point effacée :
Que dis-je? je ne sais, quand je sauve ses jours,
Si la seule équité m'appelle à son secours;
Ma pitié me paraît trop sensible et trop tendre;
Je sens trembler mon bras tout prêt à le défendre;
Je me reproche enfin mes bontés et mes soins :
Je le servirais mieux, si je l'eusse aimé moins.

ÉGINE.
Mais voulez-vous qu'il parte?
JOCASTE.
Oui, je le veux sans doute.
C'est ma seule espérance; et pour peu qu'il m'écoute,
Pour peu que ma prière ait sur lui de pouvoir,
Il faut qu'il se prépare à ne me plus revoir.
De ces funestes lieux qu'il s'écarte, qu'il fuie,
Qu'il sauve en s'éloignant et ma gloire et sa vie.
Mais qui peut l'arrêter? il devrait être ici
Chère Égine, va, cours.

SCÈNE II. — JOCASTE, PHILOCTÈTE, ÉGINE.

JOCASTE.
Ah! prince, vous voici!
Dans le mortel effroi dont mon âme est émue,
Je ne m'excuse point de chercher votre vue :
Mon devoir, il est vrai, m'ordonne de vous fuir;
Je dois vous oublier, et non pas vous trahir :
Je crois que vous savez le sort qu'on vous apprête.

PHILOCTÈTE.
Un vain peuple en tumulte a demandé ma tête :
Il souffre, il est injuste, il faut lui pardonner.

JOCASTE.
Gardez à ses fureurs de vous abandonner.
Partez; de votre sort vous êtes encor maître;
Mais ce moment, seigneur, est le dernier peut-être
Où je puis vous sauver d'un indigne trépas.
Fuyez; et loin de moi précipitant vos pas,
Pour prix de votre vie heureusement sauvée,
Oubliez que c'est moi qui vous l'ai conservée.

PHILOCTÈTE.
Daignez montrer, madame, à mon cœur agité
Moins de compassion et plus de fermeté;
Préférez, comme moi, mon honneur à ma vie,
Commandez que je meure, et non pas que je fuie;
Et ne me forcez point, quand je suis innocent,
A devenir coupable en vous obéissant.
Des biens que m'a ravis la colère céleste,
Ma gloire, mon honneur est le seul qui me reste :
Ne m'ôtez pas ce bien dont je suis si jaloux,
Et ne m'ordonnez pas d'être indigne de vous
J'ai vécu, j'ai rempli ma triste destinée;
Madame : à votre époux ma parole est donnée;
Quelque indigne soupçon qu'il ait conçu de moi,
Je ne sais point encor comme on manque de foi.

JOCASTE.

Seigneur, au nom des dieux, au nom de cette flamme
Dont la triste Jocaste avait touché votre âme,
Si d'une si parfaite et si tendre amitié
Vous conservez encore un reste de pitié,
Enfin s'il vous souvient que, promis l'un à l'autre,
Autrefois mon bonheur a dépendu du vôtre,
Daignez sauver des jours de gloire environnés,
Des jours à qui les miens ont été destinés.

PHILOCTÈTE.

Je vous les consacrai; je veux que leur carrière
De vous, de vos vertus, soit digne tout entière.
J'ai vécu loin de vous; mais mon sort est trop beau
Si j'emporte, en mourant, votre estime au tombeau.
Qui sait même, qui sait si d'un regard propice
Le ciel ne verra point ce sanglant sacrifice?
Qui sait si sa clémence, au sein de vos États,
Pour m'immoler à vous n'a point conduit mes pas?
Peut-être il me devait cette grâce infinie
De conserver vos jours aux dépens de ma vie;
Peut-être d'un sang pur il peut se contenter,
Et le mien vaut du moins qu'il daigne l'accepter.

SCÈNE III. — ŒDIPE, JOCASTE, PHILOCTÈTE, ÉGINE, ARASPE, SUITE.

ŒDIPE.

Prince, ne craignez point l'impétueux caprice
D'un peuple dont la voix presse votre supplice :
J'ai calmé son tumulte, et même contre lui
Je vous viens, s'il le faut, présenter mon appui.
On vous a soupçonné; le peuple a dû le faire.
Moi qui ne juge point ainsi que le vulgaire,
Je voudrais que, perçant un nuage odieux,
Déjà votre innocence éclatât à leurs yeux.
Mon esprit incertain, que rien n'a pu résoudre,
N'ose vous condamner, mais ne peut vous absoudre.
C'est au ciel que j'implore à me déterminer.
Ce ciel enfin s'apaise, il veut nous pardonner;
Et bientôt, retirant la main qui nous opprime,
Par la voix du grand prêtre il nomme la victime;
Et je laisse à nos dieux, plus éclairés que nous,
Le soin de décider entre mon peuple et vous.

PHILOCTÈTE.

Votre équité, seigneur, est inflexible et pure;
Mais l'extrême justice est une extrême injure :
Il n'en faut pas toujours écouter la rigueur.

Des lois que nous suivons la première est l'honneur.
Je me suis vu réduit à l'affront de répondre
A de vils délateurs que j'ai trop su confondre.
Ah! sans vous abaisser à cet indigne soin,
Seigneur, il suffisait de moi seul pour témoin :
C'était, c'était assez d'examiner ma vie ;
Hercule appui des dieux, et vainqueur de l'Asie,
Les monstres, les tyrans qu'il m'apprit à dompter,
Ce sont là les témoins qu'il me faut confronter.
De vos dieux cependant interrogez l'organe ;
Nous apprendrons de lui si leur voix me condamne.
Je n'ai pas besoin d'eux, et j'attends leur arrêt
Par pitié pour ce peuple, et non par intérêt.

SCÈNE IV. — ŒDIPE, JOCASTE, LE GRAND PRÊTRE,
ARASPE, PHILOCTÈTE, ÉGINE, SUITE, LE CHŒUR.

ŒDIPE.

Eh bien! les dieux, touchés des vœux qu'on leur adresse,
Suspendent-ils enfin leur fureur vengeresse?
Quelle main parricide a pu les offenser?

PHILOCTÈTE.

Parlez, quel est le sang que nous devons verser?

LE GRAND PRÊTRE.

Fatal présent du ciel! science malheureuse!
Qu'aux mortels curieux vous êtes dangereuse!
Plût aux cruels destins, qui pour moi sont ouverts,
Que d'un voile éternel mes yeux fussent couverts!

PHILOCTÈTE.

Eh bien! que venez-vous annoncer de sinistre?

ŒDIPE.

D'une haine éternelle êtes-vous le ministre?

PHILOCTÈTE.

Ne craignez rien.

ŒDIPE.

Les dieux veulent-ils mon trépas?

LE GRAND PRÊTRE, à Œdipe.

Ah! si vous m'en croyez, ne m'interrogez pas.

ŒDIPE.

Quel que soit le destin que le ciel nous annonce,
Le salut des Thébains dépend de sa réponse.

PHILOCTÈTE.

Parlez.

ŒDIPE.

Ayez pitié de tant de malheureux ;
Songez qu'Œdipe...

LE GRAND PRÊTRE.

Œdipe est plus à plaindre qu'eux.

## ACTE III, SCÈNE IV.

PREMIER PERSONNAGE DU CHŒUR.
Œdipe a pour son peuple une amour paternelle;
Nous joignons à sa voix notre plainte éternelle.
Vous à qui le ciel parle, entendez nos clameurs.

DEUXIÈME PERSONNAGE DU CHŒUR.
Nous mourons, sauvez-nous, détournez ses fureurs;
Nommez cet assassin, ce monstre, ce perfide.

PREMIER PERSONNAGE DU CHŒUR.
Nos bras vont dans son sang laver son parricide.

LE GRAND PRÊTRE.
Peuples infortunés, que me demandez-vous?

PREMIER PERSONNAGE DU CHŒUR.
Dites un mot, il meurt, et vous nous sauvez tous.

LE GRAND PRÊTRE.
Quand vous serez instruits du destin qui l'accable,
Vous frémirez d'horreur au seul nom du coupable.
Le dieu qui par ma voix vous parle en ce moment,
Commande que l'exil soit son seul châtiment;
Mais bientôt, éprouvant un désespoir funeste,
Ses mains ajouteront à la rigueur céleste.
De son supplice affreux vos yeux seront surpris,
Et vous croirez vos jours trop payés à ce prix.

ŒDIPE.
Obéissez.

PHILOCTÈTE.
Parlez.

ŒDIPE.
C'est trop de résistance.

LE GRAND PRÊTRE, *à Œdipe.*
C'est vous, qui me forcez à rompre le silence.

ŒDIPE.
Que ces retardements allument mon courroux!

LE GRAND-PRÊTRE.
Vous le voulez.... eh bien!... c'est....

ŒDIPE.
Achève; qui?

LE GRAND PRÊTRE.
Vous.

ŒDIPE.
Moi?

LE GRAND PRÊTRE.
Vous, malheureux prince.

DEUXIÈME PERSONNAGE.
Ah! que viens-je d'entendre!

JOCASTE.
Interprète des dieux, qu'osez-vous nous apprendre?
( A Œdipe.)
Oui, vous! de mon époux vous seriez l'assassin?

Vous à qui j'ai donné sa couronne et ma main ?
Non, seigneur, non : des dieux l'oracle nous abuse;
Votre vertu dément la voix qui vous accuse.
PREMIER PERSONNAGE DU CHOEUR.
O ciel, dont le pouvoir préside à notre sort,
Nommez une autre tête, ou rendez-nous la mort.
PHILOCTÈTE.
N'attendez point, seigneur, outrage pour outrage;
Je ne tirerai point un indigne avantage
Du revers inouï qui vous presse à mes yeux :
Je vous crois innocent malgré la voix des dieux.
Je vous rends la justice enfin qui vous est due,
Et que ce peuple et vous ne m'avez point rendue.
Contre vos ennemis je vous offre mon bras;
Entre un pontife et vous je ne balance pas.
Un prêtre, quel qu'il soit, quelque dieu qui l'inspire,
Doit prier pour ses rois, et non pas les maudire.
OEDIPE.
Quel excès de vertu ! mais quel comble d'horreur !
L'un parle en demi-dieu, l'autre en prêtre imposteur.
(Au grand prêtre.)
Voilà donc des autels quel est le privilége !
Grâce à l'impunité, ta bouche sacrilége,
Pour accuser ton roi d'un forfait odieux,
Abuse insolemment du commerce des dieux !
Tu crois que mon courroux doit respecter encore
Le ministère saint que ta main déshonore.
Traître, au pied des autels il faudrait t'immoler,
A l'aspect de tes dieux que ta voix fait parler.
LE GRAND PRÊTRE.
Ma vie est en vos mains, vous en êtes le maître :
Profitez des moments que vous avez à l'être ;
Aujourd'hui votre arrêt vous sera prononcé.
Tremblez, malheureux roi, votre règne est passé,
Une invisible main suspend sur votre tête
Le glaive menaçant que la vengeance apprête;
Bientôt, de vos forfaits vous-même épouvanté,
Fuyant loin de ce trône où vous êtes monté,
Privé des feux sacrés et des eaux salutaires,
Remplissant de vos cris les antres solitaires,
Partout d'un dieu vengeur vous sentirez les coups :
Vous chercherez la mort : la mort fuira de vous.
Le ciel, ce ciel témoin de tant d'objets funèbres,
N'aura plus pour vos yeux que d'horribles ténèbres
Au crime, au châtiment malgré vous destiné.
Vous seriez trop heureux de n'être jamais né.

## ACTE III, SCÈNE IV

ŒDIPE.

J'ai forcé jusqu'ici ma colère à t'entendre ;
Si ton sang méritait qu'on daignât le répandre,
De ton juste trépas mes regards satisfaits
De ta prédiction préviendraient les effets.
Va, fuis, n'excite plus le transport qui m'agite,
Et respecte un courroux que ta présence irrite :
Fuis, d'un mensonge indigne abominable auteur.

LE GRAND PRÊTRE.

Vous me traitez toujours de traître et d'imposteur :
Votre père autrefois me croyait plus sincère.

ŒDIPE.

Arrête : que dis-tu ? qui ? Polybe mon père....

LE GRAND PRÊTRE.

Vous apprendrez trop tôt votre funeste sort ;
Ce jour va vous donner la naissance et la mort.
Vos destins sont comblés, vous allez vous connaître.
Malheureux ! savez-vous quel sang vous donna l'être ?
Entouré de forfaits à vous seul réservés,
Savez-vous seulement avec qui vous vivez ?
O Corinthe ! ô Phocide ! exécrable hyménée !
Je vois naître une race impie, infortunée,
Digne de sa naissance, et de qui la fureur
Remplira l'univers d'épouvante et d'horreur.
Sortons.

SCÈNE V. — ŒDIPE, PHILOCTÈTE, JOCASTE.

ŒDIPE.

Ces derniers mots me rendent immobile :
Je ne sais où je suis ; ma fureur est tranquille :
Il me semble qu'un dieu descendu parmi nous,
Maître de mes transports, enchaîne mon courroux,
Et, prêtant au pontife une force divine,
Par sa terrible voix m'annonce ma ruine.

PHILOCTÈTE.

Si vous n'aviez, seigneur, à craindre que des rois,
Philoctète avec vous combattrait sous vos lois ;
Mais un prêtre est ici d'autant plus redoutable
Qu'il vous perce à nos yeux par un trait respectable.
Fortement appuyé sur des oracles vains,
Un pontife est souvent terrible aux souverains :
Et, dans son zèle aveugle, un peuple opiniâtre,
De ses liens sacrés imbécile idolâtre,
Foulant par piété les plus saintes des lois,
Croit honorer les dieux en trahissant ses rois ;
Surtout quand l'intérêt, père de la licence,
Vient de leur zèle impie enhardir l'insolence.

OEDIPE.

Ah! seigneur, vos vertus redoublent mes douleurs :
La grandeur de votre âme égale mes malheurs ;
Accablé sous le poids du soin qui me dévore,
Vouloir me soulager, c'est m'accabler encore.
Quelle plaintive voix crie au fond de mon cœur?
Quel crime ai-je commis? Est-il vrai, dieu vengeur?

JOCASTE.

Seigneur, c'en est assez, ne parlons plus de crime ;
A ce peuple expirant il faut une victime ;
Il faut sauver l'État, et c'est trop différer.
Épouse de Laïus, c'est à moi d'expirer ;
C'est à moi de chercher sur l'infernale rive
D'un malheureux époux l'ombre errante et plaintive ;
De ses mânes sanglants j'apaiserai les cris ;
J'irai.... Puissent les dieux, satisfaits à ce prix,
Contents de mon trépas, n'en point exiger d'autre,
Et que mon sang versé puisse épargner le vôtre !

OEDIPE.

Vous mourir! vous, madame! ah! n'est-ce point assez
De tant de maux affreux sur ma tête amassés?
Quittez, reine, quittez ce langage terrible ;
Le sort de votre époux est déjà trop horrible,
Sans que, de nouveaux traits venant me déchirer,
Vous me donniez encor votre mort à pleurer.
Suivez mes pas, rentrons ; il faut que j'éclaircisse
Un soupçon que je forme avec trop de justice.
Venez.

JOCASTE.

Comment, seigneur, vous pourriez....

OEDIPE.

Suivez-moi,
Et venez dissiper ou combler mon effroi.

## ACTE QUATRIÈME.

### SCÈNE I. — ŒDIPE, JOCASTE.

OEDIPE.

Non, quoi que vous disiez, mon âme inquiétée
De soupçons importuns n'est pas moins agitée.
Le grand prêtre me gêne, et, prêt à l'excuser,
Je commence en secret moi-même à m'accuser.
Sur tout ce qu'il m'a dit, plein d'une horreur extrême,
Je me suis en secret interrogé moi-même ;

Et mille événements de mon âme effacés
Se sont offerts en foule à mes esprits glacés.
Le passé m'interdit, et le présent m'accable;
Je lis dans l'avenir un sort épouvantable :
Et le crime partout semble suivre mes pas.
JOCASTE.
Eh quoi! votre vertu ne vous rassure pas!
N'êtes-vous pas enfin sûr de votre innocence?
ŒDIPE.
On est plus criminel quelquefois qu'on ne pense.
JOCASTE.
Ah! d'un prêtre indiscret dédaignant les fureurs,
Cessez de l'excuser par ces lâches terreurs.
ŒDIPE.
Au nom du grand Laïus et du courroux céleste,
Quand Laïus entreprit ce voyage funeste,
Avait-il près de lui des gardes, des soldats?
JOCASTE.
Je vous l'ai déjà dit, un seul suivait ses pas.
ŒDIPE.
Un seul homme?
JOCASTE.
Ce roi, plus grand que sa fortune,
Dédaignait comme vous une pompe importune;
On ne voyait jamais marcher devant son char
D'un bataillon nombreux le fastueux rempart;
Au milieu des sujets soumis à sa puissance,
Comme il était sans crainte, il marchait sans défense;
Par l'amour de son peuple il se croyait gardé.
ŒDIPE.
O héros! par le ciel aux mortels accordé,
Des véritables rois exemple auguste et rare!
Œdipe a-t-il sur toi porté sa main barbare?
Dépeignez-moi du moins ce prince malheureux.
JOCASTE.
Puisque vous rappelez un souvenir fâcheux,
Malgré le froid des ans, dans sa mâle vieillesse,
Ses yeux brillaient encor du feu de la jeunesse;
Son front cicatrisé sous ses cheveux blanchis
Imprimait le respect aux mortels interdits;
Et si j'ose, seigneur, dire ce que j'en pense,
Laïus eut avec vous assez de ressemblance;
Et je m'applaudissais de retrouver en vous,
Ainsi que les vertus, les traits de mon époux.
Seigneur, qu'a ce discours qui doive vous surprendre?
ŒDIPE.
J'entrevois des malheurs que je ne puis comprendre :

Je crains que par les dieux le pontife inspiré
Sur mes destins affreux ne soit trop éclairé.
Moi, j'aurais massacré!... Dieux! serait-il possible?
JOCASTE.
Cet organe des dieux est-il donc infaillible?
Un ministère saint les attache aux autels;
Ils approchent des dieux, mais ils sont des mortels.
Pensez-vous qu'en effet au gré de leur demande
Du vol de leurs oiseaux la vérité dépende?
Que sous un fer sacré des taureaux gémissants
Dévoilent l'avenir à leurs regards perçants,
Et que de leurs festons ces victimes ornées
Des humains dans leurs flancs portent les destinées?
Non, non : chercher ainsi l'obscure vérité,
C'est usurper les droits de la divinité.
Nos prêtres ne sont point ce qu'un vain peuple pense;
Notre crédulité fait toute leur science.
ŒDIPE.
Ah dieux! s'il était vrai, quel serait mon bonheur!
JOCASTE.
Seigneur, il est trop vrai; croyez-en ma douleur.
Comme vous autrefois pour eux préoccupée,
Hélas! pour mon malheur je suis bien détrompée,
Et le ciel me punit d'avoir trop écouté
D'un oracle imposteur la fausse obscurité.
Il m'en coûta mon fils. Oracles que j'abhorre!
Sans vos ordres, sans vous, mon fils vivrait encore.
ŒDIPE.
Votre fils! par quel coup l'avez-vous donc perdu?
Quel oracle sur vous les dieux ont-ils rendu?
JOCASTE.
Apprenez, apprenez, dans ce péril extrême,
Ce que j'aurais voulu me cacher à moi-même;
Et d'un oracle faux ne vous alarmez plus.
Seigneur, vous le savez, j'eus un fils de Laïus.
Sur le sort de mon fils ma tendresse inquiète,
Consulta de nos dieux la fameuse interprète.
Quelle fureur, hélas! de vouloir arracher
Des secrets que le sort a voulu nous cacher!
Mais enfin j'étais mère, et pleine de faiblesse;
Je me jetai craintive aux pieds de la prêtresse :
Voici ses propres mots, j'ai dû les retenir :
Pardonnez si je tremble à ce seul souvenir.
« Ton fils tuera son père, et ce fils sacrilège,
Inceste et parricide.... » O dieux! achèverai-je?
ŒDIPE.
Eh bien! madame?

### JOCASTE.
　　　　　Enfin, seigneur, on me prédit
Que mon fils, que ce monstre entrerait dans mon lit,
Que je le recevrais, moi, seigneur, moi sa mère,
Dégouttant dans mes bras du meurtre de son père;
Et que, tous deux unis par ces liens affreux,
Je donnerais des fils à mon fils malheureux.
Vous vous troublez, seigneur, à ce récit funeste;
Vous craignez de m'entendre et d'écouter le reste.
### ŒDIPE.
Ah! madame, achevez : dites, que fîtes-vous
De cet enfant, l'objet du céleste courroux?
### JOCASTE.
Je crus les dieux, seigneur; et, saintement cruelle,
J'étouffai pour mon fils mon amour maternelle.
En vain de cette amour l'impérieuse voix
S'opposait à nos dieux, et condamnait leurs lois;
Il fallut dérober cette tendre victime
Au fatal ascendant qui l'entraînait au crime,
Et, pensant triompher des horreurs de son sort,
J'ordonnai par pitié qu'on lui donnât la mort.
O pitié criminelle autant que malheureuse!
O d'un oracle faux obscurité trompeuse!
Quel fruit me revient-il de mes barbares soins?
Mon malheureux époux n'en expira pas moins;
Dans le cours triomphant de ses destins prospères
Il fut assassiné par des mains étrangères :
Ce ne fut point son fils qui lui porta ces coups;
Et j'ai perdu mon fils sans sauver mon époux!
Que cet exemple affreux puisse au moins vous instruire.
Bannissez cet effroi qu'un prêtre vous inspire;
Profitez de ma faute, et calmez vos esprits.
### ŒDIPE.
Après le grand secret que vous m'avez appris,
Il est juste à mon tour que ma reconnaissance
Fasse de mes destins l'horrible confidence.
Lorsque vous aurez su, par ce triste entretien,
Le rapport effrayant de votre sort au mien,
Peut-être, ainsi que moi, frémirez-vous de crainte.
　　Le destin m'a fait naître au trône de Corinthe :
Cependant, de Corinthe et du trône éloigné,
Je vois avec horreur les lieux où je suis né.
Un jour (ce jour affreux, présent à ma pensée,
Jette encor la terreur dans mon âme glacée),
Pour la première fois, par un don solennel,
Mes mains jeunes encore enrichissaient l'autel :
Du temple tout à coup les combles s'entr'ouvrirent;

De traits affreux de sang les marbres se couvrirent;
De l'autel ébranlé par de longs tremblements
Une invisible main repoussait mes présents;
Et les vents, au milieu de la foudre éclatante,
Portèrent jusqu'à moi cette voix effrayante :
« Ne viens plus des lieux saints souiller la pureté;
Du nombre des vivants les dieux t'ont rejeté;
Ils ne reçoivent point tes offrandes impies;
Va porter tes présents aux autels des Furies;
Conjure leurs serpents prêts à te déchirer;
Va, ce sont là les dieux que tu dois implorer. »
Tandis qu'à la frayeur j'abandonnais mon âme,
Cette voix m'annonça, le croiriez-vous, madame?
Tout l'assemblage affreux des forfaits inouïs
Dont le ciel autrefois menaça votre fils,
Me dit que je serais l'assassin de mon père.

JOCASTE.

Ah dieux!

ŒDIPE.

Que je serais le mari de ma mère.

JOCASTE.

Où suis-je? Quel démon, en unissant nos cœurs,
Cher prince, a pu dans nous rassembler tant d'horreurs?

ŒDIPE.

Il n'est pas encor temps de répandre des larmes;
Vous apprendrez bientôt d'autres sujets d'alarmes.
Écoutez-moi, madame, et vous allez trembler.
    Du sein de ma patrie il fallut m'exiler.
Je craignis que ma main, malgré moi criminelle,
Aux destins ennemis ne fût un jour fidèle;
Et, suspect à moi-même, à moi-même odieux,
Ma vertu n'osa point lutter contre les dieux.
Je m'arrachai des bras d'une mère éplorée;
Je partis, je courus de contrée en contrée;
Je déguisai partout ma naissance et mon nom :
Un ami, de mes pas fut le seul compagnon.
Dans plus d'une aventure, en ce fatal voyage,
Le dieu qui me guidait seconda mon courage;
Heureux si j'avais pu, dans l'un de ces combats,
Prévenir mon destin par un noble trépas!
Mais je suis réservé sans doute au parricide.
Enfin je me souviens qu'aux champs de la Phocide
(Et je ne conçois pas par quel enchantement
J'oubliais jusqu'ici ce grand événement;
La main des dieux sur moi si longtemps suspendue
Semble ôter le bandeau qu'ils mettaient sur ma vue),
Dans un chemin étroit je trouvai deux guerriers

## ACTE IV, SCÈNE I.

Sur un char éclatant que traînaient deux coursiers;
Il fallut disputer, dans cet étroit passage,
Des vains honneurs du pas le frivole avantage.
J'étais jeune et superbe, et nourri dans un rang
Où l'on puisa toujours l'orgueil avec le sang.
Inconnu, dans le sein d'une terre étrangère,
Je me croyais encore au trône de mon père,
Et tous ceux qu'à mes yeux le sort venait offrir
Me semblaient mes sujets, et faits pour m'obéir :
Je marche donc vers eux, et ma main furieuse
Arrête des coursiers la fougue impétueuse;
Loin du char à l'instant ces guerriers élancés
Avec fureur sur moi fondent à coups pressés.
La victoire entre nous ne fut point incertaine :
Dieux puissants, je ne sais si c'est faveur ou haine,
Mais sans doute pour moi contre eux vous combattiez;
Et l'un et l'autre enfin tombèrent à mes pieds.
L'un d'eux, il m'en souvient, déjà glacé par l'âge,
Couché sur la poussière, observait mon visage;
Il me tendit les bras, il voulut me parler;
De ses yeux expirants je vis des pleurs couler;
Moi-même en le perçant, je sentis dans mon âme,
Tout vainqueur que j'étois.... Vous frémissez, madame.

JOCASTE.
Seigneur, voici Phorbas, on le conduit ici.

ŒDIPE.
Hélas! mon doute affreux va donc être éclairci!

SCÈNE II. — ŒDIPE, JOCASTE, PHORBAS, SUITE.

ŒDIPE.
Viens, malheureux vieillard, viens, approche.... A sa vue
D'un trouble renaissant je sens mon âme émue;
Un confus souvenir vient encor m'affliger :
Je tremble de le voir et de l'interroger.

PHORBAS.
Eh bien! est-ce aujourd'hui qu'il faut que je périsse?
Grande reine, avez-vous ordonné mon supplice?
Vous ne fûtes jamais injuste que pour moi.

JOCASTE.
Rassurez-vous, Phorbas, et répondez au roi.

PHORBAS.
Au roi!

JOCASTE.
C'est devant lui que je vous fais paraître.

PHORBAS.
O dieux! Laïus est mort, et vous êtes mon maître!
Vous, seigneur?

ŒDIPE.
Épargnons les discours superflus :
Tu fus le seul témoin du meurtre de Laïus ;
Tu fus blessé, dit-on, en voulant le défendre.

PHORBAS.
Seigneur, Laïus est mort, laissez en paix sa cendre ;
N'insultez pas du moins au malheureux destin
D'un fidèle sujet blessé de votre main.

ŒDIPE.
Je t'ai blessé ? qui, moi ?

PHORBAS.
Contentez votre envie ;
Achevez de m'ôter une importune vie ;
Seigneur, que votre bras, que les dieux ont trompé,
Verse un reste de sang qui vous est échappé ;
Et puisqu'il vous souvient de ce sentier funeste
Où mon roi....

ŒDIPE.
Malheureux ! épargne-moi le reste ;
J'ai tout fait, je le vois, c'en est assez. O dieux !
Enfin après quatre ans vous dessillez mes yeux.

JOCASTE.
Hélas ! il est donc vrai !

ŒDIPE.
Quoi ! c'est toi que ma rage
Attaqua vers Daulis en cet étroit passage !
Oui, c'est toi : vainement je cherche à m'abuser ;
Tout parle contre moi, tout sert à m'accuser ;
Et mon œil étonné ne peut te méconnaître.

PHORBAS.
Il est vrai, sous vos coups j'ai vu tomber mon maître ;
Vous avez fait le crime, et j'en fus soupçonné ;
J'ai vécu dans les fers, et vous avez régné.

ŒDIPE.
Va, bientôt à mon tour je me rendrai justice ;
Va, laisse-moi du moins le soin de mon supplice
Laisse-moi, sauve-moi de l'affront douloureux
De voir un innocent que j'ai fait malheureux.

SCÈNE III. — ŒDIPE, JOCASTE.

ŒDIPE.
Jocaste.... car enfin la fortune jalouse
M'interdit à jamais le tendre nom d'épouse ;
Vous voyez mes forfaits : libre de votre foi,
Frappez, délivrez-vous de l'horreur d'être à moi.

JOCASTE.
Hélas !

ŒDIPE.
Prenez ce fer, instrument de ma rage;
Qu'il vous serve aujourd'hui pour un plus juste usage;
Plongez-le dans mon sein.
JOCASTE.
Que faites-vous, seigneur?
Arrêtez; modérez cette aveugle douleur;
Vivez.
ŒDIPE.
Quelle pitié pour moi vous intéresse?
Je dois mourir.
JOCASTE.
Vivez, c'est moi qui vous en presse;
Écoutez ma prière.
ŒDIPE.
Ah! je n'écoute rien;
J'ai tué votre époux.
JOCASTE.
Mais vous êtes le mien.
ŒDIPE.
Je le suis par le crime.
JOCASTE.
Il est involontaire.
ŒDIPE.
N'importe, il est commis.
JOCASTE.
O comble de misère!
ŒDIPE.
O trop funeste hymen! ô feux jadis si doux!
JOCASTE.
Ils ne sont point éteints; vous êtes mon époux.
ŒDIPE.
Non, je ne le suis plus; et ma main ennemie
N'a que trop bien rompu le saint nœud qui nous lie.
Je remplis ces climats du malheur qui me suit.
Redoutez-moi, craignez le dieu qui me poursuit;
Ma timide vertu ne sert qu'à me confondre,
Et de moi désormais je ne puis plus répondre.
Peut-être, de ce dieu partageant le courroux,
L'horreur de mon destin s'étendrait jusqu'à vous:
Ayez du moins pitié de tant d'autres victimes;
Frappez, ne craignez rien, vous m'épargnez des crimes.
JOCASTE.
Ne vous accusez point d'un destin si cruel;
Vous êtes malheureux, et non pas criminel:
Dans ce fatal combat que Daulis vous vit rendre,
Vous ignoriez quel sang vos mains allaient répandre;
Et, sans trop rappeler cet affreux souvenir,

Je ne puis que me plaindre, et non pas vous punir.
Vivez....

OEDIPE.

Moi, que je vive! il faut que je vous fuie.
Hélas! où traînerai-je une mourante vie?
Sur quels bords malheureux, en quels tristes climats,
Ensevelir l'horreur qui s'attache à mes pas?
Irai-je, errant encore, et me fuyant moi-même,
Mériter par le meurtre un nouveau diadème?
Irai-je dans Corinthe, où mon triste destin
A des crimes plus grands réserve encor ma main?
Corinthe! que jamais ta détestable rive....

SCÈNE IV. — OEDIPE, JOCASTE, DIMAS.

DIMAS.

Seigneur, en ce moment un étranger arrive :
Il se dit de Corinthe, et demande à vous voir.

OEDIPE.

Allons, dans un moment je vais le recevoir.
(A Jocaste.)
Adieu : que de vos pleurs la source se dissipe.
Vous ne reverrez plus l'inconsolable OEdipe :
C'en est fait, j'ai régné, vous n'avez plus d'époux;
En cessant d'être roi, je cesse d'être à vous.
Je pars : je vais chercher, dans ma douleur mortelle,
Des pays où ma main ne soit point criminelle;
Et vivant loin de vous, sans États, mais en roi,
Justifier les pleurs que vous versez pour moi.

## ACTE CINQUIÈME.

SCÈNE I. — OEDIPE, ARASPE, DIMAS, suite.

OEDIPE.

Finissez vos regrets, et retenez vos larmes :
Vous plaignez mon exil, il a pour moi des charmes;
Ma fuite à vos malheurs assure un prompt secours;
En perdant votre roi vous conservez vos jours.
Du sort de tout ce peuple il est temps que j'ordonne.
J'ai sauvé cet empire en arrivant au trône ;
J'en descendrai du moins comme j'y suis monté;
Ma gloire me suivra dans mon adversité.
Mon destin fut toujours de vous rendre la vie ;
Je quitte mes enfants, mon trône, ma patrie :

Écoutez-moi du moins pour la dernière fois;
Puisqu'il vous faut un roi, consultez-en mon choix.
Philoctète est puissant, vertueux, intrépide :
Un monarque est son père[1], il fut l'ami d'Alcide;
Que je parte, et qu'il règne. Allez chercher Phorbas,
Qu'il paraisse à mes yeux, qu'il ne me craigne pas;
Il faut de mes bontés lui laisser quelque marque,
Et quitter mes sujets et le trône en monarque.
Que l'on fasse approcher l'étranger devant moi.
Vous, demeurez.

SCÈNE II. — ŒDIPE, ARASPE, ICARE, SUITE.

ŒDIPE.

Icare, est-ce vous que je vois?
Vous, de mes premiers ans sage dépositaire,
Vous, digne favori de Polybe mon père?
Quel sujet important vous conduit parmi nous?

ICARE.

Seigneur, Polybe est mort.

ŒDIPE.

Ah! que m'apprenez-vous?
Mon père....

ICARE.

A son trépas vous deviez vous attendre.
Dans la nuit du tombeau les ans l'ont fait descendre :
Ses jours étaient remplis, il est mort à mes yeux.

ŒDIPE.

Qu'êtes-vous devenus, oracles de nos dieux?
Vous qui faisiez trembler ma vertu trop timide,
Vous qui me prépariez l'horreur d'un parricide!
Mon père est chez les morts, et vous m'avez trompé;
Malgré vous dans son sang mes mains n'ont point trempé
Ainsi de mon erreur esclave volontaire,
Occupé d'écarter un mal imaginaire,
J'abandonnais ma vie à des malheurs certains,
Trop crédule artisan de mes tristes destins!
O ciel! et quel est donc l'excès de ma misère
Si le trépas des miens me devient nécessaire?
Si, trouvant dans leur perte un bonheur odieux,
Pour moi la mort d'un père est un bienfait des dieux?
Allons, il faut partir; il faut que je m'acquitte
Des funèbres tributs que sa cendre mérite.
Partons. Vous vous taisez, je vois vos pleurs couler :
Que ce silence....

1. Il était fils du roi d'Eubée, aujourd'hui Négrepont.

ICARE.
O ciel! oserai-je parler?
ŒDIPE.
Vous reste-t-il encor des malheurs à m'apprendre?
ICARE.
Un moment sans témoin daignerez-vous m'entendre?
ŒDIPE.
(A sa suite.)
Allez, retirez-vous. Que va-t-il m'annoncer?
ICARE.
A Corinthe, seigneur, il ne faut plus penser:
Si vous y paraissez, votre mort est jurée.
ŒDIPE.
Eh! qui de mes États me défendrait l'entrée?
ICARE.
Du sceptre de Polybe un autre est l'héritier.
ŒDIPE.
Est-ce assez? et ce trait sera-t-il le dernier?
Poursuis, destin, poursuis, tu ne pourras m'abattre.
Eh bien! j'allais régner; Icare, allons combattre:
A mes lâches sujets courons me présenter.
Parmi ces malheureux, prompts à se révolter,
Je puis trouver du moins un trépas honorable:
Mourant chez les Thébains, je mourrais en coupable;
Je dois périr en roi. Quels sont mes ennemis?
Parle, quel étranger sur mon trône est assis?
ICARE.
Le gendre de Polybe; et Polybe lui-même
Sur son front en mourant a mis le diadème.
A son maître nouveau tout le peuple obéit.
ŒDIPE.
Eh quoi! mon père aussi, mon père me trahit?
De la rébellion mon père est le complice?
Il me chasse du trône!
ICARE.
Il vous a fait justice;
Vous n'étiez point son fils.
ŒDIPE.
Icare!...
ICARE.
Avec regret
Je révèle en tremblant ce terrible secret;
Mais il le faut, seigneur; et toute la province..
ŒDIPE.
Je ne suis point son fils!
ICARE.
Non, seigneur; et ce prince
A tout dit en mourant. De ses remords pressé,

Pour le sang de nos rois il vous a renoncé ;
Et moi, de son secret confident et complice,
Craignant du nouveau roi la sévère justice,
Je venais implorer votre appui dans ces lieux.
ŒDIPE.
Je n'étais point son fils! et qui suis-je, grands dieux ?
ICARE.
Le ciel, qui dans mes mains a remis votre enfance,
D'une profonde nuit couvre votre naissance ;
Et je sais seulement qu'en naissant condamné,
Et sur un mont désert à périr destiné,
La lumière sans moi vous eût été ravie.
ŒDIPE.
Ainsi donc mon malheur commence avec ma vie ;
J'étais dès le berceau l'horreur de ma maison.
Où tombai-je en vos mains ?
ICARE.
Sur le mont Cithéron.
ŒDIPE.
Près de Thèbe ?
ICARE.
Un Thébain, qui se dit votre père,
Exposa votre enfance en ce lieu solitaire.
Quelque dieu bienfaisant guida vers vous mes pas :
La pitié me saisit, je vous pris dans mes bras ;
Je ranimai dans vous la chaleur presque éteinte.
Vous viviez ; aussitôt je vous porte à Corinthe ;
Je vous présente au prince : admirez votre sort !
Le prince vous adopte au lieu de son fils mort ;
Et, par ce coup adroit, sa politique heureuse
Affermit pour jamais sa puissance douteuse.
Sous le nom de son fils vous fûtes élevé
Par cette même main qui vous avait sauvé.
Mais le trône en effet n'était point votre place ;
L'intérêt vous y mit, le remords vous en chasse.
ŒDIPE.
O vous qui présidez aux fortunes des rois,
Dieux ! faut-il en un jour m'accabler tant de fois,
Et, préparant vos coups par vos trompeurs oracles,
Contre un faible mortel épuiser les miracles ?
Mais ce vieillard, ami, de qui tu m'as reçu.
Depuis ce temps fatal ne l'as-tu jamais vu ?
ICARE.
Jamais ; et le trépas vous a ravi peut-être
Le seul qui vous eût dit quel sang vous a fait naître.
Mais longtemps de ses traits mon esprit occupé
De son image encore est tellement frappé

Que je le connaîtrais s'il venait à paraître.
###### ŒDIPE.
Malheureux ! eh ! pourquoi chercher à le connaître ?
Je devrais bien plutôt, d'accord avec les dieux,
Chérir l'heureux bandeau qui me couvre les yeux.
J'entrevois mon destin; ces recherches cruelles
Ne me découvriront que des horreurs nouvelles.
Je le sais; mais, malgré les maux que je prévoi,
Un désir curieux m'entraîne loin de moi.
Je ne puis demeurer dans cette incertitude;
Le doute en mon malheur est un tourment trop rude;
J'abhorre le flambeau dont je veux m'éclairer;
Je crains de me connaître, et ne puis m'ignorer.

#### SCÈNE III. — ŒDIPE, ICARE, PHORBAS.
###### ŒDIPE.
Ah ! Phorbas, approchez !
###### ICARE.
Ma surprise est extrême :
Plus je le vois, et plus.... Ah ! seigneur, c'est lui-même;
C'est lui.
###### PHORBAS, à Icare.
Pardonnez-moi si vos traits inconnus....
###### ICARE.
Quoi ! du mont Cithéron ne vous souvient-il plus ?
###### PHORBAS.
Comment ?
###### ICARE.
Quoi ! cet enfant qu'en mes mains vous remîtes;
Cet enfant qu'au trépas....
###### PHORBAS.
Ah ! qu'est-ce que vous dites ?
Et de quel souvenir venez-vous m'accabler ?
###### ICARE.
Allez, ne craignez rien, cessez de vous troubler;
Vous n'avez en ces lieux que des sujets de joie.
Œdipe est cet enfant.
###### PHORBAS.
Que le ciel te foudroie !
Malheureux ! qu'as-tu dit ?
###### ICARE, à Œdipe.
Seigneur, n'en doutez pas
Quoi que ce Thébain dise, il vous mit dans mes bras
Vos destins sont connus, et voilà votre père...
###### ŒDIPE.
O sort qui me confond ! ô comble de misère

(A Phorbas.)
Je serais né de vous ? le ciel aurait permis
Que votre sang versé....
                    PHORBAS.
                        Vous n'êtes point mon fils
                    ŒDIPE.
Eh quoi ! n'avez-vous point exposé mon enfance ?
                    PHORBAS.
Seigneur, permettez-moi de fuir votre présence,
Et de vous épargner cet horrible entretien.
                    ŒDIPE.
Phorbas, au nom des dieux, ne me déguise rien.
                    PHORBAS.
Partez, seigneur, fuyez vos enfants et la reine.
                    ŒDIPE.
Réponds-moi seulement ; la résistance est vaine.
Cet enfant, par toi-même à la mort destiné,
    (En montrant Icare.)
Le mis-tu dans ses bras ?
                    PHORBAS.
                        Oui, je le lui donnai.
Que ce jour ne fut-il le dernier de ma vie !
                    ŒDIPE.
Quel était son pays ?
                    PHORBAS.
                        Thèbe était sa patrie.
                    ŒDIPE.
Tu n'étais point son père ?
                    PHORBAS.
                        Hélas ! il était né
D'un sang plus glorieux et plus infortuné.
                    ŒDIPE.
Quel était-il enfin ?
        PHORBAS *se jette aux genoux du roi.*
                        Seigneur, qu'allez-vous faire ?
                    ŒDIPE.
Achève, je le veux.
                    PHORBAS.
                        Jocaste était sa mère.
                    ICARE.
Et voilà donc le fruit de mes généreux soins ?
                    PHORBAS.
Qu'avons-nous fait tous deux ?
                    ŒDIPE.
                        Je n'attendais pas moins
                    ICARE.
Seigneur....
                    ŒDIPE.
        Sortez, cruels, sortez de ma présence ;

De vos affreux bienfaits craignez la récompense
Fuyez; à tant d'horreurs par vous seuls réservé.
Je vous punirais trop de m'avoir conservé

### SCÈNE IV. — ŒDIPE.

Le voilà donc rempli, cet oracle exécrable
Dont ma crainte a pressé l'effet inévitable!
Et je me vois enfin, par un mélange affreux,
Inceste et parricide, et pourtant vertueux!
Misérable vertu, nom stérile et funeste,
Toi par qui j'ai réglé des jours que je déteste,
A mon noir ascendant tu n'as pu résister :
Je tombais dans le piége en voulant l'éviter.
Un dieu plus fort que toi m'entraînait vers le crime;
Sous mes pas fugitifs il creusait un abîme;
Et j'étais, malgré moi, dans mon aveuglement,
D'un pouvoir inconnu l'esclave et l'instrument.
Voilà tous mes forfaits; je n'en connais point d'autres.
Impitoyables dieux, mes crimes sont les vôtres,
Et vous m'en punissez!... Où suis-je? Quelle nuit
Couvre d'un voile affreux la clarté qui nous luit?
Ces murs sont teints de sang; je vois les Euménides
Secouer leurs flambeaux vengeurs des parricides;
Le tonnerre en éclats semble fondre sur moi;
L'enfer s'ouvre.... O Laïus, ô mon père! est-ce toi?
Je vois, je reconnais la blessure mortelle
Que te fit dans le flanc cette main criminelle.
Punis-moi, venge-toi d'un monstre détesté,
D'un monstre qui souilla les flancs qui l'ont porté.
Approche, entraîne-moi dans les demeures sombres;
J'irai de mon supplice épouvanter les ombres.
Viens, je te suis.

### SCÈNE V. — ŒDIPE, JOCASTE, ÉGINE, LE CHŒUR

JOCASTE.
            Seigneur, dissipez mon effroi;
Vos redoutables cris sont venus jusqu'à moi.

ŒDIPE.
Terre, pour m'engloutir entr'ouvre tes abîmes!

JOCASTE.
Quel malheur imprévu vous accable?

ŒDIPE.
                         Mes crimes.

JOCASTE
Seigneur....

###### ŒDIPE.
Fuyez, Jocaste.
###### JOCASTE.
Ah! trop cruel époux!
###### ŒDIPE.
Malheureuse! arrêtez; quel nom prononcez-vous?
Moi votre époux! quittez ce titre abominable,
Qui nous rend l'un à l'autre un objet exécrable.
###### JOCASTE.
Qu'entends-je?
###### ŒDIPE.
C'en est fait; nos destins sont remplis.
Laïus était mon père, et je suis votre fils.
(Il sort.)
###### PREMIER PERSONNAGE DU CHŒUR.
O crime!
###### SECOND PERSONNAGE DU CHŒUR.
O jour affreux! jour à jamais terrible!
###### JOCASTE.
Égine, arrache-moi de ce palais horrible.
###### ÉGINE.
Hélas!
###### JOCASTE.
Si tant de maux ont de quoi te toucher,
Si ta main, sans frémir, peut encor m'approcher,
Aide-moi, soutiens-moi, prends pitié de ta reine.
###### PREMIER PERSONNAGE DU CHŒUR.
Dieux! est-ce donc ainsi que finit votre haine?
Reprenez, reprenez vos funestes bienfaits;
Cruels! il valait mieux nous punir à jamais.

#### SCÈNE VI. — JOCASTE, ÉGINE, LE GRAND PRÊTRE, LE CHŒUR.

###### LE GRAND PRÊTRE.
Peuples, un calme heureux écarte les tempêtes;
Un soleil plus serein se lève sur vos têtes;
Les feux contagieux ne sont plus allumés;
Vos tombeaux qui s'ouvraient sont déjà refermés;
La mort fuit, et le dieu du ciel et de la terre
Annonce ses bontés par la voix du tonnerre.
(Ici on entend gronder la foudre, et l'on voit briller les éclairs.)
###### JOCASTE.
Quels éclats! ciel! où suis-je? et qu'est-ce que j'entends?
Barbares!...
###### LE GRAND PRÊTRE.
C'en est fait, et les dieux sont contents.

Laïus du sein des morts cesse de vous poursuivre,
Il vous permet encor de régner et de vivre ;
Le sang d'Œdipe enfin suffit à son courroux.

LE CHŒUR.

Dieux !

JOCASTE.

O mon fils ! hélas ! dirai-je mon époux ?
O des noms les plus chers assemblage effroyable !
Il est donc mort ?

LE GRAND PRÊTRE.

Il vit, et le sort qui l'accable
Des morts et des vivants semble le séparer ·
Il s'est privé du jour avant que d'expirer.
Je l'ai vu dans ses yeux enfoncer cette épée
Qui du sang de son père avait été trempée ;
Il a rempli son sort ; et ce moment fatal
Du salut des Thébains est le premier signal.
Tel est l'ordre du ciel, dont la fureur se lasse ;
Comme il veut, aux mortels il fait justice ou grâce ;
Ses traits sont épuisés sur ce malheureux fils.
Vivez, il vous pardonne.

JOCASTE. *se frappant.*

Et moi, je me punis.
Par un pouvoir affreux réservée à l'inceste,
La mort est le seul bien, le seul dieu qui me reste.
Laïus, reçois mon sang, je te suis chez les morts :
J'ai vécu vertueuse, et je meurs sans remords.

LE CHŒUR.

O malheureuse reine ! ô destin que j'abhorre !

JOCASTE.

Ne plaignez que mon fils, puisqu'il respire encore.
Prêtres, et vous Thébains, qui fûtes mes sujets,
Honorez mon bûcher, et songez à jamais
Qu'au milieu des horreurs du destin qui m'opprime,
J'ai fait rougir les dieux qui m'ont forcée au crime.

FIN D'ŒDIPE.

# FRAGMENTS D'ARTÉMIRE.

## TRAGÉDIE.
(15 février 1720.)

### PERSONNAGES.

CASSANDRE, roi de Macédoine.
ARTÉMIRE, reine de Macédoine.
PALLANTE, favori du roi.
PHILOTAS, prince.
MÉNAS, parent et confident de Pallante.
HIPPARQUE, ministre de Cassandre.
CÉPHISE, confidente d'Artémire.

La scène est à Larisse, dans le palais du roi.

## ACTE PREMIER.

### ARTÉMIRE, CÉPHISE.

(Artémire, en proie à la plus vive douleur, ne cache point à Céphise les tourments que lui fait éprouver l'humeur soupçonneuse et la cruauté de Cassandre son mari, que la guerre a éloigné d'elle, et dont le retour la fait trembler.)

ARTÉMIRE.
Oui, tous ces conquérants rassemblés sur ce bord,
Soldats sous Alexandre, et rois après sa mort,
Fatigués de forfaits, et lassés de la guerre,
Ont rendu le repos qu'ils ôtaient à la terre.
Je rends grâces, Céphise, à cette heureuse paix
Qui, brisant tes liens, te rend à mes souhaits.
Hélas! que cette paix que la Grèce respire
Est un bien peu connu de la triste Artémire!
Cassandre.... à ce nom seul, la douleur et l'effroi
De mon cœur alarmé s'emparent malgré moi.
Vainqueur des Locriens, Cassandre va paraître;
Esclave en mon palais, j'attends ici mon maître;
Pardonne, je n'ai pu le nommer mon époux.
Eh! comment lui donner encore un nom si doux?
Il ne l'a que trop bien oublié, le barbare!

CÉPHISE.
. . . . . . . . . . . . . . . . . . . . .
Vous pleurez!

ARTÉMIRE.
       Plût aux dieux qu'à Mégare enchaînée,
J'eusse été pour jamais aux fers abandonnée !
Plût aux dieux que l'hymen éteignant son flambeau
Sous ce trône funeste eût creusé mon tombeau !
Les fers les plus honteux, la mort la plus terrible,
Étaient pour moi, Céphise, un tourment moins horrible
Que ce rang odieux où Cassandre est assis,
Ce rang que je déteste, et dont tu t'éblouis.
                CÉPHISE.
Quoi ! vous....
                ARTÉMIRE.
       Il te souvient de la triste journée
Qui ravit Alexandre à l'Asie étonnée.
La terre, en frémissant, vit après son trépas
Ses chefs impatients partager ses États ;
Et jaloux l'un de l'autre, en leur avide rage,
Déchirant à l'envi ce superbe héritage,
Divisés d'intérêts, et pour le crime unis,
Assassiner sa mère, et sa veuve, et son fils :
Ce sont là les honneurs qu'on rendit à sa cendre.
Je ne veux point, Céphise, injuste envers Cassandre,
Accuser un époux de toutes ces horreurs ;
Un intérêt plus tendre a fait couler mes pleurs :
Ses mains ont immolé de plus chères victimes,
Et je n'ai pas besoin de lui chercher des crimes.
Du prix de tant de sang cependant il jouit ;
Innocent ou coupable, il en eut tout le fruit ;
Il régna : d'Alexandre il occupa la place.
La Grèce épouvantée approuva son audace,
Et ses rivaux soumis lui demandant des lois,
Il fut le chef des Grecs et le tyran des rois.
Pour mon malheur alors attiré dans l'Épire,
Il me vit ; il m'offrit son cœur et son empire.
Antinoüs, mon père, insensible à mes pleurs,
Accepta malgré moi ces funestes honneurs :
Je me plaignis en vain de sa contrainte austère ;
En me tyrannisant il crut agir en père ;
Il pensait assurer ma gloire et mon bonheur.
A peine il jouissait de sa fatale erreur,
Il la connut bientôt : le soupçonneux Cassandre
Devint son ennemi dès qu'il devint son gendre.
Ne me demande point quels divers intérêts,
Quels troubles, quels complots, quels mouvements secrets,
Dans cette cour trompeuse excitant les orages,
Ont de Larisse en feu désolé les rivages :
Enfin dans ce palais, théâtre des revers,

Mon père infortuné se vit charger de fers.
Hélas! il n'eut ici que mes pleurs pour défense.
C'est là que de nos dieux attestant la vengeance,
D'un vainqueur homicide embrassant les genoux,
Je me jetai tremblante au-devant de ses coups.
Le cruel, repoussant son épouse éplorée....
O crime, ô souvenir dont je suis déchirée!
Céphise! en ces lieux même, où tes discours flatteurs
Du trône où tu me vois me vantent les douceurs,
Dans ces funestes lieux, témoins de ma misère,
Mon époux à mes yeux a massacré mon père.

CÉPHISE.

Par un époux.... un père!... ô comble de douleurs!

ARTÉMIRE.

Son trépas fut pour moi le plus grand des malheurs.
Mais il n'est pas le seul; et mon âme attendrie
Doit à ton amitié l'histoire de ma vie.
Céphise, on ne sait point quel coup ce fut pour moi
Lorsqu'au tyran des Grecs on engagea ma foi;
Le jeune Philotas, avant cet hyménée,
Prétendait à mon sort unir sa destinée.
Ses charmes, ses vertus, avaient touché mon cœur,
Je l'aimais, je l'avoue; et ma fatale ardeur
Formant d'un doux hymen l'espérance flatteuse,
Artémire sans lui ne pouvait être heureuse.
Tu vois couler mes pleurs à ce seul souvenir;
Je puis à ce héros les donner sans rougir;
Je ne m'en défends point, je les dois à sa cendre.

CÉPHISE.

Il n'est plus?

ARTÉMIRE.

Il mourut de la main de Cassandre;
Et lorsque je voulais le rejoindre au tombeau,
Céphise, on m'ordonna d'épouser son bourreau.

CÉPHISE

Et vous pûtes former cet hymen exécrable?

ARTÉMIRE.

J'étais jeune, et mon père était inexorable;
D'un refus odieux je tremblais de m'armer:
Enfin sans son aveu je rougissais d'aimer.
Que veux-tu? j'obéis. Pardonne, ombre trop chère,
Pardonne à cet hymen où me força mon père.
Hélas! il en reçut le cruel châtiment,
Et je pleure à la fois mon père et mon amant.

(Cependant elle doit respecter le nœud qui l'unit à Cassandre.)

CÉPHISE.

............ lui parler et le voir,
Et dans ses bras....

ARTÉMIRE.

Hélas! c'est là mon désespoir.
Je sais que contre lui l'amour et la nature
Excitent dans mon cœur un éternel murmure.
Tout ce que j'adorais est tombé sous ses coups;
Céphise; cependant Cassandre est mon époux :
Sa parricide main, toujours prompte à me nuire,
A souillé nos liens, et n'a pu les détruire.
Peut-être ai-je en secret le droit de le haïr,
Mais en le haïssant je lui dois obéir.
Telle est ma destinée............
(*Céphise lui parle de sa grandeur* : « Vous régnez, » *lui dit-elle.*)

CÉPHISE.

Quel malheur en régnant ne peut être adouci?

ARTÉMIRE.

Céphise! moi, régner! moi, commander ici!
Tu connais mal Cassandre! il me laisse en partage
Sur ce trône sanglant la honte et l'esclavage.
Son favori Pallante est ici le seul roi;
C'est un second tyran qui m'impose la loi.
Que dis-je? tous ces rois courtisans de Pallante,
Flattant indignement son audace insolente,
Auprès de mon époux implorent son appui,
Et leurs fronts couronnés s'abaissent devant lui.
Et moi....

CÉPHISE.
L'on vient à vous.

ARTÉMIRE.
Dieux! j'aperçois Pallante;
Que son farouche aspect m'afflige et m'épouvante!

SCÈNE II. — PALLANTE, ARTÉMIRE, CÉPHISE.

PALLANTE.

........................
Et de ses actions rende un compte fidèle.

ARTÉMIRE.

Philotas! dieux! qu'entends-je? ah ciel! quelle nouvelle
Quoi, seigneur, Philotas verrait encor le jour!
Se peut-il?...

PALLANTE.
Oui, madame, il est dans cette cour

ARTÉMIRE.

Quel miracle...? quel dieu...?

ACTE I, SCÈNE II.

PALLANTE.
. . . . . . . . . . .
Redemander son trône et soutenir ses droits.
ARTÉMIRE.
... Dieux tout-puissants!
PALLANTE.
Lisez ce qu'il m'ordonne.
ARTÉMIRE.
Je ne le cèle point, tant de bonté m'étonne.
Depuis quand daigne-t-on confier à ma foi
Le secret de l'État et les lettres du roi?
Vous le savez, Pallante, esclave sur le trône,
A mon obscurité Cassandre m'abandonne.
Je n'eus jamais de part aux ordres qu'il prescrit.
PALLANTE.
. . . . . . . . . . . . . Lisez ce qu'il m'écrit.
ARTÉMIRE *lit.*

CASSANDRE A PALLANTE.
*Je reviens triomphant au sein de mon empire;*
*Je laisse sous mes lois les Locriens soumis;*
*Et, voulant me venger de tous mes ennemis,*
*J'attends de votre main la tête d'Artémire.*

Ainsi donc mon destin se consomme aujourd'hui!
Je n'attendois pas moins d'un époux tel que lui.
Pallante, c'est à vous qu'il demande ma tête;
Vous êtes maître ici, votre victime est prête.
Vous l'attendez, sans doute, et cet ordre si doux
Ainsi que pour Cassandre a des charmes pour vous.
PALLANTE.
. . . . . . . . . . . . . . . . . . . . . . .
Voulez-vous vivre encore, et régner?
ARTÉMIRE.
Ah! seigneur,
Quelle pitié pour moi peut toucher votre cœur?
Je vous l'ai déjà dit, prenez votre victime.
Mais ne puis-je en mourant vous demander mon crime,
Et pourquoi de mon sang votre maître altéré
Frappe aujourd'hui ce coup si longtemps différé?
PALLANTE.
. . . . . . . . . . . . . . . . . . . . .
Pour l'indigne instrument de ses assassinats.
ARTÉMIRE.
Vous me connaissez mal, et mon âme est surprise
Bien moins de mon trépas que de votre entreprise.
Permettez qu'Artémire, en ces derniers moments,
Vous découvre son cœur et ses vrais sentiments.

Si mes yeux, occupés à pleurer ma misère,
Ne voyaient dans le roi que l'assassin d'un père;
Si j'écoutais son crime et mon cœur irrité,
Cassandre périrait, il l'a trop mérité :
Mais il est mon époux, quoique indigne de l'être :
Le ciel qui me poursuit me l'a donné pour maître :
Je connais mon devoir, et sais ce que je doi
Aux nœuds infortunés qui l'unissent à moi.
Qu'à son gré dans mon sang il éteigne sa rage;
Des dieux, par lui bravés, il est pour moi l'image;
Je n'accepterai point le bras que vous m'offrez;
Il peut trancher mes jours, les siens me sont sacrés;
Et j'aime mieux, seigneur, dans mon sort déplorable,
Mourir par ses forfaits que de vivre coupable.

PALLANTE.

Il faut sans balancer m'épouser ou périr;
Je ne puis rien de plus : c'est à vous de choisir.

ARTÉMIRE.

Mon choix est fait; suivez ce que le roi vous mande;
Il ordonne ma mort, et je vous la demande.
Elle finit, seigneur, un éternel ennui,
Et c'est l'unique bien que j'ai reçu de lui.

PALLANTE.

Mais, madame, songez....

ARTÉMIRE.

Non, laissez-moi, Pallante.
Je ne suis point à plaindre, et je meurs trop contente :
Artémire à vos coups ne veut point échapper.
J'accepte votre main, mais c'est pour me frapper.

(Elle sort.)

(Pallante est furieux de ne pouvoir recueillir le fruit des soupçons jaloux qu'il a semés dans le cœur de Cassandre. Cependant il ne désespère pas de vaincre la résistance de la reine; il s'enhardit dans le projet d'assassiner le roi.)

Son trône, ses trésors, en seront le salaire :
Le crime est approuvé quand il est nécessaire.

(Il a besoin d'un complice; il croit ne pouvoir mieux choisir que Ménas, son parent et son ami, qu'il voit paraître. Il lui demande s'il se sent assez de courage pour tenter une grande entreprise. Ménas répond que douter de son zèle et de son amitié, c'est lui faire la plus grave injure. Pallante alors lui confie l'amour dont il brûle pour la reine. Ménas n'en est point étonné; mais il représente à Pallante que la vertu d'Artémire est égale à sa beauté. Pallante ne regarde la vertu des femmes que comme une adroite hypocrisie.)

Voilà quelle est souvent la vertu d'une femme :
L'honneur peint dans ses yeux semble être dans son âme;
Mais de ce faux honneur les dehors fastueux

Ne servent qu'à couvrir la honte de ses feux.
Au seul amant chéri prodiguant sa tendresse,
Pour tout autre elle n'a qu'une austère rudesse ;
Et l'amant rebuté prend souvent pour vertu
Les fiers dédains d'un cœur qu'un autre a corrompu.

(Il développe ses projets à Ménas, qui lui promet de ne pas le trahir, mais qui refuse d'être complice de ses crimes. Pallante, resté seul, ne regarde plus Ménas que comme un confident dangereux dont il doit prévenir l'indiscrétion.)

## ACTE SECOND.

### SCÈNE I. — ARTÉMIRE, PALLANTE, CÉPHISE.

ARTÉMIRE.
. . . . . . . . . . . . . . . . . . . . . . . . .
Ah ! c'en est trop, Pallante.

PALLANTE.
. . . . . . . . . . . . . . . . . . . . . . . . .
Si vous me résistez, ce n'est que par faiblesse.

ARTÉMIRE.
Ainsi ce grand courage ose me proposer
D'assassiner Cassandre, et de vous épouser !
Je veux bien retenir une colère vaine,
Mais songez un peu plus que je suis votre reine ;
Sur mes jours malheureux vous pouvez attenter,
Mais au sein de la mort il faut me respecter.
Finissez pour jamais un discours qui m'offense ;
La mort me déplaît moins qu'une telle insolence,
Et je vous aime mieux dans ce fatal moment
Comme mon meurtrier que comme mon amant.
Frappez, et laissez là vos fureurs indiscrètes.

PALLANTE.
. . . . . . . . . . . . . . . . . . . . . . . . .
Reconnaître un vengeur, ou craindre votre maître.

ARTÉMIRE.
Oui, vous pouvez verser le sang de votre roi ;
Mais je vous avertis de commencer par moi.
Dans quelque extrémité que Cassandre me jette,
Artémire est encor sa femme et sa sujette.
J'irai parer les coups que l'on veut lui porter,
Et lui conserverai le jour qu'il veut m'ôter.

(Pallante sort : Artémire reste avec Céphise, qui lui apprend que Philotas n'est pas mort, qu'il va reparaître ; elle lui conseille de ménager Pallante, de gagner du temps, afin de redevenir maîtresse de sa destinée : elle lui reproche d'avoir trop bravé le favori du roi.)

Madame, jusque-là deviez-vous l'irriter?
ARTÉMIRE.
Ah! je hâtais les coups que l'on veut me porter,
Céphise, avec plaisir aigrissant sa colère,
Moi-même je pressais le trépas qu'il diffère :
Je rends grâces aux dieux dont le cruel secours,
Quand Philotas revient, va terminer mes jours.
Hélas! de mon époux armant la main sanglante,
Du moins ils ont voulu que je meure innocente.
CÉPHISE.
Quand vous pouvez régner, vous périssez ainsi?
ARTÉMIRE.
Philotas est vivant, Philotas est ici :
Malheureuse! comment soutiendras-tu sa vue?
Toi qui de tant d'amour si longtemps prévenue,
Après tant de serments, as reçu dans tes bras
Le cruel assassin de ton cher Philotas!
Toi que brûle en secret une flamme infidèle,
Innocente autrefois, aujourd'hui criminelle!
Hélas! j'étais aimée, et j'ai rompu les nœuds
De l'amour le plus tendre et le plus vertueux.
J'ai trahi mon amant; pour qui? pour un perfide,
De mon père et de moi meurtrier patricide.
A l'aspect de nos dieux je lui promis ma foi,
Et l'empire d'un cœur qui n'était plus à moi;
Et mon âme, attachée au serment qui me lie,
Lui doit encor sa foi quand il m'ôte la vie!
Non; c'est trop de tourments, de trouble, et de remords :
Emportons, s'il se peut, ma vertu chez les morts,
Tandis que sur mon cœur, qu'un tendre amour déchire,
Ma timide raison garde encor quelque empire.
CÉPHISE.
Vous vous perdez vous seule, et tout veut vous servir.
ARTÉMIRE.
Je connais ma faiblesse, et je dois m'en punir.
CÉPHISE.
Madame, pensez-vous qu'il vous chérisse encore?
ARTÉMIRE.
Il doit me détester, Céphise, et je l'adore.
Son retour, son nom seul, ce nom cher à mon cœur,
D'un feu trop mal éteint a ranimé l'ardeur.
Ma mort, qu'en même temps Pallante a prononcée,
N'a pas du moindre trouble occupé ma pensée;
Je n'y songeais pas même; et mon ame en ce jour
N'a de tous ses malheurs senti que son amour.

ACTE II, SCÈNE 1.

A quelle honte, ô dieux. m'avez-vous fait descendre!
Ingrate à Philotas, infidèle à Cassandre,
Mon cœur, empoisonné d'un amour dangereux,
Fut toujours criminel et toujours malheureux :
Que leurs ressentiments, que leurs haines s'unissent ;
Tous deux sont offensés, que tous deux me punissent.
Qu'ils viennent se baigner dans mon sang odieux !
CÉPHISE.
Madame, un étranger s'avance dans ces lieux.
ARTÉMIRE.
Si c'est un assassin que Pallante m'envoie,
Céphise, il peut entrer ; je l'attends avec joie.
O mort ! avec plaisir je passe dans tes bras....
Céphise, soutiens-moi : grands dieux ! c'est Philotas !

SCÈNE II. — PHILOTAS, ARTÉMIRE, CÉPHISE.

ARTÉMIRE.
Quoi, c'est vous que je vois ! quoi, la parque ennemie
A respecté le cours d'une si belle vie !
. . . . . . . . . . . . . . . . . . . . . . . . .
(Philotas adresse des reproches à Artémire, sur ce qu'elle lui a
manqué de foi en passant dans les bras de Cassandre ; et lui rappelle
l'amour dont ils ont brûlé l'un pour l'autre.)
PHILOTAS.
. . . . . . . . Est-ce ainsi que vous m'avez aimé ?
ARTÉMIRE.
Vous pouvez étaler aux yeux d'une infidèle
La haine et le mépris que vous avez pour elle.
Accablez-moi des noms réservés aux ingrats ;
Je les ai mérités, je ne m'en plaindrai pas.
Si pourtant Philotas, à travers sa colère,
Daignait se souvenir combien je lui fus chère,
Quoique indigne du jour et de tant d'amitié,
J'ose espérer encore un reste de pitié.
N'outragez point une âme assez infortunée :
Le sort qui vous poursuit ne m'a point épargnée ;
Il me haïssait trop pour me donner à vous.
. . . . . . . . . . . . . . . . . . . . . .
PHILOTAS.
. . . . . . . . . . . . . . . . . . . . .
. . . . . . Cette horreur se peut-elle excuser ?
ARTÉMIRE.
Je ne m'excuse point, je sais mon injustice.
Dans mon crime, seigneur, j'ai trouvé mon supplice.
Ne me reprochez plus votre amour outragé ;
Plaignez-moi bien plutôt, vous êtes trop vengé.

Je ne vous dirai point que mon devoir austère
Attachait mes destins aux ordres de mon père ;
A cet ordre inhumain j'ai dû désobéir :
Seigneur, le ciel est juste ; il a su m'en punir.
Quittez ces lieux, fuyez loin d'une criminelle.

(Philotas lui répète combien Cassandre, un lâche assassin,
était indigne d'elle.)

PHILOTAS.
. . . . . . . . . . . . . . . . . . . . . . . . . . . . .
Est d'être possédé par un lâche assassin.

ARTÉMIRE.
Cessez de me parler de ce triste hyménée ;
Le flambeau s'en éteint ; ma course est terminée.
Cassandre me punit de ce malheureux choix,
Et je vous parle ici pour la dernière fois.
Ciel ! qui lis dans mon cœur, et qui vois mes alarmes,
Protége Philotas, et pardonne à mes larmes.
Du trépas que j'attends les pressantes horreurs
A mes yeux attendris n'arrachent point ces pleurs :
Seigneur, ils n'ont coulé qu'en vous voyant paraître ;
J'en atteste les dieux, qu'ils offensent peut-être.
Mon cœur, depuis longtemps ouvert aux déplaisirs,
N'a connu que pour vous l'usage des soupirs.
Je vous aimai toujours.... Cette fatale flamme
Dans les bras de Cassandre a dévoré mon âme :
Aux portes du tombeau je puis vous l'avouer.
C'est un crime, peut-être, et je vais l'expier.
Hélas ! en vous voyant, vers vous seul entraînée,
Je mérite la mort où je suis condamnée.

PHILOTAS.
. . . . . . . . . . . . . . . . . . . . . . . . . . . . .
Quel crime ai-je commis ? quelle erreur obstinée....?

ARTÉMIRE.
Vous apprendrez trop tôt quelle est ma destinée.
Adieu, prince.

SCÈNE III. — PALLANTE, ARTÉMIRE, CÉPHISE.

(Pallante revient, et surprend Philotas avec Artémire. Philotas sort
en bravant ce favori, qui presse Artémire d'accepter sa main pour
sauver sa vie : elle la refuse.)

PALLANTE.
. . . . . . . . . . . . . . . . . . . . . . . . . . . . .
... Je veux que vous-même ordonniez de son sort.

ARTÉMIRE.
Le mien est dans tes bras, et tu vois ta victime.
Tyran, tu peux frapper, c'est bien assez d'un crime

### ACTE II, SCÈNE III.

PALLANTE.

. . . . Toujours à la mort vous aurez donc recours ?

ARTÉMIRE.

La mort est préférable à ton lâche secours ;
Achève, et de ton roi remplis l'ordre funeste.

PALLANTE.

. . . . . . . . . . . . . . . . . . . . . . . . . .
Et je vois malgré vous d'où partent vos refus.

ARTÉMIRE.

Que peux-tu soupçonner, lâche ? que peux-tu croire ?
Tranche mes tristes jours, mais respecte ma gloire.
. . . . . . . . . . . . . . . . . . . . . . . . . .
Aussi bien n'attends pas que je puisse jamais
Racheter cette vie au prix de tes forfaits.
Mes yeux, que sur ta rage un faible jour éclaire,
Commencent à percer cet horrible mystère.
Tu n'as pu d'aujourd'hui tramer tes attentats ;
Pour tant de politique un jour ne suffit pas.
Tu t'attendais sans doute à l'ordre de ton maître ;
Je te dirai bien plus, tu l'as dicté peut-être.
Si tu peux t'étonner de mes justes soupçons,
Tes crimes sont connus, ce sont là mes raisons.
C'est toi dont les conseils et dont la calomnie
De mon malheureux père ont fait trancher la vie ;
C'est toi qui, de ton prince infâme corrupteur,
Au crime, dès l'enfance, as préparé son cœur ;
C'est toi qui, sur son trône appelant l'injustice,
L'as conduit par degrés au bord du précipice.
Il était né peut-être et juste et généreux ;
Peut-être sans Pallante il serait vertueux !
Puisse le ciel enfin, trop lent dans sa justice,
A la Grèce opprimée accorder ton supplice !
Puisse dans l'avenir ta mort épouvanter
Les ministres des rois qui pourraient t'imiter !
Dans cet espoir heureux, traître, je vais attendre
Et l'effet de ta rage, et l'arrêt de Cassandre ;
Et la voix de mon sang, s'élevant vers les cieux,
Ira pour ton supplice importuner les dieux.

(Elle sort.)

## ACTE TROISIÈME.

### SCÈNE I. — ARTÉMIRE, PHILOTAS.

ARTÉMIRE.

Je vous l'ai dit, il m'aime, et, maître de mon sort,
Il ne donne à mon choix que le crime ou la mort.
Dans ces extrémités où le destin me livre,
Vous me connaissez trop pour m'ordonner de vivre.

PHILOTAS.

. . . . . . . . . . . . . . . . . . . . . . . . . . . . .
Que peut-être le ciel nous réserve à tous deux.

ARTÉMIRE.

Non, prince; sans retour les dieux m'ent condamnée
Puisqu'à d'autres qu'à vous les cruels m'ont donnée,
Cet amour, autrefois si tranquille et si doux,
Désormais dans Larisse est un crime pour nous.
Je ne puis sans remords vous voir ni vous entendre;
D'un charme trop fatal j'ai peine à me défendre;
Vous aigrissez mes maux, au lieu de les guérir :
Ah! fuyez Artémire, et laissez-la mourir.

PHILOTAS.

O vertu trop cruelle!

ARTÉMIRE.

        O loi trop rigoureuse!

PHILOTAS.

Artémire, vivez!

ARTÉMIRE.

        Et pour qui?... malheureuse!

PHILOTAS.

Si jamais votre cœur partagea mes ennuis....

ARTÉMIRE.

Je vous aime, et je meurs : c'est tout ce que je puis.

PHILOTAS.

Au nom de cette amour que les dieux ont trahie,...

ARTÉMIRE.

Mon amour est un crime; il faut que je l'expie

PHILOTAS.

. . . . . . . . . . . . . . . . . . . . . . . . . . . . .
Vous êtes sa complice, et voilà votre crime.

ARTÉMIRE.

Les droits qu'il a sur moi....

PHILOTAS.

        Tous ses droits sont perdus.

ARTÉMIRE.

Je suis soumise à lui.

ACTE III, SCÈNE I.

PHILOTAS.
Non, vous ne l'êtes plus.
ARTÉMIRE.
Les dieux nous ont unis.
PHILOTAS.
Son crime vous dégage.
ARTÉMIRE.
De l'univers surpris quel sera le langage?
Quelle honte! seigneur, et quel affront nouveau.
Si fuyant un époux................
PHILOTAS.
. . . . . . . . . . . . . . . . . . . . . . . . . . . .
Je vous vais de la mort apprendre le chemin.
ARTÉMIRE.
N'ajoutez point, cruel, au malheur qui me presse;
Mon cœur vous est connu, vous savez ma faiblesse;
Prince, daignez la plaindre, et n'en point abuser.
Voyez à quels affronts vous voulez m'exposer;
Peut-être on ne sait point les malheurs que j'évite;
Sans en savoir la cause on apprendra ma fuite :
« Elle aime, dira-t-on, et son égarement
Lui fait fuir un époux dans les bras d'un amant. »
Non, vous ne voulez pas que ma gloire ternie....
PHILOTAS.
. . . . . . . . . . . . . . . . . . . . . . . . . . . .
J'irai traîner ailleurs un destin déplorable.
ARTÉMIRE.
Le pourrez-vous, seigneur?
PHILOTAS.
. . . . . . . . . . . . . . . .
Ne vous rendez-vous pas à ma juste prière?
ARTÉMIRE.
Cruel! avec plaisir je quittais la lumière,
Je détestais la vie, et déjà ma douleur
Du barbare Pallante accusait la lenteur,
Faut-il que, combattant une si juste envie,
Vos discours, malgré moi, me rendent à la vie?
Et que ferai-je, ô ciel! en des climats plus doux,
De ces jours malheureux qui ne sont pas pour vous?
PHILOTAS.
. . . . . . . . . . . . . . . . . . . . . . . . . . . .
Venez, allons, madame.
ARTÉMIRE.
Où, seigneur? en quels lieux?
Contre mes ennemis qui pourra me défendre?
Où serai-je à l'abri des fureurs de Cassandre?

PHILOTAS.
. . . . Daignez me suivre, et vous laissez conduire.
ARTÉMIRE.
A quelle extrémité voulez-vous me réduire ?

SCÈNE II. — ARTÉMIRE, PHILOTAS, CÉPHISE,
UN MESSAGER.
. . . . . . . . . . . . . . . . . . . . . . . . . . . .
LE MESSAGER.
. . . Madame....
ARTÉMIRE.
Eh bien ?
LE MESSAGER.
Cassandre....
ARTÉMIRE.
Mon époux !
LE MESSAGER.
Cassandre en ce palais arrive dans une heure.
(Le messager sort.)
ARTÉMIRE, à Philotas.
Enfin, vous le voyez, il est temps que je meure ;
Contre tous vos desseins le ciel s'est déclaré.
PHILOTAS.
. . . . . . . . . . . . . . . . . . . . . . . . . . . .
. . . . Croyez-moi, ménageons ces instants.
ARTÉMIRE.
Quoi ! vous voulez. . . . . . . . . . . . . . . .
PHILOTAS.
. . . . . . . . . . Vous n'avez plus d'asile !...
ARTÉMIRE.
Que dites-vous, seigneur ? c'est trop nous attendrir ;
Le destin veut ma perte, il lui faut obéir
Adieu. Songez à vous ; quittez un lieu funeste
Que la fureur habite, et que le ciel déteste
Vous prétendez en vain m'arracher au trépas ;
Vous vous perdez, seigneur, et ne me sauvez pas
A nos tyrans communs dérobons une proie ;
Laissez-moi dans la tombe emporter cette joie
Mon âme chez les morts descendra sans effroi.
Si Philotas peut vivre, et vivre heureux sans moi
PHILOTAS.
. . . . . . . . . . . . . . . . . . . . . . . . . . . .
. . . Ah dieux ! c'est Pallante lui-même.
ARTÉMIRE.
. . . . . . . . . . . . . . . . . . . . . . . . . . . .
Suivez de ce palais les détours écartés ;
Allez.... et nous, rentrons. . . . . . .

SCÈNE III. — PALLANTE, ARTÉMIRE, CÉPHISE.

(Pallante retient la reine, et lui signifie l'ordre de sa mort.)

PALLANTE.
. . . . . . . . . . .
. . . . . . . . . . . . C'est à vous de choisir
Du fer ou du poison que je viens vous offrir.
ARTÉMIRE.
Mon espérance, enfin, n'a point été trompée ;
Mes destins sont remplis : donnez-moi cette épée ;
Le trépas le plus prompt est pour moi le plus doux.
Donnez, donnez.

SCÈNE IV. — PALLANTE, ARTÉMIRE, CÉPHISE, HIPPARQUE.

HIPPARQUE.
Madame, ah dieux ! que faites-vous ?
Arrêtez.
ARTÉMIRE.
J'obéis aux lois de votre maître.
HIPPARQUE.
(Il apprend à la reine que Cassandre a révoqué ses ordres sanguinaires.)
. . . Je vais combler tout ce peuple de joie.
ARTÉMIRE.
Reportez donc ce fer au roi qui vous envoie :
Le cœur de son épouse à ses lois est soumis ;
Le roi veut que je vive, Hipparque, j'obéis.
S'il est las sur mon front de voir le diadème,
S'il veut encor mon sang, j'obéirai de même.
(Elle sort.)

(Dans la scène suivante, Pallante, loin de renoncer à ses projets criminels, les embrasse avec plus d'ardeur, et cherche de nouveaux moyens pour les accomplir. On croit que c'est ici qu'il disait :)

Dieux puissants ! secondez la fureur qui m'anime,
Et ne me punissez du moins qu'après mon crime

## ACTE QUATRIÈME.

(Dans les premières scènes, Pallante trompe Cassandre par une nouvelle imposture, en lui persuadant qu'il avait découvert une intelligence criminelle entre la reine et Ménas, et qu'il vient de poignarder celui-ci, l'ayant surpris chez la reine. Cassandre reprend toute sa fureur.)

### SCÈNE III. — CASSANDRE.

. . . Que pour sa mort aujourd'hui tout soit prêt.
. . . . . . . . . . . Et vous, allez m'attendre.

### SCÈNE IV. — CASSANDRE, ARTÉMIRE, CÉPHISE.

ARTÉMIRE.
Où suis-je? où vais-je? ô dieux! je me meurs, je le voi.
CÉPHISE.
Avançons.
ARTÉMIRE.
Ciel!
CASSANDRE.
Eh bien! que voulez-vous de moi?
CÉPHISE.
Dieux justes, protégez une reine innocente!
ARTÉMIRE.
Vous me voyez, seigneur, interdite et mourante :
Je n'ose jusqu'à vous lever un œil tremblant,
Et ma timide voix expire en vous parlant.
CASSANDRE.
Levez-vous, et quittez ces indignes alarmes.
ARTÉMIRE.
Hélas! je ne viens point par d'impuissantes larmes,
Craignant votre justice, et fuyant le trépas,
Mendier un pardon que je n'obtiendrais pas.
La mort à mes regards s'est déjà présentée ;
Tranquille et sans regret je l'aurais acceptée :
Faut-il que votre haine, ardente à me sauver,
Pour un sort plus affreux m'ait voulu réserver?
N'était-ce pas assez de me joindre à mon père?
Au delà de la mort étend-on sa colère?
Écoutez-moi du moins, et souffrez à vos pieds
Ce malheureux objet de tant d'inimitiés.
Seigneur, au nom des dieux que le parjure offense,
Par le ciel qui m'entend, qui sait mon innocence,
Par votre gloire enfin que j'ose en conjurer,
Donnez-moi le trépas sans me déshonorer!

CASSANDRE.

N'en accusez que vous, quand je vous rends justice;
La honte est dans le crime, et non dans le supplice.
Levez-vous, et quittez un entretien fâcheux
Qui redouble ma honte et nous pèse à tous deux.
Voilà donc le secret dont vous vouliez m'instruire?

ARTÉMIRE.

Eh! que me servira, seigneur, de vous le dire?
J'ignore, en vous parlant, si la main qui me perd
Dans ce moment affreux vous trahit ou vous sert;
J'ignore si vous-même, en proscrivant ma vie,
N'avez point de Pallante armé la calomnie.
Hélas! après deux ans de haine et de malheurs,
Souffrez quelques soupçons qu'excusent vos rigueurs;
Mon cœur même en secret refuse de les croire :
Vous me déshonorez, et j'aime votre gloire;
Je ne confondrai point Pallante et mon époux,
Je vous respecte encore, en mourant par vos coups.
Je vous plains d'écouter le monstre qui m'accuse;
Et quand vous m'opprimez, c'est moi qui vous excuse;
Mais si vous appreniez que Pallante aujourd'hui
M'offrait contre vous-même un criminel appui,
Que Ménas à mes pieds, craignant votre justice,
D'un heureux scélérat infortuné complice,
Au nom de ce perfide implorait.... Mais hélas!
Vous détournez les yeux, et ne m'écoutez pas.

CASSANDRE.

Non, je n'écoute point vos lâches impostures;
Cessez, n'empruntez point le secours des parjures :
C'est bien assez pour moi de tous vos attentats;
Par de nouveaux forfaits ne les défendez pas.
Aussi bien c'en est fait, votre perte est certaine,
Toute plainte est frivole, et toute excuse est vaine.

ARTÉMIRE.

Hélas! voilà mon cœur, il ne craint point vos coups;
Faites couler mon sang; barbare, il est à vous.
Mais l'hymen dont le nœud nous unit l'un à l'autre,
Tout malheureux qu'il est, joint mon honneur au vôtre :
Pourquoi d'un tel affront voulez-vous vous couvrir?
Laissez-moi chez les morts descendre sans rougir.
Croyez que pour Ménas une flamme adultère....

CASSANDRE.

Si Ménas m'a trahi, Ménas a dû vous plaire.
Votre cœur m'est connu mieux que vous ne pensez;
Ce n'est pas d'aujourd'hui que vous me haïssez.

ARTÉMIRE.

Eh bien! connaissez donc mon âme tout entière:

Ne cherchez point ailleurs une triste lumière :
De tous mes attentats je vais vous informer.
Oui, Cassandre, il est vrai, je n'ai pu vous aimer ;
Je vous le dis sans crainte, et cet aveu sincère
Doit peu vous étonner, et doit peu vous déplaire.
Et quel droit, en effet, aviez-vous sur un cœur
Qui ne voyait en vous que son persécuteur,
Vous qui, de tous les miens ennemi sanguinaire,
Avez jusqu'en mes bras assassiné mon père ;
Vous que je n'ai jamais abordé sans effroi ;
Vous dont j'ai vu le bras toujours levé sur moi ;
Vous, tyran soupçonneux, dont l'affreuse injustice
M'a conduite au trépas de supplice en supplice !
Je n'ai jamais de vous reçu d'autres bienfaits,
Vous le savez, Cassandre ; apprenez mes forfaits :
Avant qu'un nœud fatal à vos lois m'eût soumise,
Pour un autre que vous mon âme était éprise :
J'étouffai dans vos bras un amour trop charmant ;
Je le combats encore, et même en ce moment :
Ne vous en flattez point, ce n'est pas pour vous plaire
Vous êtes mon époux, et ma gloire m'est chère,
Mon devoir me suffit ; et ce cœur innocent
Vous a gardé sa foi, même en vous haïssant.
J'ai fait plus ; ce matin, à la mort condamnée,
J'ai pu briser les nœuds d'un funeste hyménée ;
Je voyais dans mes mains l'empire et votre sort ;
Si j'avais dit un mot, on vous donnait la mort.
Vos peuples indignés allaient me reconnaître,
Tout m'en sollicitait ; je l'aurais dû peut-être :
Du moins, par votre exemple instruite aux attentats,
J'ai pu rompre des lois que vous ne gardez pas :
J'ai voulu cependant respecter votre vie.
Je n'ai considéré ni votre barbarie,
Ni mes périls présents, ni mes malheurs passés ;
J'ai sauvé mon époux : vous vivez, c'est assez.
Le temps, qui perce enfin la nuit la plus obscure,
Peut-être éclaircira cette horrible aventure ;
Et vos yeux, recevant une triste clarté,
Verront trop tard un jour luire la vérité.
Vous connaîtrez alors le crime que vous faites ;
Et vous en frémirez, tout tyran que vous êtes.

CASSANDRE.
. . . . . . . . . . . . . . . . . . . . . .
Vos crimes sont égaux, périssez comme lui.

ARTÉMIRE.
Enfin, c'en est donc fait ; ma honte est résolue.

ACTE IV, SCÈNE IV.

CASSANDRE.
Votre honte est trop juste, et vous l'avez voulue.
ARTÉMIRE.
Que du moins à mes yeux Pallante ose s'offrir.
(Cassandre se retire sans plus rien écouter.)

SCÈNE V. — ARTÉMIRE, CÉPHISE.

CÉPHISE.
. . . . . . . . . . . . . . . . . . . . . . . . . . . .
Sait punir les forfaits et venger l'innocence.
ARTÉMIRE.
Avec quel artifice, avec quelles noirceurs
Pallante a su tramer ce long tissu d'horreurs!
Non, je ne reviens point de ma surprise extrême.
Quoi! Ménas à mes yeux massacré par lui-même.
Vingt conjurés mourants qui n'accusent que moi!
Ah! c'en est trop, Céphise, et je pardonne au roi.
Hélas! le roi, séduit par ce lâche artifice,
Semble me condamner lui-même avec justice.
CÉPHISE.
Implorez Philotas, à qui votre vertu
Dès longtemps....
ARTÉMIRE.
Justes dieux! quel nom prononces-tu?
Hélas! voilà le comble à mon sort déplorable;
Philotas m'abandonne, et fuit une coupable;
Il déteste sa flamme et mes faibles attraits,
Et pour moi tous les cœurs sont fermés désormais.
CÉPHISE.
Pouvez-vous soupçonner qu'un cœur qui vous adore....
ARTÉMIRE.
Si Philotas m'aimait, s'il m'estimait encore,
Il me verrait, Céphise, au péril de ses jours:
De ma triste retraite il connaît les détours;
L'amour l'y conduirait, il viendrait m'y défendre;
Il viendrait y braver le courroux de Cassandre.
Je ne demande point ces preuves de sa foi:
Qu'il me croie innocente, et c'est assez pour moi.
CÉPHISE.
Ah! madame, souffrez que je coure lui dire....
ARTÉMIRE.
Va, ma chère Céphise; et, devant que j'expire,
Dis-lui, s'il en est temps, qu'il ose encor me voir:
Peins-lui mes sentiments, peins-lui mon désespoir.
Si son cœur obstiné refuse ta prière,
S'il refuse à mes pleurs cette grâce dernière,

Retourne, sans tarder, dans ces funestes lieux,
Tu recevras mon âme et mes derniers adieux.
Conserve après ma mort une amitié si tendre;
Dans tes fidèles mains daigne amasser ma cendre;
Remets à Philotas ces restes malheureux,
Seuls gages d'un amour trop fatal à tous deux.
Éclaircis à ses yeux ma douloureuse histoire;
Peut-être après ma mort il pourra mieux t'en croire.
Dis-lui que, sans regret descendant chez les morts,
Si j'ai pu dans la tombe emporter des remords,
Combattant en secret le feu qui me dévore,
Je ne me reprochais que de l'aimer encore.

---

## ACTE CINQUIÈME.

### SCÈNE I. — ARTÉMIRE, CÉPHISE.

CÉPHISE.
. . . . . . . . . . . . . . . . . . . . . . . . Philotas
Par des détours secrets arrive sur mes pas.

ARTÉMIRE.
A quel abaissement suis-je donc parvenue!

CÉPHISE.
Madame, le voici.

### SCÈNE II. — ARTÉMIRE, CÉPHISE, PHILOTAS.

ARTÉMIRE.
                Daignez souffrir ma vue;
Seigneur, je vais mourir; le temps est précieux.
Pour la dernière fois tournez vers moi les yeux,
Et m'apprenez du moins si cette infortunée
Au fond de votre cœur est aussi condamnée.

PHILOTAS.
. . . . . . . . . . . . . . . . . . . . . . . .
La honte ou la douleur doit terminer ma vie.

ARTÉMIRE.
Philotas! et c'est vous qui me traitez ainsi?
Mon époux me condamne, et vous, Seigneur, aussi?
Je pardonne à Cassandre une erreur excusable;
Nourri dans les forfaits, il m'en a cru capable;
Il m'avait offensée, il devait me haïr;
Il me cherchait un crime afin de m'en punir :
Mais vous, qui, près de moi soupirant dans l'Épire,
Avez lu tant de fois dans le cœur d'Artémire;

## ACTE V, SCÈNE II.

Vous de qui la vertu mérita tous mes soins ;
Vous qui m'aimiez, hélas ! qui le disiez du moins ;
C'est vous qui, redoublant ma honte et mon injure,
Du monstre qui m'accuse écoutez l'imposture ?
Barbare ! vos soupçons manquaient à mon malheur.
Ah ! lorsque de Pallante éprouvant la fureur,
Combattant malgré moi ma flamme et vos alarmes,
Mon cœur désespéré résistait à vos larmes,
Et, trop faible en effet contre un charme si doux,
Cherchait dans le trépas des armes contre vous,
Hélas ! qui m'aurait dit que dans cette journée
Ma vertu par vous-même eût été soupçonnée ?
J'ai cru mieux vous connaître, et n'ai pas dû penser
Qu'entre Pallante et moi vous pussiez balancer.
Pardonnez-moi, grands dieux, qui m'avez condamnée !
De l'univers entier je meurs abandonnée ;
Ma mort, dans le tombeau cachant la vérité,
Fera passer ma honte à la postérité.
Toutefois, dans l'horreur d'un si cruel supplice,
Si du moins Philotas m'avait rendu justice,
S'il pouvait m'estimer et me plaindre en secret,
Je sens que je mourrais avec moins de regret.

### PHILOTAS.

. . . . . . . . . . . . . . . . . . . . . . . . . .
Quel droit un malheureux avait-il sur votre âme ?
Comment....

### ARTÉMIRE.

Ah ! si mon cœur s'est pu laisser toucher,
S'il a quelque penchant que j'en doive arracher,
Vous ne savez que trop pour qui, plein de tendresse,
Ce cœur a jusqu'ici combattu sa faiblesse.
J'ai peut-être offensé les dieux et mon époux ;
Mais si je fus coupable, ingrat, c'était pour vous.

### PHILOTAS.

. . . . . . . . . . . . . . . . . . . . . . . . . .
Courons à vos tyrans.

### ARTÉMIRE.

Non, demeurez, seigneur.
J'aime mieux vos regrets qu'une audace inutile ;
Innocente à vos yeux, je périrai tranquille ;
Et le sort qui m'attend pourra me sembler doux,
Puisqu'il me punira de n'être point à vous.
Adieu : le temps approche où l'on veut que j'expire ;
Adieu. N'oubliez point l'innocente Artémire :
Que son nom vous soit cher ; elle l'a mérité :
A son honneur flétri rendez la pureté,
Et que, malgré l'horreur d'une tache si noire,

Vos larmes quelquefois honorent sa mémoire

PHILOTAS.

. . . . . . . . . . . . . . . . le parti qui vous reste,
Et j'y cours.

ARTÉMIRE.

Arrêtez. Ah! désespoir funeste!
De quel malheur nouveau me va-t-il accabler?
Céphise, il valait mieux mourir sans lui parler,
Et.... Mais quelle pâleur sur ton front répandue!

CÉPHISE.

. . . . . . . . . . . . . . . . . . . . . . . . . . . .
. . . . Ce monstre encor se présente à vos yeux

ARTÉMIRE.

Céphise, il vient jouir du succès de son crime;
Dans les bras de la mort il vient voir sa victime;
C'est peu de mon trépas, s'il n'en repaît ses yeux.
Allons, et remettons notre vengeance aux dieux.

### SCÈNE VII. — ARTÉMIRE, CÉPHISE, UN GARDE

LE GARDE.

. . . . . . . . . . . . . . . . . . . . . . . . . .
Il examine, il doute, et ses yeux vont s'ouvrir.

ARTÉMIRE.

Dieux, dont la main sur moi sans cesse appesantie
Me promène à son gré de la mort à la vie,
Dieux puissants, sur moi seule étendez votre bras!
Rendez-moi mon supplice, et sauvez Philotas;
Éteignez dans mon sang une ardeur infidèle:
Plus son péril est grand, plus je suis criminelle.
Viens, Cassandre, il est temps; viens, frappe, venge-toi.
Je te pardonne tout, et n'immole que moi.
Ah! le fer trop longtemps est levé sur ma tête!
Je souffre à chaque instant la mort que l'on m'apprête.
Qu'ils viennent!

### SCÈNE VIII. — ARTÉMIRE, CÉPHISE, PHILOTAS.

ARTÉMIRE.

Mais quel dieu vous redonne à mes vœux?
Vous vivez!

PHILOTAS.

C'en est fait, il faut périr tous deux.

ARTÉMIRE.

Vous!

PHILOTAS.

. . . . . . . . .     . . . . . . . . . . . . . . . . . . .
Nous venons vous défendre, et périr à vos pieds

ARTÉMIRE.
Ah! si quelque pitié pour moi vous intéresse....
PHILOTAS.
Hélas! à mes fureurs connaissez ma tendresse.
ARTÉMIRE.
A des périls certains cessez de vous offrir.
Que pouvez-vous pour moi, prince?
PHILOTAS.
Je puis mourir.
ARTÉMIRE.
Ciel! de quels cris affreux ces voûtes retentissent!
Je ne me connais plus; mes genoux s'affaiblissent.
Seigneur, au nom des dieux....

SCÈNE IX. — LES MÊMES, UN ENVOYÉ.

L'ENVOYÉ.
. . . . . . . . . . . . . . . . . . . . . . . . . .
Va succéder peut-être à tant d'inimitié.
ARTÉMIRE.
Qu'entends-je!
L'ENVOYÉ.
. . . . . . . . . . Et votre époux expire.
ARTÉMIRE.
Lui! mon époux!...
PHILOTAS.
. . . . . . . . . . . . . . . . . . . . . . . . . .
Et ce n'est pas à moi d'en être le témoin.
( Il sort. )
ARTÉMIRE.
Dieux! puis-je soutenir ces funestes approches!
Hélas! son sang versé me fait trop de reproches.

SCÈNE DERNIÈRE. — ARTÉMIRE, CÉPHISE, CASSANDRE.

(Cassandre, blessé dans un combat, est amené presque mourant sur la scène.)
CASSANDRE.
. . . . . . . . . . . . . . . . . . . . . . . . . .
Tous les rois sont trompés. Séduit par l'imposture,
J'ai longtemps soupçonné la vertu la plus pure.
A présent, mais trop tard, mes yeux se sont ouverts;
Je vous connais, enfin, madame, et je vous perds.
. . . . . . . . . . . . . . . . . . . . . . . . . .
. . . Et je reçois le prix de mes forfaits.

ARTÉMIRE.

Ah! seigneur, puisque enfin la vertu vous est chère,
Vivez, daignez jouir du jour qui vous éclaire.
Malgré vos cruautés je suis encore à vous ;
Vos remords vertueux m'ont rendu mon époux.
Vivez pour effacer les crimes de Pallante ;
Vivez pour protéger une épouse innocente ;
Ne perdez point de temps, souffrez qu'un prompt secours.

(Cassandre expire après avoir pardonné à Philotas et rendu justice à la reine.)

FIN DES FRAGMENTS D'ARTÉMIRE.

# MARIAMNE.

## TRAGÉDIE EN CINQ ACTES.

(6 mars 1724.)

.......... *Æstuat ingens*
*Imo in corde pudor, mixtoque insania luctu,*
*Et furiis agitatus amor,* etc.
Virg., Æn., X, 871-73.

### PRÉFACE

Il serait utile qu'on abolît la coutume que plusieurs personnes ont prise, depuis quelques années, de transcrire pendant les représentations les pièces de théâtre, bonnes ou mauvaises, qui ont quelque apparence de succès. Cette précipitation répand dans le public des copies défectueuses des pièces nouvelles, et expose les auteurs à voir leurs ouvrages imprimés sans leur consentement, et avant qu'ils y aient mis la dernière main : voilà le cas où je me trouve. Il vient de paraître coup sur coup trois nouvelles éditions de ma tragédie de *Mariamne*, l'une à Amsterdam, chez Changuion, et les deux autres sans nom d'imprimeur. Toutes trois sont pleines de tant de fautes, que mon ouvrage y est entièrement méconnaissable. Ainsi je me vois forcé de donner moi-même une édition de *Mariamne*, où du moins il n'y ait de fautes que les miennes; et cette nécessité où je suis d'imprimer ma tragédie avant le temps que je m'étais prescrit pour la corriger, me servirait d'excuse aux fautes qui sont dans cet ouvrage, si des défauts pouvaient jamais être excusés.

La destinée de cette pièce a été extraordinaire. Elle fut jouée pour la première fois en 1724, au mois de mars, et fut si mal reçue, qu'à peine put-elle être achevée. Elle fut rejouée avec quelques changements en 1725, au mois de mai, et fut reçue alors avec une extrême indulgence.

J'avoue avec sincérité qu'elle méritait le mauvais accueil que lui fit d'abord le public; et je supplie qu'on me permette d'entrer sur cela dans un détail qui peut-être ne sera pas inutile à ceux qui voudront courir la carrière épineuse du théâtre, où j'ai le malheur de m'être engagé. Ils verront les écueils où j'ai échoué : ce n'est que par là que je puis leur être utile.

Une des premières règles est de peindre les héros connus tels qu'ils ont été, ou plutôt tels que le public les imagine; car il est bien plus aisé de mener les hommes par les idées qu'ils ont, qu'on voudrait leur en donner de nouvelles.

*Sit Medea ferox invictaque, flebilis Ino,*
*Perfidus Ixion, Io vaga, tristis Orestes,* etc.
(Hor., *Art poét.*, 123-4.)

Fondé sur ces principes, et entraîné par la complaisance respectueuse que j'ai toujours eue pour des personnes qui m'honorent de leur amitié et de leurs conseils, je résolus de m'assujettir entièrement à l'idée que les hommes ont depuis longtemps de Mariamne et d'Hérode, et je ne songeai qu'à les peindre fidèlement d'après le portrait que chacun s'en est fait dans son imagination.

Ainsi Hérode parut, dans cette pièce, cruel et politique; tyran de ses sujets, de sa famille, de sa femme; plein d'amour pour Mariamne, mais plein d'un amour barbare qui ne lui inspirait pas le moindre repentir de ses fureurs. Je ne donnai à Mariamne d'autres sentiments qu'un orgueil imprudent, et qu'une haine inflexible pour son mari. Et enfin, dans la vue de me conformer aux opinions reçues, je ménageai une entrevue entre Hérode et Varus[1], dans laquelle je fis parler ce préteur avec la hauteur qu'on s'imagine que les Romains affectaient avec les rois.

Qu'arriva-t-il de tout cet arrangement? Mariamne intraitable n'intéressa point; Hérode, n'étant que criminel, révolta; et son entretien avec Varus le rendit méprisable. J'étais à la première représentation: je m'aperçus, dès le moment où Hérode parut, qu'il était impossible que la pièce eût du succès; et que je m'étais égaré en marchant trop timidement dans la route ordinaire.

Je sentis qu'il est des occasions où la première règle est de s'écarter des règles prescrites; et que (comme le dit M. Pascal sur un sujet plus sérieux) les vérités se succèdent du pour au contre à mesure qu'on a plus de lumières.

Il est vrai qu'il faut peindre les héros tels qu'ils ont été; mais il est encore plus vrai qu'il faut adoucir les caractères désagréables; qu'il faut songer au public pour qui l'on écrit, encore plus qu'aux héros que l'on fait paraître; et qu'on doit imiter les peintres habiles, qui embellissent en conservant la ressemblance.

Pour qu'Hérode ressemblât, il était nécessaire qu'il excitât l'indignation; mais, pour plaire, il devait émouvoir la pitié. Il fallait que l'on détestât ses crimes, que l'on plaignît sa prison, qu'on aimât ses remords; et que ces mouvements si violents, si subits, si contraires, qui font le caractère d'Hérode, passassent rapidement tour à tour dans l'âme du spectateur.

Si l'on veut suivre l'histoire, Mariamne doit haïr Hérode et l'accabler de reproches; mais, si l'on veut que Mariamne intéresse, ses reproches doivent faire espérer une réconciliation; sa haine ne doit pas paraître toujours inflexible. Par là, le spectateur est attendri, et l'histoire n'est point entièrement démentie.

Enfin je crois que Varus ne doit point du tout voir Hérode; et en voici les raisons. S'il parle à ce prince avec hauteur et avec colère, il l'humilie; et il ne faut point avilir un personnage qui doit intéresser. S'il lui parle avec politesse, ce n'est qu'une scène de compliments, qui serait d'autant plus froide, qu'elle serait inutile. Que si Hérode répond en justifiant ses cruautés, il dément la douleur et les remords dont il est pénétré en arrivant; s'il avoue à Varus cette douleur et ce repentir, qu'il ne peut en effet cacher à personne, alors il n'est plus permis au vertueux Varus de contribuer à la fuite de Mariamne, pour laquelle il ne

---

1. L'auteur a depuis remplacé le personnage de Varus par celui de Sohême. (Éd.)

doit plus craindre. De plus, Hérode ne peut faire qu'un très-méchant personnage avec l'amant de sa femme; et il ne faut jamais faire rencontrer ensemble sur la scène des acteurs principaux qui n'ont rien d'intéressant à se dire.

La mort de Mariamne, qui, à la première représentation, était empoisonnée et expirait sur le théâtre, acheva de révolter les spectateurs; soit que le public ne pardonne rien lorsqu'une fois il est mécontent, soit qu'en effet il eût raison de condamner cette invention, qui était une faute contre l'histoire, faute qui, peut-être, n'était rachetée par aucune beauté.

J'aurais pu ne pas me rendre sur ce dernier article, et j'avoue que c'est contre mon goût que j'ai mis la mort de Mariamne en récit au lieu de la mettre en action; mais je n'ai voulu combattre en rien le goût du public: c'est pour lui et non pour moi que j'écris; ce sont ses sentiments et non les miens que je dois suivre.

Cette docilité raisonnable, ces efforts que j'ai faits pour rendre intéressant un sujet qui avait paru si ingrat, m'ont tenu lieu du mérite qui m'a manqué, et ont enfin trouvé grâce devant des juges prévenus contre la pièce. Je ne pense pas que ma tragédie mérite son succès, comme elle avait mérité sa chute. Je ne donne même cette édition qu'en tremblant. Tant d'ouvrages que j'ai vus applaudis au théâtre, et méprisés à la lecture, me font craindre pour le mien le même sort. Une ou deux situations, l'art des acteurs, la docilité que j'ai fait paraître, ont pu m'attirer des suffrages aux représentations; mais il faut un autre mérite pour soutenir le grand jour de l'impression. C'est peu d'une conduite régulière, ce serait peu même d'intéresser. Tout ouvrage en vers, quelque beau qu'il soit d'ailleurs, sera nécessairement ennuyeux, si tous les vers ne sont pas pleins de force et d'harmonie, si l'on n'y trouve pas une élégance continue, si la pièce n'a point ce charme inexprimable de la poésie que le génie seul peut donner, où l'esprit ne saurait jamais atteindre, et sur lequel on raisonne si mal et si inutilement depuis la mort de M. Despréaux.

C'est une erreur bien grossière de s'imaginer que les vers soient la dernière partie d'une pièce de théâtre, et celle qui doit le moins coûter. M. Racine, c'est-à-dire l'homme de la terre qui, après Virgile, a le mieux connu l'art des vers, ne pensait pas ainsi. Deux années entières lui suffirent à peine pour écrire sa *Phèdre*. Pradon se vante d'avoir composé la sienne en moins de trois mois. Comme le succès passager des représentations d'une tragédie ne dépend point du style, mais des acteurs et des situations, il arriva que les deux *Phèdres* semblèrent d'abord avoir une égale destinée; mais l'impression régla bientôt le rang de l'une et de l'autre. Pradon, selon la coutume des mauvais auteurs, eut beau faire une préface insolente, dans laquelle il traitait ses critiques de malhonnêtes gens, sa pièce, tant vantée par sa cabale et par lui, tomba dans le mépris qu'elle mérite; et, sans la *Phèdre* de M. Racine, on ignorerait aujourd'hui que Pradon en a composé une.

Mais d'où vient enfin, cette distance si prodigieuse entre ces deux ouvrages? La conduite en est à peu près la même: Phèdre est mourante dans l'une et dans l'autre. Thésée est absent dans les premiers actes: il passe pour avoir été aux enfers avec Piri-

thoüs. Hippolyte, son fils, veut quitter Trézène; il veut fu
Aricie, qu'il aime. Il déclare sa passion à Aricie, et reçoit av
horreur celle de Phèdre : il meurt du même genre de mort,
son gouverneur fait le récit de sa mort. Il y a plus : les perso
nages des deux pièces, se trouvant dans les mêmes situations
disent presque les mêmes choses; mais c'est là qu'on disting
le grand homme et le mauvais poète. C'est lorsque Racine
Pradon pensent de même qu'ils sont le plus différents. En voi
un exemple bien sensible. Dans la déclaration d'Hippolyte
Aricie, M. Racine fait ainsi parler Hippolyte (acte II, sc. II) :

> Moi qui, contre l'amour fièrement révolté,
> Aux fers de ses captifs ai longtemps insulté;
> Qui, des faibles mortels déplorant les naufrages,
> Pensais toujours du bord contempler les orages;
> Asservi maintenant sous la commune loi,
> Par quel trouble me vois-je emporté loin de moi?
> Un moment a vaincu mon audace imprudente;
> Cette âme si superbe est enfin dépendante.
> Depuis près de six mois, honteux, désespéré,
> Portant partout le trait dont je suis déchiré,
> Contre vous, contre moi, vainement je m'éprouvé
> Présente, je vous fuis; absente, je vous trouve;
> Dans le fond des forêts votre image me suit:
> La lumière du jour, les ombres de la nuit,
> Tout retrace à mes yeux les charmes que j'évite;
> Tout vous livre à l'envi le rebelle Hippolyte.
> Moi-même, pour tout fruit de mes soins superflus,
> Maintenant je me cherche, et ne me trouve plus.
> Mon arc, mes javelots, mon char, tout m'importune
> Je ne me souviens plus des leçons de Neptune;
> Mes seuls gémissements font retentir les bois,
> Et mes coursiers oisifs ont oublié ma voix[1].

Voici comment Hippolyte s'exprime dans Pradon :

> Assez et trop longtemps, d'une bouche profane,
> Je méprisai l'amour et j'adorai Diane.
> Solitaire, farouche, on me voyait toujours
> Chasser dans nos forêts les lions et les ours.
> Mais un soin plus pressant m'occupe et m'embarrasse :
> Depuis que je vous vois, j'abandonne la chasse;
> Elle fit autrefois mes plaisirs les plus doux.
> Et quand j'y vais, ce n'est que pour penser à vous.

On ne saurait lire ces deux pièces de comparaison sans admi
l'une et sans rire de l'autre. C'est pourtant dans toutes les deu
même fonds de sentiment et de pensées : car, quand il s'agit
faire parler les passions, tous les hommes ont presque les mêm
idées; mais la façon de les exprimer distingue l'homme d'esp
d'avec celui qui n'en a point, l'homme de génie d'avec celui
n'a que de l'esprit, et le poëte d'avec celui qui veut l'être.
Pour parvenir à écrire comme M. Racine, il faudrait avoir
génie, et polir autant que lui ses ouvrages. Quelle défiance

---

1. Œuvres complètes de Racine, édit. Lahure, t. I, p. 476, 477. (

## PRÉFACE.

...ais-je donc point avoir, moi qui, né avec des talents si faibles, et accablé par des maladies continuelles, n'ai ni le don de bien imaginer, ni la liberté de corriger, par un travail assidu, les défauts de mes ouvrages ? Je sens avec déplaisir toutes les fautes qui sont dans la contexture de cette pièce, aussi bien que dans la diction. J'en aurais corrigé quelques-unes, si j'avais pu retarder cette édition ; mais j'en aurais encore laissé beaucoup. Dans tous les arts, il y a un terme par delà lequel on ne peut plus avancer. On est resserré dans les bornes de son talent ; on voit la perfection au delà de soi, et on fait des efforts impuissants pour y atteindre.

Je ne ferai point une critique détaillée de cette pièce : les lecteurs la feront assez sans moi. Mais je crois qu'il est nécessaire que je parle ici d'une critique générale qu'on a faite sur le choix du sujet de *Mariamne*. Comme le génie des Français est de saisir vivement le côté ridicule des choses les plus sérieuses, on disait que le sujet de *Mariamne* n'était autre chose qu'un vieux mari amoureux et brutal, à qui sa femme *refuse avec aigreur le devoir conjugal* ; et on ajoutait qu'une querelle de ménage ne pouvait jamais faire une tragédie. Je supplie qu'on fasse avec moi quelques réflexions sur ce préjugé.

Les pièces tragiques sont fondées, ou sur les intérêts de toute une nation, ou sur les intérêts particuliers de quelques princes. De ce premier genre sont l'*Iphigénie en Aulide*, où la Grèce assemblée demande le sang de la fille d'Agamemnon ; *les Horaces*, où trois combattants ont entre les mains le sort de Rome ; l'*Œdipe*, où le salut des Thébains dépend de la découverte du meurtrier de Laïus. Du second genre sont *Britannicus*, *Phèdre*, *Mithridate*, etc.

Dans ces trois dernières, tout l'intérêt est renfermé dans la famille du héros de la pièce ; tout roule sur des passions que des bourgeois ressentent comme les princes ; et l'intrigue de ces ouvrages est aussi propre à la comédie qu'à la tragédie. Otez les noms, Mithridate n'est qu'un vieillard amoureux d'une jeune fille : ses deux fils en sont amoureux aussi ; et il se sert d'une ruse assez basse pour découvrir celui des deux qui est aimé. Phèdre est une belle-mère qui, enhardie par une intrigante, fait des propositions à son beau-fils, lequel est occupé ailleurs. Néron est un jeune homme impétueux qui devient amoureux tout d'un coup, qui dans le moment veut se séparer d'avec sa femme, et qui se cache derrière une tapisserie pour écouter les discours de sa maîtresse. Voilà des sujets que Molière a pu traiter comme Racine : aussi l'intrigue de l'*Avare* est-elle précisément la même que celle de *Mithridate*. Harpagon et le roi de Pont sont deux vieillards amoureux : l'un et l'autre ont leur fils pour rival ; l'un et l'autre se servent du même artifice pour découvrir l'intelligence qui est entre leur fils et leur maîtresse ; et les deux pièces finissent par le mariage du jeune homme.

Molière et Racine ont également réussi en traitant ces deux intrigues : l'un a amusé, a réjoui, a fait rire les honnêtes gens ; l'autre a attendri, a effrayé, a fait verser des larmes. Molière a joué l'amour ridicule d'un vieil avare ; Racine a représenté les faiblesses d'un grand roi, et les a rendues respectables.

Que l'on donne une noce à peindre à Watteau et à Le Brun :

l'un représentera, sous une treille, des paysans pleins d'une joie naïve, grossière et effrénée, autour d'une table rustique, où l'ivresse, l'emportement, la débauche, le rire immodéré, régneront; l'autre peindra les noces de Thétis et de Pélée, les festins des dieux, leur joie majestueuse : et tous deux seront arrivés à la perfection de leur art par des chemins différents.

On peut appliquer tous ces exemples à *Mariamne*. La mauvaise humeur d'une femme, l'amour d'un vieux mari, les tracasseries d'une belle-sœur, sont de petits objets, comiques par eux-mêmes; mais un roi à qui la terre a donné le nom de *Grand*, éperdument amoureux de la plus belle femme de l'univers; la passion furieuse de ce roi si fameux par ses vertus et par ses crimes; ses cruautés passées, ses remords présents; ce passage si continuel et si rapide de l'amour à la haine et de la haine à l'amour; l'ambition de sa sœur, les intrigues de ses ministres; la situation cruelle d'une princesse dont la vertu et la bonté sont célèbres encore dans le monde, qui avait vu son père et son frère livrés à la mort par son mari, et qui, pour comble de douleur, se voyait aimée du meurtrier de sa famille : quel champ! quelle carrière pour un autre génie que le mien! Peut-on dire qu'un tel sujet soit indigne de la tragédie? C'est là surtout que,

Selon ce qu'on peut être,
Les choses changent de nom [1].

[1]. On lisait à la suite de cette préface, dans l'édition de 1725 :

« Je souhaite sincèrement que le même auteur* qui va donner une nouvelle tragédie d'*Œdipe* retouche aussi le sujet de *Mariamne*. Il fera voir au public quelles ressources un génie fécond peut trouver dans ces deux grands sujets. Ce qu'il fera m'apprendra ce que j'aurais dû faire. Il commencera où je finis. Ses succès me seront chers, parce qu'ils seront pour moi des leçons, et parce que je préfère la perfection de mon art à ma réputation.

« Je profite de l'occasion de cette préface pour avertir que le poëme de la *Ligue*, que j'ai promis, n'est point celui dont on a plusieurs éditions, et qu'on débite sous mon nom. Surtout je désavoue celui qui est imprimé à Amsterdam, chez Jean-Frédéric Bernard, en 1724. On y a ajouté beaucoup de pièces fugitives dont la plupart ne sont point de moi; et le petit nombre de celles qui m'appartiennent y est entièrement défiguré.

« Je suis dans la résolution de satisfaire le plus promptement qu'il me sera possible aux engagements que j'ai pris avec le public pour l'édition de ce poëme. J'ai fait graver, avec beaucoup de soin, des estampes très-belles sur les desseins de MM. de Troye, Le Moine et Veughe; mais la perfection d'un poëme demande plus de temps que celle d'un tableau. Toutes les fois que je considère ce fardeau pénible que je me suis imposé moi-même, je suis effrayé de sa pesanteur, et je me repens d'avoir osé promettre un poëme épique. Il y a environ quatre-vingts personnes à Paris qui ont souscrit pour l'édition de cet ouvrage; quelques-uns de ces messieurs ont crié de ce qu'on les faisait attendre. Les libraires n'ont eu autre chose à leur répondre que de leur rendre leur argent, et c'est ce qu'on a fait à bureau ouvert chez Noël Pissot, libraire, à la Croix d'Or, quai des Augustins. À l'égard des gens raisonnables, qui aiment mieux avoir tard un bon ouvrage que d'en avoir de bonne heure un mauvais, ce que j'ai à leur dire, c'est que lorsque je ferai imprimer le poëme de *Henri IV* quelque tard que je le donne, je leur demanderai toujours pardon de l'avoir donné trop tôt. »

*La Motte; mais il ne fit pas cette tragédie. (Éd.)

## PERSONNAGES.

HÉRODE, roi de Palestine.
MARIAMNE, femme d'Hérode.
SALOME, sœur d'Hérode.
SOHÈME, prince de la race des Asmonéens.
MAZAËL,  } ministres d'Hérode.
IDAMAS,
NARBAS, ancien officier des rois asmonéens.
AMMON, confident de Sohême.
ÉLISE, confidente de Mariamne.
UN GARDE D'HÉRODE, parlant.
SUITE D'HÉRODE.
SUITE DE SOHÈME.
UNE SUIVANTE DE MARIAMNE, personnage muet.

La scène est à Jérusalem, dans le palais d'Hérode.

## ACTE PREMIER.

### SCÈNE I. — SALOME, MAZAËL.

MAZAËL.

Oui, cette autorité qu'Hérode vous confie,
Jusques à son retour est du moins affermie.
J'ai volé vers Azor, et repassé soudain
Des champs de Samarie aux sources du Jourdain :
Madame, il était temps que du moins ma présence
Des Hébreux inquiets confondît l'espérance.
Hérode votre frère, à Rome retenu,
Déjà dans ses États n'était plus reconnu.
Le peuple, pour ses rois toujours plein d'injustices,
Hardi dans ses discours, aveugle en ses caprices,
Publiait hautement qu'à Rome condamné
Hérode à l'esclavage était abandonné ;
Et que la reine, assise au rang de ses ancêtres,
Ferait régner sur nous le sang de nos grands prêtres.
Je l'avoue à regret, j'ai vu dans tous les lieux
Mariamne adorée, et son nom précieux ;
La Judée aime encore avec idolâtrie
Le sang de ces héros dont elle tient la vie ;
Sa beauté, sa naissance, et surtout ses malheurs,
D'un peuple qui nous hait ont séduit tous les cœurs ;
Et leurs vœux indiscrets, la nommant souveraine,
Semblaient vous annoncer une chute certaine.
J'ai vu par ces faux bruits tout un peuple ébranlé ;

Mais j'ai parlé, madame, et ce peuple a tremblé :
Je leur ai peint Hérode avec plus de puissance,
Rentrant dans ses États suivi de la vengeance ;
Son nom seul a partout répandu la terreur ;
Et les Juifs en silence ont pleuré leur erreur.

SALOME.

Mazaël, il est vrai qu'Hérode va paraître ;
Et ces peuples et moi nous aurons tous un maître.
Ce pouvoir, dont à peine on me voyait jouir,
N'est qu'une ombre qui passe et va s'évanouir :
Mon frère m'était cher, et son bonheur m'opprime ;
Mariamne triomphe, et je suis sa victime.

MAZAËL.

Ne craignez point un frère.

SALOME.

Eh ! que deviendrons-nous,
Quand la reine à ses pieds reverra son époux ?
De mon autorité cette fière rivale
Auprès d'un roi séduit nous fut toujours fatale ;
Son esprit orgueilleux, qui n'a jamais plié,
Conserve encor pour nous la même inimitié.
Elle nous outragea, je l'ai trop offensée ;
A notre abaissement elle est intéressée.
Eh ! ne craignez-vous plus ces charmes tout-puissants,
Du malheureux Hérode impérieux tyrans ?
Depuis près de cinq ans qu'un fatal hyménée
D'Hérode et de la reine unit la destinée,
L'amour prodigieux dont ce prince est épris
Se nourrit par la haine et croît par le mépris.
Vous avez vu cent fois ce monarque inflexible
Déposer à ses pieds sa majesté terrible,
Et chercher dans ses yeux irrités ou distraits
Quelques regards plus doux qu'il ne trouvait jamais.
Vous l'avez vu frémir, soupirer et se plaindre,
La flatter, l'irriter, la menacer, la craindre ;
Cruel dans son amour, soumis dans ses fureurs ;
Esclave en son palais, héros partout ailleurs.
Que dis-je ? en punissant une ingrate famille,
Fumant du sang du père, il adorait la fille :
Le fer encor sanglant, et que vous excitiez,
Était levé sur elle, et tombait à ses pieds.

MAZAËL.

Mais songez que dans Rome, éloigné de sa vue,
Sa chaîne de si loin semble s'être rompue.

SALOME.

Croyez-moi, son retour en resserre les nœuds :
Et ses trompeurs appas sont toujours dangereux.

ACTE I, SCÈNE I.

MAZAËL.

Oui ; mais cette âme altière, à soi-même inhumaine,
Toujours de son époux a recherché la haine :
Elle l'irritera par de nouveaux dédains,
Et vous rendra les traits qui tombent de vos mains.
La paix n'habite point entre deux caractères
Que le ciel a formés l'un à l'autre contraires.
Hérode, en tous les temps sombre, chagrin, jaloux,
Contre son amour même aura besoin de vous.

SALOMÉ.

Mariamne l'emporte, et je suis confondue.

MAZAËL.

Au trône d'Ascalon vous êtes attendue ;
Une retraite illustre, une nouvelle cour
Un hymen préparé par les mains de l'amour,
Vous mettront aisément à l'abri des tempêtes
Qui pourraient dans Solime éclater sur nos têtes.
Sohême est d'Ascalon paisible souverain,
Reconnu, protégé par le peuple romain,
Indépendant d'Hérode, et cher à sa province ;
Il sait penser en sage et gouverner en prince ;
Je n'aperçois pour vous que des destins meilleurs ;
Vous gouvernez Hérode, ou vous régnez ailleurs.

SALOMÉ.

Ah ! connais mon malheur et mon ignominie :
Mariamne en tout temps empoisonne ma vie ;
Elle m'enlève tout, rang, dignités, crédit ;
Et pour elle, en un mot, Sohême me trahit.

MAZAËL.

Lui, qui pour cet hymen attendait votre frère !
Lui, dont l'esprit rigide et la sagesse austère
Parut tant mépriser ces folles passions,
De nos vains courtisans vaines illusions !
Au roi son allié ferait-il cette offense ?

SALOMÉ.

Croyez qu'avec la reine il est d'intelligence.

MAZAËL.

Le sang et l'amitié les unissent tous deux ;
Mais je n'ai jamais vu....

SALOMÉ.

Vous n'avez pas mes yeux !
Sur mon malheur nouveau je suis trop éclairée :
De ce trompeur hymen la pompe différée,
Les froideurs de Sohême et ses discours glacés,
M'ont expliqué ma honte et m'ont instruite assez.

MAZAËL.

Vous pensez en effet qu'une femme sévère

Qui pleure encore ici son aïeul et son frère,
Et dont l'esprit hautain, qu'aigrissent ses malheurs,
Se nourrit d'amertume et vit dans les douleurs,
Recherche imprudemment le funeste avantage
D'enlever un amant qui sous vos lois s'engage!
L'amour est-il connu de son superbe cœur?
SALOME.
Elle l'inspire au moins, et c'est là mon malheur.
MAZAËL.
Ne vous trompez-vous point? cette âme impérieuse,
Par excès de fierté semble être vertueuse :
A vivre sans reproche elle a mis son orgueil.
SALOME.
Cet orgueil si vanté trouve enfin son écueil.
Que m'importe, après tout, que son âme hardie
De mon parjure amant flatte la perfidie;
Ou qu'exerçant sur lui son dédaigneux pouvoir
Elle ait fait mes tourments sans même le vouloir?
Qu'elle chérisse ou non le bien qu'elle m'enlève,
Je le perds, il suffit; sa fierté s'en élève,
Ma honte fait sa gloire; elle a dans mes douleurs
Le plaisir insultant de jouir de mes pleurs.
Enfin, c'est trop languir dans cette indigne gêne :
Je veux voir à quel point on mérite ma haine.
Sohême vient : allez, mon sort va s'éclaircir.

### SCÈNE II. — SALOME, SOHÊME, AMMON.

SALOME.
Approchez; votre cœur n'est point né pour trahir,
Et le mien n'est pas fait pour souffrir qu'on l'abuse.
Le roi revient enfin; vous n'ayez plus d'excuse :
Ne consultez ici que vos seuls intérêts,
Et ne me cachez plus vos sentiments secrets.
Parlez, je ne crains point l'aveu d'une inconstance
Dont je mépriserais la vaine et faible offense;
Je ne sais point descendre à des transports jaloux,
Ni rougir d'un affront dont la honte est pour vous.
SOHÊME.
Il faut donc m'expliquer, il faut donc vous apprendre
Ce que votre fierté ne craindra point d'entendre.
J'ai beaucoup, je l'avoue, à me plaindre du roi;
Il a voulu, madame, étendre jusqu'à moi
Le pouvoir que César lui laisse en Palestine;
En m'accordant sa sœur, il cherchait ma ruine :
Au rang de ses vassaux il osait me compter.
J'ai soutenu mes droits. il n'a pu l'emporter;

J'ai trouvé, comme lui, des amis près d'Auguste,
Je ne crains point Hérode, et l'empereur est juste;
Mais je ne puis souffrir (je le dis hautement)
L'alliance d'un roi dont je suis mécontent.
D'ailleurs vous connaissez cette cour orageuse:
Sa famille avec lui fut toujours malheureuse;
De tout ce qui l'approche il craint des trahisons;
Son cœur de toutes parts est ouvert aux soupçons;
Au frère de la reine il en coûta la vie;
De plus d'un attentat cette mort fut suivie.
Mariamne a vécu, dans ce triste séjour,
Entre la barbarie et les transports d'amour,
Tantôt sous le couteau, tantôt idolâtrée,
Toujours baignant de pleurs une couche abhorrée;
Craignant et son époux et de vils délateurs,
De leur malheureux roi lâches adulateurs.

SALOME.

Vous parlez beaucoup d'elle!

SOHÊME.

      Ignorez-vous, princesse,
Que son sang est le mien, que son sort m'intéresse?

SALOME.

Je ne l'ignore pas.

SOHÊME.

   Apprenez encor plus
J'ai craint longtemps pour elle, et je ne tremble plus.
Hérode chérira le sang qui la fit naître;
Il l'a promis du moins à l'empereur son maître:
Pour moi, loin d'une cour objet de mon courroux.
J'abandonne Solime, et votre frère, et vous:
Je pars. Ne pensez pas qu'une nouvelle chaîne
Me dérobe à la vôtre et loin de vous m'entraîne.
Je renonce à la fois à ce prince, à sa cour,
A tout engagement, et surtout à l'amour.
Épargnez le reproche à mon esprit sincère:
Quand je ne m'en fais point, nul n'a droit de m'en faire.

SALOME.

Non, n'attendez de moi ni courroux ni dépit;
J'en savais beaucoup plus que vous n'en avez dit.
Cette cour, il est vrai, seigneur, a vu des crimes:
Il en est quelquefois où des cœurs magnanimes
Par le malheur des temps se laissent emporter,
Que la vertu répare, et qu'il faut respecter;
Il en est de plus bas, et de qui la faiblesse
Se pare arrogamment du nom de la sagesse.
Vous m'entendez peut-être? En vain vous déguisez
Pour qui je suis trahie, et qui vous séduisez.

Votre fausse vertu ne m'a jamais trompée;
De votre changement mon âme est peu frappée:
Mais si de ce palais, qui vous semble odieux,
Les orages passés ont indigné vos yeux,
Craignez d'en exciter qui vous suivraient peut-être
Jusqu'aux faibles États dont vous êtes le maître.

(Elle sort.)

### SCÈNE III. — SOHÊME, AMMON.

SOHÊME.

Où tendait ce discours? que veut-elle? et pourquoi
Pense-t-elle en mon cœur pénétrer mieux que moi?
Qui? moi, que je soupire! et que pour Mariamne
Mon austère amitié ne soit qu'un feu profane!
Aux faiblesses d'amour, moi, j'irais me livrer,
Lorsque de tant d'attraits je cours me séparer!

AMMON.

Salome est outragée; il faut tout craindre d'elle,
La jalousie éclaire, et l'amour se décèle.

SOHÊME.

Non, d'un coupable amour je n'ai point les erreurs;
La secte dont je suis forme en nous d'autres mœurs:
Ces durs Esséniens, stoïques de Judée,
Ont eu de la morale une plus noble idée.
Nos maîtres, les Romains, vainqueurs des nations,
Commandent à la terre, et nous aux passions.
Je n'ai point, grâce au ciel, à rougir de moi-même.
Le sang unit de près Mariamne et Sohême;
Je la voyais gémir sous un affreux pouvoir,
J'ai voulu la servir; j'ai rempli mon devoir.

AMMON.

Je connois votre cœur et juste et magnanime;
Il se plaît à venger la vertu qu'on opprime:
Puissiez-vous écouter, dans cette affreuse cour,
Votre noble pitié plutôt que votre amour!

SOHÊME.

Ah! faut-il donc l'aimer pour prendre sa défense?
Qui n'aurait, comme moi, chéri son innocence?
Quel cœur indifférent n'irait à son secours?
Et qui, pour la sauver, n'eût prodigué ses jours?
Ami, mon cœur est pur, et tu connais mon zèle;
Je n'habitais ces lieux que pour veiller sur elle.
Quand Hérode partit incertain de son sort,
Quand il chercha dans Rome ou le sceptre ou la mort,
Plein de sa passion forcenée et jalouse,
Il tremblait qu'après lui sa malheureuse épouse,
Du trône descendue, esclave des Romains,

Ne fût abandonnée à de moins dignes mains.
Il voulut qu'une tombe, à tous deux préparée,
Enfermât avec lui cette épouse adorée.
Phérore fut chargé du ministère affreux
D'immoler cet objet de ses horribles feux.
Phérore m'instruisit de ces ordres coupables :
J'ai veillé sur des jours si chers, si déplorables
Toujours armé, toujours prompt à la protéger,
Et surtout à ses yeux dérobant son danger.
J'ai voulu la servir sans lui causer d'alarmes ;
Ses malheurs me touchaient encor plus que ses charmes.
L'amour ne règne point sur mon cœur agité ;
Il ne m'a point vaincu ; c'est moi qui l'ai dompté :
Et, plein du noble feu que sa vertu m'inspire,
J'ai voulu la venger, et non pas la séduire.
Enfin l'heureux Hérode a fléchi les Romains ;
Le sceptre de Judée est remis en ses mains ;
Il revient triomphant sur ce sanglant théâtre ;
Il revole à l'objet dont il est idolâtre,
Qu'il opprima souvent, qu'il adora toujours ;
Leurs désastres communs ont terminé leur cours.
Un nouveau jour va luire à cette cour affreuse :
Je n'ai plus qu'à partir.... Mariamne est heureuse.
Je ne la verrai plus.... mais à d'autres attraits
Mon cœur, mon triste cœur est fermé pour jamais ;
Tout hymen à mes yeux est horrible et funeste :
Qui connaît Mariamne abhorre tout le reste.
La retraite a pour moi des charmes assez grands :
J'y vivrai vertueux, loin des yeux des tyrans,
Préférant mon partage au plus beau diadème,
Maître de ma fortune, et maître de moi-même.

SCÈNE IV. — SOHÊME, ÉLISE, AMMON.

ÉLISE.
La mère de la reine, en proie à ses douleurs,
Vous conjure, Sohême, au nom de tant de pleurs,
De vous rendre près d'elle, et d'y calmer la crainte
Dont pour sa fille encore elle a reçu l'atteinte.

SOHÊME.
Quelle horreur jetez-vous dans mon cœur étonné !

ÉLISE.
Elle a su l'ordre affreux qu'Hérode avait donné ;
Par les soins de Salome elle en est informée.

SOHÊME.
Ainsi cette ennemie, au trouble accoutumée,
Par ces troubles nouveaux pense encor maintenir

Le pouvoir emprunté qu'elle veut retenir.
Quelle odieuse cour, et combien d'artifices!
On ne marche en ces lieux que sur des précipices.
Hélas! Alexandra, par des coups inouïs,
Vit périr autrefois son époux et son fils;
Marianne lui reste, elle tremble pour elle :
La crainte est bien permise à l'amour maternelle.
Élise, je vous suis, je marche sur vos pas....
Grand Dieu qui prenez soin de ces tristes climats,
De Marianne encore écartez cet orage;
Conservez, protégez votre plus digne ouvrage!

## ACTE SECOND.

### SCÈNE I. — SALOME, MAZAËL.

MAZAËL.

Ce nouveau coup porté, ce terrible mystère
Dont vous faites instruire et la fille et la mère,
Ce secret révélé, cet ordre si cruel,
Est désormais le sceau d'un divorce éternel.
Le roi ne croira point que, pour votre ennemie,
Sa confiance en vous soit en effet trahie;
Il n'aura plus que vous dans ses perplexités
Pour adoucir les traits par vous-même portés.
Vous seule aurez fait naître et le calme et l'orage:
Divisez pour régner; c'est là votre partage.

SALOME.

Que sert la politique où manque le pouvoir?
Tous mes soins m'ont trahi; tout fait mon désespoir.
Le roi m'écrit : il veut, par sa lettre fatale,
Que sa sœur se rabaisse aux pieds de sa rivale.
J'espérais de Sohême un noble et sûr appui :
Hérode était le mien; tout me manque aujourd'hui.
Je vois crouler sur moi le fatal édifice
Que mes mains élevaient avec tant d'artifice :
Je vois qu'il est des temps où tout l'effort humain
Tombe sous la fortune et se débat en vain,
Où la prudence échoue, où l'art nuit à soi-même :
Et je sens ce pouvoir invincible et suprême,
Qui se joue à son gré, dans les climats voisins,
De leurs sables mouvants, comme de nos destins.

MAZAËL.

Obéissez au roi, cédez à la tempête;

Sous ses coups passagers il faut courber la tête.
Le temps peut tout changer.
SALOME.
Trop vains soulagements!
Malheureux qui n'attend son bonheur que du temps!
Sur l'avenir trompeur tu veux que je m'appuie,
Et tu vois cependant les affronts que j'essuie!
MAZAËL.
Sohême part au moins; votre juste courroux
Ne craint plus Mariamne, et n'en est plus jaloux.
SALOME.
Sa conduite, il est vrai, paraît inconcevable;
Mais m'en trahit-il moins? en est-il moins coupable?
Suis-je moins outragée? ai-je moins d'ennemis,
Et d'envieux secrets, et de lâches amis?
Il faut que je combatte et ma chute prochaine,
Et cet affront secret, et la publique haine.
Déjà, de Mariamne adorant la faveur,
Le peuple à ma disgrâce insulte avec fureur:
Je verrai tout plier sous sa grandeur nouvelle,
Et mes faibles honneurs éclipsés devant elle.
Mais c'est peu que sa gloire irrite mon dépit,
Ma mort va signaler ma chute et son crédit.
Je ne me flatte point; je sais comme en sa place
De tous mes ennemis je confondrais l'audace:
Ce n'est qu'en me perdant qu'elle pourra régner,
Et son juste courroux ne doit point m'épargner.
Cependant, ô contrainte! ô comble d'infamie!
Il faut donc qu'à ses yeux ma fierté s'humilie!
Je viens avec respect essuyer ses hauteurs,
Et la féliciter sur mes propres malheurs.
MAZAËL.
Elle vient en ces lieux.
SALOME.
Faut-il que je la voie?

SCÈNE II. — MARIAMNE, ÉLISE, SALOME, MAZAËL,
NARBAS.

SALOME.
Je viens auprès de vous partager votre joie:
Rome me rend un frère, et vous rend un époux
Couronné, tout-puissant, et digne enfin de vous.
Ses triomphes passés, ceux qu'il prépare encore,
Ce titre heureux de Grand dont l'univers l'honore,
Les droits du sénat même à ses soins confiés,
Sont autant de présents qu'il va mettre à vos pieds.

Possédez désormais son âme et son empire,
C'est ce qu'à vos vertus mon amitié désire;
Et je vais par mes soins serrer l'heureux lien
Qui doit joindre à jamais votre cœur et le sien.

MARIAMNE.

Je ne prétends de vous ni n'attends ce service :
Je vous connais, madame, et je vous rends justice;
Je sais par quels complots, je sais par quels détours
Votre haine impuissante a poursuivi mes jours.
Jugeant de moi par vous, vous me craignez peut-être;
Mais vous deviez du moins apprendre à me connaître.
Ne me redoutez point; je sais également
Dédaigner votre crime et votre châtiment :
J'ai vu tous vos desseins, et je vous les pardonne;
C'est à vos seuls remords que je vous abandonne,
Si toutefois, après de si lâches efforts,
Un cœur comme le vôtre écoute des remords.

SALOME.

C'est porter un peu loin votre injuste colère :
Ma conduite, mes soins, et l'aveu de mon frère,
Peut-être suffiront pour me justifier.

MARIAMNE.

Je vous l'ai déjà dit, je veux tout oublier :
Dans l'état où je suis, c'est assez pour ma gloire;
Je puis vous pardonner, mais je ne puis vous croire.

MAZAEL.

J'ose ici, grande reine, attester l'Éternel
Que mes soins à regret....

MARIAMNE.

Arrêtez, Mazaël;
Vos excuses pour moi sont un nouvel outrage :
Obéissez au roi, voilà votre partage :
A mes tyrans vendu, servez bien leur courroux;
Je ne m'abaisse pas à me plaindre de vous.

( A Salome. )

Je ne vous retiens point, et vous pouvez, madame,
Aller apprendre au roi les secrets de mon âme;
Dans son cœur aisément vous pouvez ranimer
Un courroux que mes yeux dédaignent de calmer.
De tous vos délateurs armez la calomnie :
J'ai laissé jusqu'ici leur audace impunie,
Et je n'oppose encore à mes vils ennemis
Qu'une vertu sans tache et qu'un juste mépris.

SALOME.

Ah! c'en est trop enfin; vous auriez dû peut-être
Ménager un peu plus la sœur de votre maître.
L'orgueil de vos attraits pense tout asservir :

Vous me voyez tout perdre, et croyez tout ravir;
Votre victoire un jour peut vous être fatale.
Vous triomphez.... Tremblez, imprudente rivale!

SCÈNE III. — MARIAMNE, ÉLISE, NARBAS.

ÉLISE.

Ah! madame, à ce point pouvez-vous irriter
Des ennemis ardents à vous persécuter?
La vengeance d'Hérode, un moment suspendue,
Sur votre tête encore est peut-être étendue;
Et, loin d'en détourner les redoutables coups,
Vous appelez la mort qui s'éloignait de vous.
Vous n'avez plus ici de bras qui vous appuie;
Ce défenseur heureux de votre illustre vie,
Sohême, dont le nom si craint, si respecté,
Longtemps de vos tyrans contint la cruauté,
Sohême va partir; nul espoir ne vous reste.
Auguste à votre époux laisse un pouvoir funeste :
Qui sait dans quels desseins il revient aujourd'hui?
Tout, jusqu'à son amour, est à craindre de lui :
Vous le voyez trop bien; sa sombre jalousie
Au delà du tombeau portait sa frénésie;
Cet ordre qu'il donna me fait encor trembler.
Avec vos ennemis daignez dissimuler :
La vertu sans prudence, hélas! est dangereuse.

MARIAMNE.

Oui, mon âme, il est vrai, fut trop impérieuse;
Je n'ai point connu l'art, et j'en avais besoin.
De mon sort à Sohême abandonnons le soin;
Qu'il vienne, je l'attends; qu'il règle ma conduite.
Mon projet est hardi; je frémis de la suite.
Faites venir Sohême.

(Élise sort.)

SCÈNE IV. — MARIAMNE, NARBAS.

MARIAMNE.

Et vous, mon cher Narbas,
De mes vœux incertains apaisez les combats;
Vos vertus, votre zèle, et votre expérience,
Ont acquis dès longtemps toute ma confiance.
Mon cœur vous est connu, vous savez mes desseins,
Et les maux que j'éprouve, et les maux que je crains.
Vous avez vu ma mère, au désespoir réduite,
Me presser en pleurant d'accompagner sa fuite;
Son esprit, accablé d'une juste terreur,
Croit à tous les moments voir Hérode en fureur.

Encor tout dégouttant du sang de sa famille,
Venir à ses yeux même assassiner sa fille.
Elle veut à mes fils, menacés du tombeau,
Donner César pour père, et Rome pour berceau.
On dit que l'infortune à Rome est protégée ;
Rome est le tribunal où la terre est jugée.
Je vais me présenter au roi des souverains.
Je sais qu'il est permis de fuir ses assassins,
Que c'est le seul parti que le destin me laisse :
Toutefois en secret, soit vertu, soit faiblesse,
Prête à fuir un époux, mon cœur frémit d'effroi,
Et mes pas chancelants s'arrêtent malgré moi.

NARBAS.

Cet effroi généreux n'a rien que je n'admire ;
Tout injuste qu'il est, la vertu vous l'inspire.
Ce cœur, indépendant des outrages du sort,
Craint l'ombre d'une faute, et ne craint point la mort
Bannissez toutefois ces alarmes secrètes ;
Ouvrez les yeux, madame, et voyez où vous êtes :
C'est là que, répandu par les mains d'un époux,
Le sang de votre père a rejailli sur vous :
Votre frère en ces lieux a vu trancher sa vie ;
En vain de son trépas le roi se justifie,
En vain César trompé l'en absout aujourd'hui ;
L'Orient révolté n'en accuse que lui.
Regardez, consultez les pleurs de votre mère,
L'affront fait à vos fils, le sang de votre père,
La cruauté du roi, la haine de sa sœur,
Et ( ce que je ne puis prononcer sans horreur,
Mais dont votre vertu n'est point épouvantée )
La mort plus d'une fois à vos yeux présentée.
Enfin, si tant de maux ne vous étonnent pas,
Si d'un front assuré vous marchez au trépas,
Du moins de vos enfants embrassez la défense.
Le roi leur a du trône arraché l'espérance ;
Et vous connaissez trop ces oracles affreux
Qui depuis si longtemps vous font trembler pour eux.
Le ciel vous a prédit qu'une main étrangère
Devait un jour unir vos fils à votre père.
Un Arabe implacable a déjà, sans pitié,
De cet oracle obscur accompli la moitié :
Madame, après l'horreur d'un essai si funeste
Sa cruauté, sans doute, accomplirait le reste :
Dans ses emportements rien n'est sacré pour lui.
Eh ! qui vous répondra que lui-même aujourd'hui
Ne vienne exécuter sa sanglante menace,
Et des Asmonéens anéantir la race ?

Il est temps désormais de prévenir ses coups ;
Il est temps d'épargner un meurtre à votre époux,
Et d'éloigner du moins de ces tendres victimes
Le fer de vos tyrans, et l'exemple des crimes.
　Nourri dans ce palais, près des rois vos aïeux,
Je suis prêt à vous suivre en tout temps, en tous lieux.
Partez, rompez vos fers ; allez, dans Rome même,
Implorer du sénat la justice suprême,
Remettre de vos fils la fortune en sa main,
Et les faire adopter par le peuple romain ;
Qu'une vertu si pure aille étonner Auguste.
Si l'on vante à bon droit son règne heureux et juste,
Si la terre avec joie embrasse ses genoux,
S'il mérite sa gloire, il fera tout pour vous.

### MARIAMNE.

Je vois qu'il n'est plus temps que mon cœur délibère ;
Je cède à vos conseils, aux larmes de ma mère,
Au danger de mes fils, au sort, dont les rigueurs
Vont m'entraîner peut-être en de plus grands malheurs.
Retournez chez ma mère, allez ; quand la nuit sombre
Dans ces lieux criminels aura porté son ombre,
Qu'au fond de ce palais on me vienne avertir :
On le veut, il le faut, je suis prête à partir.

### SCÈNE V. — MARIAMNE, SOHÈME, ÉLISE.

### SOHÈME.

Je viens m'offrir, madame, à votre ordre suprême ;
Vos volontés pour moi sont les lois du ciel même :
Faut-il armer mon bras contre vos ennemis ?
Commandez ; j'entreprends ; parlez, et j'obéis.

### MARIAMNE.

Je vous dois tout, seigneur ; et, dans mon infortune,
Ma douleur ne craint point de vous être importune,
Ni de solliciter par d'inutiles vœux
Les secours d'un héros, l'appui des malheureux.
　Lorsque Hérode attendait le trône ou l'esclavage,
Moi-même des Romains j'ai brigué le suffrage ;
Malgré ses cruautés, malgré mon désespoir,
Malgré mes intérêts, j'ai suivi mon devoir.
J'ai servi mon époux ; je le ferais encore.
Il faut que pour moi-même enfin je vous implore ;
Il faut que je dérobe à d'inhumaines lois
Les restes malheureux du pur sang de nos rois.
J'aurais dû dès longtemps, loin d'un lieu si coupable,
Demander au sénat un asile honorable :
Mais, seigneur, je n'ai pu, dans les troubles divers

Dont la guerre civile a rempli l'univers,
Chercher parmi l'effroi, la guerre et les ravages,
Un port aux mêmes lieux d'où partoient les orages.
Auguste au monde entier donne aujourd'hui la paix;
Sur toute la nature il répand ses bienfaits.
Après les longs travaux d'une guerre odieuse,
Ayant vaincu la terre, il veut la rendre heureuse.
Du haut du Capitole il juge tous les rois,
Et de ceux qu'on opprime il prend en main les droits.
Qui peut à ses bontés plus justement prétendre
Que mes faibles enfants, que rien ne peut défendre,
Et qu'une mère en pleurs amène auprès de lui
Du bout de l'univers implorer son appui?
Pour conserver les fils, pour consoler la mère,
Pour finir tous mes maux, c'est en vous que j'espère :
Je m'adresse à vous seul, à vous, à ce grand cœur,
De la simple vertu généreux protecteur ;
A vous à qui je dois ce jour que je respire :
Seigneur, éloignez-moi de ce fatal empire.
Ma mère, mes enfants, je mets tout en vos mains ;
Enlevez l'innocence au fer des assassins.
Vous ne répondez rien ! Que faut-il que je pense
De ces sombres regards et de ce long silence?
Je vois que mes malheurs excitent vos refus.

SOHÈME.

Non.... je respecte trop vos ordres absolus.
Mes gardes vous suivront jusque dans l'Italie ;
Disposez d'eux, de moi, de mon cœur, de ma vie :
Fuyez le roi, rompez vos nœuds infortunés ;
Il est assez puni, si vous l'abandonnez.
Il ne vous verra plus, grâce à son injustice ;
Et je sens qu'il n'est point de si cruel supplice....
Pardonnez-moi ce mot, il m'échappe à regret ;
La douleur de vous perdre a trahi mon secret.
J'ai parlé, c'en est fait ; mais, malgré ma faiblesse,
Songez que mon respect égale ma tendresse.
Sohème en vous aimant ne veut que vous servir,
Adorer vos vertus, vous venger, et mourir.

MARIAMNE.

Je me flattais, seigneur, et j'avais lieu de croire
Qu'avec mes intérêts vous chérissiez ma gloire.
Quand Sohème en ces lieux a veillé sur mes jours,
J'ai cru qu'à sa pitié je devais son secours.
Je ne m'attendais pas qu'une flamme coupable
Dût ajouter ce comble à l'horreur qui m'accable,
Ni que dans mes périls il me fallût jamais
Rougir de vos bontés et craindre vos bienfaits.

Ne pensez pas pourtant qu'un discours qui m'offense
Vous ait rien dérobé de ma reconnaissance :
Tout espoir m'est ravi, je ne vous verrai plus ;
J'oublierai votre flamme, et non pas vos vertus.
Je ne veux voir en vous qu'un héros magnanime
Qui jusqu'à ce moment mérita mon estime :
Un plus long entretien pourrait vous en priver,
Seigneur, et je vous fuis pour vous la conserver.
SOHÊME.
Arrêtez, et sachez que je l'ai méritée.
Quand votre gloire parle, elle est seule écoutée :
A cette gloire, à vous, soigneux de m'immoler,
Épris de vos vertus, je les sais égaler.
Je ne fuyais que vous, je veux vous fuir encore.
Je quittais pour jamais une cour que j'abhorre ;
J'y reste, s'il le faut, pour vous désabuser,
Pour vous respecter plus, pour ne plus m'exposer
Au reproche accablant que m'a fait votre bouche.
Votre intérêt, madame, est le seul qui me touche,
J'y sacrifierai tout. Mes amis, mes soldats,
Vous conduiront aux bords où s'adressent vos pas.
J'ai dans ces murs encore un reste de puissance :
D'un tyran soupçonneux je crains peu la vengeance ;
Et, s'il me faut périr des mains de votre époux,
Je périrai du moins en combattant pour vous.
Dans mes derniers moments je vous aurai servie,
Et j'aurai préféré votre honneur à ma vie.
MARIAMNE.
Il suffit, je vous crois : d'indignes passions
Ne doivent point souiller les nobles actions.
Oui, je vous devrai tout ; mais moi je vous expose ;
Vous courez à la mort, et j'en serai la cause.
Comment puis-je vous suivre, et comment demeurer ?
Je n'ai de sentiment que pour vous admirer.
SOHÊME.
Venez prendre conseil de votre mère en larmes,
De votre fermeté plus que de ses alarmes,
Du péril qui vous presse, et non de mon danger.
Avec votre tyran rien n'est à ménager :
Il est roi, je le sais ; mais César est son juge.
Tout vous menace ici, Rome est votre refuge ;
Mais songez que Sohême, en vous offrant ses vœux
S'il ose être sensible, en est plus vertueux ;
Que le sang de nos rois nous unit l'un et l'autre,
Et que le ciel m'a fait un cœur digne du vôtre.
MARIAMNE.
Je n'en veux point douter ; et, dans mon désespoir,

Je vais consulter Dieu, l'honneur, et le devoir.
SOHÊME.
C'est eux que j'en atteste; ils sont tous trois mes guides;
Ils vous arracheront aux mains des parricides.

## ACTE TROISIÈME.

### SCÈNE I. — SOHÊME, NARBAS, AMMON, SUITE.

NARBAS.
Le temps est précieux, seigneur, Hérode arrive :
Du fleuve de Judée il a revu la rive.
Salome, qui ménage un reste de crédit,
Déjà par ses conseils assiége son esprit.
Ses courtisans en foule auprès de lui se rendent;
Les palmes dans les mains, nos pontifes l'attendent;
Idamas le devance, et vous le connaissez.
SOHÊME.
Je sais qu'on paya mal ses services passés.
C'est ce même Idamas, cet Hébreu plein de zèle,
Qui toujours à la reine est demeuré fidèle,
Qui, sage courtisan d'un roi plein de fureur,
A quelquefois d'Hérode adouci la rigueur.
NARBAS.
Bientôt vous l'entendrez. Cependant Mariamne
Au moment de partir s'arrête, se condamne;
Ce grand projet l'étonne, et, prête à le tenter,
Son austère vertu craint de l'exécuter.
Sa mère est à ses pieds, et, le cœur plein d'alarmes,
Lui présente ses fils, la baigne de ses larmes,
La conjure en tremblant de presser son départ.
La reine flotte, hésite, et partira trop tard.
C'est vous dont la bonté peut hâter sa sortie;
Vous avez dans vos mains la fortune et la vie
De l'objet le plus rare et le plus précieux
Que jamais à la terre aient accordé les cieux.
Protégez, conservez une auguste famille;
Sauvez de tant de rois la déplorable fille.
Vos gardes sont-ils prêts? puis-je enfin l'avertir?
SOHÊME.
Oui, j'ai tout ordonné; la reine peut partir.
NARBAS.
Souffrez donc qu'à l'instant un serviteur fidèle
Se prépare, seigneur, à marcher après elle.

ACTE III, SCÈNE I

SOHÈME.

Allez; loin de ces lieux je conduirai vos pas :
Ce séjour odieux ne la méritait pas.
Qu'un dépôt si sacré soit respecté des ondes!
Que le ciel, attendri par ses douleurs profondes,
Fasse lever sur elle un soleil plus serein!
Et vous, vieillard heureux, qui suivez son destin,
Des serviteurs des rois sage et parfait modèle,
Votre sort est trop beau, vous vivrez auprès d'elle.

SCÈNE II. — SOHÈME, AMMON, SUITE DE SOHÈME.

SOHÈME.

Mais déjà le roi vient; déjà dans ce séjour
Le son de la trompette annonce son retour.
Quel retour, justes dieux! que je crains sa présence!
Le cruel peut d'un coup assurer sa vengeance.
Plût au ciel que la reine eût déjà pour jamais
Abandonné ces lieux consacrés aux forfaits!
Oserai-je moi-même accompagner sa fuite?
Peut-être en la servant il faut que je l'évite....
Est-ce un crime, après tout, de sauver tant d'appas,
De venger sa vertu?... Mais je vois Idamas.

SCÈNE III. — SOHÈME, IDAMAS, AMMON, SUITE.

SOHÈME.

Ami, j'épargne au roi de frivoles hommages,
De l'amitié des grands importuns témoignages,
D'un peuple curieux trompeur amusement,
Qu'on étale avec pompe, et que le cœur dément.
Mais parlez; Rome enfin vient de vous rendre un maître;
Hérode est souverain; est-il digne de l'être?
Vient-il dans un esprit de fureur ou de paix?
Craint-on des cruautés? attend-on des bienfaits?

IDAMAS.

Veuille le juste ciel, formidable au parjure,
Écarter loin de lui l'erreur et l'imposture!
Salome et Mazaël s'empressent d'écarter
Quiconque a le cœur juste et ne sait point flatter.
Ils révèlent, dit-on, des secrets redoutables :
Hérode en a pâli; des cris épouvantables
Sont sortis de sa bouche, et ses yeux en fureur
A tout ce qui l'entoure inspirent la terreur.
Vous le savez assez, leur cabale attentive
Tint toujours près de lui la vérité captive.
Ainsi ce conquérant qui fit trembler les rois,
Ce roi dont Rome même admira les exploits,

De qui la renommée alarme encor l'Asie,
Dans sa propre maison voit sa gloire avilie :
Haï de son épouse, abusé par sa sœur,
Déchiré de soupçons, accablé de douleur,
J'ignore en ce moment le dessein qui l'entraîne.
On le plaint, on murmure, on craint tout pour la reine;
On ne peut pénétrer ses secrets sentiments,
Et de son cœur troublé les soudains mouvements;
Il observe avec nous un silence farouche;
Le nom de Mariamne échappe de sa bouche;
Il menace, il soupire, il donne en frémissant
Quelques ordres secrets qu'il révoque à l'instant.
D'un sang qu'il détestait Mariamne est formée;
Il voulut la punir de l'avoir trop aimée :
Je tremble encor pour elle.

SOHÊME.
Il suffit, Idamas.
La reine est en danger : Ammon, suivez mes pas;
Venez, c'est à moi seul de sauver l'innocence.

IDAMAS.
Seigneur, ainsi du roi vous fuirez la présence?
Vous de qui la vertu, le rang, l'autorité,
Imposeraient silence à la perversité?

SOHÊME.
Un intérêt plus grand, un autre soin m'anime;
Et mon premier devoir est d'empêcher le crime.
(Il sort.)

IDAMAS.
Quels orages nouveaux! quel trouble je prévois!
Puissant Dieu des Hébreux, changez le cœur du roi!

SCÈNE IV. — HÉRODE, MAZAËL, IDAMAS, SUITE D'HÉRODE.

HÉRODE.
Eh quoi! Sohême aussi semble éviter ma vue!
Quelle horreur devant moi s'est partout répandue!
Ciel! ne puis-je inspirer que la haine ou l'effroi?
Tous les cœurs des humains sont-ils fermés pour moi?
En horreur à la reine, à mon peuple, à moi-même,
A regret sur mon front je vois le diadème :
Hérode en arrivant recueille avec terreur
Les chagrins dévorants qu'a semés sa fureur.
Ah Dieu!

MAZAËL.
Daignez calmer ces injustes alarmes.

HÉRODE.
Malheureux! qu'ai-je fait?

ACTE III, SCÈNE IV.

MAZAËL.
                    Quoi ! vous versez des larmes !
Vous, ce roi fortuné, si sage en ses desseins !
Vous, la terreur du Parthe et l'ami des Romains !
Songez, seigneur, songez à ces noms pleins de gloire
Que vous donnaient jadis Antoine et la victoire;
Songez que près d'Auguste, appelé par son choix.
Vous marchiez distingué de la foule des rois;
Revoyez à vos lois Jérusalem rendue,
Jadis par vous conquise et par vous défendue,
Reprenant aujourd'hui sa première splendeur,
En contemplant son prince au faîte du bonheur.
Jamais roi plus heureux dans la paix, dans la guerre...
            HÉRODE.
Non, il n'est plus pour moi de bonheur sur la terre.
Le destin m'a frappé de ses plus rudes coups,
Et, pour comble d'horreur, je les mérite tous.
            IDAMAS.
Seigneur, m'est-il permis de parler sans contrainte ?
Ce trône auguste et saint, qu'environne la crainte,
Serait mieux affermi s'il l'était par l'amour :
En faisant des heureux, un roi l'est à son tour.
A d'éternels chagrins votre âme abandonnée
Pourrait tarir d'un mot leur source empoisonnée.
Seigneur, ne souffrez plus que d'indignes discours
Osent troubler la paix et l'honneur de vos jours,
Ni que de vils flatteurs écartent de leur maître
Des cœurs infortunés, qui vous cherchaient peut-être.
Bientôt de vos vertus tout Israël charmé....
            HÉRODE.
Eh ! croyez-vous encor que je puisse être aimé ?
Qu'Hérode est aujourd'hui différent de lui-même !
            MAZAËL.
Tout adore à l'envi votre grandeur suprême.
            IDAMAS.
Un seul cœur vous résiste, et l'on peut le gagner.
            HÉRODE.
Non ; je suis un barbare, indigne de régner.
            IDAMAS.
Votre douleur est juste ; et si pour Mariamne....
            HÉRODE.
Et c'est ce nom fatal, hélas ! qui me condamne;
C'est ce nom qui reproche à mon cœur agité
L'excès de ma faiblesse et de ma cruauté.
            MAZAËL.
Elle sera toujours inflexible en sa haine :
Elle fuit votre vue.

HÉRODE.
Ah! j'ai cherché la sienne.
MAZAËL.
Qui? vous, seigneur?
HÉRODE.
Eh quoi! mes transports furieux
Ces pleurs que mes remords arrachent de mes yeux,
Ce changement soudain, cette douleur mortelle,
Tout ne te dit-il pas que je viens d'auprès d'elle?
Toujours troublé, toujours plein de haine et d'amour,
J'ai trompé, pour la voir, une importune cour.
Quelle entrevue, ô cieux! quels combats! quel supplice
Dans ses yeux indignés j'ai lu mon injustice;
Ses regards inquiets n'osaient tomber sur moi;
Et tout, jusqu'à mes pleurs, augmentait son effroi.

MAZAËL.
Seigneur, vous le voyez, sa haine envenimée
Jamais par vos bontés ne sera désarmée;
Vos respects dangereux nourrissent sa fierté.

HÉRODE.
Elle me hait! ah Dieu! je l'ai trop mérité!
Je lui pardonne, hélas! dans le sort qui l'accable,
De haïr à ce point un époux si coupable.

MAZAËL.
Vous coupable? Eh! seigneur, pouvez-vous oublier
Ce que la reine a fait pour vous justifier?
Ses mépris outrageants, sa superbe colère,
Ses desseins contre vous, les complots de son père?
Le sang qui la forma fut un sang ennemi;
Le dangereux Hircan vous eût toujours trahi:
Et des Asmonéens la brigue était si forte,
Que sans un coup d'État vous n'auriez pu....

HÉRODE.
N'importe:
Hircan était son père, il fallait l'épargner,
Mais je n'écoutai rien que la soif de régner;
Ma politique affreuse a perdu sa famille;
J'ai fait périr le père, et j'ai proscrit la fille;
J'ai voulu la haïr; j'ai trop su l'opprimer;
Le ciel, pour m'en punir, me condamne à l'aimer.

IDAMAS.
Seigneur, daignez m'en croire; une juste tendresse
Devient une vertu, loin d'être une faiblesse:
Digne de tant de biens que le ciel vous a faits,
Mettez votre amour même au rang de ses bienfaits.

HÉRODE.
Hircan, mânes sacrés! fureurs que je déteste

IDAMAS.
Perdez-en pour jamais le souvenir funeste.
MAZAËL.
Puisse la reine aussi l'oublier comme vous!
HÉRODE.
O père infortuné! plus malheureux époux!
Tant d'horreur, tant de sang, le meurtre de son père,
Les maux que je lui fais, me la rendent plus chère.
Si son cœur.... si sa foi.... mais c'est trop différer.
Idamas, en un mot, je veux tout réparer.
Va la trouver; dis-lui que mon âme asservie
Met à ses pieds mon trône, et ma gloire, et ma vie.
Je veux dans ses enfants choisir un successeur.
Des maux qu'elle a soufferts elle accuse ma sœur :
C'en est assez; ma sœur, aujourd'hui renvoyée,
A ce cher intérêt sera sacrifiée.
Je laisse à Mariamne un pouvoir absolu.
MAZAËL.
Quoi! seigneur, vous voulez....
HÉRODE.
Oui, je l'ai résolu;
Oui, mon cœur désormais la voit, la considère
Comme un présent des cieux qu'il faut que je révère.
Que ne peut point sur moi l'amour qui m'a vaincu!
A Mariamne enfin je devrai ma vertu.
Il le faut avouer, on m'a vu dans l'Asie
Régner avec éclat, mais avec barbarie.
Craint, respecté du peuple, admiré, mais haï,
J'ai des adorateurs, et n'ai pas un ami.
Ma sœur, que trop longtemps mon cœur a daigné croire,
Ma sœur n'aima jamais ma véritable gloire;
Plus cruelle que moi dans ses sanglants projets,
Sa main faisait couler le sang de mes sujets.
Les accablait du poids de mon sceptre terrible;
Tandis qu'à leurs douleurs Mariamne sensible,
S'occupant de leur peine, et s'oubliant pour eux,
Portait à son époux les pleurs des malheureux.
C'en est fait : je prétends, plus juste et moins sévère,
Par le bonheur public essayer de lui plaire.
L'État va respirer sous un règne plus doux;
Mariamne a changé le cœur de son époux.
Mes mains, loin de mon trône écartant les alarmes,
Des peuples opprimés vont essuyer les larmes.
Je veux sur mes sujets régner en citoyen,
Et gagner tous les cœurs, pour mériter le sien.
Va la trouver, te dis-je, et surtout à sa vue
Peins bien le repentir de mon âme éperdue :

Dis-lui que mes remords égalent ma fureur.
Va, cours, vole, et reviens. Que vois-je ? c'est ma sœur.
    (A Mazaël.)
Sortez.... A quels chagrins ma vie est condamnée !

### SCÈNE V. — HÉRODE, SALOME.

SALOME.
Je les partage tous ; mais je suis étonnée
Que la reine et Sohême, évitant votre aspect,
Montrent si peu de zèle et si peu de respect.
HÉRODE.
L'un m'offense, il est vrai.... mais l'autre est excusable.
N'en parlons plus.
SALOME.
            Sohême, à vos yeux condamnable,
A toujours de la reine allumé le courroux.
HÉRODE.
Ah ! trop d'horreurs enfin se répandent sur nous ;
Je cherche à les finir. Ma rigueur implacable,
En me rendant plus craint, m'a fait plus misérable.
Assez et trop longtemps sur ma triste maison
La vengeance et la haine ont versé leur poison ;
De la reine et de vous les discordes cruelles
Seraient de mes tourments les sources éternelles.
Ma sœur, pour mon repos, pour vous, pour toutes deux,
Séparons-nous, quittez ce palais malheureux ;
Il le faut.
SALOME.
        Ciel ! qu'entends-je ? Ah ! fatale ennemie !
HÉRODE.
Un roi vous le commande, un frère vous en prie.
Que puisse désormais ce frère malheureux
N'avoir point à donner d'ordre plus rigoureux,
N'avoir plus sur les siens de vengeances à prendre,
De soupçons à former, ni de sang à répandre !
Ne persécutez plus mes jours trop agités.
Murmurez, plaignez-vous, plaignez-moi ; mais partez.
SALOME.
Moi, seigneur, je n'ai point de plaintes à vous faire.
Vous croyez mon exil et juste et nécessaire ;
A vos moindres désirs instruite à consentir,
Lorsque vous commandez, je ne sais qu'obéir.
Vous ne me verrez point, sensible à mon injure,
Attester devant vous le sang et la nature ;
Sa voix trop rarement se fait entendre aux rois,
Et, près des passions, le sang n'a point de droits.

Je ne vous vante plus cette amitié sincère,
Dont le zèle aujourd'hui commence à vous déplaire,
Je rappelle encor moins mes services passés;
Je vois trop qu'un regard les a tous effacés :
Mais avez-vous pensé que Mariamne oublie
Cet ordre d'un époux donné contre sa vie?
Vous, qu'elle craint toujours, ne la craignez-vous plus?
Ses vœux, ses sentiments, vous sont-ils inconnus?
Qui préviendra jamais, par des avis utiles,
De son cœur outragé les vengeances faciles?
Quels yeux intéressés à veiller sur vos jours
Pourront de ses complots démêler les détours?
Son courroux aura-t-il quelque frein qui l'arrete?
Et pensez-vous enfin que, lorsque votre tête
Sera par vos soins même exposée à ses coups,
L'amour qui vous séduit lui parlera pour vous?
Quoi donc! tant de mépris, cette horreur inhumaine...

HÉRODE.

Ah! laissez-moi douter un moment de sa haine;
Laissez-moi me flatter de regagner son cœur;
Ne me détrompez point, respectez mon erreur.
Je veux croire et je crois que votre haine altière
Entre la reine et moi mettait une barrière;
Que par vos cruautés son cœur s'est endurci;
Et que sans vous enfin j'eusse été moins haï.

SALOMÉ.

Si vous pouviez savoir, si vous pouviez comprendre
A quel point....

HÉRODE.

Non, ma sœur, je ne veux rien entendre.
Mariamne à son gré peut menacer mes jours,
Ils me sont odieux; qu'elle en tranche le cours,
Je périrai du moins d'une main qui m'est chère.

SALOMÉ.

Ah! c'est trop l'épargner, vous tromper, et me taire.
Je m'expose à me perdre et cherche à vous servir :
Et je vais vous parler, dussiez-vous m'en punir.
Époux infortuné qu'un vil amour surmonte!
Connaissez Mariamne, et voyez votre honte:
C'est peu des fiers dédains dont son cœur est armé,
C'est peu de vous haïr, un autre en est aimé.

HÉRODE.

Un autre en est aimé! Pouvez-vous bien, barbare,
Soupçonner devant moi la vertu la plus rare?
Ma sœur, c'est donc ainsi que vous m'assassinez!
Laissez-vous pour adieux ces traits empoisonnés,
Ces flambeaux de discorde, et la honte et la rage,

Qui de mon cœur jaloux sont l'horrible partage ?
Marianne.... Mais non, je ne veux rien savoir :
Vos conseils sur mon âme ont eu trop de pouvoir.
Je vous ai longtemps crue, et les cieux m'en punissent.
Mon sort était d'aimer des cœurs qui me haïssent.
Oui, c'est moi seul ici que vous persécutez.
####### SALOME.
Eh bien donc ! loin de vous....
####### HÉRODE.
Non, madame, arrêtez.
Un autre en est aimé ! montrez-moi donc, cruelle,
Le sang que doit verser ma vengeance nouvelle ;
Poursuivez votre ouvrage, achevez mon malheur.
####### SALOME.
Puisque vous le voulez....
####### HÉRODE.
Frappe, voilà mon cœur.
Dis-moi qui m'a trahi ; mais, quoi qu'il en puisse être,
Songe que cette main t'en punira peut-être.
Oui, je te punirai de m'ôter mon erreur.
Parle à ce prix.
####### SALOME.
N'importe.
####### HÉRODE.
Eh bien !
####### SALOME.
C'est....

### SCÈNE VI. — HÉRODE, SALOME, MAZAËL.

####### MAZAËL.
Ah ! seigneur,
Venez, ne souffrez pas que ce crime s'achève :
Votre épouse vous fuit ; Sohême vous l'enlève.
####### HÉRODE.
Marianne ! Sohême ! où suis-je ? justes cieux !
####### MAZAËL.
Sa mère, ses enfants, quittaient déjà ces lieux.
Sohême a préparé cette indigne retraite ;
Il a près de ces murs une escorte secrète :
Marianne l'attend pour sortir du palais ;
Et vous allez, seigneur, la perdre pour jamais.
####### HÉRODE.
Ah ! le charme est rompu ; le jour enfin m'éclaire.
Venez ; à son courroux connaissez votre frère :
Surprenons l'infidèle ; et vous allez juger
S'il est encore Hérode, et s'il sait se venger.

## ACTE QUATRIEME.

### SCÈNE I. — SALOME, MAZAËL.

MAZAËL.

Quoi ! lorsque sans retour Mariamne est perdue,
Quand la faveur d'Hérode à vos vœux est rendue,
Dans ces sombres chagrins qui peut donc vous plonger ?
Madame, en se vengeant, le roi va vous venger :
Sa fureur est au comble ; et moi-même je n'ose
Regarder sans effroi les malheurs que je cause.
Vous avez vu tantôt ce spectacle inhumain ;
Ces esclaves tremblants égorgés de sa main ;
Près de leurs corps sanglants la reine évanouie ;
Le roi, le bras levé, prêt à trancher sa vie ;
Ses fils baignés de pleurs, embrassant ses genoux,
Et présentant leur tête au-devant de ses coups.
Que vouliez-vous de plus ? que craignez-vous encore ?

SALOME.

Je crains le roi ; je crains ces charmes qu'il adore,
Ce bras prompt à punir, prompt à se désarmer,
Cette colère enfin facile à s'enflammer,
Mais qui, toujours douteuse, et toujours aveuglée,
En ses transports soudains s'est peut-être exhalée.
Quel fruit me revient-il de ses emportements ?
Sohême a-t-il pour moi de plus doux sentiments ?
Il me hait encor plus ; et mon malheureux frère,
Forcé de se venger d'une épouse adultère,
Semble me reprocher sa honte et son malheur.
Il voudrait pardonner ; dans le fond de son cœur
Il gémit en secret de perdre ce qu'il aime ;
Il voudrait, s'il se peut, ne punir que moi-même :
Mon funeste triomphe est encore incertain.
J'ai deux fois en un jour vu changer mon destin ;
Deux fois j'ai vu l'amour succéder à la haine ;
Et nous sommes perdus s'il voit encor la reine.

### SCÈNE II. — HÉRODE, SALOME, MAZAËL, GARDES.

MAZAËL.

Il vient : de quelle horreur il paraît agité !

SALOME.

Seigneur, votre vengeance est-elle en sûreté ?

MAZAËL.

Me préserve le ciel que ma voix téméraire,

D'un roi clément et sage irritant la colère,
Ose se faire entendre entre la reine et lui !
Mais, seigneur, contre vous Sohême est son appui.
Non, ne vous vengez point, mais veillez sur vous-même,
Redoutez ses complots et la main de Sohême.

HÉRODE.

Ah ! je ne le crains point.

NAZAEL.

Seigneur, n'en doutez pas.
De l'adultère au meurtre il n'est souvent qu'un pas.

HÉRODE.

Que dites-vous ?

NAZAEL.

Sohême, incapable de feindre,
Fut de vos ennemis toujours le plus à craindre ;
Ceux dont il s'assura le coupable secours
Ont parlé hautement d'attenter à vos jours.

HÉRODE.

Marianne me hait, c'est là son plus grand crime.
Ma sœur, vous approuvez la fureur qui m'anime ;
Vous voyez mes chagrins, vous en avez pitié ;
Mon cœur n'attend plus rien que de votre amitié.
Hélas ! plein d'une erreur trop fatale et trop chère,
Je vous sacrifiais au seul soin de lui plaire :
Je vous comptais déjà parmi mes ennemis,
Je punissais sur vous sa haine et ses mépris.
Ah ! j'atteste à vos yeux ma tendresse outragée
Qu'avant la fin du jour vous en serez vengée ;
Je veux surtout, je veux, dans ma juste fureur,
La punir du pouvoir qu'elle avait sur mon cœur.
Hélas ! jamais ce cœur ne brûla que pour elle ;
J'aimai, je détestai, j'adorai l'infidèle,
Et toi, Sohême, et toi, ne crois pas m'échapper !
Avant le coup mortel dont je dois te frapper,
Va, je te punirai dans un autre toi-même ;
Tu verras cet objet qui m'abhorre et qui t'aime,
Cet objet à mon cœur jadis si précieux,
Dans l'horreur des tourments expirant à tes yeux :
Que sur toi, sous mes coups, tout son sang rejaillisse !
Tu l'aimes, il suffit, sa mort est ton supplice.

NAZAEL.

Ménagez, croyez-moi, des moments précieux ;
Et, tandis que Sohême est absent de ces lieux,
Que par lui, loin des murs, sa garde est dispersée,
Saisissez, achevez une vengeance aisée.

SALOMÉ.

Mais au peuple surtout cachez votre douleur.

D'un spectacle funeste épargnez-vous l'horreur ;
Loin de ces tristes lieux, témoins de votre outrage,
Fuyez de tant d'affronts la douloureuse image.
            HÉRODE.
Je vois quel est son crime et quel fut son projet.
Je vois pour qui Sohême ainsi vous outrageait.
            SALOMÉ.
Laissez mes intérêts ; songez à votre offense.
            HÉRODE.
Elle avait jusqu'ici vécu dans l'innocence ;
Je ne lui reprochais que ses emportements,
Cette audace opposée à tous mes sentiments,
Ses mépris pour ma race, et ses altiers murmures.
Du sang asmonéen j'essuyai trop d'injures.
Mais a-t-elle en effet voulu mon déshonneur ?
            SALOMÉ.
Écartez cette idée : oubliez-la, seigneur ;
Calmez-vous.
            HÉRODE.
            Non ; je veux la voir et la confondre :
Je veux l'entendre ici, la forcer à répondre :
Qu'elle tremble en voyant l'appareil du trépas ;
Qu'elle demande grâce, et ne l'obtienne pas.
            SALOMÉ.
Quoi ! seigneur, vous voulez vous montrer à sa vue ?
            HÉRODE.
Ah ! ne redoutez rien, sa perte est résolue.
Vainement l'infidèle espère en mon amour,
Mon cœur à la clémence est fermé sans retour ;
Loin de craindre ces yeux qui m'avaient trop su plaire,
Je sens que sa présence aigrira ma colère.
Gardes, que dans ces lieux on la fasse venir.
Je ne veux que la voir, l'entendre, et la punir.
Ma sœur, pour un moment souffrez que je respire.
Qu'on appelle la reine ; et vous, qu'on se retire.

### SCÈNE III. — HÉRODE.

Tu veux la voir, Hérode ; à quoi te résous-tu ?
Conçois-tu les desseins de ton cœur éperdu ?
Quoi ! son crime à tes yeux n'est-il pas manifeste ?
N'es-tu pas outragé ? que t'importe le reste ?
Quel fruit espères-tu de ce triste entretien ?
Ton cœur peut-il douter des sentiments du sien ?
Hélas ! tu sais assez combien elle t'abhorre.
Tu prétends te venger ! pourquoi vit-elle encore ?
Tu veux la voir ! ah ! lâche, indigne de régner,

Va soupirer près d'elle, et cours lui pardonner.
Va voir cette beauté si longtemps adorée.
Non, elle périra; non, sa mort est jurée.
Vous serez répandu, sang de mes ennemis,
Sang des Asmonéens dans ses veines transmis,
Sang qui me haïssez, et que mon cœur déteste.
Mais la voici : grand Dieu ! quel spectacle funeste !

SCÈNE IV. — MARIAMNE, HÉRODE, ÉLISE, GARDES

ÉLISE.
Reprenez vos esprits, madame, c'est le roi.
MARIAMNE.
Où suis-je ? où vais-je ? ô Dieu ! je me meurs ! je le voi.
HÉRODE.
D'où vient qu'à son aspect mes entrailles frémissent ?
MARIAMNE.
Élise, soutiens-moi, mes forces s'affaiblissent.
ÉLISE.
Avançons.
MARIAMNE.
  Quel tourment !
HÉRODE.
    Que lui dirai-je ? ô cieux !
MARIAMNE.
Pourquoi m'ordonnez-vous de paraître à vos yeux ?
Voulez-vous de vos mains m'ôter ce faible reste
D'une vie à tous deux également funeste ?
Vous le pouvez : frappez, le coup m'en sera doux ;
Et c'est l'unique bien que je tiendrai de vous.
HÉRODE.
Oui, je me vengerai, vous serez satisfaite :
Mais parlez, défendez votre indigne retraite.
Pourquoi, lorsque mon cœur si longtemps offensé,
Indulgent pour vous seule, oubliait le passé,
Lorsque vous partagiez mon empire et ma gloire,
Pourquoi prépariez-vous cette fuite si noire ?
Quel dessein, quelle haine a pu vous posséder ?
MARIAMNE.
Ah ! seigneur, est-ce à vous à me le demander ?
Je ne veux point vous faire un reproche inutile :
Mais si, loin de ces lieux, j'ai cherché quelque asile.
Si Mariamne enfin, pour la première fois,
Du pouvoir d'un époux méconnaissant les droits,
A voulu se soustraire à son obéissance,
Songez à tous ces rois dont je tiens la naissance,
A mes périls présents, à mes malheurs passés,
Et condamnez ma fuite après, si vous l'osez.

### ACTE IV, SCÈNE IV.

HÉRODE.

Quoi ! lorsque avec un traître un fol amour vous lie !
Quand Sohême...

MARIAMNE.

Arrêtez ; il suffit de ma vie.
D'un si cruel affront cessez de me couvrir ;
Laissez-moi chez les morts descendre sans rougir.
N'oubliez pas du moins qu'attachés l'un à l'autre,
L'hymen qui nous unit joint mon honneur au vôtre.
Voilà mon cœur, frappez : mais en portant vos coups
Respectez Mariamne, et même son époux.

HÉRODE.

Perfide ! il vous sied bien de prononcer encore
Ce nom qui vous condamne et qui me déshonore ?
Vos coupables dédains vous accusent assez,
Et je crois tout de vous, si vous me haïssez.

MARIAMNE.

Quand vous me condamnez, quand ma mort est certaine,
Que vous importe, hélas ! ma tendresse ou ma haine ?
Et quel droit désormais avez-vous sur mon cœur,
Vous qui l'avez rempli d'amertume et d'horreur,
Vous qui, depuis cinq ans, insultez à mes larmes,
Qui marquez sans pitié mes jours par mes alarmes :
Vous, de tous mes parents destructeur odieux ;
Vous, teint du sang d'un père expirant à mes yeux ?
Cruel ! ah ! si du moins votre fureur jalouse
N'eût jamais attenté qu'aux jours de votre épouse,
Les cieux me sont témoins que mon cœur tout à vous
Vous chérirait encore en mourant par vos coups.
Mais qu'au moins mon trépas calme votre furie ;
N'étendez point mes maux au delà de ma vie :
Prenez soin de mes fils, respectez votre sang ;
Ne les punissez pas d'être nés dans mon flanc ;
Hérode, ayez pour eux des entrailles de père :
Peut-être un jour, hélas ! vous connaîtrez leur mère :
Vous plaindrez, mais trop tard, ce cœur infortuné
Que seul dans l'univers vous avez soupçonné :
Ce cœur qui n'a point su, trop superbe peut-être,
Déguiser ses douleurs et ménager un maître,
Mais qui jusqu'au tombeau conserva sa vertu,
Et qui vous eût aimé si vous l'aviez voulu.

HÉRODE.

Qu'ai-je entendu ? quel charme et quel pouvoir suprême
Commande à ma colère et m'arrache à moi-même ?
Mariamne....

MARIAMNE.

Cruel !...

HÉRODE.
          O faiblesse ! ô fureur !
MARIAMNE.
De l'état où je suis voyez du moins l'horreur.
Otez-moi par pitié cette odieuse vie.
HÉRODE.
Ah ! la mienne à la vôtre est pour jamais unie.
C'en est fait, je me rends : bannissez votre effroi ;
Puisque vous m'avez vu, vous triomphez de moi.
Vous n'avez plus besoin d'excuse et de défense ;
Ma tendresse pour vous vous tient lieu d'innocence.
En est-ce assez, ô ciel ! en est-ce assez, amour.
C'est moi qui vous implore et qui tremble à mon tour.
Serez-vous aujourd'hui la seule inexorable ?
Quand j'ai tout pardonné, serai-je encor coupable ?
Mariamne, cessons de nous persécuter :
Nos cœurs ne sont-ils faits que pour se détester ?
Nous faudra-t-il toujours redouter l'un et l'autre ?
Finissons à la fois ma douleur et la vôtre.
Commençons sur nous-même à régner en ce jour ;
Rendez-moi votre main, rendez-moi votre amour.
MARIAMNE.
Vous demandez ma main ! Juste ciel que j'implore,
Vous savez de quel sang la sienne fume encore !
HÉRODE.
Eh bien ! j'ai fait périr et ton père et mon roi ;
J'ai répandu son sang pour régner avec toi ;
Ta haine en est le prix, ta haine est légitime :
Je n'en murmure point, je connais tout mon crime.
Que dis-je ? son trépas, l'affront fait à tes fils,
Sont les moindres forfaits que mon cœur ait commis.
Hérode a jusqu'à toi porté sa barbarie ;
Durant quelques moments je t'ai même haïe :
J'ai fait plus, ma fureur a pu te soupçonner ;
Et l'effort des vertus est de me pardonner.
D'un trait si généreux ton cœur seul est capable ;
Plus Hérode à tes yeux doit paraître coupable,
Plus ta grandeur éclate à respecter en moi
Ces nœuds infortunés qui m'unissent à toi.
Tu vois où je m'emporte, et quelle est ma faiblesse ;
Garde-toi d'abuser du trouble qui me presse.
Cher et cruel objet d'amour et de fureur,
Si du moins la pitié peut entrer dans ton cœur,
Calme l'affreux désordre où mon âme s'égare.
Tu détournes les yeux.... Mariamne....
MARIAMNE.
                              Ah, barbare !

Un juste repentir produit-il vos transports,
Et pourrai-je, en effet, compter sur vos remords?.
### HÉRODE.
Oui, tu peux tout sur moi, si j'amollis ta haine.
Hélas! ma cruauté, ma fureur inhumaine,
C'est toi qui dans mon cœur as su la rallumer;
Tu m'as rendu barbare en cessant de m'aimer;
Que ton crime et le mien soient noyés dans mes larmes!
Je te jure....

SCÈNE V. — HÉRODE, MARIAMNE, ÉLISE, UN GARDE.

### LE GARDE.
Seigneur, tout le peuple est en armes;
Dans le sang des bourreaux il vient de renverser
L'échafaud que Salome a déjà fait dresser.
Au peuple, à vos soldats, Sohême parle en maître :
Il marche vers ces lieux, il vient, il va paraître.

### HÉRODE.
Quoi! dans le moment même où je suis à vos pieds,
Vous auriez pu, perfide!...

### MARIAMNE.
Ah! seigneur, vous croiriez....

### HÉRODE.
Tu veux ma mort! eh bien! je vais remplir ta haine :
Mais au moins dans ma tombe il faut que je t'entraîne,
Et qu'unis malgré toi.... Qu'on la garde, soldats!

SCÈNE VI. — HÉRODE, MARIAMNE, SALOME, MAZAËL, ÉLISE, GARDES.

### SALOME.
Ah! mon frère, aux Hébreux ne vous présentez pas.
Le peuple soulevé demande votre vie;
Le nom de Mariamne excite leur furie;
De vos mains, de ces lieux, ils viennent l'arracher.

### HÉRODE.
Allons; ils me verront, et je cours les chercher.
De l'horreur où je suis tu répondras, cruelle!
Ne l'abandonnez pas, ma sœur; veillez sur elle.

### MARIAMNE.
Je ne crains point la mort; mais j'atteste les cieux....

### MAZAËL.
Seigneur, vos ennemis sont déjà sous vos yeux.

### HÉRODE.
Courons.... Mais quoi! laisser la coupable impunie!
Ah! je veux dans son sang laver sa perfidie;
Je veux, j'ordonne.... Hélas! dans mon funeste sort,
Je ne puis rien résoudre, et vais chercher la mort.

## ACTE CINQUIÈME.

SCÈNE I. — MARIAMNE, ÉLISE, GARDES.

MARIAMNE.

Éloignez-vous, soldats; daignez laisser du moins
Votre reine un moment respirer sans témoins.
(Les gardes se retirent au coin du théâtre.)
Voilà donc, juste Dieu, quelle est ma destinée!
La splendeur de mon sang, la pourpre où je suis née,
Enfin ce qui semblait promettre à mes beaux jours
D'un bonheur assuré l'inaltérable cours;
Tout cela n'a donc fait que verser sur ma vie
Le funeste poison dont elle fut remplie!
O naissance! ô jeunesse! et toi, triste beauté,
Dont l'éclat dangereux enfla ma vanité,
Flatteuse illusion dont je fus occupée,
Vaine ombre de bonheur, que vous m'avez trompée!
Sur ce trône coupable un éternel ennui
M'a creusé le tombeau que l'on m'ouvre aujourd'hui.
Dans les eaux du Jourdain j'ai vu périr mon frère;
Mon époux à mes yeux a massacré mon père;
Par ce cruel époux condamnée à périr,
Ma vertu me restait, on ose la flétrir.
Grand Dieu! dont les rigueurs éprouvent l'innocence,
Je ne demande point ton aide ou ta vengeance;
J'appris de mes aïeux, que je sais imiter,
A voir la mort sans crainte et sans la mériter;
Je t'offre tout mon sang : défends au moins ma gloire;
Commande à mes tyrans d'épargner ma mémoire;
Que le mensonge impur n'ose plus m'outrager.
Honorer la vertu, c'est assez la venger.
Mais quel tumulte affreux! quels cris! quelles alarmes!
Ce palais retentit du bruit confus des armes.
Hélas! j'en suis la cause, et l'on périt pour moi.
On enfonce la porte. Ah! qu'est-ce que je vois?

SCÈNE II. — MARIAMNE, SOHÊME, ÉLISE, AMMON,
SOLDATS D'HÉRODE, SOLDATS DE SOHÊME.

SOHÊME.

Fuyez, vils ennemis qui gardez votre reine!
Lâches, disparaissez! Soldats, qu'on les enchaîne.
(Les gardes et les soldats d'Hérode s'en vont.)
Venez, reine, venez, secondez nos efforts;

## ACTE V, SCÈNE II.

Suivez mes pas, marchons dans la foule des morts.
A vos persécuteurs vous n'êtes plus livrée :
Ils n'ont pu de ces lieux me défendre l'entrée.
Dans son perfide sang Mazaël est plongé,
Et du moins à demi mon bras vous a vengé.
D'un instant précieux saisissez l'avantage ;
Mettez ce front auguste à l'abri de l'orage :
Avançons.

### MARIAMNE.
Non, Sohême, il ne m'est plus permis
D'accepter vos bontés contre mes ennemis,
Après l'affront cruel et la tache trop noire
Dont les soupçons d'Hérode ont offensé ma gloire :
Je les mériterais, si je pouvais souffrir
Cet appui dangereux que vous venez m'offrir.
Je crains votre secours, et non sa barbarie.
Il est honteux pour moi de vous devoir la vie :
L'honneur m'en fait un crime, il le faut expier ;
Et j'attends le trépas pour me justifier.

### SOHÊME.
Que faites-vous, hélas ! malheureuse princesse ?
Un moment peut vous perdre. On combat ; le temps presse
Craignez encore Hérode armé du désespoir.

### MARIAMNE.
Je ne crains que la honte, et je sais mon devoir.

### SOHÊME.
Faut-il qu'en vous servant toujours je vous offense ?
Je vais donc, malgré vous, servir votre vengeance
Je cours à ce tyran qu'en vain vous respectez ;
Je revole au combat : et mon bras....

### MARIAMNE.
Arrêtez :
Je déteste un triomphe à mes yeux si coupable :
Seigneur, le sang d'Hérode est pour moi respectable.
C'est lui de qui les droits....

### SOHÊME.
L'ingrat les a perdus.

### MARIAMNE.
Par les nœuds les plus saints....

### SOHÊME.
Tous vos nœuds sont rompus.

### MARIAMNE.
Le devoir nous unit....

### SOHÊME.
Le crime vous sépare.
N'arrêtez plus mes pas ; vengez-vous d'un barbare
Sauvez tant de vertus....

MARIAMNE.
Vous les déshonorez.

SOHÊME.
! va trancher vos jours.

MARIAMNE.
Les siens me sont sacrés.

SOHÊME.
Il a souillé sa main du sang de votre père.

MARIAMNE.
Je sais ce qu'il a fait, et ce que je dois faire ;
De sa fureur ici j'attends les derniers traits,
Et ne prends point de lui l'exemple des forfaits.

SOHÊME.
O courage ! ô constance ! ô cœur inébranlable !
Dieu ! que tant de vertu rend Hérode coupable !
Plus vous me commandez de ne point vous servir,
Et plus je vous promets de vous désobéir.
Votre honneur s'en offense, et le mien me l'ordonne ;
Il n'est rien qui m'arrête, il n'est rien qui m'étonne ;
Et je cours réparer, en cherchant votre époux,
Ce temps que j'ai perdu sans combattre pour vous

MARIAMNE.
Seigneur....

SCÈNE III. — MARIAMNE, ÉLISE, GARDES.

MARIAMNE.
Mais il m'échappe, il ne veut point m'entendre.
Ciel ! ô ciel ! épargnez le sang qu'on va répandre !
Épargnez mes sujets ; épuisez tout sur moi !
Sauvez le roi lui-même !

SCÈNE IV. — MARIAMNE, ÉLISE, NARBAS, GARDES.

MARIAMNE.
Ah ! Narbas, est-ce toi ?
Qu'as-tu fait de mes fils, et que devient ma mère ?

NARBAS.
Le roi n'a point sur eux étendu sa colère ;
Unique et triste objet de ses transports jaloux,
Dans ces extrémités ne craignez que pour vous.
Le seul nom de Sohême augmente sa furie ;
Si Sohême est vaincu, c'est fait de votre vie :
Déjà même, déjà le barbare Zarès
A marché vers ces lieux, chargé d'ordres secrets.
Osez paraître, osez vous secourir vous-même ;
Jetez-vous dans les bras d'un peuple qui vous aime ;
Faites voir Mariamne à ce peuple abattu ;

## ACTE V, SCÈNE IV.

Vos regards lui rendront son antique vertu.
Appelons à grands cris nos Hébreux et nos prêtres,
Tout Juda défendra le pur sang de ses maîtres;
Madame, avec courage il faut vaincre ou périr.
Daignez....

MARIAMNE.

Le vrai courage est de savoir souffrir,
Non d'aller exciter une foule rebelle
A lever sur son prince une main criminelle.
Je rougirais de moi, si, craignant mon malheur,
Quelques vœux pour sa mort avaient surpris mon cœur;
Si j'avais un moment souhaité ma vengeance,
Et fondé sur sa perte un reste d'espérance.
Narbas, en ce moment le ciel met dans mon sein
Un désespoir plus noble, un plus digne dessein.
Le roi, qui me soupçonne, enfin va me connaître.
Au milieu du combat on me verra paraître :
De Sohême et du roi j'arrêterai les coups;
Je remettrai ma tête aux mains de mon époux.
Je fuyais ce matin sa vengeance cruelle;
Ses crimes m'exilaient, son danger me rappelle.
Ma gloire me l'ordonne, et, prompte à l'écouter,
Je vais sauver au roi le jour qu'il veut m'ôter.

NARBAS.

Hélas! où courez-vous? dans quel désordre extrême?...

MARIAMNE.

Je suis perdue, hélas! c'est Hérode lui-même.

SCÈNE V. — HÉRODE, MARIAMNE, ÉLISE, NARBAS, IDAMAS, GARDES.

HÉRODE.

Ils se sont vus : ah Dieu!... Perfide, tu mourras.

MARIAMNE.

Pour la dernière fois, seigneur, ne souffrez pas....

HÉRODE.

Sortez.... Vous, qu'on la suive.

NARBAS.

O justice éternelle!

SCÈNE VI. — HÉRODE, IDAMAS, GARDES.

HÉRODE.

Que je n'entende plus le nom de l'infidèle.
Eh bien! braves soldats, n'ai-je plus d'ennemis?

IDAMAS.

Seigneur, ils sont défaits; les Hébreux sont soumis;
Sohême tout sanglant vous laisse la victoire :

Ce jour vous a comblé d'une nouvelle gloire.

HÉRODE.

Quelle gloire!

IDAMAS.

Elle est triste; et tant de sang versé,
Seigneur, doit satisfaire à votre honneur blessé.
Sohême a de la reine attesté l'innocence.

HÉRODE.

De la coupable enfin je vais prendre vengeance.
Je perds l'indigne objet que je n'ai pu gagner,
Et de ce seul moment je commence à régner.
J'étais trop aveuglé; ma fatale tendresse
Était ma seule tache et ma seule faiblesse.
Laissons mourir l'ingrate; oublions ses attraits;
Que son nom dans ces lieux s'efface pour jamais :
Que dans mon cœur surtout sa mémoire périsse.
Enfin tout est-il prêt pour ce juste supplice?

IDAMAS.

Oui, seigneur.

HÉRODE.

Quoi! sitôt on a pu m'obéir?
Infortuné monarque! elle va donc périr!
Tout est prêt, Idamas?

IDAMAS.

Vos gardes l'ont saisie;
Votre vengeance, hélas! sera trop bien servie.

HÉRODE.

Elle a voulu sa perte; elle a su m'y forcer.
Que l'on me venge. Allons, il n'y faut plus penser.
Hélas! j'aurais voulu vivre et mourir pour elle.
A quoi m'as-tu réduit, épouse criminelle?

SCÈNE VII. — HÉRODE, IDAMAS, NARBAS.

HÉRODE.

Narbas, où courez-vous? juste ciel! vous pleurez!
De crainte, en le voyant, mes sens sont pénétrés.

NARBAS.

Seigneur....

HÉRODE.

Ah! malheureux! que venez-vous me dire?

NARBAS.

Ma voix en vous parlant sur mes lèvres expire.

HÉRODE.

Mariamne....

NARBAS.

O douleur! ô regrets superflus!

ACTE V, SCÈNE VII.

HÉRODE.

Quoi! c'en est fait?

NARBAS.
Seigneur, Mariamne n'est plus.

HÉRODE.
Elle n'est plus? grand Dieu!

NARBAS.
Je dois à sa mémoire,
A sa vertu trahie, à vous, à votre gloire,
De vous montrer le bien que vous avez perdu,
Et le prix de ce sang par vos mains répandu.
Non, seigneur, non, son cœur n'était point infidèle.
Hélas! lorsque Sohême a combattu pour elle,
Votre épouse, à mes yeux détestant son secours,
Volait pour vous défendre au péril de ses jours.

HÉRODE.
Qu'entends-je? ah! malheureux! ah! désespoir extrême!
Narbas, que m'as-tu dit?

NARBAS.
C'est dans ce moment même
Où son cœur se faisait ce généreux effort,
Que vos ordres cruels l'ont conduite à la mort.
Salome avait pressé l'instant de son supplice.

HÉRODE.
O monstre, qu'à regret épargna ma justice!
Monstre, quels châtiments sont pour toi réservés!
Que ton sang, que le mien.... Ah! Narbas, achevez.
Achevez mon trépas par ce récit funeste.

NARBAS.
Comment pourrai-je, hélas! vous apprendre le reste?
Vos gardes de ces lieux ont osé l'arracher.
Elle a suivi leurs pas sans vous rien reprocher,
Sans affecter d'orgueil, et sans montrer de crainte:
La douce majesté sur son front était peinte;
La modeste innocence et l'aimable pudeur
Régnaient dans ses beaux yeux ainsi que dans son cœur:
Son malheur ajoutait à l'éclat de ses charmes.
Nos prêtres, nos Hébreux, dans les cris, dans les larmes,
Conjuraient vos soldats, levaient les mains vers eux,
Et demandaient la mort avec des cris affreux.
Hélas! de tous côtés, dans ce désordre extrême,
En pleurant Mariamne, on vous plaignait vous-même:
On disait hautement qu'un arrêt si cruel
Accablerait vos jours d'un remords éternel.

HÉRODE.
Grand Dieu! que chaque mot me porte un coup terrible!

NARBAS.

Aux larmes des Hébreux Mariamne sensible
Consolait tout ce peuple en marchant au trépas :
Enfin vers l'échafaud on a conduit ses pas ;
C'est là qu'en soulevant ses mains appesanties,
Du poids affreux des fers indignement flétries :
« Cruel, a-t-elle dit, et malheureux époux !
Mariamne en mourant ne pleure que sur vous ;
Puissiez-vous par ma mort finir vos injustices !
Vivez, régnez heureux sous de meilleurs auspices ;
Voyez d'un œil plus doux mes peuples et mes fils ;
Aimez-les : je mourrai trop contente à ce prix. »
En achevant ces mots, votre épouse innocente
Tend au fer des bourreaux cette tête charmante
Dont la terre admirait les modestes appas.
Seigneur, j'ai vu lever le parricide bras ;
J'ai vu tomber....

HÉRODE.

Tu meurs, et je respire encore !
Mânes sacrés, chère ombre, épouse que j'adore,
Reste pâle et sanglant de l'objet le plus beau,
Je te suivrai du moins dans la nuit du tombeau.
Quoi ! vous me retenez ? quoi ! citoyens perfides,
Vous arrachez ce fer à mes mains parricides ?
Ma chère Mariamne, arme-toi, punis-moi ;
Viens déchirer ce cœur qui brûle encor pour toi.
Je me meurs.

(Il tombe dans un fauteuil.)

NARBAS.

De ses sens il a perdu l'usage ;
Il succombe à ses maux.

HÉRODE.

Quel funeste nuage
S'est répandu soudain sur mes esprits troublés !
D'un sombre et noir chagrin mes sens sont accablés.
D'où vient qu'on m'abandonne au trouble qui me gêne ?
Je ne vois point ma sœur, je ne vois point la reine :
Vous pleurez ! vous n'osez vous approcher de moi !
Triste Jérusalem, tu fuis devant ton roi !
Qu'ai-je donc fait ? pourquoi suis-je en horreur au monde ?
Qui me délivrera de ma douleur profonde ?
Par qui ce long tourment sera-t-il adouci ?
Qu'on cherche Mariamne, et qu'on l'amène ici.

NARBAS.

Mariamne, seigneur !

HÉRODE.

Oui, je sens que sa vue

### ACTE V, SCÈNE VII.

Va rendre un calme heureux à mon âme éperdue ;
Toujours devant ses yeux, que j'aime et que je crains,
Mon cœur est moins troublé, mes jours sont plus sereins :
Déjà même à son nom mes douleurs s'affaiblissent ;
Déjà de mon chagrin les ombres s'éclaircissent ;
Qu'elle vienne.

NARBAS.
Seigneur....

HÉRODE.
Je veux la voir.

NARBAS.
Hélas !
Avez-vous pu, seigneur, oublier son trépas ?

HÉRODE.
Cruel ! que dites-vous ?

NARBAS.
La douleur le transporte ;
Il ne se connaît plus.

HÉRODE.
Quoi ! Mariamne est morte ?
Ah ! funeste raison, pourquoi m'éclaires-tu ?
Jour triste, jour affreux, pourquoi m'es-tu rendu ?
Lieux teints de ce beau sang que l'on vient de répandre,
Murs que j'ai relevés, palais, tombez en cendre ;
Cachez sous les débris de vos superbes tours
La place où Mariamne a vu trancher ses jours.
Quoi ! Mariamne est morte, et j'en suis l'homicide !
Punissez, déchirez un monstre parricide,
Armez-vous contre moi, sujets qui la perdez ;
Tonnez, écrasez-moi, cieux qui la possédez !

---

# VARIANTES
### DE LA TRAGÉDIE DE *MARIAMNE*.

### SCÈNES III ET IV DU III<sup>e</sup> ACTE,

TELLES QU'ELLES ONT ÉTÉ JOUÉES A LA PREMIÈRE REPRÉSENTATION (1724).

SCÈNE III. — VARUS, HÉRODE, MAZAËL, SUITE.

HÉRODE.
Avant que sur mon front je mette la couronne,
Que m'ôta la fortune, et que César me donne,
Je viens en rendre hommage au héros dont la voix
De Rome en ma faveur a fait pencher le choix.
De vos lettres, seigneur, les heureux témoignages

D'Auguste et du sénat m'ont gagné les suffrages ;
Et pour premier tribut, j'apporte à vos genoux
Un sceptre que ma main n'eût point porté sans vous.
Je vous dois encor plus : vos soins, votre présence,
De mon peuple indocile ont dompté l'insolence ;
Vos succès m'ont appris l'art de le gouverner ;
Et m'instruire était plus que de me couronner.
Sur vos derniers bienfaits excusez mon silence ;
Je sais ce qu'en ces lieux a fait votre prudence ;
Et, trop plein de mon trouble et de mon repentir,
Je ne puis à vos yeux que me taire et souffrir.

VARUS.

Puisqu'aux yeux du sénat vous avez trouvé grâce,
Sur le trône aujourd'hui reprenez votre place.
Régnez : César le veut. Je remets en vos mains
L'autorité qu'aux rois permettent les Romains.
J'ose espérer de vous qu'un règne heureux et juste
Justifiera mes soins et les bontés d'Auguste ;
Je ne me flatte pas de savoir enseigner
A des rois tels que vous le grand art de régner.
On vous a vu longtemps, dans la paix, dans la guerre,
En donner des leçons au reste de la terre :
Votre gloire, en un mot, ne peut aller plus loin ;
Mais il est des vertus dont vous avez besoin.
Voici le temps surtout que sur ce qui vous touch
L'austère vérité doit passer par ma bouche ;
D'autant plus, qu'entouré de flatteurs assidus,
Puisque vous êtes roi, vous ne l'entendrez plus.
On vous a vu longtemps, respecté dans l'Asie,
Régner avec éclat, mais avec barbarie :
Craint de tous vos sujets ; admiré, mais haï ;
Et par vos flatteurs même à regret obéi.
Jaloux d'une grandeur avec peine achetée,
Du sang de vos parents vous l'avez cimentée
Je ne dis rien de plus : mais vous devez songer
Qu'il est des attentats que César peut venger ;
Qu'il n'a point en vos mains mis son pouvoir suprême
Pour régner en tyran sur un peuple qu'il aime ;
Et que, du haut du trône, un prince en ses États
Est comptable aux Romains du moindre de ses pas.
Croyez-moi : la Judée est lasse de supplices ;
Vous en fûtes l'effroi ; soyez-en les délices.
Vous connaissez le peuple : on le change en un jour ;
Il prodigue aisément sa haine et son amour :
Si la rigueur l'aigrit, la clémence l'attire.
Enfin souvenez-vous, en reprenant l'empire,
Que Rome à l'esclavage a pu vous destiner,
Et du moins apprenez de Rome à pardonner.

HÉRODE.

Oui, seigneur, il est vrai que les destins sévères
M'ont souvent arraché des rigueurs nécessaires.
Souvent, vous le savez, l'intérêt des États
Dédaigne la justice et veut des attentats.
Rome, que l'univers avec frayeur contemple

# VARIANTES. 153

Rome, dont vous voulez que je suive l'exemple,
Aux rois qu'elle gouverne a pris soin d'enseigner
Comme il faut qu'on la craigne, et comme il faut régner.
De ses proscriptions nous gardons la mémoire :
César même, César, au comble de la gloire,
N'eût point vu l'univers à ses pieds prosterné,
Si sa bonté facile eût toujours pardonné.
Ce peuple de rivaux, d'ennemis et de traîtres,
Ne pouvait....

### VARUS.

Arrêtez, et respectez vos maîtres !
Ne leur reprochez point ce qu'ils ont réparé :
Et, du sceptre aujourd'hui par leurs mains honoré,
Sans rechercher en eux cet exemple funeste,
Imitez leurs vertus, oubliez tout le reste.
Sur votre trône assis, ne vous souvenez plus
Que des biens que sur vous leurs mains ont répandus.
Gouvernez en bon roi, si vous voulez leur plaire
Commencez par chasser ce flatteur mercenaire
Qui, du masque imposant d'une feinte bonté,
Cache un cœur ténébreux par le crime infecté.
C'est lui qui, le premier, écarta de son maître
Des cœurs infortunés qui vous cherchaient peut-être.
Le pouvoir odieux dont il est revêtu
A fait fuir devant vous la timide vertu.
Il marche, accompagné de délateurs perfides,
Qui, des tristes Hébreux inquisiteurs avides,
Par cent rapports honteux, par cent détours abjects,
Trafiquent avec lui du sang de vos sujets.
Cessez ; n'honorez plus leurs bouches criminelles
D'un prix que vous devez à des sujets fidèles.
De tous ces délateurs le secours tant vanté
Fait la honte du trône, et non la sûreté.
Pour Salome, seigneur, vous devez la connaître :
Et si vous aimez tant à gouverner en maître,
Confiez à des cœurs plus fidèles pour vous
Ce pouvoir souverain dont vous êtes jaloux.
Après cela, seigneur, je n'ai rien à vous dire ;
Reprenez désormais les rênes de l'empire ;
De Tyr à Samarie allez donner la loi :
Je vous parle en Romain, songez à vivre en roi.

### SCÈNE IV. — HÉRODE, MAZAËL.

#### MAZAËL.

Vous avez entendu ce superbe langage,
Seigneur ; souffrirez-vous qu'un préteur vous outrage,
Et que dans votre cour il ose impunément....

#### HÉRODE, *à sa suite*.

Sortez, et qu'en ces lieux on nous laisse un moment.
(*A Mazaël*)
Tu vois ce qu'il m'en coûte, et sans doute on peut croire
Que le joug des Romains offense assez ma gloire ;
Mais je règne à ce prix. Leur orgueil fastueux

Se plaît à voir les rois s'abaisser devant eux.
Leurs dédaigneuses mains jamais ne nous couronnent
Que pour mieux avilir les sceptres qu'ils nous donnent,
Pour avoir des sujets qu'ils nomment souverains,
Et sur des fronts sacrés signaler leurs dédains.
Il m'a fallu dans Rome, avec ignominie,
Oublier cet éclat tant vanté dans l'Asie :
Tel qu'un vil courtisan, dans la foule jeté,
J'allais des affranchis caresser la fierté ;
J'attendais leurs moments, je briguais leurs suffrages ;
Tandis qu'accoutumés à de pareils hommages,
Au milieu de vingt rois à leur cour assidus,
A peine ils remarquaient un monarque de plus.
  Je vis César enfin : je sus que son courage
Méprisait tous ces rois qui briguaient l'esclavage.
Je changeai ma conduite : une noble fierté
De mon rang avec lui soutint la dignité.
Je fus grand sans audace, et soumis sans bassesse ;
César m'en estima ; j'en acquis sa tendresse,
Et bientôt, dans sa cour appelé par son choix,
Je marchai distingué dans la foule des rois.
Ainsi, selon les temps, il faut qu'avec souplesse
Mon courage docile ou s'élève ou s'abaisse.
Je sais dissimuler, me venger, et souffrir ;
Tantôt parler en maître, et tantôt obéir.
Ainsi j'ai subjugué Solime et l'Idumée.
Ainsi j'ai fléchi Rome à ma porte animée,
Et toujours enchaînant la fortune à mon char,
J'étais ami d'Antoine, et le suis de César.
Heureux, après avoir avec tant d'artifice
Des destins ennemis corrigé l'injustice,
Quand je reviens en maître à l'Hébreu consterné
Montrer encor le front que Rome a couronné !
Heureux, si de mon cœur la faiblesse immortelle
Ne mêlait à ma gloire une honte éternelle !
Si mon fatal penchant n'aveuglait pas mes yeux !
Si Mariamne enfin n'était point en ces lieux !

MAZAËL.

Quoi ! seigneur, se peut-il que votre âme abusée
De ce feu malheureux soit encore embrasée ?

HÉRODE.

Que me demandes-tu ? ma main, ma faible main
A signé son arrêt, et l'a changé soudain.
Je cherche à la punir ; je m'empresse à l'absoudre ;
Je lance en même temps et je retiens la foudre ;
Je mêle malgré moi son nom dans mes discours,
Et tu peux demander si je l'aime toujours !

MAZAËL.

Seigneur, a-t-elle au moins cherché votre présence ?

HÉRODE.

Non.... j'ai cherché la sienne....

MAZAËL.

Eh quoi ! son arrogance !...
A-t-elle en son palais dédaigné de vous voir ?

# VARIANTES.

**HÉRODE.**

Mazaël, je l'ai vue ; et c'est mon désespoir,
Honteux, plein de regret de ma rigueur cruelle,
Interdit et tremblant, j'ai paru devant elle.
Ses regards, il est vrai, n'étaient point enflammés
Du courroux dont souvent je les ai vus armés.
. . . . . . . . . . . . . . . . . . . . . . . . . . .
Ces cris désespérés, ces mouvements d'horreur
Dont il fallut longtemps essuyer la fureur,
Quand par un coup d'État peut-être trop sévère,
J'eus fait assassiner et son père et son frère,
De ses propres périls son cœur moins agité
M'a surpris aujourd'hui par sa tranquillité.
Ses beaux yeux, dont l'éclat n'eut jamais tant de charmes,
S'efforçaient devant moi de me cacher leurs larmes.
J'admirais en secret sa modeste douleur :
Qu'en cet état, ô ciel ! elle a touché mon cœur !
Combien je détestais ma fureur homicide !
Je ne le cèle point ; plein d'un zèle timide,
Sans rougir, à ses pieds je me suis prosterné :
J'adorais cet objet que j'avais condamné.
Hélas ! mon désespoir la fatiguait encore ;
Elle se détournait d'un époux qu'elle abhorre ;
Ses regards inquiets n'osaient tomber sur moi ;
Et tout, jusqu'à mes pleurs, augmentait son effroi.

**MAZAËL.**

Sans doute elle vous hait ; sa haine envenimée
Jamais par vos bontés ne sera désarmée :
Vos respects dangereux nourrissent sa fierté.

**HÉRODE.**

Elle me hait ! Ah dieux ! je l'ai trop mérité ;
Je n'en murmure point : ma jalouse furie
A de malheurs sans nombre empoisonné sa vie.
J'ai dans le sein d'un père enfoncé le couteau ;
Je suis son ennemi, son tyran, son bourreau.
Je lui pardonne, hélas ! dans le sort qui l'accable,
De haïr à ce point un époux si coupable.

**MAZAËL.**

Étouffez les remords dont vous êtes pressé ;
Le sang de ses parents fut justement versé,
Les rois sont affranchis de ces règles austères
Que le devoir inspire aux âmes ordinaires.

**HÉRODE.**

Mariamne me hait ! Cependant autrefois,
Quand ce fatal hymen te rangea sous mes lois,
O reine ! s'il se peut, que ton cœur s'en souvienne
Ta tendresse en ce temps fut égale à la mienne.
Au milieu des périls, son généreux amour
Aux murs de Massada me conserva le jour.
Mazaël, se peut-il que d'une ardeur si sainte
La flamme sans retour soit pour jamais éteinte
Le cœur de Mariamne est-il fermé pour moi ?

**MAZAËL.**

Seigneur, m'est-il permis de parler à mon roi ?

MARIAMNE.

HÉRODE.

Ne me déguise rien, parle ; que faut-il faire ?
Comment puis-je adoucir sa trop juste colère ?
Par quel charme, à quel prix puis-je enfin l'apaiser ?

MAZAËL.

Pour la fléchir, seigneur, il la faut mépriser :
Des superbes beautés tel est le caractère.
Sa rigueur se nourrit de l'orgueil de vous plaire ;
Sa main, qui vous enchaîne, et que vous caressez,
Appesantit le joug sous qui vous gémissez.
Osez humilier son imprudente audace,
Forcez cette âme altière à vous demander grâce ;
Par un juste dédain songez à l'accabler,
Et que devant son maître elle apprenne à trembler.
Quoi donc ! ignorez-vous tout ce que l'on publie ?
Cet Hérode, dit-on, si vanté dans l'Asie,
Si grand dans ses exploits, si grand dans ses desseins,
Qui sut dompter l'Arabe et fléchir les Romains,
Aux pieds de son épouse, esclave sur son trône,
Reçoit d'elle en tremblant les ordres qu'il nous donne !

HÉRODE.

Malheureux, à mon cœur cesse de retracer
Ce que de tout mon sang je voudrais effacer :
Ne me parle jamais de ces temps déplorables.
Mes rigueurs n'ont été que trop impitoyables,
Je n'ai que trop bien mis mes soins à l'opprimer ;
Le ciel, pour m'en punir, me condamne à l'aimer.
Ses chagrins, sa prison, la perte de son père,
Les maux que je lui fais, me la rendent plus chère.
Enfin, c'est trop vous craindre et trop vous déchirer,
Mariamne, en un mot, je veux tout réparer.
Va la trouver : dis-lui que mon âme asservie
Met à ses pieds mon sceptre, et ma gloire, et ma vie.
Des maux qu'elle a soufferts elle accuse ma sœur ;
Je sais qu'elle a pour elle une invincible horreur ;
C'en est assez : ma sœur, aujourd'hui renvoyée,
A ses chers intérêts sera sacrifiée.
Je laisse à Mariamne un pouvoir absolu....

MAZAËL.

Quoi ! seigneur, vous voulez....

HÉRODE.

Oui, je l'ai résolu.
Va la trouver, te dis-je : et surtout à sa vue
Peins bien le repentir de mon âme éperdue ;
Dis-lui que mes remords égalent ma fureur :
Va, cours, vole, et reviens.... Juste ciel ! c'est ma sœur

Mes yeux n'ont jamais vu le jour qu'avec douleur :
L'instant où je naquis commença mon malheur :
Mon berceau fut couvert du sang de ma patrie :
J'ai vu du peuple saint la gloire anéantie :
Sur ce trône coupable....... (*Éditions de* 1725-1736.)

HÉRODE.

. . . . . . . . . . Quoi ! Mariamne est morte ?

Infidèles Hébreux, vous ne la vengez pas !
Cieux qui la possédez, tonnez sur ces ingrats !
Lieux teints de ce beau sang que l'on vient de répandre,
Murs que j'ai relevés, palais, tombez en cendre ;
Cachez sous les débris de vos superbes tours
La place où Marianne a vu trancher ses jours !
Temple, que pour jamais tes voûtes se renversent ;
Que d'Israël détruit les enfants se dispersent ;
Que sans temples, sans rois, errants, persécutés,
Fugitifs en tous lieux, et partout détestés,
Sur leurs fronts égarés portant, dans leur misère,
Des vengeances de Dieu l'effrayant caractère,
Ce peuple aux nations transmette avec terreur,
Et l'horreur de mon nom, et la honte du leur !

(*Éditions de 1725-1736.*)

## VARIANTES

CONTENANT LES CHANGEMENTS OCCASIONNÉS PAR LA SUBSTITUTION
DU RÔLE DE SOHÊME A CELUI DE VARUS.

### ACTE PREMIER.

#### SCÈNE I. — SALOME, MAZAËL.

. . . . . . . . . . . . . . . . . . . . .
. . . . . . . . . . . ont pleuré leur erreur.

SALOME.

Vous ne vous trompez point ; Hérode va paraître :
L'indocile Sion va trembler sous son maître.
Il enchaîne à jamais la fortune à son char ;
Le favori d'Antoine est l'ami de César.
Sa politique habile, égale à son courage,
De sa chute imprévue a réparé l'outrage.
Le sénat le couronne.

MAZAËL.
                    Eh ! que deviendrez-vous ?

. . . . . . . . . . . . . . . . . . . .
. . . . . . . . . . et tombait à ses pieds.
Il est vrai que dans Rome, éloigné de sa vue,
Sa chaîne de si loin semblait être rompue.
Mais c'en est fait, madame, il rentre en ses Etats.
Il l'aimait, il verra ses dangereux appas.
Ces yeux toujours puissants, toujours sûrs de lui plaire,
Reprendront malgré vous leur empire ordinaire ;
Et tous ses ennemis, bientôt humiliés,
A ses moindres regards seront sacrifiés.
Otons-lui, croyez-moi, l'intérêt de nous nuire ;
Songeons à la gagner, n'ayant pu la détruire ;
Et par de vains respects, par des soins assidus....

SALOME.
Il est d'autres moyens de ne la craindre plus.

MARIAMNE.

MAZAEL.
Quel est donc ce dessein? Que prétendez-vous dire?
SALOME.
Peut-être en ce moment notre ennemie expire.
MAZAEL.
D'un coup si dangereux osez-vous vous charger,
Sans que le roi...,
SALOME.
            Le roi consent à me venger.
Zarès est arrivé, Zarès est dans Solime;
Ministre de ma haine, il attend sa victime;
Le lieu, le temps, le bras, tout est choisi par lui :
Il vint hier de Rome, et nous venge aujourd'hui.
MAZAEL.
Quoi! vous avez enfin gagné cette victoire?
Quoi! malgré son amour, Hérode a pu vous croire?
Il vous la sacrifie! il prend de vous des lois!
SALOME.
Je puis encor sur lui bien moins que tu ne crois.
Pour arracher de lui cette lente vengeance,
Il m'a fallu choisir le temps de son absence.
Tant qu'Hérode en ces lieux demeurait exposé
Aux charmes dangereux qui l'ont tyrannisé,
Mazaël, tu m'as vue, avec inquiétude,
Traîner de mon destin la triste incertitude.
Quand, par mille détours assurant mes succès,
De son cœur soupçonneux j'avais trouvé l'accès,
Quand je croyais son âme à moi seule rendue,
Il voyait Mariamne, et j'étais confondue :
Un coup d'œil renversait ma brigue et mes desseins.
La reine a vu cent fois mon sort entre ses mains;
Et si sa politique avait avec adresse
D'un époux amoureux ménagé la tendresse,
Cet ordre, cet arrêt prononcé par son roi,
Ce coup que je lui porte aurait tombé sur moi.
Mais son farouche orgueil a servi ma vengeance :
J'ai su mettre à profit sa fatale imprudence :
Elle a voulu se perdre, et je n'ai fait enfin
Que lui lancer les traits qu'a préparés sa main.
  Tu te souviens assez de ce temps plein d'alarmes,
Lorsqu'un bruit si funeste à l'espoir de nos armes
Apprit à l'Orient étonné de son sort
Qu'Auguste était vainqueur, et qu'Antoine était mort.
Tu sais comme à ce bruit nos peuples se troublèrent;
De l'Orient vaincu les monarques tremblèrent :
Mon frère, enveloppé dans ce commun malheur,
Crut perdre sa couronne avec son protecteur.
Il fallut, sans s'armer d'une inutile audace,
Au vainqueur de la terre aller demander grâce.
Rappelle en ton esprit ce jour infortuné;
Songe à quel désespoir Hérode abandonné
Vit son épouse altière, abhorrant ses approches,
Détestant ses adieux, l'accablant de reproches,
Redemander encore, en ce moment cruel,

Et le sang de son frère, et le sang paternel.
Hérode auprès de moi vint déplorer sa peine ;
Je saisis cet instant précieux à ma haine ;
Dans son cœur déchiré je repris mon pouvoir ;
J'enflammai son courroux, j'aigris son désespoir ;
J'empoisonnai le trait dont il sentait l'atteinte.
Tu le vis plein de trouble, et d'horreur, et de crainte,
Jurer d'exterminer les restes dangereux
D'un sang toujours trop cher aux perfides Hébreux :
Et, dès ce même instant, sa facile colère
Déshérita les fils et condamna la mère.
 Mais sa fureur encor flattait peu mes souhaits ;
L'amour qui la causait en repoussait les traits :
De ce fatal objet telle était la puissance,
Un regard de l'ingrate arrêtait sa vengeance.
Je pressai son départ ; il partit, et depuis,
Mes lettres chaque jour ont nourri ses ennuis.
Ne voyant plus la reine, il vit mieux son outrage :
Il eut honte en secret de son peu de courage :
De moment en moment ses yeux se sont ouverts ;
J'ai levé le bandeau qui les avait couverts.
Zarès, étudiant le moment favorable,
A peint à son esprit cette reine implacable,
Son crédit, ses amis, ces Juifs séditieux,
Du sang asmonéen partisans factieux.
J'ai fait plus ; j'ai moi-même armé sa jalousie :
Il a craint pour sa gloire, il a craint pour sa vie.
Tu sais que dès longtemps, en butte aux trahisons,
Son cœur de toutes parts est ouvert aux soupçons :
Il croit ce qu'il redoute ; et, dans sa défiance,
Il confond quelquefois le crime et l'innocence.
Enfin j'ai su fixer son courroux incertain ;
Il a signé l'arrêt, et j'ai conduit sa main.

     MAZAËL.

Il n'en faut point douter, ce coup est nécessaire :
Mais avez-vous prévu si ce préteur austère
Qui sous les lois d'Auguste a remis cet État,
Verrait d'un œil tranquille un pareil attentat ?
Varus, vous le savez, est ici votre maître.
En vain le peuple hébreu, prompt à vous reconnaître,
Tremble encor sous le poids de ce trône ébranlé :
Votre pouvoir n'est rien, si Rome n'a parlé.
Avant qu'en ce palais, des mains de Varus même,
Votre frère ait repris l'autorité suprême,
Il ne peut, sans blesser l'orgueil du nom romain,
Dans ses États encore agir en souverain.
Varus souffrira-t-il que l'on ose à sa vue
Immoler une reine en sa garde reçue ?
Je connais les Romains : leur esprit irrité
Vengera le mépris de leur autorité.
Vous allez sur Hérode attirer la tempête :
Dans leurs superbes mains la foudre est toujours prête ;
Ces vainqueurs soupçonneux sont jaloux de leurs droits
Et surtout leur orgueil aime à punir les rois.

SALOME.

Non, non, l'heureux Hérode à César a su plaire ;
Varus en est instruit, Varus le considère.
Croyez-moi, ce Romain voudra le ménager ;
Mais, quoi qu'il fasse enfin, songeons à nous venger.
Je touche à ma grandeur, et je crains ma disgrâce ;
Demain, dès aujourd'hui, tout peut changer de face.
Qui sait même, qui sait, si, passé ce moment,
Je pourrai satisfaire à mon ressentiment?
Qui nous a répondu qu'Hérode en sa colère
D'un esprit si constant jusqu'au bout persévère?
Je connais sa tendresse, il la faut prévenir,
Et ne lui point laisser le temps du repentir.
Qu'après, Rome menace, et que Varus foudroie ;
Leur courroux passager troublera peu ma joie :
Mes plus grands ennemis ne sont pas les Romains :
Mariamne en ces lieux est tout ce que je crains.
Il faut que je périsse, ou que je la prévienne ;
Et si je n'ai sa tête, elle obtiendra la mienne.
Mais Varus vient à nous : il le faut éviter.
Zarès à mes regards devait se présenter ;
Je vais l'attendre : allez, et qu'aux moindres alarmes
Mes soldats en secret puissent prendre les armes.

SCÈNE II. — VARUS, ALBIN, MAZAËL, SUITE DE VARUS.

VARUS.

Salome et Mazaël semblent fuir devant moi ;
Dans leurs yeux étonnés je lis leur juste effroi :
Le crime à mes regards doit craindre de paraître.
Mazaël, demeurez. Mandez à votre maître
Que ses cruels desseins sont déjà découverts ;
Que son ministre infâme est ici dans les fers ;
Et que Varus, peut-être, au milieu des supplices,
Eût dû faire expirer ce monstre.... et ses complices.
Mais je respecte Hérode assez pour me flatter
Qu'il connaîtra le piège où l'on veut l'arrêter ;
Qu'un jour il punira les traîtres qui l'abusent,
Et vengera sur eux la vertu qu'ils accusent.
Vous, si vous m'en croyez, pour lui, pour son honneur,
Calmez de ses chagrins la honteuse fureur :
Ne l'empoisonnez plus de vos lâches maximes.
Songez que les Romains sont les vengeurs des crimes ;
Que Varus vous connaît, qu'il commande en ces lieux,
Et que sur vos complots il ouvrira les yeux.
Allez : que Mariamne en reine soit servie,
Et respectez ses lois si vous aimez la vie.

MAZAËL.

Seigneur....

VARUS.

Vous entendez mes ordres absolus ;
Obéissez, vous dis-je, et ne répliquez plus.

## VARIANTES.

### SCÈNE III. — VARUS, ALBIN.

VARUS.

Ainsi donc, sans tes soins, sans ton avis fidèle,
Mariamne expirait sous cette main cruelle?

ALBIN.

Le retour de Zarès n'était que trop suspect :
Le soin mystérieux d'éviter votre aspect,
Son trouble, son effroi fut mon premier indice.

VARUS.

Que ne te dois-je point pour un si grand service!
C'est par toi qu'elle vit : c'est par toi que mon cœur
A goûté, cher Albin, ce solide bonheur,
Ce bien si précieux pour un cœur magnanime,
D'avoir pu secourir la vertu qu'on opprime.

ALBIN.

Je reconnais Varus à ces soins généreux :
Votre bras fut toujours l'appui des malheureux.
Quand de Rome en vos mains vous portiez le tonnerre,
Vous étiez occupé du bonheur de la terre.
Puissiez-vous seulement écouter en ce jour, etc.

. . . . . . . . . . . . . . . . . . . . . . . . . . . . .
. . . . . . . . . . . . . . . . . . . . . . . . . . . . .

ALBIN.

Ainsi l'amour trompeur dont vous sentez la flamme,
Se déguise en vertu pour mieux vaincre votre âme;
Et ce feu malheureux....

VARUS.
          Je ne m'en défends pas :
L'infortuné Varus adore ses appas :
Je l'aime, il est trop vrai; mon âme toute nue
Ne craint point, cher Albin, de paraître à ta vue :
Juge si son péril a dû troubler mon cœur;
Moi, qui borne à jamais mes vœux à son bonheur;
Moi, qui rechercherais la mort la plus affreuse,
Si ma mort un moment pouvait la rendre heureuse!

ALBIN.

Seigneur, que dans ces lieux ce grand cœur est changé!
Qu'il venge bien l'amour qu'il avait outragé!
Je ne reconnais plus ce Romain si sévère
Qui, parmi tant d'objets empressés à lui plaire,
N'a jamais abaissé ses superbes regards
Sur ces beautés que Rome enferme en ses remparts.

VARUS.

Ne t'en étonne point; tu sais que mon courage
A la seule vertu réserva son hommage.
Dans nos murs corrompus, ces coupables beautés
Offraient de vains attraits à mes yeux révoltés;
Je fuyais leurs complots, leurs brigues éternelles,
Leurs amours passagers, leurs vengeances cruelles.
Je voyais leur orgueil, accru du déshonneur,
Se montrer triomphant sur leur front sans pudeur;
L'altière ambition, l'intérêt, l'artifice,

La folle vanité, le frivole caprice,
Chez les Romains séduits prenant le nom d'amour,
Gouverner Rome entière, et régner tour à tour.
J'abhorrais, il est vrai, leur indigne conquête :
A leur joug odieux je dérobais ma tête :
L'amour dans l'Orient fut enfin mon vainqueur.
De la triste Syrie établi gouverneur,
J'arrivai dans ces lieux, quand le droit de la guerre
Eut au pouvoir d'Auguste abandonné la terre,
Et qu'Hérode à ses pieds, au milieu de cent rois,
De son sort incertain vint attendre des lois.
Lieu funeste à mon cœur! malheureuse contrée!
C'est là que Mariamne à mes yeux s'est montrée.
L'univers était plein du bruit de ses malheurs ;
Son parricide époux faisait couler ses pleurs.
Ce roi si redoutable au reste de l'Asie,
Fameux par ses exploits et par sa jalousie,
Prudent mais soupçonneux, vaillant mais inhumain,
Au sein de son beau-père avait trempé sa main.
Sur ce trône sanglant, il laissait en partage
A la fille des rois la honte et l'esclavage.
Du sort qui la poursuit tu connais la rigueur ;
Sa vertu, cher Albin, surpasse son malheur.
Loin de la cour des rois, la vérité proscrite,
L'aimable vérité sur ses lèvres habite ;
Son unique artifice est le soin généreux
D'assurer des secours aux jours des malheureux ;
Son devoir est sa loi ; sa tranquille innocence
Pardonne à son tyran, méprise sa vengeance,
Et près d'Auguste encore implore mon appui
Pour ce barbare époux qui l'immole aujourd'hui.

Tant de vertus enfin, de malheurs et de charmes,
Contre ma liberté sont de trop fortes armes.
Je l'aime, cher Albin, mais non d'un fol amour
Que le caprice enfante et détruise en un jour ;
Non d'une passion que mon âme troublée
Reçoive avidement par les sens aveuglée.
Ce cœur qu'elle a vaincu, sans l'avoir amolli,
Par un amour honteux ne s'est point avili ;
Et, plein du noble feu que sa vertu m'inspire,
Je prétends la venger, et non pas la séduire.

ALBIN.
Mais si le roi, seigneur, a fléchi les Romains?
S'il rentre en ses États?...

VARUS.
               Et c'est ce que je crains.
Hélas! près du sénat je l'ai servi moi-même !
Sans doute il a déjà reçu son diadème ;
Et cet indigne arrêt que sa bouche a dicté
Est le premier essai de son autorité.
Ah! son retour ici lui peut être funeste.
Mon pouvoir va finir, mais mon amour me reste.
Reine, pour vous défendre on me verra périr.
L'univers doit vous plaindre, et je dois vous servir.

## ACTE SECOND.

### SCÈNE I. — SALOME, MAZAËL.

SALOME.

Enfin vous le voyez, ma haine est confondue;
Marianne triomphe, et Salome est perdue.
Zarès fut sur les eaux trop longtemps arrêté;
La mer alors tranquille à regret l'a porté.
Mais Hérode, en partant pour son nouvel empire,
Revole avec les vents vers l'objet qui l'attire,
Et les mers, et l'amour, et Varus, et le roi,
Le ciel, les éléments, sont armés contre moi.
Fatale ambition, que j'ai trop écoutée,
Dans quel abîme affreux m'as-tu précipitée!
Je vous l'avais bien dit, que, dans le fond du cœur,
Le roi se repentait de sa juste rigueur.
De son fatal penchant l'ascendant ordinaire
A révoqué l'arrêt dicté dans sa colère.
J'en ai déjà reçu les funestes avis :
Et Zarès à son roi renvoyé par mépris,
Ne me laisse en ces lieux qu'une douleur stérile,
Et le danger qui suit un éclat inutile.
. . . . . . . . . . . . . . . . . . . . . . . . . . .

MAZAËL.

Contre elle encor, madame, il vous reste des armes.
J'ai toujours redouté le pouvoir de ses charmes,
J'ai toujours craint du roi les sentiments secrets;
Mais si je m'en rapporte aux avis de Zarès,
La colère d'Hérode, autrefois peu durable,
Est enfin devenue une haine implacable :
Il déteste la reine, il a juré sa mort;
Et s'il suspend le coup qui terminait son sort,
C'est qu'il veut ménager sa nouvelle puissance,
Et lui-même en ces lieux assurer sa vengeance.
Mais soit qu'enfin son cœur, en ce funeste jour,
Soit aigri par la haine ou fléchi par l'amour,
C'est assez qu'une fois il ait proscrit sa tête :
Marianne aisément grossira la tempête;
La foudre gronde encore : un arrêt si cruel
Va mettre entre eux, madame, un divorce éternel.
Vous verrez Marianne, à soi-même inhumaine,
Forcer le cœur d'Hérode à ranimer sa haine;
Irriter son époux par de nouveaux dédains,
Et vous rendre les traits qui tombent de vos mains.
De sa perte, en un mot, reposez-vous sur elle.

SALOME.

Non, cette incertitude est pour moi trop cruelle;
Non, c'est par d'autres coups que je veux la frapper;
Dans un piège plus sûr il faut l'envelopper.
Contre mes ennemis mon intérêt m'éclaire
Si j'ai bien de Varus observé la colère,

Ce transport violent de son cœur agité
N'est point un simple effet de générosité :
La tranquille pitié n'a point ce caractère.
La reine a des appas ; Varus a pu lui plaire.
Ce n'est pas que mon cœur, injuste en son dépit,
Dispute à sa beauté cet éclat qui la suit ;
Que j'envie à ses yeux le pouvoir de leurs armes,
Ni ce flatteur encens qu'on prodigue à ses charmes ;
Elle peut payer cher ce bonheur dangereux :
Et soit que de Varus elle écoute les vœux,
Soit que sa vanité de ce pompeux hommage
Tire indiscrètement un frivole avantage,
Il suffit ; c'est par là que je peux maintenir
Ce pouvoir qui m'échappe, et qu'il faut retenir.
 Faites veiller surtout les regards mercenaires
De tous ces délateurs aujourd'hui nécessaires,
Qui vendent les secrets de leurs concitoyens,
Et dont cent fois les yeux ont éclairé les miens.
Mais la voici. Pourquoi faut-il que je la voie ?

SCÈNE II. — MARIAMNE, ÉLISE, SALOME, MAZAËL, NABAL

SALOME.

. . . . . . . . . . . . . . . . . . . . . . . . . .
Son amour méprisé, son trop de défiance,
Avaient contre vos jours allumé sa vengeance ;
Mais ce feu violent s'est bientôt consumé :
L'amour arma son bras, l'amour l'a désarmé.
. . . . . . . . . . . . . . . . . . . . . . . . . .

MAZAËL.

Quel orgueil !

SALOME.

 Il aura sa juste récompense :
Viens, c'est à l'artifice à punir l'imprudence.

SCÈNE III. — MARIAMNE, ÉLISE, NABAL

ÉLISE.

Ah ! madame, à ce point pouvez-vous irriter
Des ennemis ardents à vous persécuter ?
La vengeance d'Hérode, un moment suspendue,
Sur votre tête encore est peut-être étendue :
. . . . . . . . . . . . . . . . . . . . . . . . . .
Varus aux nations qui bornent cet État
Ira porter bientôt les ordres du sénat.
Hélas ! grâce à ses soins, grâce à vos bontés même,
Rome à votre tyran donne un pouvoir suprême ;
Il revient plus terrible et plus fier que jamais.
Vous le verrez armé de vos propres bienfaits ;
Vous dépendrez ici de ce superbe maître,
D'autant plus dangereux qu'il vous aime peut-être,
Et que cet amour même, aigri par vos refus....

# VARIANTES.

MARIAMNE.

Chère Élise, en ces lieux faites venir Varus ;
Je conçois vos raisons, j'en demeure frappée ;
Mais d'un autre intérêt mon âme est occupée ;
Par de plus grands objets mes vœux sont attirés :
Que Varus vienne ici. Vous, Nabal, demeurez.

### SCÈNE IV. — MARIAMNE, NABAL.

MARIAMNE.

. . . . . . . . . . . . . . . . . . . . . . . . . . . . .
Elle veut que mes fils, portés entre nos bras,
S'éloignent avec nous de ces affreux climats.
Les vaisseaux des Romains, des bords de la Syrie,
Nous ouvrent sur les eaux les chemins d'Italie.
J'attends tout de Varus, d'Auguste et des Romains.
Je sais qu'il m'est permis. . . . . . . . . . . .

### SCÈNE V. — MARIAMNE, VARUS, ÉLISE.

MARIAMNE.

Loin de ces lieux sanglants que le crime environne,
Je mettrai leur enfance à l'ombre de son trône ;
Ses généreuses mains pourront sécher nos pleurs.
Je ne demande point qu'il venge mes malheurs,
Que sur mes ennemis son bras s'appesantisse ;
C'est assez que mes fils, témoins de sa justice,
Formés par son exemple, et devenus Romains,
Apprennent à régner des maîtres des humains.
. . . . . . . . . . . . . . . . . . . . . . . . . . . . .
Donnez-moi dans la nuit des guides assurés,
Jusque sur vos vaisseaux dans Sidon préparés.
. . . . . . . . . . . . . . . . . . . . . . . . . . . . .
Je ne m'attendais pas que vous dussiez vous-même
Mettre aujourd'hui le comble à ma douleur extrême.
. . . . . . . . . . . . . . . . . . . . . . . . . . . . .
Ma constante amitié respecte encor Varus.
J'oublierai votre flamme. . . . . . . . . . .
Seigneur, et je vous fuis pour vous la conserver.

### SCÈNE VI. — VARUS, ALBIN.

ALBIN.

Vous vous troublez, seigneur, et changez de visage.

VARUS.

J'ai senti, je l'avoue, ébranler mon courage.
Ami, pardonne au feu dont je suis consumé
Ces faiblesses d'un cœur qui n'avait point aimé.
Je ne connaissais pas tout le poids de ma chaîne,
Je le sens à regret, je la romps avec peine.
Avec quelle douceur, avec quelle bonté,
Elle imposait silence à ma témérité !

Sans trouble et sans courroux, sa tranquille sagesse
M'apprenait mon devoir, et plaignait ma faiblesse ;
J'adorais, cher Albin, jusques à ses refus !
J'ai perdu l'espérance, et je l'aime encor plus.
A quelle épreuve, ô dieux ! ma constance est réduite !

ALBIN.

Êtes-vous résolu de préparer sa fuite ?

VARUS.

Quel emploi !

ALBIN.

Pourrez-vous respecter ses rigueurs
Jusques à vous charger du soin de vos malheurs ?
Quel est votre dessein ?

VARUS.

Moi ! que je l'abandonne !
Que je désobéisse aux lois qu'elle me donne !
Non, non ; mon cœur encore est trop digne du sien ;
Marianne a parlé, je n'examine rien.
Que loin de ses tyrans elle aille auprès d'Auguste ;
Sa fuite est raisonnable, et ma douleur injuste ;
L'amour me parle en vain, je vole à mon devoir ;
Je servirai la reine, et même sans la voir.
Elle me laisse, au moins, la douceur éternelle
D'avoir tout entrepris, d'avoir tout fait pour elle.
Je brise ses liens, je lui sauve le jour :
Je fais plus ; je lui veux immoler mon amour,
Et fuyant sa beauté, qui me séduit encore,
Égaler, s'il se peut, sa vertu que j'adore.

## ACTE TROISIÈME.

SCÈNE III. — VARUS, IDAMAS, ALBIN, SUITE DE VARUS.

IDAMAS.

Avant que dans ces lieux mon roi vienne lui-même
Recevoir de vos mains le sacré diadème,
Et vous soumettre un rang qu'il doit à vos bontés,
Seigneur, souffrirez-vous ?...

VARUS.

Idamas, arrêtez.
Le roi peut s'épargner ces frivoles hommages.

. . . . . . . . . . . . . . . . . . . . . . . . . . .

La reine en ce moment est-elle en sûreté ?
Et le sang innocent sera-t-il respecté ?

IDAMAS.

. . . . . . . . . . . . . . . . . . . . . . . . . . .

Le perfide Zarès par votre ordre arrêté,
Et par votre ordre enfin remis en liberté,
Artisan de la fraude et de la calomnie ;
De Salome avec soin suivant la furie,
Mazaël en secret leur prête son secours ;

VARIANTES.

Le soupçonneux Hérode écoute leurs discours ;
..............................

VARUS.

Je sais qu'en ce palais je dois le recevoir ;
Le sénat me l'ordonne, et tel est mon devoir.

SCÈNE IV. — HÉRODE, MAZAËL, IDAMAS, SUITE D'HÉRODE

..............................

MAZAËL.

Seigneur, à vos desseins Zarès toujours fidèle,
Renvoyé près de vous, et plein d'un même zèle,
De la part de Salome attend pour vous parler.

HÉRODE.

Quoi ! tous deux sans relâche ils veulent m'accabler ?
Que jamais devant moi ce monstre ne paraisse.
Je l'ai trop écouté. Sortez tous, qu'on me laisse.
Ciel ! qui pourra calmer un trouble si cruel ?...
Demeurez, Idamas ; demeurez, Mazaël.

SCÈNE V. — HÉRODE, MAZAËL, IDAMAS.

HÉRODE.

Eh bien ! voilà ce roi si fier et si terrible !
Ce roi dont on craignait le courage inflexible,
Qui sut vaincre et régner, qui sut briser ses fers,
Et dont la politique étonna l'univers.
..............................

(*A Mazaël.*)

Sortez. Termine, ô ciel ! les chagrins de ma vie.

SCÈNE VI. — HÉRODE, SALOME.

SALOME.

Eh bien ! vous avez vu votre chère ennemie.
Avez-vous essuyé des outrages nouveaux ?

HÉRODE.

Madame, il n'est plus temps d'appesantir mes maux.
..............................


ACTE QUATRIÈME.

SCÈNE I. — SALOME, MAZAËL.

MAZAËL.

Jamais, je l'avouerai, plus heureuse apparence
N'a d'un mensonge adroit soutenu la prudence.
Ma bouche, auprès d'Hérode, avec dextérité,
Confondait l'artifice avec la vérité.
..............................

SCÈNE II. — HÉRODE, SALOME, MAZAËL, gardes.

MAZAËL.
Non, ne vous vengez point; mais sauvez votre vie
Prévenez de Varus l'indiscrète furie :
Ce superbe préteur, ardent à tout tenter,
Se fait une vertu de vous persécuter.

HÉRODE.
Ah! ma sœur, à quel point ma flamme était trahie!
Venez contre une ingrate animer ma furie.
. . . . . . . . . . . . . . . . . . . . . . . .
Et toi, Varus, et toi, faudra-t-il que ma main
Respecte ici ton crime, et le sang d'un Romain?
. . . . . . . . . . . . . . . . . . . . . . . .
Mais.... Croyez-vous qu'Auguste approuve ma rigueur?

SALOME.
Il la conseillerait; n'en doutez point, seigneur.
Auguste a des autels où le Romain l'adore,
Mais de ses ennemis le sang y fume encore.
Auguste à tous les rois a pris soin d'enseigner
Comme il faut qu'on le craigne, et comme il faut régner :
Imitez son exemple, assurez votre vie.
Tout condamne la reine, et tout vous justifie.
. . . . . . . . . . . . . . . . . . . . . . . .
Ne montrez qu'à des yeux éclairés et discrets
Un cœur encor percé de ces indignes traits.

---

## ACTE CINQUIÈME.

SCÈNE VI. — HÉRODE, IDAMAS, gardes.
. . . . . . . . . . . . . . . . . . . . . . . .
IDAMAS.
Mais le sang de Varus, répandu par vos mains,
Peut attirer sur vous le courroux des Romains.
Songez-y bien, seigneur, et qu'une telle offense...

FIN DE MARIAMNE.

# L'INDISCRET.

## COMÉDIE EN UN ACTE.
### (1ᵉʳ AOUT 1725.)

### A MADAME LA MARQUISE DE PRIE.

Vous qui possédez la beauté,
Sans être vaine ni coquette,
Et l'extrême vivacité,
Sans être jamais indiscrète;
Vous, à qui donnèrent les dieux
Tant de lumières naturelles,
Un esprit juste, gracieux,
Solide dans le sérieux,
Et charmant dans les bagatelles,
Souffrez qu'on présente à vos yeux
L'aventure d'un téméraire
Qui, pour s'être vanté de plaire,
Perdit ce qu'il aimait le mieux.

Si l'héroïne de la pièce,
De Prie, eût eu votre beauté,
On excuserait la faiblesse
Qu'il eut de s'être un peu vanté.
Quel amant ne serait tenté
De parler de telle maîtresse,
Par un excès de vanité,
Ou par un excès de tendresse?

## PERSONNAGES.

EUPHÉMIE.
DAMIS.
HORTENSE.
TRASIMON.
CLITANDRE.
NÉRINE.
PASQUIN.
Plusieurs Laquais de Damis.

### SCÈNE I. — EUPHÉMIE, DAMIS.

#### EUPHÉMIE.

N'attendez pas, mon fils, qu'avec un ton sévère
Je déploie à vos yeux l'autorité de mère :
Toujours prête à me rendre à vos justes raisons,

Je vous donne un conseil, et non pas des leçons;
C'est mon cœur qui vous parle; et mon expérience
Fait que ce cœur pour vous se trouble par avance.
Depuis deux mois au plus vous êtes à la cour :
Vous ne connaissez pas ce dangereux séjour;
Sur un nouveau venu le courtisan perfide
Avec malignité jette un regard avide,
Pénètre ses défauts, et, dès le premier jour,
Sans pitié le condamne; et même sans retour.
Craignez de ces messieurs la malice profonde.
Le premier pas, mon fils, que l'on fait dans le monde
Est celui dont dépend le reste de nos jours :
Ridicule une fois, on vous le croit toujours;
L'impression demeure. En vain croissant en âge,
On change de conduite, on prend un air plus sage,
On souffre encor longtemps de ce vieux préjugé;
On est suspect encor lorsqu'on est corrigé;
Et j'ai vu quelquefois payer dans la vieillesse
Le tribut des défauts qu'on eut dans la jeunesse;
Connaissez donc le monde, et songes qu'aujourd'hui
Il faut que vous viviez pour vous moins que pour lui.

DAMIS.
Je ne sais où peut tendre un si long préambule.

EUPHÉMIE.
Je vois qu'il vous paraît injuste et ridicule;
Vous méprisez des soins pour vous bien importants;
Vous m'en croirez un jour; il n'en sera plus temps.
Vous êtes indiscret : ma trop longue indulgence
Pardonna ce défaut au feu de votre enfance;
Dans un âge plus mûr il cause ma frayeur.
Vous avez des talents, de l'esprit et du cœur;
Mais croyez qu'en ce lieu tout rempli d'injustices,
Il n'est point de vertu qui rachète les vices,
Qu'on cite nos défauts en toute occasion,
Que le pire de tous est l'indiscrétion,
Et qu'à la cour, mon fils, l'art le plus nécessaire
N'est pas de bien parler, mais de savoir se taire.
Ce n'est pas en ce lieu que la société
Permet ces entretiens remplis de liberté :
Le plus souvent ici l'on parle sans rien dire;
Et les plus ennuyeux savent s'y mieux conduire.
Je connais cette cour : on peut fort la blâmer;
Mais lorsqu'on y demeure, il faut s'y conformer :
Pour les femmes surtout, plein d'un égard extrême,
Parlez-en rarement, encor moins de vous-même.
Paraissez ignorer ce qu'on fait, ce qu'on dit;
Cachez vos sentiments, et même votre esprit;

## SCÈNE I.

Surtout de vos secrets soyez toujours le maître :
Qui dit celui d'autrui doit passer pour un traître ;
Qui dit le sien, mon fils, passe ici pour un sot.
Qu'avez-vous à répondre à cela ?

DAMIS.

Pas le mot ;
Je suis de votre avis : je hais le caractère
De quiconque n'a pas le pouvoir de se taire ;
Ce n'est pas là mon vice, et, loin d'être entiché
Du défaut qui par vous m'est ici reproché,
Je vous avoue enfin, madame, en confidence
Qu'avec vous trop longtemps j'ai gardé le silence
Sur un fait dont pourtant j'aurais dû vous parler
Mais souvent dans la vie il faut dissimuler.
Je suis amant aimé d'une veuve adorable,
Jeune, charmante, riche, aussi sage qu'aimable ;
C'est Hortense. A ce nom jugez de mon bonheur ;
Jugez, s'il était su, de la vive douleur
De tous nos courtisans qui soupirent pour elle ;
Nous leur cachons à tous notre ardeur mutuelle :
L'amour depuis deux jours a serré ce lien,
Depuis deux jours entiers ; et vous n'en savez rien.

EUPHÉMIE.

Mais j'étais à Paris depuis deux jours.

DAMIS.

Madame,
On n'a jamais brûlé d'une si belle flamme.
Plus l'aveu vous en plaît, plus mon cœur est content ;
Et mon bonheur s'augmente en vous le racontant.

EUPHÉMIE.

Je suis sûre, Damis, que cette confidence
Vient de votre amitié, non de votre imprudence.

DAMIS.

En doutez-vous ?

EUPHÉMIE.

Eh ! eh !... mais enfin, entre nous,
Songez au vrai bonheur qui vient s'offrir à vous :
Hortense a des appas ; mais de plus cette Hortense
Est le meilleur parti qui soit pour vous en France.

DAMIS.

Je le sais.

EUPHÉMIE.

D'elle seule elle reçoit des lois,
Et le don de sa main dépendra de son choix

DAMIS.

Et tant mieux.

EUPHÉMIE.
          Vous saurez flatter son caractère,
Ménager son esprit.
                    DAMIS.
              Je fais mieux, je sais plaire.
                    EUPHÉMIE.
C'est bien dit ; mais, Damis, elle fuit les éclats,
Et les airs trop bruyants ne l'accommodent pas :
Elle peut, comme une autre, avoir quelque faiblesse ;
Mais jusque dans ses goûts elle a de la sagesse,
Craint surtout de se voir en spectacle à la cour,
Et d'être le sujet de l'histoire du jour ;
Le secret, le mystère est tout ce qui la flatte.
                    DAMIS.
Il faudra bien pourtant qu'enfin la chose éclate.
                    EUPHÉMIE.
Mais près d'elle, en un mot, quel sort vous a produit ?
Nul jeune homme jamais n'est chez elle introduit ;
Elle fuit avec soin, en personne prudente,
De nos jeunes seigneurs la cohue éclatante.
                    DAMIS.
Ma foi ! chez elle encor je ne suis point reçu :
Je l'ai longtemps lorgnée, et, grâce au ciel, j'ai plu.
D'abord elle rendit mes billets sans les lire ;
Bientôt elle les lut, et daigne enfin m'écrire.
Depuis près de deux jours je goûte un doux espoir ;
Et je dois, en un mot, l'entretenir ce soir.
                    EUPHÉMIE.
Eh bien ! je veux aussi l'aller trouver moi-même.
La mère d'un amant qui nous plaît, qui nous aime,
Est toujours, que je crois, reçue avec plaisir.
De vous adroitement je veux l'entretenir,
Et disposer son cœur à presser l'hyménée
Qui fera le bonheur de votre destinée.
Obtenez au plus tôt et sa main et sa foi,
Je vous y servirai ; mais n'en parlez qu'à moi.
                    DAMIS.
Non, il n'est point ailleurs, madame, je vous jure,
Une mère plus tendre, une amitié plus pure :
A vous plaire à jamais je borne tous mes vœux.
                    EUPHÉMIE.
Soyez heureux, mon fils, c'est tout ce que je veux.

            SCÈNE II. -- DAMIS.

Ma mère n'a point tort ; je sais bien qu'en ce monde
Il faut, pour réussir, une adresse profonde.

Hors dix ou douze amis à qui je puis parler,
Avec toute la cour je vais dissimuler.
Çà, pour mieux essayer cette prudence extrême,
De nos secrets ici ne parlons qu'à nous-même ;
Examinons un peu, sans témoins, sans jaloux,
Tout ce que la fortune a prodigué pour nous.
Je hais la vanité ; mais ce n'est point un vice
De savoir se connaître et se rendre justice.
On n'est pas sans esprit, on plaît ; on a, je croi.
Aux petits cabinets l'air de l'ami du roi.
Il faut bien s'avouer que l'on est fait à peindre ;
On danse, on chante, on boit, on sait parler et feindre.
Colonel à treize ans, je pense avec raison
Que l'on peut à trente ans m'honorer du bâton.
Heureux en ce moment, heureux en espérance,
Je garderai Julie, et vais avoir Hortense ;
Possesseur une fois de toutes ses beautés,
Je lui ferai par jour vingt infidélités,
Mais sans troubler en rien la douceur du ménage,
Sans être soupçonné, sans paraître volage ;
En mangeant en six mois la moitié de son bien,
J'aurai toute la cour sans qu'on en sache rien.

SCÈNE III. — DAMIS, TRASIMON.

DAMIS.

Hé ! bonjour, commandeur.

TRASIMON.

Aïe ! ouf ! on m'estropie....

DAMIS.

Embrassons-nous encor, commandeur, je te prie.

TRASIMON.

Souffrez....

DAMIS.

Que je t'étouffe une troisième fois.

TRASIMON.

Mais quoi ?

DAMIS.

Déride un peu ce renfrogné minois :
Réjouis-toi, je suis le plus heureux des hommes.

TRASIMON.

Je venais pour vous dire ...

DAMIS.

Oh ! parbleu, tu m'assommes
Avec ce front glacé que tu portes ici.

TRASIMON.

Mais je ne prétends pa vous réjouir aussi ;
Vous avez sur les bras une fâcheuse affaire.

DAMIS.

Eh! eh! pas si fâcheuse.

TRASIMON.

Erminie et Valère
Contre vous en ces lieux déclament hautement :
Vous avez parlé d'eux un peu légèrement ;
Et même depuis peu le vieux seigneur Horace
M'a prié....

DAMIS.

Voilà bien de quoi je m'embarrasse!
Horace est un vieux fou, plutôt qu'un vieux seigneur,
Tout chamarré d'orgueil, pétri d'un faux honneur,
Assez bas à la cour, important à la ville,
Et non moins ignorant qu'il veut paraître habile.
Pour madame Erminie, on sait assez comment
Je l'ai prise et quittée un peu trop brusquement.
Qu'elle est aigre, Erminie! et qu'elle est tracassière!
Pour son petit amant, mon cher ami Valère,
Tu le connais un peu ; parle : as-tu jamais vu
Un esprit plus guindé, plus gauche, plus tortu ?...
A propos, on m'a dit hier, en confidence,
Que son grand frère aîné, cet homme d'importance,
Est reçu chez Clarice avec quelque faveur ;
Que la grosse comtesse en crève de douleur.
Et toi, vieux commandeur, comment va la tendresse ?

TRASIMON.

Vous savez que le sexe assez peu m'intéresse.

DAMIS.

Je ne suis pas de même ; et le sexe, ma foi,
A la ville, à la cour, me donne assez d'emploi.
Écoute ; il faut ici que mon cœur te confie
Un secret dont dépend le bonheur de ma vie.

TRASIMON.

Puis-je vous y servir ?

DAMIS.

Toi ? point du tout.

TRASIMON.

Eh bien !
Damis, s'il est ainsi, ne m'en dites donc rien.

DAMIS.

Le droit de l'amitié....

TRASIMON.

C'est cette amitié même
Qui me fait éviter avec un soin extrême
Le fardeau d'un secret au hasard confié,
Qu'on me dit par faiblesse, et non par amitié,
Dont tout autre que moi serait dépositaire,
Qui de mille soupçons est la source ordinaire,

Et qui peut nous combler de honte et de dépit,
Moi d'en avoir trop su, vous d'en avoir trop dit.

DAMIS.
Malgré toi, commandeur, quoi que tu puisses dire,
Pour te faire plaisir, je veux du moins te lire
Le billet qu'aujourd'hui....

TRASIMON.
Par quel empressement...?

DAMIS.
Ah ! tu le trouveras écrit bien tendrement.

TRASIMON.
Puisque vous le voulez enfin....

DAMIS.
C'est l'amour même,
Ma foi, qui l'a dicté. Tu verras comme on m'aime.
La main qui me l'écrit le rend d'un prix.... vois-tu....
Mais d'un prix.... eh ! morbleu ! je crois l'avoir perdu.
Je ne le trouve point.... Holà ! La Fleur ! La Brie !

SCÈNE IV. — DAMIS, TRASIMON, PLUSIEURS LAQUAIS.

UN LAQUAIS.
Monseigneur ?

DAMIS.
Remontez vite à la galerie,
Retournez chez tous ceux que j'ai vus ce matin ;
Allez chez ce vieux duc.... Ah ! je le trouve enfin ;
Ces marauds l'ont mis là par pure étourderie.
(A ses gens.)
Laissez-nous. Commandeur, écoute, je te prie.

SCÈNE V. — DAMIS, TRASIMON, CLITANDRE, PASQUIN.

CLITANDRE, à *Pasquin, tenant un billet à la main.*
Oui, tout le long du jour demeure en ce jardin ;
Observe tout, vois tout, redis-moi tout, Pasquin ;
Rends-moi compte, en un mot, de tous les pas d'Hortense.
Ah ! je saurai....

SCÈNE VI. — DAMIS, TRASIMON, CLITANDRE.

DAMIS.
Voici le marquis qui s'avance.
Bonjour, marquis.

CLITANDRE, *un billet à la main.*
Bonjour.

DAMIS.
Qu'as-tu donc aujourd'hui ?
Sur ton front à longs traits qui diable a peint l'ennui ?

Tout le monde m'aborde avec un air si morne,
Que je crois....

CLITANDRE, *bas.*
Ma douleur, hélas ! n'a point de borne.

DAMIS.
Que marmottes-tu là ?

CLITANDRE, *bas.*
Que je suis malheureux !

DAMIS.
Çà, pour vous égayer, pour vous plaire à tous deux,
Le marquis entendra le billet de ma belle.

CLITANDRE, *bas, en regardant le billet qu'il a entre les mains.*
Quel congé ! quelle lettre ! Hortense.... Ah ! la cruelle !

DAMIS, *à Clitandre.*
C'est un billet à faire expirer un jaloux.

CLITANDRE.
Si vous êtes aimé, que votre sort est doux !

DAMIS.
Il le faut avouer, les femmes de la ville,
Ma foi, ne savent point écrire de ce style.
(Il lit.)
*Enfin je cède aux feux dont mon cœur est épris ;*
*Je voulais le cacher, mais j'aime à vous le dire :*
  *Eh ! pourquoi ne vous point écrire*
*Ce que cent fois mes yeux vous ont sans doute appris ?*
  *Oui, mon cher Damis, je vous aime,*
*D'autant plus que mon cœur, peu propre à s'enflammer,*
*Craignant votre jeunesse, et se craignant lui-même,*
*A fait ce qu'il a pu pour ne vous point aimer.*
*Puissé-je, après l'aveu d'une telle faiblesse,*
  *Ne me la jamais reprocher !*
  *Plus je vous montre ma tendresse,*
*Et plus à tous les yeux vous devez la cacher.*

TRASIMON.
Vous prenez très-grand soin d'obéir à la dame,
Sans doute, et vous brûlez d'une discrète flamme.

CLITANDRE.
Heureux, qui, d'une femme adorant les appas,
Reçoit de tels billets, et ne les montre pas !

DAMIS.
Vous trouvez donc la lettre....

TRASIMON.
Un peu forte.

CLITANDRE.
Adorable.

DAMIS.
Celle qui me l'écrit est cent fois plus aimable.

Que vous seriez charmés si vous saviez son nom!
Mais dans ce monde il faut de la discrétion.
TRASIMON.
Oh! nous n'exigeons point de telle confidence.
CLITANDRE.
Damis, nous, nous aimons, mais c'est avec prudence.
TRASIMON.
Loin de vouloir ici vous forcer de parler....
DAMIS.
Non, je vous aime trop pour rien dissimuler.
Je vois que vous pensez, et la cour le publie,
Que je n'ai d'autre affaire ici qu'avec Julie.
CLITANDRE.
On le dit d'après vous, mais nous n'en croyons rien.
DAMIS.
Oh! crois.... Jusqu'à présent, la chose allait fort bien;
Nous nous étions aimés, quittés, repris encore :
On en parle partout.
TRASIMON.
Non, tout cela s'ignore.
DAMIS.
Tu crois qu'à cet oison je suis fort attaché;
Mais, par ma foi, j'en suis très-faiblement touché.
TRASIMON.
Ou fort, ou faiblement, il ne m'importe guère.
DAMIS.
La Julie est aimable, il est vrai, mais légère;
L'autre est ce qu'il me faut, et c'est solidement
Que je l'aime.
CLITANDRE.
Enfin donc cet objet si charmant....
DAMIS.
Vous m'y forcez; allons, il faut bien vous l'apprendre :
Regarde ce portrait, mon cher ami Clitandre;
Çà, dis-moi si jamais tu vis de tes deux yeux
Rien de plus adorable et de plus gracieux.
C'est Macé qui l'a peint; c'est tout dire, et je pense
Que tu reconnaîtras....
CLITANDRE.
Juste ciel! c'est Hortense.
DAMIS.
Pourquoi t'en étonner?
TRASIMON.
Vous oubliez, monsieur,
Qu'Hortense est ma cousine, et chérit son honneur,
Et qu'un pareil aveu....
DAMIS.
Vous nous la donnez bonne;

J'ai six cousines, moi, que je vous abandonne;
Et je vous les verrais lorgner, tromper, quitter,
Imprimer leurs billets, sans m'en inquiéter.
Il nous ferait beau voir, dans nos humeurs chagrines,
Prendre avec soin sur nous l'honneur de nos cousines!
Nous aurions trop à faire à la cour; et, ma foi,
C'est assez que chacun réponde ici pour soi.

TRASIMON.

Mais Hortense, monsieur....

DAMIS.

      Eh bien! oui, je l'adore;
Elle n'aime que moi, je vous le dis encore;
Et je l'épouserai pour vous faire enrager.

CLITANDRE, à part.

Ah! plus cruellement pouvait-on m'outrager?

DAMIS.

Nos noces, croyez-moi, ne seront point secrètes;
Et vous n'en serez pas, tout cousin que vous êtes.

TRASIMON.

Adieu, monsieur Damis : on peut vous faire voir
Que sur une cousine on a quelque pouvoir.

### SCÈNE VII. — DAMIS, CLITANDRE.

DAMIS.

Que je hais ce censeur et son air pédantesque,
Et tous ces faux éclats de vertu romanesque!
Qu'il est sec! qu'il est brut! et qu'il est ennuyeux!
Mais tu vois ce portrait d'un œil bien curieux?

CLITANDRE, à part.

Comme ici de moi-même il faut que je sois maître!
Qu'il faut dissimuler!

DAMIS.

     Tu remarques peut-être
Qu'au coin de cette boîte il manque un des brillants?
Mais tu sais que la chasse hier dura longtemps;
A tout moment on tombe, on se heurte, on s'accroche.
J'avais quatre portraits ballottés dans ma poche;
Celui-ci, par malheur, fut un peu maltraité;
La boîte s'est rompue, un brillant a sauté.
Parbleu, puisque demain tu t'en vas à la ville,
Passe chez La Frenaye; il est cher, mais habile;
Choisis, comme pour toi, l'un de ses diamants;
Je lui dois, entre nous, plus de vingt mille francs.
Adieu : ne montre au moins ce portrait à personne.

CLITANDRE, à part.

Où suis-je?

## SCÈNE VII.

DAMIS.

Adieu, marquis : à toi je m'abandonne ;
Sois discret.

CLITANDRE, *à part*.

Se peut-il ?

DAMIS, *revenant*.

J'aime un ami prudent :
Va, de tous mes secrets tu seras confident.
Eh ! peut-on posséder ce que le cœur désire,
Être heureux, et n'avoir personne à qui le dire ?
Peut-on garder pour soi, comme un dépôt sacré,
L'insipide plaisir d'un amour ignoré ?
C'est n'avoir point d'amis qu'être sans confiance ;
C'est n'être point heureux que de l'être en silence.
Tu n'as vu qu'un portrait, et qu'un seul billet doux.

CLITANDRE.

Eh bien ?

DAMIS.

L'on m'a donné, mon cher, un rendez-vous.

CLITANDRE, *à part*.

Ah ! je frémis.

DAMIS.

Ce soir, pendant le bal qu'on donne,
Je dois, sans être vu ni suivi de personne,
Entretenir Hortense, ici, dans ce jardin.

CLITANDRE, *à part*.

Voici le dernier coup. Ah ! je succombe enfin.

DAMIS.

Là, n'es-tu pas charmé de ma bonne fortune ?

CLITANDRE.

Hortense doit vous voir ?

DAMIS.

Oui, mon cher, sur la brune :
Mais le soleil qui baisse amène ces moments,
Ces moments fortunés, désirés si longtemps.
Adieu. Je vais chez toi rajuster ma parure,
De deux livres de poudre orner ma chevelure,
De cent parfums exquis mêler la douce odeur ;
Puis paré, triomphant, tout plein de mon bonheur,
Je reviendrai soudain finir notre aventure.
Toi, rôde près d'ici, marquis, je t'en conjure.
Pour te faire un peu part de ces plaisirs si doux,
Je te donne le soin d'écarter les jaloux.

## SCÈNE VIII. — CLITANDRE.

Ai-je assez retenu mon trouble et ma colère ?
Hélas ! après un an de mon amour sincère,

Hortense en ma faveur enfin s'attendrissait;
Las de me résister, son cœur s'amollissait.
Damis en un moment la voit, l'aime, et sait plaire;
Ce que n'ont pu deux ans, un moment l'a su faire.
On le prévient ! On donne à ce jeune éventé
Ce portrait que ma flamme avait tant mérité !
Il reçoit une lettre.... Ah ! celle qui l'envoie
Par un pareil billet m'eût fait mourir de joie :
Et, pour combler l'affront dont je suis outragé,
Ce matin par écrit j'ai reçu mon congé.
De cet écervelé la voilà donc coiffée !
Elle veut à mes yeux lui servir de trophée.
Hortense, ah ! que mon cœur vous connaissait bien mal !

SCÈNE IX. — CLITANDRE, PASQUIN.

CLITANDRE.
Enfin, mon cher Pasquin, j'ai trouvé mon rival.

PASQUIN.
Hélas ! monsieur, tant pis.

CLITANDRE.
C'est Damis que l'on aime;
Oui, c'est cet étourdi.

PASQUIN.
Qui vous l'a dit ?

CLITANDRE.
Lui-même.
L'indiscret, à mes yeux de trop d'orgueil enflé,
Vient se vanter à moi du bien qu'il m'a volé.
Vois ce portrait, Pasquin. C'est par vanité pure
Qu'il confie à mes mains cette aimable peinture;
C'est pour mieux triompher. Hortense ! eh ! qui l'eût cru.
Que jamais près de vous Damis m'aurait perdu ?

PASQUIN.
Damis est bien joli.

CLITANDRE, *prenant Pasquin à la gorge.*
Comment ? tu prétends, traître,
Qu'un jeune fat....

PASQUIN.
Aïe ! ouf ! il est vrai que peut-être...
Eh. ne m'étranglez pas ! il n'a que du caquet....
Mais son air.... entre nous, c'est un vrai freluquet.

CLITANDRE.
Tout freluquet qu'il est, c'est lui qu'on me préfère.
Il faut montrer ici ton adresse ordinaire.
Pasquin, pendant le bal que l'on donne ce soir,
Hortense et mon rival doivent ici se voir.
Console-moi, sers-moi, rompons cette partie.

## SCÈNE IX.

PASQUIN
Mais, monsieur....

CLITANDRE.
Ton esprit est rempli d'industrie ;
Tout est à toi : voilà de l'or à pleines mains
D'un rival imprudent dérangeons les desseins ;
Tandis qu'il va parer sa petite personne,
Tâchons de lui voler les moments qu'on lui donne.
Puisqu'il est indiscret, il en faut profiter ;
De ces lieux, en un mot, il le faut écarter.

PASQUIN.
Croyez-vous me charger d'une facile affaire ?
J'arrêterais, monsieur, le cours d'une rivière,
Un cerf dans une plaine, un oiseau dans les airs,
Un poëte entêté qui récite ses vers,
Une plaideuse en feu qui crie à l'injustice,
Un Manceau tonsuré qui court un bénéfice,
La tempête, le vent, le tonnerre et ses coups,
Plutôt qu'un petit-maître allant en rendez-vous.

CLITANDRE.
Veux-tu m'abandonner à ma douleur extrême ?

PASQUIN.
Attendez. Il me vient en tête un stratagème.
Hortense ni Damis ne m'ont jamais vu ?

CLITANDRE.
Non.

PASQUIN.
Vous avez en vos mains un sien portrait ?

CLITANDRE.
Oui.

PASQUIN.
Bon.
Vous avez un billet que vous écrit la belle ?

CLITANDRE.
Hélas ! il est trop vrai.

PASQUIN.
Cette lettre cruelle
Est un ordre bien net de ne lui parler plus ?

CLITANDRE.
Eh ! oui, je le sais bien.

PASQUIN.
La lettre est sans dessus ?

CLITANDRE.
Eh ! oui, bourreau.

PASQUIN.
Prêtez vite et portrait et lettre
Donnez.

CLITANDRE.

En d'autres mains, qui, moi, j'irais remettre
Un portrait confié...?

PASQUIN.

Voilà bien des façons :
Le scrupule est plaisant. Donnez-moi ces chiffons.

CLITANDRE.

Mais....

PASQUIN.

Mais reposez-vous de tout sur ma prudence.

CLITANDRE.

Tu veux....

PASQUIN.

Eh! dénichez. Voici madame Hortense.

SCÈNE X. — HORTENSE, NÉRINE.

HORTENSE.

Nérine, j'en conviens, Clitandre est vertueux ;
Je connais la constance et l'ardeur de ses feux :
Il est sage, discret, honnête homme, sincère ;
Je le dois estimer ; mais Damis sait me plaire :
Je sens trop, aux transports de mon cœur combattu,
Que l'amour n'est jamais le prix de la vertu.
C'est par les agréments que l'on touche une femme ;
Et pour une de nous que l'amour prend par l'âme,
Nérine, il en est cent qu'il séduit par les yeux.
J'en rougis. Mais Damis ne vient point en ces lieux!

NÉRINE.

Quelle vivacité! quoi! cette humeur si fière...?

HORTENSE.

Non, je ne devais pas arriver la première.

NÉRINE.

Au premier rendez-vous vous avez du dépit?

HORTENSE.

Damis trop fortement occupe mon esprit.
Sa mère, ce jour même, a su, par sa visite,
De son fils dans mon cœur augmenter le mérite.
Je vois bien qu'elle veut avancer le moment
Où je dois pour époux accepter mon amant :
Mais je veux en secret lui parler à lui-même,
Sonder ses sentiments.

NÉRINE.

Doutez-vous qu'il vous aime?

HORTENSE.

Il m'aime, je le crois, je le sais. Mais je veux
Mille fois de sa bouche entendre ses aveux ;
Voir s'il est en effet si digne de me plaire ;

Connaître son esprit, son cœur, son caractère ;
Ne point céder, Nérine, à ma prévention,
Et juger, si je puis, de lui sans passion.

SCÈNE XI. — HORTENSE, NÉRINE, PASQUIN.

PASQUIN.
Madame, en grand secret, monsieur Damis mon maître....
HORTENSE.
Quoi ! ne viendrait-il pas ?
PASQUIN.
Non.
NÉRINE.
Ah ! le petit traître !
HORTENSE.
Il ne viendra point ?
PASQUIN.
Non ; mais, par bon procédé,
Il vous rend ce portrait dont il est excédé.
HORTENSE.
Mon portrait !
PASQUIN.
Reprenez vite la miniature.
HORTENSE.
Je doute si je veille.
PASQUIN.
Allons, je vous conjure.
Dépêchez-moi, j'ai hâte ; et, de sa part, ce soir,
J'ai deux portraits à rendre, et deux à recevoir.
Jusqu'au revoir. Adieu.
HORTENSE.
Ciel ! quelle perfidie !
J'en mourrai de douleur.
PASQUIN.
De plus, il vous supplie
De finir la lorgnade, et chercher aujourd'hui,
Avec vos airs pincés, d'autres dupes que lui.

SCÈNE XII. — HORTENSE, NÉRINE, DAMIS, PASQUIN.

DAMIS, *dans le fond du théâtre.*
Je verrai dans ce lieu la beauté qui m'engage.
PASQUIN.
C'est Damis. Je suis pris. Ne perdons point courage.
(Il court à Damis, et le tire à part.)
Vous voyez, monseigneur, un des grisons secrets
Qui d'Hortense partout va portant les poulets.
J'ai certain billet doux de sa part à vous rendre.

HORTENSE.

Quel changement! quel prix de l'amour le plus tendre!

DAMIS.

Lisons.
(Il lit.)
Hom.... hom.... *Vous méritez de me charmer.*
*Je sens à vos vertus ce que je dois d'estime....*
*Mais je ne saurais vous aimer.*
Est-il un trait plus noir et plus abominable?
Je ne me croyais pas à ce point estimable.
Je veux que tout ceci soit public à la cour,
Et j'en informerai le monde dès ce jour.
La chose assurément vaut bien qu'on la publie.

HORTENSE, *à l'autre bout du théâtre.*

A-t-il pu jusque-là pousser son infamie?

DAMIS.

Tenez; c'est là le cas qu'on fait de tels écrits.
(Il déchire le billet.)

PASQUIN, *allant à Hortense.*

Je suis honteux pour vous d'un si cruel mépris.
Madame, vous voyez de quel air il déchire
Les billets qu'à l'ingrat vous daignâtes écrire.

HORTENSE.

Il me rend mon portrait! Ah! périsse à jamais
Ce malheureux crayon de mes faibles attraits!
(Elle jette son portrait.)

PASQUIN, *revenant à Damis.*

Vous voyez: devant vous l'ingrate met en pièces
Votre portrait, monsieur.

DAMIS.

Il est quelques maîtresses
Par qui l'original est un peu mieux reçu.

HORTENSE.

Nérine, quel amour mon cœur avait conçu!
(A Pasquin.)
Prends ma bourse. Dis-moi pour qui je suis trahie,
A quel heureux objet Damis me sacrifie.

PASQUIN.

A cinq ou six beautés, dont il se dit l'amant,
Qu'il sert toutes bien mal, qu'il trompe également;
Mais surtout à la jeune, à la belle Julie.

DAMIS, *s'étant avancé vers Pasquin.*

Prends ma bague, et dis-moi, mais sans friponnerie,
A quel impertinent, à quel fat de la cour,
Ta maîtresse aujourd'hui prodigue son amour.

PASQUIN.

Vous méritez, ma foi, d'avoir la préférence;

## SCÈNE XII.

Mais un certain abbé lorgne de près Hortense;
Et chez elle, de nuit, par le mur du jardin,
Je fais entrer parfois Trasimon son cousin.
###### DAMIS.
Parbleu, j'en suis ravi. J'en apprends là de belles,
Et je veux en chansons mettre un peu ces nouvelles.
###### HORTENSE.
C'est le comble, Nérine, au malheur de mes feux,
De voir que tout ceci va faire un bruit affreux.
Allons, loin de l'ingrat je vais cacher mes larmes.
###### DAMIS.
Allons, je vais au bal montrer un peu mes charmes.
###### PASQUIN, *à Hortense*.
Vous n'avez rien, madame, à désirer de moi?
(A Damis.)
Vous n'avez nul besoin de mon petit emploi?
Le ciel vous tienne en paix.

## SCÈNE XIII. — HORTENSE, DAMIS, NÉRINE.

###### HORTENSE, *revenant*.
D'où vient que je demeure?
###### DAMIS.
Je devrais être au bal, et danser à cette heure
###### HORTENSE.
Il rêve. Hélas! d'Hortense il n'est point occupé.
###### DAMIS.
Elle me lorgne encore, ou je suis fort trompé.
Il faut que je m'approche.
###### HORTENSE.
Il faut que je le fuie.
###### DAMIS.
Fuir, et me regarder! ah! quelle perfidie!
Arrêtez. A ce point pouvez-vous me trahir?
###### HORTENSE.
Laissez-moi m'efforcer, cruel, à vous haïr.
###### DAMIS.
Ah! l'effort n'est pas grand, grâces à vos caprices.
###### HORTENSE.
Je le veux, je le dois, grâce à vos injustices.
###### DAMIS.
Ainsi, du rendez-vous prompts à nous en aller,
Nous n'étions donc venus que pour nous quereller?
###### HORTENSE.
Que ce discours, ô ciel! est plein de perfidie,
Alors que l'on m'outrage, et qu'on aime Julie!

DAMIS.
Mais l'indigne billet que de vous j'ai reçu?
HORTENSE.
Mais mon portrait enfin que vous m'avez rendu?
DAMIS.
Moi, je vous ai rendu votre portrait, cruelle?
HORTENSE.
Moi! j'aurais pu jamais vous écrire, infidèle,
Un billet, un seul mot, qui ne fût point d'amour?
DAMIS.
Je consens de quitter le roi, toute la cour,
La faveur où je suis, les postes que j'espère,
N'être jamais de rien, cesser partout de plaire,
S'il est vrai qu'aujourd'hui je vous ai renvoyé
Ce portrait à mes mains par l'amour confié.
HORTENSE.
Je fais plus. Je consens de n'être point aimée
De l'amant dont mon âme est malgré moi charmée,
S'il a reçu de moi ce billet prétendu.
Mais voilà le portrait, ingrat, qui m'est rendu;
Ce prix trop méprisé d'une amitié trop tendre,
Le voilà ; pouvez-vous....
DAMIS.
Ah! j'aperçois Clitandre.

SCÈNE XIV. — HORTENSE, DAMIS, CLITANDRE, NÉRINE, PASQUIN.

DAMIS.
Viens çà, marquis, viens çà. Pourquoi fuis-tu d'ici?
Madame, il peut d'un mot débrouiller tout ceci.
HORTENSE.
Quoi! Clitandre saurait....
DAMIS.
Ne craignez rien, madame;
C'est un ami prudent à qui j'ouvre mon âme :
Il est mon confident, qu'il soit le vôtre aussi.
Il faut....
HORTENSE.
Sortons, Nérine : ô ciel! quel étourdi!

SCÈNE XV. — DAMIS, CLITANDRE, PASQUIN

DAMIS.
Ah! marquis, je ressens la douleur la plus vive :
Il faut que je te parle.... il faut que je la suive.
(A Hortense.)
Attends-moi. Demeurez. Ah! je suivrai vos pas.

SCÈNE XVI. — CLITANDRE, PASQUIN.

CLITANDRE.
Je suis, je l'avouerai, dans un grand embarras.
Je les croyais tous deux brouillés sur ta parole.
PASQUIN.
Je le croyais aussi. J'ai bien joué mon rôle;
Ils se devraient haïr tous deux assurément :
Mais pour se pardonner il ne faut qu'un moment.
CLITANDRE.
Voyons un peu tous deux le chemin qu'ils vont prendre.
PASQUIN.
Vers son appartement Hortense va se rendre.
CLITANDRE.
Damis marche après elle; Hortense au moins le fuit.
PASQUIN.
Elle fuit faiblement, et son amant la suit.
CLITANDRE.
Damis en vain lui parle; on détourne la tête.
PASQUIN
Il est vrai; mais Damis de temps en temps l'arrête.
CLITANDRE.
Il se met à genoux; il reçoit des mépris.
PASQUIN.
Ah! vous êtes perdu, l'on regarde Damis.
CLITANDRE.
Hortense entre chez elle enfin, et le renvoie.
Je sens des mouvements de chagrin et de joie,
D'espérance et de crainte, et ne puis deviner
Où cette intrigue-ci pourra se terminer.

SCÈNE XVII. — CLITANDRE, DAMIS, PASQUIN.

DAMIS.
Ah! marquis, cher marquis, parle; d'où vient qu'Hortense
M'ordonne en grand secret d'éviter sa présence?
D'où vient que son portrait, que je fie à ta foi,
Se trouve entre ses mains? Parle, réponds, dis-moi.
CLITANDRE.
Vous m'embarrassez fort.
DAMIS, à *Pasquin*.
Et vous, monsieur le traître,
Vous, le valet d'Hortense, ou qui prétendez l'être,
Il faut que vous mouriez en ce lieu de ma main.
PASQUIN, à *Clitandre*.
Monsieur, protégez-nous.

CLITANDRE, à *Damis*.
Eh! monsieur....
DAMIS.
C'est en vain....
CLITANDRE.
Épargnez ce valet, c'est moi qui vous en prie.
DAMIS.
Quel intérêt si grand peux-tu prendre à sa vie?
CLITANDRE.
Je vous en prie encore, et sérieusement.
DAMIS.
Par amitié pour toi je diffère un moment.
Çà, maraud, apprends-moi la noirceur effroyable....
PASQUIN.
Ah! monsieur, cette affaire est embrouillée en diable;
Mais je vous apprendrai de surprenants secrets,
Si vous me promettez de n'en parler jamais.
DAMIS.
Non, je ne promets rien, et je veux tout apprendre.
PASQUIN.
Monsieur, Hortense arrive, et pourrait nous entendre.
(À Clitandre.)
Ah! monsieur, que dirai-je? Hélas! je suis à bout.
Allons tous trois au bal, et je vous dirai tout.

SCÈNE XVIII. — HORTENSE, *un masque à la main et en domino*; TRASIMON, NÉRINE.

TRASIMON.
Oui, croyez, ma cousine, et faites votre compte
Que ce jeune éventé nous couvrira de honte.
Comment! montrer partout et lettres et portrait!
En public! à moi-même! Après un pareil trait,
Je prétends de ma main lui brûler la cervelle.
HORTENSE, à *Nérine*.
Est-il vrai que Julie à ses yeux soit si belle,
Qu'il en soit amoureux?
TRASIMON.
Il importe fort peu :
Mais qu'il vous déshonore, il m'importe, morbleu!
Et je sais l'intérêt qu'un parent doit y prendre.
HORTENSE, à *Nérine*.
Crois-tu que pour Julie il ait eu le cœur tendre?
Qu'en penses-tu? dis-moi.
NÉRINE.
Mais l'on peut aujourd'hui
Aisément, si l'on veut, savoir cela de lui.

SCÈNE XVIII.

HORTENSE.

Son indiscrétion, Nérine, fut extrême :
Je devrais le haïr; peut-être que je l'aime.
Tout à l'heure, en pleurant, il jurait devant toi
Qu'il m'aimerait toujours, et sans parler de moi;
Qu'il voulait m'adorer, et qu'il saurait se taire.

TRASIMON.

Il vous a promis là bien plus qu'il ne peut faire.

HORTENSE.

Pour la dernière fois je le veux éprouver.
Nérine, il est au bal; il faut l'aller trouver.
Déguise-toi; dis-lui qu'avec impatience
Julie ici l'attend dans l'ombre et le silence.
L'artifice est permis sous ce masque trompeur,
Qui du moins de mon front cachera la rougeur :
Je paraîtrai Julie aux yeux de l'infidèle;
Je saurai ce qu'il pense et de moi-même et d'elle :
C'est de cet entretien que dépendra mon choix.
   (A Trasimon.)
Ne vous écartez point, restez près de ce bois;
Tâchez auprès de vous de retenir Clitandre :
L'un et l'autre en ces lieux daignez un peu m'attendre;
Je vous appellerai quand il en sera temps.

SCÈNE XIX. — HORTENSE, *seule, en domino, et son masque*
*à la main.*

Il faut fixer enfin mes vœux trop inconstants.
Sachons, sous cet habit, à ses yeux travestie,
Sous ce masque, et surtout sous le nom de Julie,
Si l'indiscrétion de ce jeune éventé
Fut un excès d'amour ou bien de vanité;
Si je dois le haïr ou lui donner sa grâce.
Mais déjà je le vois.

SCÈNE XX. — HORTENSE, *en domino et masquée*; DAMIS.

DAMIS, *sans voir Hortense.*
C'est donc ici la place
Où toutes les beautés donnent leurs rendez-vous?
Ma foi, je suis assez à la mode, entre nous.
Oui, la mode fait tout, décide tout en France;
Elle règle les rangs, l'honneur, la bienséance,
Le mérite, l'esprit, les plaisirs.

HORTENSE, *à part.*
L'étourdi

DAMIS.
Ah! si pour mon bonheur on peut savoir ceci,

Je veux qu'avant deux ans la cour n'ait point de belle
A qui l'amour pour moi ne tourne la cervelle.
Il ne s'agit ici que de bien débuter.
Bientôt Églé, Doris.... Mais qui les peut compter?
Quels plaisirs ! quelle file !

HORTENSE, à part.

Ah! la tête légère!

DAMIS.

Ah ! Julie, est-ce vous? vous qui m'êtes si chère!
Je vous connais malgré ce masque trop jaloux,
Et mon cœur amoureux m'avertit que c'est vous.
Otez, Julie, ôtez ce masque impitoyable ;
Non, ne me cachez point ce visage adorable,
Ce front, ces doux regards, cet aimable souris,
Qui de mon tendre amour sont la cause et le prix.
Vous êtes en ces lieux la seule que j'adore.

HORTENSE.

Non, de vous mon humeur n'est pas connue encore
Je ne voudrais jamais accepter votre foi,
Si vous aviez un cœur qui n'eût aimé que moi.
Je veux que mon amant soit bien plus à la mode,
Que de ses rendez-vous le nombre l'incommode,
Que par trente grisons tous ses pas soient comptés,
Que mon amour vainqueur l'arrache à cent beautés;
Qu'il me fasse surtout de brillants sacrifices ;
Sans cela je ne puis accepter ses services :
Un amant moins couru ne me saurait flatter.

DAMIS.

Oh! j'ai sur ce pied-là de quoi vous contenter :
J'ai fait en peu de temps d'assez belles conquêtes ;
Je pourrais me vanter de fortunes honnêtes ;
Et nous sommes courus de plus d'une beauté
Qui pourrait de tout autre enfler la vanité.
Nous en citerions bien qui font les difficiles ,
Et qui sont avec nous passablement faciles.

HORTENSE.

Mais encore ?

DAMIS.

Eh !... ma foi, vous n'avez qu'à parler,
Et je suis prêt, Julie, à vous tout immoler.
Voulez-vous qu'à jamais mon cœur vous sacrifie
La petite Isabelle et la vive Erminie,
Clarice , Églé, Doris ?...

HORTENSE.

Quelle offrande est-ce là ?
On m'offre tous les jours ces sacrifices-là ;
Ces dames, entre nous, sont trop souvent quittées

## SCÈNE XX.

Nommez-moi des beautés qui soient plus respectées,
Et dont je puisse au moins triompher sans rougir.
Ah! si vous aviez pu forcer à vous chérir
Quelque femme à l'amour jusqu'alors insensible,
Aux manéges de cour toujours inaccessible,
De qui la bienséance accompagnât les pas,
Qui, sage en sa conduite, évitât les éclats,
Enfin qui pour vous seul eût eu quelque faiblesse....

DAMIS, *s'asseyant auprès d'Hortense.*

Écoutez. Entre nous, j'ai certaine maîtresse
A qui ce portrait-là ressemble trait pour trait :
Mais vous m'accuseriez d'être trop indiscret.

HORTENSE.

Point, point.

DAMIS.

Si je n'avais quelque peu de prudence,
Si je voulais parler, je nommerais Hortense.
Pourquoi donc à ce nom vous éloigner de moi?
Je n'aime point Hortense alors que je vous voi;
Elle n'est près de vous ni touchante ni belle !
De plus, certain abbé fréquente trop chez elle ;
Et de nuit, entre nous, Trasimon son cousin
Passe un peu trop souvent par le mur du jardin.

HORTENSE, *à part.*

A l'indiscrétion joindre la calomnie !

(Haut.)

Contraignons-nous encore. Écoutez, je vous prie ;
Comment avec Hortense êtes-vous, s'il vous plaît ?

DAMIS.

Du dernier bien : je dis la chose comme elle est.

HORTENSE, *à part.*

Peut-on plus loin pousser l'audace et l'imposture !

DAMIS.

Non, je ne vous mens point ; c'est la vérité pure.

HORTENSE, *à part.*

Le traître !

DAMIS.

Eh! sur cela quel est votre souci?
Pour parler d'elle enfin sommes-nous donc ici ?
Daignez, daignez plutôt....

HORTENSE.

Non, je ne saurais croire
Qu'elle vous ait cédé cette entière victoire.

DAMIS.

Je vous dis que j'en ai la preuve par écrit.

HORTENSE.

Je n'en crois rien du tout

DAMIS.
Vous m'outrez de dépit.
HORTENSE.
Je veux voir par mes yeux.
DAMIS.
C'est trop me faire injure.
(Il lui donne la lettre.)
Tenez donc : vous pouvez connaître l'écriture.
HORTENSE, *se démasquant.*
Oui, je la connais, traître! et je connais ton cœur.
J'ai réparé ma faute, enfin; et mon bonheur
M'a rendu pour jamais le portrait et la lettre
Qu'à ces indignes mains j'avais osé commettre.
Il est temps; Trasimon, Clitandre, montrez-vous.

SCÈNE XXI. — HORTENSE, DAMIS, TRASIMON, CLITANDRE.

HORTENSE, *à Clitandre.*
Si je ne vous suis point un objet de courroux,
Si vous m'aimez encore, à vos lois asservie,
Je vous offre ma main, ma fortune et ma vie.
CLITANDRE.
Ah! madame, à vos pieds un malheureux amant
Devrait mourir de joie et de saisissement.
TRASIMON, *à Damis.*
Je vous l'avais bien dit que je la rendrais sage.
C'est moi seul, mons Damis, qui fais ce mariage.
Adieu : possédez mieux l'art de dissimuler.
DAMIS.
Juste ciel! désormais à qui peut-on parler?

FIN DE L'INDISCRET.

# LA FÊTE DE BÉLÉBAT[1].

(1725.)

### A S. A. S. MADEMOISELLE DE CLERMONT.

Les citoyens de Bélébat ne peuvent vous rendre compte que de leurs divertissements et de leurs fêtes; ils n'ont ici d'affaires que celles de leurs plaisirs : bien différents en cela de M. votre frère aîné[2], qui ne travaille tous les jours que pour le bonheur des autres. Nous sommes tous devenus ici poëtes et musiciens, sans pourtant être devenus bizarres. Nous avons de fondation un grand homme qui excelle en ces deux genres; c'est le curé de Courdimanche : ce bonhomme a la tête tournée de vers et de musique, et on le prendrait volontiers pour l'aumônier du cocher de M. de Vertamont[3]. Nous le couronnâmes poëte hier en cérémonie dans le château de Bélébat, et nous nous flattons que le bruit de cette fête magnifique excitera partout l'émulation, et ranimera les beaux-arts en France.

On avait illuminé la grand'salle de Bélébat, au bout de laquelle on avait dressé un trône sur une table de lansquenet; au-dessus du trône pendait à une ficelle imperceptible une grande couronne de laurier, où était renfermée une petite lanterne allumée, qui donnait à la couronne un éclat singulier. Mgr. le comte de Clermont et tous les citoyens de Bélébat étaient rangés sur des tabourets; ils avaient tous des branches de laurier à la main, de belles moustaches faites avec du charbon, un bonnet de papier sur la tête, fait en forme de pain de sucre; et sur chaque bonnet on lisait en grosses lettres le nom des plus grands poëtes de l'antiquité. Ceux qui faisaient les fonctions de grands maîtres des cérémonies avaient une couronne de laurier sur la tête, un bâton à la main, et étaient décorés d'un tapis vert qui leur servait de mante.

Tout étant disposé, et le curé étant arrivé dans une calèche à six chevaux qu'on avait envoyée au-devant de lui, il fut conduit à son trône. Dès qu'il fut assis, l'orateur lui prononça à genoux une harangue dans le style de l'Académie, pleine de louanges, d'antithèses et de mots nouveaux. Le curé reçut tous ces éloges avec l'air d'un homme qui sait bien qu'il en mérite encore da-

---
1. Fête donnée à Bélébat, chez le marquis de Livry, dans la paroisse de Courdimanche, dont le curé était à moitié poëte et à moitié fou. Tous les vers de cette pièce ne sont pas de Voltaire. (Ed.)
2. Le duc de Bourbon, premier ministre.
3. Chansonnier du pont Neuf.

vantage; car tout le monde n'est pas de l'humeur de notre reine¹, qui hait les louanges autant qu'elle les mérite. Après la harangue, on exécuta le concert dont on vous envoie les paroles; les chœurs allèrent à merveille, et la cérémonie finit par une grande pièce de vers pompeux, à laquelle ni les assistants, ni le curé, ni l'auteur, n'entendirent rien. Il faudrait avoir été témoin de cette fête pour en bien sentir l'agrément : les projets et les préparatifs de ces divertissements sont toujours agréables, l'exécution rarement bonne, et le récit souvent ennuyeux.

 Ainsi, dans les plaisirs d'une vie innocente,
  Nous attendons tous l'heureux jour
   Où nous reverrons le séjour
  De cette reine aimable et bienfaisante,
L'objet de nos respects, l'objet de notre amour :
   Le plaisir de vivre à sa cour
  Vaut la fête la plus brillante.

Le curé de Courdimanche s'étant placé sur le trône qui lui était destiné, tous les habitants de Courdimanche vinrent en cérémonie le haranguer; Voltaire porta la parole. La harangue finie, la cérémonie commença.

 UN HABITANT DE COURDIMANCHE *chante*.
  Peuples fortunés de Courdimanche,
  Devant le curé que tout s'épanche;
  À le couronner qu'on se prépare,
  De pampre, en attendant la tiare.
 (On met une couronne sur la tête du curé.)

 LE CHŒUR *chante sur un air de l'opéra de* THÉSÉE.
   Que l'on doit être
   Content d'avoir un prêtre
   Qui fait de si beaux vers!
   Qu'on applaudisse
  Sans cesse à ses nouveaux airs,
   À ses concerts.
  Qu'à l'église il nous bénisse,
  Qu'à table il nous réjouisse;
   Que d'un triomphe si doux
  Tous les curés soient jaloux!

  Sur l'air des vieillards de *Thésée*.
  Mène-t-on dans le monde une vie
   Qui soit plus jolie
   Qu'à Bélébat!
   Ce curé nous enchante :

---

1. Marie Leczinska.

## LA FÊTE DE BÉLÉBAT.

Lorsqu'à table il chante,
On croirait être au sabbat.
Le démon poétique
Qui rend pâle, étique,
Voltaire le rimeur,
Rend la face
Bien grasse
A ce pasteur.

*Air :* Au généreux Roland.

A ce joyeux curé Bélébat doit sa gloire,
Tous les buveurs on lui voit terrasser ;
Mais il ne veut, pour prix de sa victoire,
Que le bon vin que Livry fait verser.
On vient, pour l'admirer, des quatre coins du monde,
On quitte une brillante cour ;
Partout à sa santé chacun boit à la ronde ;
Mais qui peut voir sa face rubiconde,
Voit sans étonnement l'excès de notre amour.
Triomphez, grand Courdimanche,
Triomphez des plus grands cœurs :
Ce n'est qu'aux plus fameux buveurs
Qu'il est permis de manger votre éclanche.

(*Une nymphe lui présente un verre de vin.*)

UN HABITANT *chante.*

Versez-lui de ce vin vieux,
Silvie,
Versez-lui de ce vin vieux ;
Encore un coup, je vous prie,
L'Amour vous en rendra deux.
Vénus permet qu'en ces beaux lieux
Bacchus préside ;
Le curé de ce lieu joyeux
Est le druide :
Honneur, cent fois honneur
A ce divin pasteur ;
Le plaisir est son guide :
Que les curés d'alentour
Viennent lui faire la cour.

*Air :* Le pays de Cocagne (d'une comédie de Legrand.)

Où trouver la grâce du comique,
Un style noble et plaisant,
Et du grand et sublime tragique
Le récit tendre et touchant ?
Voltaire a-t-il tout cela dans sa manche ?
Et lon lan la.

Ce n'est pas là
Qu'on trouve cela,
C'est chez le grand Courdimanche

En fait de cette douce harmonie
Qui charme et séduit les cœurs,
Des maîtres de France ou d'Italie
Qui doit passer pour vainqueurs?
Entre Miguel et Lulli le choix penche;
Et lon lan la,
Ce n'est pas là
Qu'on trouve cela,
C'est chez le grand Courdimanche

Salut au curé de Courdimanche;
Oh! que c'est un homme divin!
Sa ménagère est fraîche et blanche,
Salut au curé de Courdimanche :
Sûr d'une soif que rien n'étanche,
Il viderait cent brocs de vin;
Salut au curé de Courdimanche;
Oh! que c'est un homme divin!

Du pain bis, une simple éclanche;
Salut au curé de Courdimanche :
Maigre ou gras, bécassine ou tanche,
Tout est bon dès qu'il a du vin.
Salut au curé de Courdimanche;
Oh! que c'est un homme divin!

Des vers, il en a dans sa manche;
Salut au curé de Courdimanche;
Aucun repas ne se retranche;
En s'éveillant il court au vin.
Salut au curé de Courdimanche;
Oh! que c'est un homme divin!

(La scène change, et représente l'agonie du curé de Courdimanche il paraît étendu sur un lit.)

CHŒUR.

Ah! notre curé
S'est bien échaudé,
Faisant sa lessive[1].

Ah! notre curé
Est presque enterré,
Pour s'être échaudé.

UN HABITANT.

Et du même chaudron (bis)

1. Il lui était tombé de l'eau bouillante sur les jambes. (ÉD.)

## LA FÊTE DE BÉLÉBAT.

La pauvre Bacarie
 A brûlé son....
  LE CHŒUR, *l'interrompant.*
 Ah ! notre curé, etc.
  UN HABITANT.
Quelques gens nous ont dit
Que le curé lui-même
 Avait brûlé son....
  LE CHŒUR, *l'interrompant.*
 Ah ! notre curé, etc.

*Exhortation faite au curé de Courdimanche en son agonie.*

Curé de Courdimanche, et prêtre d'Apollon,
Que je vois sur ce lit étendu tout du long,
Après avoir vingt ans, dans une paix profonde,
Enterré, confessé, baptisé votre monde;
Après tant d'*oremus* chantés si plaisamment,
Après cent *requiem* entonnés si gaiement,
Pour nous, je l'avouerai, c'est une peine extrême
Qu'il nous faille aujourd'hui prier Dieu pour vous-même.
Mais tout passe et tout meurt; tel est l'arrêt du sort :
L'instant où nous naissons est un pas vers la mort.
Le petit père André n'est plus qu'un peu de cendre;
Frère Fredon n'est plus; Diogène, Alexandre,
César, le poëte Maï[1], La Fillon, Constantin,
Abraham, Brioché, tous ont même destin;
Ce cocher si fameux à la cour, à la ville,
Amour des beaux esprits, père du vaudeville,
Dont vous auriez été le très-digne aumônier,
Près Saint-Eustache encore est pleuré du quartier.
Vous les suivrez bientôt : c'est donc ici, mon frère,
Qu'il faut que vous songiez à votre grande affaire.
Si vous aviez été toujours homme de bien,
Un bon prêtre, un nigaud, je ne vous dirais rien :
Mais qui peut, entre nous, garder son innocence ?
Quel curé n'a besoin d'un peu de pénitence ?
Combien en a-t-on vû jusqu'au pied des autels
Porter un cœur pétri de penchants criminels;
Dans ce tribunal même, où, par des lois sévères,
Des fautes des mortels ils sont dépositaires,
Convoiter les beautés qui vers eux s'accusaient,
Et commettre la chose, alors qu'ils l'écoutaient !
Combien n'en vit-on pas, dans une sacristie,
Conduire une dévote avec hypocrisie,
Et, sur un banc trop dur, travailler en ce lieu

---

[1]. Poëte sans talent, qui mourut de misère en 1719. (ÉD.)

A faire à son prochain des serviteurs de Dieu !
 Je veux que de la chair le démon redoutable
N'ait pu vous enchanter par son pouvoir aimable ;
Que, digne imitateur des saints du premier temps,
Vous ayez pu dompter la révolte des sens ;
Vous viviez en châtré ; c'est un bonheur extrême :
Mais ce n'est pas assez, curé, Dieu veut qu'on l'aime.
Avez-vous bien connu cette ardente ferveur,
Ce goût, ce sentiment, cette ivresse du cœur,
La charité, mon fils ? le chrétien vit par elle :
Qui ne sait point aimer n'a qu'un cœur infidèle ;
La charité fait tout : vous possédez en vain
Les mœurs de nos prélats, l'esprit d'un capucin,
D'un cordelier nerveux la timide innocence,
La science d'un carme avec sa continence,
Des fils de Loyola toute l'humilité ;
Vous ne serez chrétien que par la charité.
  Commencez donc, curé, par un effort suprême ;
Pour mieux savoir aimer, haïssez-vous vous-même.
Avouez humblement, en pénitent soumis,
Tous les petits péchés que vous avez commis ;
Vos jeux, vos passe-temps, vos plaisirs, et vos peines,
Olivette, Amauri, vos amours et vos haines ;
Combien de muids de vin vous vidiez dans un an ;
Si Brunelle avec vous a dormi bien souvent.

Après que vous aurez aux yeux de l'assemblée
Étalé les péchés dont votre âme est troublée,
Avant que de partir, il faudra prudemment
Dicter vos volontés et faire un testament.
Bélébat perd en vous ses plaisirs et sa gloire :
Il lui faut un poète et des chansons à boire,
Il ne peut s'en passer ; vous devez parmi nous
Choisir un successeur qui soit digne de vous.
Il sera votre ouvrage, et vous pourrez le faire
De votre esprit charmant unique légataire.
Tel Élie autrefois, loin des profanes yeux,
Sur un char de lumière emporté dans les cieux,
Avant que de partir pour ce rare voyage,
Consolait Élisé qui lui servait de page ;
Et, dans un testament, qu'on n'a point par écrit,
Avec un vieux pourpoint lui laissa son esprit.
Afin de soulager votre mémoire usée,
Nous ferons en chansons une peinture aisée
De cent petits péchés que peut faire un pasteur,
Et que vous n'auriez pu nous réciter par cœur.

LES HABITANTS DE BÉLÉBAT, *chantent.*
Air du *Confiteor.*

Vous prenez donc congé de nous;
En vérité, c'est grand dommage :
Mon cher curé, disposez-vous
A franchir gaiement ce passage.
Hé quoi, vous résistez encor!
Dites votre *Confiteor.*

Lorsque vous aimâtes Margot,
Vous n'étiez pas encor sous-diacre;
Un beau jour de Quasimodo,
Avec elle montant en fiacre....
Vous en souviendrait-il encor?
Dites votre *Confiteor.*

Nous vous avons vu pour Catin
Abandonner souvent l'office;
Vous n'êtes pas, pour le certain,
Chu dans le fond du précipice;
Mais, parbleu, vous étiez au bord.
Dites votre *Confiteor.*

Vos sens, de Brunelle enchantés,
La fêtaient mieux que le dimanche.
Sous le linge elle a des beautés,
Quoiqu'elle ne soit pas trop blanche,
Et qu'elle ait quelque tale encor :
Dites votre *Confiteor.*

Vous avez renversé sur cu
Plus de vingt tonneaux par année;
Tout Courdimanche est convaincu
Que Toinon fut plus renversée.
Pour les muids de vin, passe encor
Dites votre *Confiteor.*

N'êtes-vous pas demeuré court
Dans vos rendez-vous, comme en chaire?
Vous avez tout l'air d'un Saucourt,
De grands traits à la cordelière;
Mais tout ce qui luit n'est pas or :
Dites votre *Confiteor.*

Élève, et quelquefois rival
De l'abbé de Pure et d'Horace,
Du fond du confessionnal,
Quand vous grimpez sur le Parnasse,
Vous vous croyez sur le Thabor
Dites votre *Confiteor.*

Si les Amauris ont voulu
Troubler votre innocente flamme,
Et s'ils vous ont un peu battu,
C'est pour le salut de votre âme ;
C'est pour vous de grâce un trésor :
Dites votre *Confiteor.*

*Après la confession*, LE BEDEAU *chante.*

Gardez tous un silence extrême,
Le curé se dispose à vous parler lui-même :
Pour donner plus d'éclat à ses ordres derniers,
Il a fait assembler ici les marguilliers.
Écoutez bien comme l'on sonne :
Du carillon tout Bélébat résonne ;
Il tousse, il crache, écoutez bien ;
De ce qu'il dit ne perdez jamais rien.

LE CURÉ *chante d'un ton entrecoupé.*

A Courdimanche, avec honneur,
J'ai fait mon devoir de pasteur ;
J'ai su boire, chanter et plaire,
Toutes mes brebis contenter :
Mon successeur sera Voltaire,
Pour mieux me faire regretter.

LE BEDEAU *chante.*

Que de tous côtés on entende
Le beau nom de Voltaire, et qu'il soit célébré.
Est-il pour nous une gloire plus grande ?
L'auteur d'*OEdipe* est devenu curé.

LE CHŒUR.

Que de tous côtés on entende, etc.

LE BEDEAU.

Qu'avec plaisir Bélébat reconnoisse
De ce curé le digne successeur ;
Il faut toujours dans la paroisse
Un grand poëte avec un grand buveur.

(A Voltaire.).

Que l'on bénisse
Le choix propice
Qui du pasteur
Vous fait coadjuteur.

LE CHŒUR.

Que de tous côtés on entende
Le beau nom de Voltaire, et qu'il soit célébré, etc.

MADAME LA MARQUISE DE PRIE *présente à Voltaire une couronne de laurier, et l'installe en chantant.*

Pour prix du bonheur extrême
Que nous goûtons dans ces lieux,

Et qu'on ne doit qu'à toi-même,
Reçois ce don précieux;
Je te le donne,
En attendant encor mieux
Qu'une couronne.

LES HABITANTS DE BÉLÉBAT *chantent.*

De ce cet auguste jour,
Reçois cette couronne
Par les mains de l'Amour
Notre cœur te la donne,
Et zon, zon, zon, etc.
Tu connais le devoir
Où cet honneur t'engage;
Par un double pouvoir
Mérite notre hommage,
Et zon, zon, zon, etc.

(On annonce au coadjuteur ses devoirs.)

Du poste où l'on t'introduit
Connais bien toutes les charges;
Il faut des épaules larges,
Grand'soif, et bon appétit.

(On répète.)

Du poste, etc.

(On fait le panégyrique du curé, comme s'il était mort.)

UN CORYPHÉE *chante.*

Hélas! notre pauvre saint,
Que Dieu veuille avoir son âme!
Pain, vin, jambon, fille, ou femme,
Tout lui passait par la main.

LE CHŒUR *répète.*

Hélas! etc.

LE CORYPHÉE.

Il eût cru taxer les dieux
D'une puissance bornée,
Si jamais pour l'autre année
Il eût gardé du vin vieux.

LE CHŒUR.

Il eût cru, etc.

LE CORYPHÉE.

Tout Courdimanche en discord
Menaçait d'un grand tapage;
Il enivra le village,
A l'instant tout fut d'accord.

LE CHŒUR.

Tout Courdimanche, etc.

LE CORYPHÉE

Quand l'orage était bien fort,

Pour détourner le tonnerre,
Un autre eût dit son bréviaire;
Lui courait au vin d'abord.

LE CHŒUR.

Quand l'orage, etc.

LE CORYPHÉE.

Bon homme, ami du prochain,
Ennemi de l'abstinence,
S'il prêchait la pénitence,
C'était un verre à la main.

LE CHŒUR.

Bon homme, etc.

DEUX JEUNES FILLES *chantent*.

    Que nos prairies
    Seront fleuries!
    Les jeux, l'amour,
Suivent Voltaire en ce jour;
    Déjà nos mères
    Sont moins sévères;
On dit qu'on peut faire
    Un mari cocu.
    Heureuse terre!
    C'est à Voltaire
    Que tout est dû.

LE CHŒUR.

Que nos prairies, etc.

LES JEUNES FILLES.

    L'amour lui doit
Les honneurs qu'il reçoit.
    Un cœur sauvage
    Par lui s'adoucit;
    Fille trop sage
    Pour lui s'attendrit.

LE CHŒUR.

Que nos prairies, etc.

*Remercîment de* VOLTAIRE *au curé*.

Curé, dans qui l'on voit les talents et les traits
La gaieté, la douceur, et la soif éternelle
Du curé de Meudon, qu'on nommait Rabelais,
    Dont la mémoire est immortelle,
    Vous avez daigné me donner
Vos talents, votre esprit, ces dons d'un dieu propice;
    C'est le plus charmant bénéfice
    Que vous ayez à résigner.
Puisse votre carrière être encor longue et belle!
Vous formerez en moi votre heureux successeur·
Je serai dans ces lieux votre coadjuteur,

Partout hors auprès de Brunelle.
LE CHŒUR.
Honneur et cent fois honneur
A notre coadjuteur !
(A Mgr le comte de Clermont.)
Viens, parais, jeune prince, et qu'on te reconnoisse
Pour le coq de notre paroisse ;
Que ton frère, à son gré, soit le digne pasteur
De tous les peuples de la France ;
Qu'on chante, si l'on veut, sa vertu, sa prudence :
Toi seul dans Bélébat rempliras nos désirs :
On peut partout ailleurs célébrer sa justice ;
Nous ne voulons ici chanter que nos plaisirs ;
Qui pourrait mieux que toi commencer cet office?
(A M. de Billy, son gouverneur.)
Billy, nouveau Mentor bien plus sage qu'austère
De ce Télémaque nouveau,
Si, pour éclairer sa carrière,
Ta main de la Raison nous montre le flambeau,
Le flambeau de l'Amour s'allume pour lui plaire :
Loin d'éteindre ses feux, ose en brûler encor ;
Et que jamais surtout quelque nymphe jolie
Ne renvoie à la Peyronie[1]
Le Télémaque et le Mentor.
(Au seigneur de Bélébat.)
Duchy, maître de la maison,
Vous êtes franc, vrai, sans façon,
Très-peu complimenteur, et je vous en révère.
. . . . . . . . . . . . . . . . . . . . . . . . . .
La louange à vos yeux n'eut jamais rien de doux,
Allez, ne craignez rien des transports de ma lyre ;
Je vous estimerai, mais sans vous en rien dire :
C'est comme il faut vivre avec vous.
(A M. de Montchesne.)
Continuez, monsieur : avec l'heureux talent
D'être plaisant et froid, sans être froid plaisant,
De divertir souvent, et de ne jamais rire,
Vous savez railler sans médire,
Et vous possédez l'art charmant
De ne jamais fâcher, de toujours contredire.
(A Mme de Montchesne.)
Vous, aimable moitié de ce grand disputeur,
Vous qui pensez toujours bien plus que vous n'en dites,
Vous de qui l'on estime et l'esprit et le cœur,
Lorsque vous ne songez qu'à cacher leurs mérites,

---

[1]. Chirurgien célèbre, mort en 1747. (ÉD.)

Jouissez du plaisir d'avoir toujours dompté
Les contradictions dont son esprit abonde;
Car ce n'est que pour vous qu'il a toujours été
　　De l'avis du reste du monde.

(A Mme la marquise de Prie.)

De Prie, objet aimable, et rare assurément,
　　Que vous passez d'un vol rapide
Du grave à l'enjoué, du frivole au solide!
　　Que vous unissez plaisamment
L'esprit d'un philosophe et celui d'un enfant!
J'accepte les lauriers que votre main me donne :
Mais ne peut-on tenir de vous qu'une couronne?
Vous connaissez Alain[1], ce poëte fameux,
Qui s'endormit un jour au palais de sa reine :
　　Il en reçut un baiser amoureux;
　　Mais il dormait, et la faveur fut vaine.
Vous me pourriez payer d'un prix beaucoup plus doux;
　　Et si votre bouche vermeille
Doit quelque chose aux vers que je chante pour vous,
　　N'attendez pas que je sommeille.

(A M. de Baye, frère de Mme de Prie.)

Vous êtes, cher de Baye, au printemps de votre âge;
Vous promettez beaucoup, vous tiendrez davantage.
　　Surtout n'ayez jamais d'humeur;
　　Vous plairez quand vous voudrez plaire :
　　D'ailleurs imitez votre frère :
Mais, hélas! qui pourrait imiter votre sœur?

(A M. le duc de La Feuillade.)

　　Vous avez, jeune La Feuillade,
Ce don charmant que jadis eut Saucourt,
　　Ce don qui toujours persuade,
　　Et qui plaît surtout à la cour.
　　Gardez qu'un jour on ne vous plaigne
D'avoir su mal user d'un talent si parfait;
N'allez pas devenir un méchant cabaret
　　Portant une si belle enseigne.

(A M. de Bonneval.)

Et vous, cher Bonneval, que vous êtes heureux!
Vous écrivez souvent sous l'aimable de Prie;
Et vous avez des vers le talent gracieux;
Ainsi diversement vous passez votre vie
　　A parler la langue des dieux.
Partagez avec moi ce brin de ma couronne;
De Prie, aux yeux de tous, m'a promis encor mieux;

---

1. Alain Chartier. (ÉD.)

Ah! si ce mieux venait, je jure par les cieux
De ne le partager jamais avec personne.
(A M. le président Hénault.)

  Hénault, aimé de tout le monde,
   Vous enchantez également
   Le philosophe, l'ignorant,
   Le galant à perruque blonde,
   Le citoyen, le courtisan :
  En Apollon vous êtes mon confrère.
Grand maître en l'art d'aimer, bien plus en l'art de plaire ;
Vif sans emportement, complaisant sans fadeur,
   Homme d'esprit sans être auteur,
   Vous présidez à cette fête ;
Vous avez tout l'honneur de cet aimable jour.
Mes lauriers étaient faits pour ceindre votre tête ;
Mais vous n'en recevez que des mains de l'Amour.

(A MM. le marquis et l'abbé de Livry.)

Plus on connaît Livry, plus il est agréable :
Il donne des plaisirs, et toujours il en prend ;
Il est le dieu du lit et celui de la table.
Son frère, en tapinois, en fait bien tout autant ;
   Et sans perdre de sa prudence,
Lorsqu'avec des buveurs il se trouve engagé,
   Il soutient mieux que le clergé
  Les libertés de l'Église de France.

(A M. Delaistre.)

Doux, sage, ingénieux, agréable Delaistre,
   Vous avez gagné mon cœur
   Dès que j'ai pu vous connaître.
Mon estime envers vous à l'instant va paraître ;
   Je vous fais mon enfant de chœur.

(A Mme de Montchesne.)

  Toi, Montchesne, discrète et sage,
  Accepte-moi pour directeur ;
  Que ton mari soit bedeau de village ;
   Que de Baye soit carillonneur,
   Et Duchy marguillier d'honneur.
   Le président sera vicaire ;
Livry des pains bénits sera dépositaire.
   Que l'abbé préside au lutrin,
Et qu'il ait même encor l'emploi de sacristain.
Venez, Béquet, venez ; soyez ma ménagère :
   Songez surtout à vous bien acquitter
   Des fonctions d'une charge si belle ;
   Et puissions-nous l'un et l'autre imiter,
   Moi, le curé ; vous, la jeune Brunelle !

LE CHŒUR *chante*.
Chantons tous la chambrière
De notre coadjuteur;
Elle aura beaucoup à faire
Pour engraisser son pasteur.
Haut le pied, bonne ménagère;
Haut le pied, coadjuteur.

LE COADJUTEUR *chante*.
Tu parais dans le bel âge,
Vive, aimable et sans humeur;
Viens gouverner mon ménage,
Et ma paroisse, et mon cœur.
Haut le cul, belle ménagère;
Haut le cul, coadjuteur.

L'évêque le plus austère,
S'il visitait mon réduit,
Cache-toi, ma ménagère,
Car il te prendrait pour lui.
Haut le pied, bonne ménagère;
Tu peux paraître aujourd'hui.

LE CHŒUR *chante*.
Honneur au dieu de Cythère,
Et gloire au divin Bacchus;
Honneur et gloire à Voltaire,
Héritier de leurs vertus.
Haut le pied, bonne ménagère;
Que de biens sont attendus!

Des jeux l'escorte légère,
Sous ce digne successeur,
De la raison trop austère
Délivrera notre cœur.
Haut le pied, bonne ménagère?
Célébrez votre bonheur.

Raison dont la voix murmure,
Contre nos tendres souhaits,
Par une triste peinture
Des cœurs tu troubles la paix
Ils peignent d'après nature;
Nous aimons mieux leurs portraits.

FIN DE LA FÊTE DE BÉLÉBAT.

# BRUTUS.

TRAGÉDIE EN CINQ ACTES.

(11 décembre 1730.)

## DISCOURS SUR LA TRAGÉDIE.

### A MILORD BOLINGBROKE.

Si je dédie à un Anglais un ouvrage représenté à Paris, ce n'est pas, milord, qu'il n'y ait aussi dans ma patrie des juges très-éclairés, et d'excellents esprits auxquels j'eusse pu rendre cet hommage ; mais vous savez que la tragédie de *Brutus* est née en Angleterre. Vous vous souvenez que, lorsque j'étais retiré à Wandsworth, chez mon ami M. Falkener, ce digne et vertueux citoyen, je m'occupai chez lui à écrire en prose anglaise le premier acte de cette pièce, à peu près tel qu'il est aujourd'hui en vers français. Je vous en parlais quelquefois, et nous nous étonnions qu'aucun Anglais n'eût traité ce sujet, qui, de tous, est peut-être le plus convenable à votre théâtre[1]. Vous m'encouragiez à continuer un ouvrage susceptible de si grands sentiments. Souffrez donc que je vous présente *Brutus*, quoique écrit dans une autre langue, *docte sermones utriusque linguæ*, à vous qui me donneriez des leçons de français aussi bien que d'anglais, à vous qui m'apprendriez du moins à rendre à ma langue cette force et cette énergie qu'inspire la noble liberté de penser : car les sentiments vigoureux de l'âme passent toujours dans le langage ; et qui pense fortement parle de même.

Je vous avoue, milord, qu'à mon retour d'Angleterre, où j'avais passé près de deux années dans une étude continuelle de votre langue, je me trouvai embarrassé lorsque je voulus composer une tragédie française. Je m'étais presque accoutumé à penser en anglais ; je sentais que les termes de ma langue ne venaient plus se présenter à mon imagination avec la même abondance qu'auparavant : c'était comme un ruisseau dont la source avait été détournée ; il me fallut du temps et de la peine pour le faire couler dans son premier lit. Je compris bien alors que, pour réussir dans un art, il le faut cultiver toute sa vie.

*De la rime, et de la difficulté de la versification française.* — Ce qui m'effraya le plus en rentrant dans cette carrière, ce fut la sévérité de notre poésie, et l'esclavage de la rime. Je regrettais cette heureuse liberté que vous avez d'écrire vos tragédies en vers non rimés ; d'allonger, et surtout d'accourcir presque tous vos mots ; de faire enjamber les vers les uns sur les autres, et de créer, dans le besoin, des termes nouveaux, qui sont toujours

1. Il y a un *Brutus* d'un auteur nommé Lée ; mais c'est un ouvrage ignoré, qu'on ne représente jamais à Londres.

adoptés chez vous lorsqu'ils sont sonores, intelligibles et nécessaires. « Un poëte, disais-je, est un homme libre qui asservit sa langue à son génie; le Français est un esclave de la rime, obligé de faire quelquefois quatre vers pour exprimer une pensée qu'un Anglais peut rendre en une seule ligne. L'Anglais dit tout ce qu'il veut, le Français ne dit que ce qu'il peut; l'un court dans une carrière vaste, et l'autre marche avec des entraves dans un chemin glissant et étroit. »

Malgré toutes ces réflexions et toutes ces plaintes, nous ne pourrons jamais secouer le joug de la rime; elle est essentielle à la poésie française. Notre langue ne comporte que peu d'inversions; nos vers ne souffrent point d'enjambement, du moins cette liberté est très-rare; nos syllabes ne peuvent produire une harmonie sensible par leurs mesures longues ou brèves; nos césures et un certain nombre de pieds ne suffiraient pas pour distinguer la prose d'avec la versification : la rime est donc nécessaire aux vers français. De plus, tant de grands maîtres qui ont fait des vers rimés, tels que les Corneille, les Racine, les Despréaux, ont tellement accoutumé nos oreilles à cette harmonie, que nous n'en pourrions pas supporter d'autres; et, je le répète encore, quiconque voudrait se délivrer d'un fardeau qu'a porté le grand Corneille, serait regardé avec raison, non pas comme un génie hardi qui s'ouvre une route nouvelle, mais comme un homme très-faible qui ne peut marcher dans l'ancienne carrière.

*Tragédies en prose.* — On a tenté de nous donner des tragédies en prose; mais je ne crois pas que cette entreprise puisse désormais réussir : qui a le plus ne saurait se contenter du moins. On sera toujours mal venu à dire au public : « Je viens diminuer votre plaisir. » Si, au milieu des tableaux de Rubens ou de Paul Véronèse, quelqu'un venait placer ses dessins au crayon, n'aurait-il pas tort de s'égaler à ces peintres? On est accoutumé dans les fêtes à des danses et à des chants : serait-ce assez de marcher et de parler, sous prétexte qu'on marcherait et qu'on parlerait bien, et que cela serait plus aisé et plus naturel?

Il y a grande apparence qu'il faudra toujours des vers sur tous les théâtres tragiques, et, de plus, toujours des rimes sur le nôtre. C'est même à cette contrainte de la rime et à cette sévérité extrême de notre versification que nous devons ces excellents ouvrages que nous avons dans notre langue. Nous voulons que la rime ne coûte jamais rien aux pensées, qu'elle ne soit ni triviale ni trop recherchée; nous exigeons rigoureusement dans un vers la même pureté, la même exactitude que dans la prose. Nous ne permettons pas la moindre licence; nous demandons qu'un auteur porte sans discontinuer toutes ces chaînes, et cependant qu'il paraisse toujours libre; et nous ne reconnaissons pour poëtes que ceux qui ont rempli toutes ces conditions.

*Exemple de la difficulté des vers français.* — Voilà pourquoi il est plus aisé de faire cent vers en toute autre langue, que quatre vers en français. L'exemple de notre abbé Regnier Desmarais, de l'Académie française et de celle de la Crusca, en est une preuve bien évidente : il traduisit Anacréon en italien avec succès, et ses vers français sont, à l'exception de deux ou trois quatrains, au rang des plus médiocres. Notre Ménage était dans le même cas. Combien de nos beaux esprits ont fait de très-beaux vers latins, et n'ont pu être supportables en leur langue!

*La rime plaît aux Français, même dans les comédies.* — Je sais combien de disputes j'ai essuyées sur notre versification en Angleterre, et quels reproches me fait souvent le savant évêque de Rochester[1] sur cette contrainte puérile, qu'il prétend que nous nous imposons de gaîté de cœur. Mais soyez persuadé, milord, que plus un étranger connaîtra notre langue, et plus il se réconciliera avec cette rime qui l'effraye d'abord. Non-seulement elle est nécessaire à notre tragédie, mais elle embellit nos comédies mêmes. Un bon mot en vers en est retenu plus aisément : les portraits de la vie humaine seront toujours plus frappants en vers qu'en prose; et qui dit *vers*, en français, dit nécessairement des vers rimés : en un mot, nous avons des comédies en prose du célèbre Molière, que l'on a été obligé de mettre en vers après sa mort, et qui ne sont plus jouées que de cette manière nouvelle.

*Caractère du théâtre anglais.* — Ne pouvant, milord, hasarder sur le théâtre français des vers non rimés, tels qu'ils sont en usage en Italie et en Angleterre, j'aurais du moins voulu transporter sur notre scène certaines beautés de la vôtre. Il est vrai, et je l'avoue, que le théâtre anglais est bien défectueux. J'ai entendu de votre bouche que vous n'aviez pas une bonne tragédie : mais en récompense, dans ces pièces si monstrueuses, vous avez des scènes admirables. Il a manqué jusqu'à présent à presque tous les auteurs tragiques de votre nation cette pureté, cette conduite régulière, ces bienséances de l'action et du style, cette élégance, et toutes ces finesses de l'art qui ont établi la réputation du théâtre français depuis le grand Corneille; mais vos pièces les plus irrégulières ont un grand mérite, c'est celui de l'action.

*Défaut du théâtre français.* — Nous avons en France des tragédies estimées, qui sont plutôt des conversations qu'elles ne sont la représentation d'un événement. Un auteur italien m'écrivait dans une lettre sur les théâtres : « Un critico del nostro « *Pastor Fido* disse, che quel componimento era un riassunto « di bellissimi madrigali : credo, se vivesse, che direbbe delle « tragedie francesi, che sono un riassunto di belle elegie e son- « tuosi epitalami. » J'ai bien peur que cet Italien n'ait trop raison. Notre délicatesse excessive nous force quelquefois à mettre en récit ce que nous voudrions exposer aux yeux. Nous craignons de hasarder sur la scène des spectacles nouveaux devant une nation accoutumée à tourner en ridicule tout ce qui n'est pas d'usage.

L'endroit où l'on joue la comédie, et les abus qui s'y sont glissés, sont encore une cause de cette sécheresse qu'on peut reprocher à quelques-unes de nos pièces. Les bancs qui sont sur le théâtre, destinés aux spectateurs, rétrécissent la scène, et

---

1. Atterbury (François), né en 1662, évêque de Rochester en 1713, banni d'Angleterre en 1723, mourut à Paris le 15 février 1732. (ED.)

rendent toute action presque impraticable[1]. Ce défaut est cause que les décorations, tant recommandées par les anciens, sont rarement convenables à la pièce. Il empêche surtout que les acteurs ne passent d'un appartement dans un autre aux yeux des spectateurs, comme les Grecs et les Romains le pratiquaient sagement, pour conserver à la fois l'unité de lieu et la vraisemblance.

*Exemple du* CATON *anglais.* — Comment oserions-nous, sur nos théâtres, faire paraître, par exemple, l'ombre de Pompée, ou le génie de Brutus, au milieu de tant de jeunes gens qui ne regardent jamais les choses les plus sérieuses que comme l'occasion de dire un bon mot? Comment apporter au milieu d'eux sur la scène le corps de Marcus devant Caton son père, qui s'écrie : « Heureux jeune homme, tu es mort pour ton pays! O mes amis, laissez-moi compter ces glorieuses blessures! Qui ne voudrait mourir ainsi pour la patrie? Pourquoi n'a-t-on qu'une vie à lui sacrifier?... Mes amis, ne pleurez point ma perte, ne regrettez point mon fils; pleurez Rome : la maîtresse du monde n'est plus. O liberté! ô ma patrie! ô vertu, etc. » Voilà ce que feu M. Addison ne craignit point de faire représenter à Londres; voilà ce qui fut joué, traduit en italien, dans plus d'une ville d'Italie. Mais si nous hasardions à Paris un tel spectacle, n'entendez-vous pas déjà le parterre qui se récrie, et ne voyez-vous pas nos femmes qui détournent la tête?

*Comparaison du* MANLIUS *de M. de La Fosse avec la* VENISE SAUVÉE *de M. Otway.* — Vous n'imagineriez pas à quel point va cette délicatesse. L'auteur de notre tragédie de *Manlius* prit son sujet de la pièce anglaise de M. Otway, intitulée *Venise sauvée*. Le sujet est tiré de l'histoire de la conjuration du marquis de Bedmar, écrite par l'abbé de Saint-Réal; et permettez-moi de dire en passant que ce morceau d'histoire, égal peut-être à Salluste, est fort au-dessus de la pièce d'Otway et de notre *Manlius*. Premièrement, vous remarquez le préjugé qui a forcé l'auteur français à déguiser sous des noms romains une aventure connue, que l'anglais a traitée naturellement sous les noms véritables. On n'a point trouvé ridicule au théâtre de Londres qu'un ambassadeur espagnol s'appelât Bedmar, et que des conjurés eussent le nom de Jaffier, de Jacques-Pierre, d'Elliot; cela seul en France eût pu faire tomber la pièce.

Mais voyez qu'Otway ne craint point d'assembler tous les conjurés. Renaud prend leur serment, assigne à chacun son poste, prescrit l'heure du carnage, et jette de temps en temps des regards inquiets et soupçonneux sur Jaffier, dont il se défie. Il leur fait à tous ce discours pathétique, traduit mot pour mot de l'abbé de Saint-Réal : « Jamais repos si profond ne précéda un trouble si grand. Notre bonne destinée a aveuglé les plus clairvoyants de tous les hommes, rassuré les plus timides, endormi les plus soupçonneux, confondu les plus subtils : nous vivons encore, mes chers amis; nous vivons, et notre vie sera bientôt funeste aux tyrans de ces lieux, etc. »

---

1. Enfin ces plaintes réitérées de Voltaire ont opéré la réforme du théâtre en France, et ces abus ne subsistent plus. (ED.)

Qu'a fait l'auteur français? Il a craint de hasarder tant de personnages sur la scène ; il se contente de faire réciter par Renaud, sous le nom de Rutile, une faible partie de ce même discours, qu'il vient, dit-il, de tenir aux conjurés. Ne sentez-vous pas, par ce seul exposé, combien cette scène anglaise est au-dessus de la française, la pièce d'Otway fût-elle d'ailleurs monstrueuse?

*Examen des* JULES CÉSAR *de Shakspeare.* — Avec quel plaisir n'ai-je point vu à Londres votre tragédie de *Jules César*, qui, depuis cent cinquante années, fait les délices de votre nation! Je ne prétends pas assurément approuver les irrégularités barbares dont elle est remplie; il est seulement étonnant qu'il ne s'en trouve pas davantage dans un ouvrage composé dans un siècle d'ignorance, par un homme qui même ne savait pas le latin, et qui n'eut de maître que son génie. Mais, au milieu de tant de fautes grossières, avec quel ravissement je voyais Brutus, tenant encore un poignard teint du sang de César, assembler le peuple romain, et lui parler ainsi du haut de la tribune aux harangues :

« Romains, compatriotes, amis, s'il est quelqu'un de vous qui ait été attaché à César, qu'il sache que Brutus ne l'était pas moins : oui, je l'aimais, Romains; et si vous me demandez pourquoi j'ai versé son sang, c'est que j'aimais Rome davantage. Voudriez-vous voir César vivant, et mourir ses esclaves, plutôt que d'acheter votre liberté par sa mort? César était mon ami, je le pleure; il était heureux, j'applaudis à ses triomphes; il était vaillant, je l'honore : mais il était ambitieux, je l'ai tué. Y a-t-il quelqu'un parmi vous assez lâche pour regretter la servitude? S'il en est un seul, qu'il parle, qu'il se montre : c'est lui que j'ai offensé. Y a-t-il quelqu'un assez infâme pour oublier qu'il est Romain? qu'il parle : c'est lui seul qui est mon ennemi.

CHŒUR DES ROMAINS. — Personne, non, Brutus, personne.

BRUTUS. — Ainsi donc je n'ai offensé personne. Voici le corps du dictateur qu'on vous apporte; les derniers devoirs lui seront rendus par Antoine, par cet Antoine qui, n'ayant point eu de part au châtiment de César, en retirera le même avantage que moi; et que chacun de vous sente le bonheur inestimable d'être libre. Je n'ai plus qu'un mot à vous dire : j'ai tué de cette main mon meilleur ami pour le salut de Rome; je garde ce même poignard pour moi, quand Rome demandera ma vie.

LE CHŒUR. — Vivez, Brutus, vivez à jamais! »

Après cette scène, Antoine vient émouvoir de pitié ces mêmes Romains à qui Brutus avait inspiré sa rigueur et sa barbarie. Antoine, par un discours artificieux, ramène insensiblement ces esprits superbes; et quand il les voit radoucis, alors il leur montre le corps de César; et, se servant des figures les plus pathétiques, il les excite au tumulte et à la vengeance. Peut-être les Français ne souffriraient pas que l'on fît paraître sur leurs théâtres un chœur composé d'artisans et de plébéiens romains; que le corps sanglant de César y fût exposé aux yeux du peuple, et qu'on excitât ce peuple à la vengeance, du haut de la tribune aux harangues : c'est à la coutume, qui est la reine de ce monde, à changer le goût des nations, et à tourner en plaisir les objets de notre aversion.

*Spectacles horribles chez les Grecs.* — Les Grecs ont hasardé des spectacles non moins révoltants pour nous. Hippolyte, brisé par sa chute, vient compter ses blessures et pousser des cris douloureux. Philoctète tombe dans ses accès de souffrance; un sang noir coule de sa plaie. Œdipe, couvert du sang qui dégoutte encore des restes de ses yeux qu'il vient d'arracher, se plaint des dieux et des hommes. On entend les cris de Clytemnestre que son propre fils égorge; et Électre crie sur le théâtre : « Frappez, ne l'épargnez pas, elle n'a pas épargné notre père. » Prométhée est attaché sur un rocher avec des clous qu'on lui enfonce dans l'estomac et dans les bras. Les furies répondent à l'ombre sanglante de Clytemnestre par des hurlements sans aucune articulation. Beaucoup de tragédies grecques, en un mot, sont remplies de cette terreur portée à l'excès.

Je sais bien que les tragiques grecs, d'ailleurs supérieurs aux anglais, ont erré en prenant souvent l'horreur pour la terreur, et le dégoûtant et l'incroyable pour le tragique et le merveilleux. L'art était dans son enfance du temps d'Eschyle, comme à Londres du temps de Shakspeare; mais, parmi les grandes fautes des poëtes grecs, et même des vôtres, on trouve un vrai pathétique et de singulières beautés; et si quelques Français, qui ne connaissent les tragédies et les mœurs étrangères que par des traductions et sur des ouï-dire, les condamnent sans aucune restriction, ils sont, ce me semble, comme des aveugles qui assureraient qu'une rose ne peut avoir de couleurs vives, parce qu'ils en compteraient les épines à tâtons. Mais si les Grecs et vous, vous passez les bornes de la bienséance, et si les Anglais surtout ont donné des spectacles effroyables, voulant en donner de terribles, nous autres Français, aussi scrupuleux que vous avez été téméraires, nous nous arrêtons trop, de peur de nous emporter; et quelquefois nous n'arrivons pas au tragique, dans la crainte d'en passer les bornes.

Je suis bien loin de proposer que la scène devienne un lieu de carnage, comme elle l'est dans Shakspeare et dans ses successeurs, qui, n'ayant pas son génie, n'ont imité que ses défauts; mais j'ose croire qu'il y a des situations qui ne paraissent encore que dégoûtantes et horribles aux Français, et qui, bien ménagées, représentées avec art, et surtout adoucies par le charme des beaux vers, pourraient nous faire une sorte de plaisir dont nous ne nous doutons pas.

> Il n'est point de serpent ni de monstre odieux,
> Qui, par l'art imité, ne puisse plaire aux yeux.
> (Boileau[1], *Art poét.*, III, ℓ. 2.)

*Bienséances et unités.* — Du moins, que l'on me dise pourquoi il est permis à nos héros et à nos héroïnes de théâtre de se tuer, et qu'il leur est défendu de tuer personne. La scène est-elle moins ensanglantée par la mort d'Atalide qui se poignarde pour son amant, qu'elle ne le serait par le meurtre de César; et si le

---

1. Édit. Lefèvre, p. 185. (Éd.)

pectacle du fils de Caton, qui paraît mort aux yeux de son père, est l'occasion d'un discours admirable de ce vieux Romain; si ce morceau a été applaudi en Angleterre et en Italie par ceux qui sont les plus grands partisans de la bienséance française; si les femmes les plus délicates n'en ont point été choquées, pourquoi les Français ne s'y accoutumeraient-ils pas ? La nature n'est-elle pas la même dans tous les hommes?

Toutes ces lois, de ne point ensanglanter la scène, de ne point faire parler plus de trois interlocuteurs, etc., sont des lois qui, ce me semble, pourraient avoir quelques exceptions parmi nous, comme elles en ont eu chez les Grecs. Il n'en est pas des règles de la bienséance, toujours un peu arbitraires, comme des règles fondamentales du théâtre, qui sont les trois unités : il y aurait de la faiblesse et de la stérilité à étendre une action au delà de l'espace de temps et du lieu convenable. Demandez à quiconque aura inséré dans une pièce trop d'événements, la raison de cette faute : s'il est de bonne foi, il vous dira qu'il n'a pas eu assez de génie pour remplir sa pièce d'un seul fait; et s'il prend deux jours et deux villes pour son action, croyez que c'est parce qu'il n'aurait pas eu l'adresse de la resserrer dans l'espace de trois heures et dans l'enceinte d'un palais, comme l'exige la vraisemblance. Il en est tout autrement de celui qui hasarderait un spectacle horrible sur le théâtre : il ne choquerait point la vraisemblance; et cette hardiesse, loin de supposer de la faiblesse dans l'auteur, demanderait au contraire un grand génie pour mettre, par ses vers, de la véritable grandeur dans une action qui, sans un style sublime, ne serait qu'atroce et dégoûtante.

*Cinquième acte de* RODOGUNE. — Voilà ce qu'a osé tenter une fois notre grand Corneille, dans sa *Rodogune*. Il fait paraître une mère qui, en présence de la cour et d'un ambassadeur, veut empoisonner son fils et sa belle-fille, après avoir tué son autre fils de sa propre main. Elle leur présente la coupe empoisonnée; et, sur leurs refus et leurs soupçons, elle la boit elle-même, et meurt du poison qu'elle leur destinait. Des coups aussi terribles ne doivent pas être prodigués, et il n'appartient pas à tout le monde d'oser les frapper. Ces nouveautés demandent une grande circonspection, et une exécution de maître. Les Anglais eux-mêmes avouent que Shakspeare, par exemple, a été le seul parmi eux qui ait su évoquer et faire parler des ombres avec succès :

*Within that circle none durst move but he.*

*Pompe et dignité du spectacle dans la tragédie.* — Plus une action théâtrale est majestueuse ou effrayante, plus elle deviendrait insipide, si elle était souvent répétée; à peu près comme les détails des batailles, qui, étant par eux-mêmes ce qu'il y a de plus terrible, deviennent froids et ennuyeux, à force de reparaître souvent dans les histoires. La seule pièce où M. Racine ait mis du spectacle, c'est son chef-d'œuvre d'*Athalie*. On y voit un enfant sur un trône, sa nourrice et des prêtres qui l'environnent, une reine qui commande à ses soldats de le massacrer, des lévites armés qui accourent pour le défendre. Toute cette action est pathétique ; mais, si le style ne l'était pas aussi, elle ne serait que puérile.

Plus on veut frapper les yeux par un appareil éclatant, plus on s'impose la nécessité de dire de grandes choses; autrement on ne serait qu'un décorateur, et non un poëte tragique. Il y a près de trente années qu'on représenta la tragédie de *Montezume*, à Paris; la scène ouvrait par un spectacle nouveau; c'était un palais d'un goût magnifique et barbare : Montezume paraissait avec un habit singulier; des esclaves armés de flèches étaient dans le fond; autour de lui étaient huit grands de sa cour, prosternés le visage contre terre : Montezume commençait la pièce en leur disant :

Levez-vous ; votre roi vous permet aujourd'hui
Et de l'envisager, et de parler à lui.

Ce spectacle charma : mais voilà tout ce qu'il y eut de beau dans cette tragédie.

Pour moi, j'avoue que ce n'a pas été sans quelque crainte que j'ai introduit sur la scène française le sénat de Rome, en robes rouges, allant aux opinions. Je me souvenais que, lorsque j'introduisis autrefois dans *OEdipe* un chœur de Thébains qui disait :

O mort, nous implorons ton funeste secours !
O mort, viens nous sauver, viens terminer nos jours !

le parterre, au lieu d'être frappé du pathétique qui pouvait être en cet endroit, ne sentit d'abord que le prétendu ridicule d'avoir mis ces vers dans la bouche d'acteurs peu accoutumés, et il fit un éclat de rire. C'est ce qui m'a empêché, dans *Brutus*, de faire parler les sénateurs quand Titus est accusé devant eux, et d'augmenter la terreur de la situation, en exprimant l'étonnement et la douleur de ces pères de Rome, qui sans doute devaient marquer leur surprise autrement que par un jeu muet, qui même n'a pas été exécuté¹.

Les Anglais donnent beaucoup plus à l'action que nous, ils parlent plus aux yeux : les Français donnent plus à l'élégance, à l'harmonie, aux charmes des vers. Il est certain qu'il est plus difficile de bien écrire que de mettre sur le théâtre des assassinats, des roues, des potences, des sorciers et des revenants. Aussi la tragédie de *Caton*, qui fait tant d'honneur à M. Addison, votre successeur dans le ministère, cette tragédie, la seule

---

1. Dans les éditions de 1731 à 1752, on lisait ici ce qui suit :
« Au reste, milord, s'il y a quelques endroits passables dans cet ouvrage, il faut que j'avoue que j'en ai obligation à des amis qui pensent comme vous. Ils m'encourageaient à tempérer l'austérité de Brutus par l'amour paternel, afin qu'on admirât et qu'on plaignît l'effort qu'il se fait en condamnant son fils. Ils m'exhortaient à donner à la jeune Tullie un caractère de tendresse et d'innocence, parce que, si j'en avais fait une héroïne altière qui n'eût parlé à Titus que comme à un sujet qui devait servir son prince, alors Titus aurait été avili, et l'ambassadeur eût été inutile. Ils voulaient que Titus fût un jeune homme furieux dans ses passions, aimant Rome et son père, adorant Tullie, se faisant un devoir d'être fidèle au sénat même dont il se plaignait, et emporté loin de son devoir par une passion dont il avait cru être le maître. En

bien écrite d'un bout à l'autre chez votre nation, à ce que je vous ai entendu dire à vous-même, ne doit sa grande réputation qu'à ses beaux vers, c'est-à-dire à des pensées fortes et vraies, exprimées en vers harmonieux. Ce sont les beautés de détail qui soutiennent les ouvrages en vers, et qui les font passer à la postérité. C'est souvent la manière singulière de dire des choses communes; c'est cet art d'embellir par la diction ce que pensent et ce que sentent tous les hommes, qui fait les grands poëtes. Il n'y a ni sentiments recherchés, ni aventure romanesque, dans le quatrième livre de Virgile; il est tout naturel, et c'est l'effort de l'esprit humain. M. Racine n'est si au-dessus des autres, qui ont tous dit les mêmes choses que lui, que parce qu'il les a mieux dites. Corneille n'est véritablement grand, que quand il s'exprime aussi bien qu'il pense. Souvenons-nous de ce précepte de Despréaux (*Art poét.*, III, 157-58) :

Et que tout ce qu'il dit, facile à retenir,
De son ouvrage en nous laisse un long souvenir.

Voilà ce que n'ont point tant d'ouvrages dramatiques, que l'art d'un acteur, et la figure et la voix d'une actrice ont fait valoir sur nos théâtres. Combien de pièces mal écrites ont eu plus de représentations que *Cinna* et *Britannicus*! Mais on n'a jamais retenu deux vers de ces faibles poëmes, au lieu qu'on sait une partie de *Britannicus* et de *Cinna* par cœur. En vain le *Régulus* de Pradon a fait verser des larmes par quelques situations touchantes; cet ouvrage et tous ceux qui lui ressemblent sont méprisés, tandis que leurs auteurs s'applaudissent dans leurs préfaces.

*De l'amour.* — Des critiques judicieux pourraient me demander pourquoi j'ai parlé d'amour dans une tragédie dont le titre est *Junius Brutus*; pourquoi j'ai mêlé cette passion avec l'austère vertu du sénat romain et la politique d'un ambassadeur.

On reproche à notre nation d'avoir amolli le théâtre par trop de tendresse; et les Anglais méritent bien le même reproche depuis près d'un siècle, car vous avez toujours un peu pris nos modes et nos vices. Mais me permettez-vous de vous dire mon sentiment sur cette matière ?

Vouloir de l'amour dans toutes les tragédies me paraît un goût efféminé; l'en proscrire toujours est une mauvaise humeur bien déraisonnable.

Le théâtre, soit tragique, soit comique, est la peinture vi-

effet, si Titus avait été de l'avis de sa maîtresse, et s'était dit à lui-même de bonnes raisons en faveur des rois, Brutus alors n'eût été regardé que comme un chef de rebelles, Titus n'aurait plus eu de remords, son père n'eût plus excité la pitié.

« Gardez, me disaient-ils, que les deux enfants de Brutus paraissent sur la scène; vous savez que l'intérêt est perdu quand il est partagé. Mais surtout que votre pièce soit simple; imitez cette beauté des Grecs, croyez que la multiplicité des événements et des intérêts compliqués n'est que la ressource des génies stériles qui ne savent pas tirer d'une seule passion de quoi faire cinq actes. Tâchez de travailler chaque scène comme si c'était la seule que vous eussiez à écrire. Ce sont les beautés de détail, etc., etc. »

vante des passions humaines. L'ambition d'un prince est représentée dans la tragédie : la comédie tourne en ridicule la vanité d'un bourgeois. Ici, vous riez de la coquetterie et des intrigues d'une citoyenne; là, vous pleurez la malheureuse passion de Phèdre; de même, l'amour vous amuse dans un roman, et il vous transporte dans la Didon de Virgile. L'amour dans une tragédie n'est pas plus un défaut essentiel que dans l'*Énéide*; il n'est à reprendre que quand il est amené mal à propos, ou traité sans art.

Les Grecs ont rarement hasardé cette passion sur le théâtre d'Athènes : premièrement, parce que leurs tragédies n'ayant roulé d'abord que sur des sujets terribles, l'esprit des spectateurs était plié à ce genre de spectacles; secondement, parce que les femmes menaient une vie beaucoup plus retirée que les nôtres, et qu'ainsi, le langage de l'amour n'étant pas, comme aujourd'hui, le sujet de toutes les conversations, les poëtes en étaient moins invités à traiter cette passion, qui de toutes est la plus difficile à représenter, par les ménagements délicats qu'elle demande. Une troisième raison, qui me paraît assez forte, c'est que l'on n'avait point de comédiennes; les rôles de femmes étaient joués par des hommes masqués : il semble que l'amour eût été ridicule dans leur bouche.

C'est tout le contraire à Londres et à Paris; et il faut avouer que les auteurs n'auraient guère entendu leurs intérêts, ni connu leur auditoire, s'ils n'avaient jamais fait parler les Oldfield, ou les Duclos et les Le Couvreur, que d'ambition et de politique.

Le mal est que l'amour n'est souvent chez nos héros de théâtre que de la galanterie; et que chez les vôtres il dégénère quelquefois en débauche. Dans notre *Alcibiade*[1], pièce très-suivie, mais faiblement écrite, et ainsi peu estimée, on a admiré longtemps ces mauvais vers que récitait d'un ton séduisant l'Ésopus[2] du dernier siècle ·

Ah! lorsque, pénétré d'un amour véritable,
Et gémissant aux pieds d'un objet adorable,
J'ai connu dans ses yeux timides ou distraits,
Que mes soins de son cœur ont pu troubler la paix;
Que, par l'aveu secret d'une ardeur mutuelle,
La mienne a pris encore une force nouvelle :
Dans ces moments si doux, j'ai cent fois éprouvé
Qu'un mortel peut goûter un bonheur achevé.

Dans votre *Venise sauvée*, le vieux Renaud veut violer la femme de Jaffier, et elle s'en plaint en termes assez indécents, jusqu'à dire qu'il est venu à elle *unbutton'd*, déboutonné.

Pour que l'amour soit digne du théâtre tragique, il faut qu'il soit le nœud nécessaire de la pièce, et non qu'il soit amené par force, pour remplir le vide de vos tragédies et des nôtres, qui sont toutes trop longues; il faut que ce soit une passion véritablement tragique, regardée comme une faiblesse, et combattue par des remords. Il faut, ou que l'amour conduise aux malheurs et aux crimes, pour faire voir combien il est dangereux; ou que

---

1. De Campistron. (Éd.) — 2. Le comédien Baron. (Éd.)

la vertu en triomphe, pour montrer qu'il n'est pas invincible; sans cela, ce n'est plus qu'un amour d'églogue ou de comédie.

C'est à vous, milord, à décider si j'ai rempli quelques-unes de ces conditions; mais que vos amis daignent surtout ne point juger du génie et du goût de notre nation par ce discours et par cette tragédie que je vous envoie. Je suis peut-être un de ceux qui cultivent les lettres en France avec moins de succès; et si les sentiments que je soumets ici à votre censure sont désapprouvés, c'est à moi seul qu'en appartient le blâme.

Au reste, je dois vous dire que dans le grand nombre de fautes dont cette tragédie est pleine, il y en a quelques-unes contre l'exacte pureté de notre langue. Je ne suis point un auteur assez considérable pour qu'il me soit permis de passer quelquefois par-dessus les règles sévères de la grammaire.

Il y a un endroit où Tullie dit :

Rome et moi dans un jour ont vu changer leur sort.

Il fallait dire, pour parler purement :

Rome et moi dans un jour avons changé de sort.

J'ai fait la même faute en deux ou trois endroits; et c'est beaucoup trop dans un ouvrage dont les défauts sont rachetés par si peu de beautés.

---

### PERSONNAGES.

JUNIUS BRUTUS,  
VALÉRIUS PUBLICOLA, } consuls.  
TITUS, fils de Brutus.  
TULLIE, fille de Tarquin.  
ALGINE, confidente de Tullie.  
ARONS, ambassadeur de Porsenna.  
MESSALA, ami de Titus.  
PROCULUS, tribun militaire.  
ALBIN, confident d'Arons.  
Sénateurs.  
Licteurs.

La scène est à Rome.

## ACTE PREMIER.

(Le théâtre représente une partie de la maison des consuls sur le mont Tarpéien; le temple du Capitole se voit dans le fond. Les sénateurs sont assemblés entre le temple et la maison, devant l'autel de Mars. Brutus et Valérius Publicola, consuls, président à cette assemblée : les sénateurs sont rangés en demi-cercle. Des licteurs avec leurs faisceaux sont debout derrière les sénateurs.)

### SCÈNE I. — BRUTUS, VALÉRIUS PUBLICOLA, LES SÉNATEURS.

BRUTUS.

Destructeurs des tyrans, vous qui n'avez pour rois
Que les dieux de Numa, vos vertus et nos lois,
Enfin notre ennemi commence à nous connaître.
Ce superbe Toscan qui ne parlait qu'en maître,
Porsenna, de Tarquin ce formidable appui,
Ce tyran, protecteur d'un tyran comme lui,
Qui couvre de son camp les rivages du Tibre,
Respecte le sénat et craint un peuple libre.
Aujourd'hui, devant vous abaissant sa hauteur,
Il demande à traiter par un ambassadeur.
Arons, qu'il nous députe, en ce moment s'avance;
Aux sénateurs de Rome il demande audience :
Il attend dans ce temple, et c'est à vous de voir
S'il le faut refuser, s'il le faut recevoir.

VALÉRIUS PUBLICOLA.

Quoi qu'il vienne annoncer, quoi qu'on puisse en attendre,
Il le faut à son roi renvoyer sans l'entendre :
Tel est mon sentiment. Rome ne traite plus
Avec ses ennemis que quand ils sont vaincus.
Votre fils, il est vrai, vengeur de la patrie,
A deux fois repoussé le tyran d'Étrurie;
Je sais tout ce qu'on doit à ses vaillantes mains;
Je sais qu'à votre exemple il sauva les Romains :
Mais ce n'est point assez; Rome assiégée encore
Voit dans les champs voisins ces tyrans qu'elle abhorre.
Que Tarquin satisfasse aux ordres du sénat;
Exilé par nos lois, qu'il sorte de l'État;
De son coupable aspect qu'il purge nos frontières,
Et nous pourrons ensuite écouter ses prières.
Ce nom d'ambassadeur a paru vous frapper;
Tarquin n'a pu nous vaincre, il cherche à nous tromper.
L'ambassadeur d'un roi m'est toujours redoutable;
Ce n'est qu'un ennemi, sous un titre honorable,

Qui vient, rempli d'orgueil ou de dextérité,
Insulter ou trahir avec impunité.
Rome, n'écoute point leur séduisant langage :
Tout art t'est étranger; combattre est ton partage :
Confonds tes ennemis de ta gloire irrités;
Tombe, ou punis les rois : ce sont là tes traités.

BRUTUS.

Rome sait à quel point sa liberté m'est chère :
Mais, plein du même esprit, mon sentiment diffère.
Je vois cette ambassade, au nom des souverains,
Comme un premier hommage aux citoyens romains.
Accoutumons des rois la fierté despotique
A traiter en égale avec la république;
Attendant que, du ciel remplissant les décrets,
Quelque jour avec elle ils traitent en sujets.
Arons vient voir ici Rome encor chancelante,
Découvrir les ressorts de sa grandeur naissante,
Épier son génie, observer son pouvoir :
Romains, c'est pour cela qu'il le faut recevoir.
L'ennemi du sénat connaîtra qui nous sommes,
Et l'esclave d'un roi va voir enfin des hommes.
Que dans Rome à loisir il porte ses regards :
Il la verra dans vous : vous êtes ses remparts.
Qu'il révère en ces lieux le dieu qui nous rassemble;
Qu'il paraisse au sénat, qu'il écoute, et qu'il tremble.

(Les sénateurs se lèvent, et s'approchent un moment pour donner leurs voix.)

VALÉRIUS PUBLICOLA.

Je vois tout le sénat passer à votre avis;
Rome et vous l'ordonnez : à regret j'y souscris.
Licteurs, qu'on l'introduise; et puisse sa présence
N'apporter en ces lieux rien dont Rome s'offense!

(A Brutus.)

C'est sur vous seul ici que nos yeux sont ouverts;
C'est vous qui le premier avez rompu nos fers :
De notre liberté soutenez la querelle;
Brutus en est le père, et doit parler pour elle.

SCÈNE II. — LE SÉNAT, ARONS, ALBIN, SUITE.

(Arons entre par le côté du théâtre, précédé de deux licteurs et d'Albin, son confident; il passe devant les consuls et le sénat, qu'il salue; et il va s'asseoir sur un siége préparé pour lui sur le devant du théâtre.)

ARONS.

Consuls, et vous sénat, qu'il m'est doux d'être admis
Dans ce conseil sacré de sages ennemis,

De voir tous ces héros dont l'équité sévère
N'eut jusques aujourd'hui qu'un reproche à se faire;
Témoin de leurs exploits, d'admirer leurs vertus;
D'écouter Rome enfin par la voix de Brutus!
Loin des cris de ce peuple indocile et barbare,
Que la fureur conduit, réunit et sépare,
Aveugle dans sa haine, aveugle en son amour,
Qui menace et qui craint, règne et sert en un jour:
Dont l'audace....

BRUTUS.

Arrêtez; sachez qu'il faut qu'on nomme
Avec plus de respect les citoyens de Rome.
La gloire du sénat est de représenter
Ce peuple vertueux que l'on ose insulter.
Quittez l'art avec nous; quittez la flatterie;
Ce poison qu'on prépare à la cour d'Étrurie
N'est point encor connu dans le sénat romain.
Poursuivez.

ARONS.

Moins piqué d'un discours si hautain
Que touché des malheurs où cet État s'expose,
Comme un de ses enfants j'embrasse ici sa cause.
Vous voyez quel orage éclate autour de vous;
C'est en vain que Titus en détourna les coups :
Je vois avec regret sa valeur et son zèle
N'assurer aux Romains qu'une chute plus belle.
Sa victoire affaiblit vos remparts désolés;
Du sang qui les inonde ils semblent ébranlés.
Ah! ne refusez plus une paix nécessaire;
Si du peuple romain le sénat est le père,
Porsenna l'est des rois que vous persécutez.
Mais vous, du nom romain vengeurs si redoutés,
Vous, des droits des mortels éclairés interprètes,
Vous, qui jugez les rois, regardez où vous êtes.
Voici ce Capitole et ces mêmes autels
Où jadis, attestant tous les dieux immortels,
J'ai vu chacun de vous, brûlant d'un autre zèle,
A Tarquin votre roi jurer d'être fidèle.
Quels dieux ont donc changé les droits des souverains?
Quel pouvoir a rompu des nœuds jadis si saints?
Qui du front de Tarquin ravit le diadème?
Qui peut de vos serments vous dégager?

BRUTUS.

Lui-même.
N'alléguez point ces nœuds que le crime a rompus,
Ces dieux qu'il outragea, ces droits qu'il a perdus.
Nous avons fait, Arons, en lui rendant hommage,

Serment d'obéissance et non point d'esclavage;
Et puisqu'il vous souvient d'avoir vu dans ces lieux
Le sénat à ses pieds faisant pour lui des vœux,
Songez qu'en ce lieu même, à cet autel auguste,
Devant ces mêmes dieux, il jura d'être juste.
De son peuple et de lui tel était le lien :
Il nous rend nos serments lorsqu'il trahit le sien;
Et dès qu'aux lois de Rome il ose être infidèle,
Rome n'est plus sujette, et lui seul est rebelle.

ARONS.

Ah! quand il serait vrai que l'absolu pouvoir
Eût entraîné Tarquin par delà son devoir,
Qu'il eût trop suivi l'amorce enchanteresse,
Quel homme est sans erreur? et quel roi sans faiblesse?
Est-ce à vous de prétendre au droit de le punir?
Vous, nés tous ses sujets; vous, faits pour obéir!
Un fils ne s'arme point contre un coupable père;
Il détourne les yeux, le plaint, et le révère.
Les droits des souverains sont-ils moins précieux?
Nous sommes leurs enfants; leurs juges sont les dieux.
Si le ciel quelquefois les donne en sa colère,
N'allez pas mériter un présent plus sévère,
Trahir toutes les lois en voulant les venger,
Et renverser l'État au lieu de le changer.
Instruit par le malheur, ce grand maître de l'homme,
Tarquin sera plus juste et plus digne de Rome.
Vous pouvez raffermir, par un accord heureux,
Des peuples et des rois les légitimes nœuds,
Et faire encor fleurir la liberté publique
Sous l'ombrage sacré du pouvoir monarchique.

BRUTUS.

Arons, il n'est plus temps : chaque État a ses lois,
Qu'il tient de sa nature, ou qu'il change à son choix.
Esclaves de leurs rois, et même de leurs prêtres,
Les Toscans semblent nés pour servir sous des maîtres,
Et, de leur chaîne antique adorateurs heureux,
Voudraient que l'univers fût esclave comme eux.
La Grèce entière est libre, et la molle Ionie
Sous un joug odieux languit assujettie.
Rome eut ses souverains, mais jamais absolus;
Son premier citoyen fut le grand Romulus;
Nous partagions le poids de sa grandeur suprême.
Numa, qui fit nos lois, y fut soumis lui-même.
Rome enfin, je l'avoue, a fait un mauvais choix ·
Chez les Toscans, chez vous, elle a choisi ses rois;
Ils nous ont apporté du fond de l'Étrurie
Les vices de leur cour avec la tyrannie.

(Il se lève.)
Pardonnez-nous, grands dieux, si le peuple romain
A tardé si longtemps à condamner Tarquin!
Le sang qui regorgea sous ses mains meurtrières
De notre obéissance a rompu les barrières.
Sous un sceptre de fer tout ce peuple abattu
A force de malheurs a repris sa vertu.
Tarquin nous a remis dans nos droits légitimes,
Le bien public est né de l'excès de ses crimes;
Et nous donnons l'exemple à ces mêmes Toscans
S'ils pouvaient à leur tour être las des tyrans.
(Les consuls descendent vers l'autel, et le sénat se lève.)
O Mars! dieu des héros, de Rome et des batailles,
Qui combats avec nous, qui défends ses murailles,
Sur ton autel sacré, Mars, reçois nos serments
Pour ce sénat, pour moi, pour tes dignes enfants.
Si dans le sein de Rome il se trouvait un traître
Qui regrettât les rois et qui voulût un maître,
Que le perfide meure au milieu des tourments!
Que sa cendre coupable, abandonnée aux vents,
Ne laisse ici qu'un nom plus odieux encore
Que le nom des tyrans que Rome entière abhorre!

ARONS, *avançant vers l'autel.*
Et moi, sur cet autel qu'ainsi vous profanez,
Je jure au nom du roi que vous abandonnez,
Au nom de Porsenna, vengeur de sa querelle,
A vous, à vos enfants, une guerre immortelle.
(Les sénateurs font un pas vers le Capitole.)
Sénateurs, arrêtez, ne vous séparez pas;
Je ne me suis pas plaint de tous vos attentats.
La fille de Tarquin, dans vos mains demeurée,
Est-elle une victime à Rome consacrée?
Et donnez-vous des fers à ses royales mains
Pour mieux braver son père et tous les souverains?
Que dis-je? tous ces biens, ces trésors, ces richesses,
Que des Tarquins dans Rome épuisaient les largesses,
Sont-ils votre conquête, ou vous sont-ils donnés?
Est-ce pour les ravir que vous le détrônez?
Sénat, si vous l'osez, que Brutus les dénie.

BRUTUS, *se tournant vers Arons.*
Vous connaissez bien mal et Rome et son génie.
Ces pères des Romains, vengeurs de l'équité,
Ont blanchi dans la pourpre et dans la pauvreté;
Au-dessus des trésors, que sans peine ils vous cèdent,
Leur gloire est de dompter les rois qui les possèdent.
Prenez cet or, Arons; il est vil à nos yeux.
Quant au malheureux sang d'un tyran odieux,

Malgré la juste horreur que j'ai pour sa famille,
Le sénat à mes soins a confié sa fille;
Elle n'a point ici de ces respects flatteurs
Qui des enfants des rois empoisonnent les cœurs;
Elle n'a point trouvé la pompe et la mollesse
Dont la cour des Tarquins enivra sa jeunesse;
Mais je sais ce qu'on doit de bontés et d'honneur
A son sexe, à son âge, et surtout au malheur.
Dès ce jour, en son camp que Tarquin la revoie;
Mon cœur même en conçoit une secrète joie :
Qu'aux tyrans désormais rien ne reste en ces lieux
Que la haine de Rome et le courroux des dieux.
Pour emporter au camp l'or qu'il faut y conduire,
Rome vous donne un jour; ce temps doit vous suffire :
Ma maison cependant est votre sûreté;
Jouissez-y des droits de l'hospitalité.
Voilà ce que par moi le sénat vous annonce.
Ce soir à Porsenna rapportez ma réponse :
Reportez-lui la guerre, et dites à Tarquin
Ce que vous avez vu dans le sénat romain.
(Aux sénateurs.)
Et nous, du Capitole allons orner le faîte
Des lauriers dont mon fils vient de ceindre sa tête;
Suspendons ces drapeaux et ces dards tout sanglants
Que ses heureuses mains ont ravis aux Toscans.
Ainsi puisse toujours, plein du même courage,
Mon sang, digne de vous, vous servir d'âge en âge!
Dieux, protégez ainsi contre nos ennemis
Le consulat du père et les armes du fils!

SCÈNE III. — ARONS, ALBIN,

qui sont supposés être entrés de la salle d'audience dans un autre
appartement de la maison de Brutus.

ARONS.

As-tu bien remarqué cet orgueil inflexible,
Cet esprit d'un sénat qui se croit invincible?
Il le serait, Albin, si Rome avait le temps
D'affermir cette audace au cœur de ses enfants.
Crois-moi, la liberté, que tout mortel adore,
Que je veux leur ôter, mais que j'admire encore,
Donne à l'homme un courage, inspire une grandeur,
Qu'il n'eût jamais trouvés dans le fond de son cœur.
Sous le joug des Tarquins, la cour et l'esclavage
Amollissaient leurs mœurs, énervaient leur courage;
Leurs rois, trop occupés à dompter leurs sujets,
De nos heureux Toscans ne troublaient point la paix :

Mais si ce fier sénat réveille leur génie,
Si Rome est libre, Albin, c'est fait de l'Italie.
Ces lions, que leur maître avait rendus plus doux,
Vont reprendre leur rage et s'élancer sur nous.
Étouffons dans leur sang la semence féconde
Des maux de l'Italie et des troubles du monde;
Affranchissons la terre, et donnons aux Romains
Ces fers qu'ils destinaient au reste des humains.
Messala viendra-t-il? Pourrai-je ici l'entendre?
Osera-t-il?

ALBIN.
　　　　　Seigneur, il doit ici se rendre;
A toute heure il y vient : Titus est son appui.

ARONS.
As-tu pu lui parler? puis-je compter sur lui?

ALBIN.
Seigneur, ou je me trompe, ou Messala conspire
Pour changer ses destins plus que ceux de l'empire :
Il est ferme, intrépide, autant que si l'honneur
Ou l'amour du pays excitait sa valeur;
Maître de son secret, et maître de lui-même,
Impénétrable, et calme en sa fureur extrême.

ARONS.
Tel autrefois dans Rome il parut à mes yeux,
Lorsque Tarquin régnant me reçut dans ces lieux;
Et ses lettres depuis.... Mais je le vois paraître.

SCÈNE IV. — ARONS, MESSALA, ALBIN.

ARONS.
Généreux Messala, l'appui de votre maître,
Eh bien! l'or de Tarquin, les présents de mon roi,
Des sénateurs romains n'ont pu tenter la foi?
Les plaisirs d'une cour, l'espérance, la crainte,
A ces cœurs endurcis n'ont pu porter d'atteinte?
Ces fiers patriciens sont-ils autant de dieux,
Jugeant tous les mortels, et ne craignant rien d'eux?
Sont-ils sans passions, sans intérêt, sans vice?

MESSALA.
Ils osent s'en vanter; mais leur feinte justice,
Leur âpre austérité que rien ne peut gagner,
N'est dans ces cœurs hautains que la soif de régner;
Leur orgueil foule aux pieds l'orgueil du diadème;
Ils ont brisé le joug pour l'imposer eux-même.
De notre liberté ces illustres vengeurs,
Armés pour la défendre, en sont les oppresseurs.
Sous les noms séduisants de patrons et de pères,

Ils affectent des rois les démarches altières.
Rome a changé de fers; et, sous le joug des grands,
Pour un roi qu'elle avait, a trouvé cent tyrans.
### ARONS.
Parmi vos citoyens, en est-il d'assez sage
Pour détester tout bas cet indigne esclavage?
### MESSALA.
Peu sentent leur état; leurs esprits, égarés
De ce grand changement sont encore enivrés;
Le plus vil citoyen, dans sa bassesse extrême,
Ayant chassé les rois, pense être roi lui-même.
Mais, je vous l'ai mandé, seigneur, j'ai des amis
Qui sous ce joug nouveau sont à regret soumis;
Qui, dédaignant l'erreur des peuples imbéciles,
Dans ce torrent fougueux restent seuls immobiles;
Des mortels éprouvés, dont la tête et les bras
Sont faits pour ébranler ou changer les États.
### ARONS.
De ces braves Romains que faut-il que j'espère?
Serviront-ils leur prince?
### MESSALA.
Ils sont prêts à tout faire;
Tout leur sang est à vous : mais ne prétendez pas
Qu'en aveugles sujets ils servent des ingrats;
Ils ne se piquent point du devoir fanatique
De servir de victime au pouvoir despotique,
Ni du zèle insensé de courir au trépas
Pour venger un tyran qui ne les connaît pas.
Tarquin promet beaucoup; mais devenu leur maître,
Il les oubliera tous, ou les craindra peut-être.
Je connais trop les grands : dans le malheur amis,
Ingrats dans la fortune, et bientôt ennemis :
Nous sommes de leur gloire un instrument servile,
Rejeté par dédain dès qu'il est inutile,
Et brisé sans pitié s'il devient dangereux.
A des conditions on peut compter sur eux :
Ils demandent un chef digne de leur courage,
Dont le nom seul impose à ce peuple volage;
Un chef assez puissant pour obliger le roi,
Même après le succès, à nous tenir sa foi;
Ou, si de nos desseins la trame est découverte,
Un chef assez hardi pour venger notre perte
### ARONS.
Mais vous m'aviez écrit que l'orgueilleux Titus....
### MESSALA.
Il est l'appui de Rome, il est fils de Brutus;
Cependant....

ARONS.
De quel œil voit-il les injustices
Dont ce sénat superbe a payé ses services?
Lui seul a sauvé Rome, et toute sa valeur
En vain du consulat lui mérita l'honneur ;
Je sais qu'on le refuse.

MESSALA.
Et je sais qu'il murmure,
Son cœur altier et prompt est plein de cette injure ;
Pour toute récompense il n'obtient qu'un vain bruit,
Qu'un triomphe frivole, un éclat qui s'enfuit.
J'observe d'assez près son âme impérieuse,
Et de son fier courroux la fougue impétueuse :
Dans le champ de la gloire il ne fait que d'entrer ;
Il y marche en aveugle, on l'y peut égarer.
La bouillante jeunesse est facile à séduire :
Mais que de préjugés nous aurions à détruire !
Rome, un consul, un père, et la haine des rois,
Et l'horreur de la honte, et surtout ses exploits.
Connaissez donc Titus ; voyez toute son âme,
Le courroux qui l'aigrit, le poison qui l'enflamme ;
Il brûle pour Tullie.

ARONS.
Il l'aimerait ?

MESSALA.
Seigneur,
A peine ai-je arraché ce secret de son cœur :
Il en rougit lui-même, et cette âme inflexible
N'ose avouer qu'elle aime, et craint d'être sensible.
Parmi les passions dont il est agité,
Sa plus grande fureur est pour la liberté.

ARONS.
C'est donc des sentiments et du cœur d'un seul homme
Qu'aujourd'hui, malgré moi, dépend le sort de Rome !
(A Albin.)
Ne nous rebutons pas. Préparez-vous, Albin,
A vous rendre sur l'heure aux tentes de Tarquin.
(A Messala.)
Entrons chez la princesse. Un peu d'expérience
M'a pu du cœur humain donner quelque science :
Je lirai dans son âme, et peut-être ses mains
Vont fermer l'heureux piège où j'attends les Romains

## ACTE SECOND.

(Le théâtre représente ou est supposé représenter un appartement du palais des consuls.)

SCÈNE I. — TITUS, MESSALA

MESSALA.

Non, c'est trop offenser ma sensible amitié ;
Qui peut de son secret me cacher la moitié,
En dit trop et trop peu, m'offense et me soupçonne.

TITUS.

Va, mon cœur à ta foi tout entier s'abandonne ;
Ne me reproche rien.

MESSALA.

Quoi ! vous dont la douleur
Du sénat avec moi détesta la rigueur,
Qui versiez dans mon sein ce grand secret de Rome,
Ces plaintes d'un héros, ces larmes d'un grand homme !
Comment avez-vous pu dévorer si longtemps
Une douleur plus tendre, et des maux plus touchants ?
De vos feux devant moi vous étouffiez la flamme.
Quoi donc ! l'ambition qui domine en votre âme
Éteignait-elle en vous de si chers sentiments ?
Le sénat a-t-il fait vos plus cruels tourments ?
Le haïssez-vous plus que vous n'aimez Tullie ?

TITUS.

Ah ! j'aime avec transport, je hais avec furie :
Je suis extrême en tout, je l'avoue, et mon cœur
Voudrait en tout se vaincre et connaît son erreur.

MESSALA.

Et pourquoi, de vos mains déchirant vos blessures,
Déguiser votre amour, et non pas vos injures ?

TITUS.

Que veux-tu, Messala ? J'ai, malgré mon courroux,
Prodigué tout mon sang pour ce sénat jaloux ;
Tu le sais, ton courage eut part à ma victoire.
Je sentais du plaisir à parler de ma gloire ;
Mon cœur, enorgueilli du succès de mon bras,
Trouvait de la grandeur à venger des ingrats ;
On confie aisément des malheurs qu'on surmonte :
Mais qu'il est accablant de parler de sa honte !

MESSALA.

Quelle est donc cette honte, et ce grand repentir ?
Et de quels sentiments auriez-vous à rougir ?

TITUS.

Je rougis de moi-même et d'un feu téméraire,
Inutile, imprudent, à mon devoir contraire.

MESSALA.

Quoi donc! l'ambition, l'amour, et ses fureurs,
Sont-ce des passions indignes des grands cœurs?

TITUS.

L'ambition, l'amour, le dépit, tout m'accable;
De ce conseil de rois l'orgueil insupportable
Méprise ma jeunesse et me refuse un rang
Brigué par ma valeur, et payé par mon sang.
Au milieu du dépit dont mon âme est saisie,
Je perds tout ce que j'aime, on m'enlève Tullie :
On te l'enlève, hélas! trop aveugle courroux!
Tu n'osais y prétendre, et ton cœur est jaloux.
Je l'avouerai, ce feu que j'avais su contraindre,
S'irrite en s'échappant, et ne peut plus s'éteindre.
Ami, c'en était fait, elle partait; mon cœur
De sa funeste flamme allait être vainqueur;
Je rentrais dans mes droits, je sortais d'esclavage :
Le ciel a-t-il marqué ce terme à mon courage?
Moi, le fils de Brutus; moi, l'ennemi des rois,
C'est du sang de Tarquin que j'attendrais des lois!
Elle refuse encor de m'en donner, l'ingrate!
Et partout dédaigné, partout ma honte éclate.
Le dépit, la vengeance, et la honte, et l'amour,
De mes sens soulevés disposent tour à tour.

MESSALA.

Puis-je ici vous parler, mais avec confiance?

TITUS.

Toujours de tes conseils j'ai chéri la prudence.
Eh bien! fais-moi rougir de mes égarements.

MESSALA.

J'approuve et votre amour et vos ressentiments.
Faudra-t-il donc toujours que Titus autorise
Ce sénat de tyrans dont l'orgueil nous maîtrise?
Non; s'il vous faut rougir, rougissez en ce jour
De votre patience, et non de votre amour.
Quoi! pour prix de vos feux et de tant de vaillance,
Citoyen sans pouvoir, amant sans espérance,
Je vous verrais languir victime de l'État,
Oublié de Tullie, et bravé du sénat!
Ah! peut-être, seigneur, un cœur tel que le vôtre
Aurait pu gagner l'une, et se venger de l'autre.

TITUS.

De quoi viens-tu flatter mon esprit éperdu?
Moi, j'aurais pu fléchir sa haine ou sa vertu!

N'en parlons plus : tu vois les fatales barrières
Qu'élèvent entre nous nos devoirs et nos pères :
Sa haine désormais égale mon amour.
Elle va donc partir?
MESSALA.
Oui, seigneur, dès ce jour.
TITUS.
Je n'en murmure point. Le ciel lui rend justice;
Il la fit pour régner.
MESSALA.
Ah! ce ciel plus propice
Lui destinait peut-être un empire plus doux;
Et sans ce fier sénat, sans la guerre, sans vous....
Pardonnez : vous savez quel est mon héritage;
Son frère ne vit plus, Rome était son partage.
Je m'emporte, seigneur; mais si pour vous servir,
Si pour vous rendre heureux il ne faut que périr,
Si mon sang....
TITUS.
Non, ami, mon devoir est le maître.
Non, crois-moi, l'homme est libre au moment qu'il veut l'être
Je l'avoue, il est vrai, ce dangereux poison
A pour quelques moments égaré ma raison;
Mais le cœur d'un soldat sait dompter la mollesse,
Et l'amour n'est puissant que par notre faiblesse.
MESSALA.
Vous voyez des Toscans venir l'ambassadeur;
Cet honneur qu'il vous rend....
TITUS.
Ah! quel funeste honneur!
Que me veut-il? C'est lui qui m'enlève Tullie :
C'est lui qui met le comble au malheur de ma vie.

SCÈNE II. — TITUS, ARONS.

ARONS.
Après avoir en vain, près de votre sénat,
Tenté ce que j'ai pu pour sauver cet État,
Souffrez qu'à la vertu rendant un juste hommage,
J'admire en liberté ce généreux courage,
Ce bras qui venge Rome, et soutient son pays
Au bord du précipice où le sénat l'a mis.
Ah! que vous étiez digne et d'un prix plus auguste,
Et d'un autre adversaire, et d'un parti plus juste!
Et que ce grand courage, ailleurs mieux employé
D'un plus digne salaire aurait été payé!
Il est, il est des rois, j'ose ici vous le dire,

Qui mettraient en vos mains le sort de leur empire,
Sans craindre ces vertus qu'ils admirent en vous,
Dont j'ai vu Rome éprise, et le sénat jaloux:
Je vous plains de servir sous ce maître farouche,
Que le mérite aigrit, qu'aucun bienfait ne touche;
Qui, né pour obéir, se fait un lâche honneur
D'appesantir sa main sur son libérateur;
Lui qui, s'il n'usurpait les droits de la couronne,
Devrait prendre de vous les ordres qu'il vous donne.

TITUS.

Je rends grâce à vos soins, seigneur, et mes soupçons
De vos bontés pour moi respectent les raisons.
Je n'examine point si votre politique
Pense armer mes chagrins contre ma république,
Et porter mon dépit, avec un art si doux,
Aux indiscrétions qui suivent le courroux.
Perdez moins d'artifice à tromper ma franchise;
Ce cœur est tout ouvert, et n'a rien qu'il déguise.
Outragé du sénat, j'ai droit de le haïr;
Je le hais: mais mon bras est prêt à le servir.
Quand la cause commune au combat nous appelle,
Rome au cœur de ses fils éteint toute querelle;
Vainqueurs de nos débats, nous marchons réunis,
Et nous ne connaissons que vous pour ennemis.
Voilà ce que je suis, et ce que je veux être.
Soit grandeur, soit vertu, soit préjugé peut-être,
Né parmi les Romains, je mourrai pour eux:
J'aime encor mieux, seigneur, ce sénat rigoureux,
Tout injuste pour moi, tout jaloux qu'il peut être,
Que l'éclat d'une cour et le sceptre d'un maître.
Je suis fils de Brutus, et je porte en mon cœur
La liberté gravée, et les rois en horreur.

ARONS.

Ne vous flattez-vous point d'un charme imaginaire?
Seigneur, ainsi qu'à vous la liberté m'est chère:
Quoique né sous un roi, j'en goûte les appas;
Vous vous perdez pour elle, et il n'en jouissez pas.
Est-il donc, entre nous, rien de plus despotique
Que l'esprit d'un État qui passe en république?
Vos lois sont vos tyrans; leur barbare rigueur
Devient sourde au mérite, au sang, à la faveur;
Le sénat vous opprime, et le peuple vous brave;
Il faut s'en faire craindre, ou ramper leur esclave.
Le citoyen de Rome, insolent ou jaloux,
Ou hait votre grandeur, ou marche égal à vous.
Trop d'éclat l'effarouche; il voit d'un œil sévère,
Dans le bien qu'on lui fait, le mal qu'on lui peut faire.

Et d'un bannissement le décret odieux,
Devient le prix du sang qu'on a versé pour eux.
    Je sais bien que la cour, seigneur, a ses naufrages ;
Mais ses jours sont plus beaux, son ciel a moins d'orages.
Souvent la liberté, dont on se vante ailleurs,
Étale auprès d'un roi ses dons les plus flatteurs ;
Il récompense, il aime, il prévient les services :
La gloire auprès de lui ne fuit point les délices.
Aimé du souverain, de ses rayons couvert,
Vous ne servez qu'un maître, et le reste vous sert.
Ébloui d'un éclat qu'il respecte et qu'il aime,
Le vulgaire applaudit jusqu'à nos fautes même :
Nous ne redoutons rien d'un sénat trop jaloux ;
Et les sévères lois se taisent devant nous.
Ah! que, né pour la cour ainsi que pour les armes,
Des faveurs de Tarquin vous goûteriez les charmes!
Je vous l'ai déjà dit, il vous aimait, seigneur ;
Il aurait avec vous partagé sa grandeur :
Du sénat à vos pieds la fierté prosternée
Aurait....

    TITUS.
            J'ai vu sa cour, et je l'ai dédaignée.
Je pourrais, il est vrai, mendier son appui,
Et, son premier esclave, être tyran sous lui,
Grâce au ciel, je n'ai point cette indigne faiblesse ;
Je veux de la grandeur, et la veux sans bassesse :
Je sens que mon destin n'était point d'obéir ;
Je combattrai vos rois ; retournez les servir.

    ARONS.
Je ne puis qu'approuver cet excès de constance ;
Mais songez que lui-même éleva votre enfance.
Il s'en souvient toujours : hier encor, seigneur,
En pleurant avec moi son fils et son malheur :
« Titus, me disait-il, soutiendrait ma famille,
Et lui seul méritait mon empire et ma fille. »

    TITUS, en se détournant.
Sa fille! dieux! Tullie! O vœux infortunés!

    ARONS, en regardant Titus.
Je la ramène au roi que vous abandonnez ;
Elle va, loin de vous et loin de sa patrie,
Accepter pour époux le roi de Ligurie :
Vous cependant ici servez votre sénat,
Persécutez son père, opprimez son État.
J'espère que bientôt ces voûtes embrasées,
Ce Capitole en cendre, et ces tours écrasées,
Du sénat et du peuple éclairant les tombeaux,
A cet hymen heureux vont servir de flambeaux.

## SCÈNE III. — TITUS, MESSALA.

TITUS.

Ah! mon cher Messala, dans quel trouble il me laisse!
Tarquin me l'eût donnée, ô douleur qui me presse!
Moi, j'aurais pu!... mais non; ministre dangereux,
Tu venais épier le secret de mes feux.
Hélas! en me voyant se peut-il qu'on l'ignore?
Il a lu dans mes yeux l'ardeur qui me dévore.
Certain de ma faiblesse, il retourne à sa cour
Insulter aux projets d'un téméraire amour.
J'aurais pu l'épouser, lui consacrer ma vie!
Le ciel à mes désirs eût destiné Tullie!
Malheureux que je suis!

MESSALA.

    Vous pourriez être heureux;
Arons pourrait servir vos légitimes feux.
Croyez-moi.

TITUS.

    Bannissons un espoir si frivole :
Rome entière m'appelle aux murs du Capitole;
Le peuple, rassemblé sous ces arcs triomphaux
Tout chargés de ma gloire et pleins de mes travaux,
M'attend pour commencer les serments redoutables,
De notre liberté garants inviolables.

MESSALA.

Allez servir ces rois.

TITUS.

    Oui, je les veux servir;
Oui, tel est mon devoir, et je le veux remplir.

MESSALA.

Vous gémissez pourtant!

TITUS.

    Ma victoire est cruelle.

MESSALA.

Vous l'achetez trop cher.

TITUS.

    Elle en sera plus belle.
Ne m'abandonne point dans l'état où je suis.

MESSALA.

Allons, suivons ses pas; aigrissons ses ennuis;
Enfonçons dans son cœur le trait qui le déchire.

## SCÈNE IV. — BRUTUS, MESSALA.

BRUTUS.

Arrêtez, Messala, j'ai deux mots à vous dire.

MESSALA.

A moi, seigneur*

BRUTUS.
          A vous. Un funeste poison
Se répand en secret sur toute ma maison.
Tibérinus, mon fils, aigri contre son frère,
Laisse éclater déjà sa jalouse colère :
Et Titus, animé d'un autre emportement,
Suit contre le sénat son fier ressentiment.
L'ambassadeur toscan, témoin de leur faiblesse,
En profite avec joie autant qu'avec adresse ;
Il leur parle, et je crains les discours séduisants
D'un ministre vieilli dans l'art des courtisans.
Il devait dès demain retourner vers son maître :
Mais un jour quelquefois est beaucoup pour un traître.
Messala, je prétends ne rien craindre de lui ;
Allez lui commander de partir aujourd'hui :
Je le veux.
                  MESSALA.
          C'est agir sans doute avec prudence,
Et vous serez content de mon obéissance.
                  BRUTUS.
Ce n'est pas tout : mon fils avec vous est lié ;
Je sais sur son esprit ce que peut l'amitié.
Comme sans artifice, il est sans défiance :
Sa jeunesse est livrée à votre expérience.
Plus il se fie à vous, plus je dois espérer
Qu'habile à le conduire, et non à l'égarer,
Vous ne voudrez jamais, abusant de son âge,
Tirer de ses erreurs un indigne avantage,
Le rendre ambitieux, et corrompre son cœur.
                  MESSALA.
C'est de quoi dans l'instant je lui parlais, seigneur.
Il sait vous imiter, servir Rome, et lui plaire ;
Il aime aveuglément sa patrie et son père.
                  BRUTUS.
Il le doit : mais surtout il doit aimer les lois ;
Il doit en être esclave, en porter tout le poids.
Qui veut les violer n'aime point sa patrie.
                  MESSALA.
Nous avons vu tous deux si son bras l'a servie.
                  BRUTUS.
Il a fait son devoir.
                  MESSALA.
          Et Rome eût fait le sien
En rendant plus d'honneurs à ce cher citoyen.
                  BRUTUS.
Non, non : le consulat n'est point fait pour son âge ;
J'ai moi-même à mon fils refusé mon suffrage.

Croyez-moi, le succès de son ambition
Serait le premier pas vers la corruption.
Le prix de la vertu serait héréditaire :
Bientôt l'indigne fils du plus vertueux père,
Trop assuré d'un rang d'autant moins mérité,
L'attendrait dans le luxe et dans l'oisiveté :
Le dernier des Tarquins en est la preuve insigne.
Qui naquit dans la pourpre en est rarement digne.
Nous préservent les cieux d'un si funeste abus,
Berceau de la mollesse et tombeau des vertus !
Si vous aimez mon fils, je me plais à le croire,
Représentez-lui mieux sa véritable gloire ;
Étouffez dans son cœur un orgueil insensé
C'est en servant l'État qu'il est récompensé.
De toutes les vertus mon fils doit un exemple ;
C'est l'appui des Romains que dans lui je contemple,
Plus il a fait pour eux, plus j'exige aujourd'hui.
Connaissez à mes vœux l'amour que j'ai pour lui ;
Tempérez cette ardeur de l'esprit d'un jeune homme :
Le flatter, c'est le perdre, et c'est outrager Rome.

MESSALA.

Je me bornais, seigneur, à le suivre aux combats ;
J'imitais sa valeur, et ne l'instruisais pas.
J'ai peu d'autorité ; mais s'il daigne me croire,
Rome verra bientôt comme il chérit la gloire.

BRUTUS.

Allez donc, et jamais n'épousez ses erreurs ;
Si je hais les tyrans, je hais plus les flatteurs.

SCÈNE V. — MESSALA.

Il n'est point de tyran plus dur, plus haïssable,
Que la sévérité de ton cœur intraitable.
Va, je verrai peut-être à mes pieds abattu
Cet orgueil insultant de ta fausse vertu.
Colosse, qu'un vil peuple élevé sur nos têtes,
Je pourrai t'écraser, et les foudres sont prêtes.

# ACTE TROISIÈME.

SCÈNE I. — ARONS, ALBIN, MESSALA.

ARONS, *une lettre à la main.*
Je commence à goûter une juste espérance ;
Vous m'avez bien servi par tant de diligence.

ACTE III, SCÈNE I.

Tout succède à mes vœux. Oui, cette lettre, Albin,
Contient le sort de Rome et celui de Tarquin.
Avez-vous dans le camp réglé l'heure fatale?
A-t-on bien observé la porte Quirinale?
L'assaut sera-t-il prêt, si par nos conjurés
Les remparts cette nuit ne nous sont point livrés?
Tarquin est-il content? crois-tu qu'on l'introduise
Ou dans Rome sanglante, ou dans Rome soumise?

ALBIN.
Tout sera prêt, seigneur, au milieu de la nuit.
Tarquin de vos projets goûte déjà le fruit;
Il pense de vos mains tenir son diadème;
Il vous doit, a-t-il dit, plus qu'à Porsenna même.

ARONS.
Ou les dieux, ennemis d'un prince malheureux,
Confondront des desseins si grands, si dignes d'eux;
Ou demain sous ses lois Rome sera rangée;
Rome en cendres peut-être, et dans son sang plongée.
Mais il vaut mieux qu'un roi, sur le trône remis,
Commande à des sujets malheureux et soumis,
Que d'avoir à dompter, au sein de l'abondance,
D'un peuple trop heureux l'indocile arrogance.
 (A Albin.)
Allez; j'attends ici la princesse en secret.
 (A Messala.)
Messala, demeurez.

SCÈNE II. — ARONS, MESSALA.

ARONS.
 Eh bien! qu'avez-vous fait?
Avez-vous de Titus fléchi le fier courage?
Dans le parti des rois pensez-vous qu'il s'engage?

MESSALA.
Je vous l'avais prédit; l'inflexible Titus
Aime trop sa patrie, et tient trop de Brutus.
Il se plaint du sénat, il brûle pour Tullie;
L'orgueil, l'ambition, l'amour, la jalousie,
Le feu de son jeune âge et de ses passions,
Semblaient ouvrir son âme à mes séductions.
Cependant, qui l'eût cru? la liberté l'emporte;
Son amour est au comble, et Rome est la plus forte.
J'ai tenté par degrés d'effacer cette horreur
Que pour le nom de roi Rome imprime en son cœur.
En vain j'ai combattu ce préjugé sévère;
Le seul nom des Tarquins irritait sa colère,
De son entretien même il m'a soudain privé;

Et je hasardais trop, si j'avais achevé.

ARONS.

Ainsi de le fléchir Messala désespère?

MESSALA.

J'ai trouvé moins d'obstacle à vous donner son frère,
Et j'ai du moins séduit un des fils de Brutus.

ARONS.

Quoi! vous auriez déjà gagné Tibérinus?
Par quels ressorts secrets, par quelle heureuse intrigue?

MESSALA.

Son ambition seule a fait toute ma brigue.
Avec un œil jaloux il voit, depuis longtemps,
De son frère et de lui les honneurs différents;
Ces drapeaux suspendus à ces voûtes fatales,
Ces festons de lauriers, ces pompes triomphales,
Tous les cœurs des Romains et celui de Brutus
Dans ces solennités volant devant Titus,
Sont pour lui des affronts qui, dans son âme aigrie,
Echauffent le poison de sa secrète envie.
Et cependant Titus, sans haine et sans courroux,
Trop au-dessus de lui pour en être jaloux,
Lui tend encor la main de son char de victoire,
Et semble en l'embrassant l'accabler de sa gloire.
J'ai saisi ces moments; j'ai su peindre à ses yeux
Dans une cour brillante un rang plus glorieux;
J'ai pressé, j'ai promis, au nom de Tarquin même,
Tous les honneurs de Rome après le rang suprême :
Je l'ai vu s'éblouir, je l'ai vu s'ébranler :
Il est à vous, seigneur, et cherche à vous parler.

ARONS.

Pourra-t-il nous livrer la porte Quirinale?

MESSALA.

Titus seul y commande, et sa vertu fatale
N'a que trop arrêté le cours de vos destins :
C'est un dieu qui préside au salut des Romains.
Gardez de hasarder cette attaque soudaine,
Sûre avec son appui, sans lui trop incertaine.

ARONS.

Mais si du consulat il a brigué l'honneur,
Pourrait-il dédaigner la suprême grandeur,
Et Tullie, et le trône, offerts à son courage?

MESSALA.

Le trône est un affront à sa vertu sauvage.

ARONS.

Mais il aime Tullie.

MESSALA.

Il l'adore, seigneur :

Il l'aime d'autant plus qu'il combat son ardeur.
Il brûle pour la fille en détestant le père;
Il craint de lui parler, il gémit de se taire;
Il la cherche, il la fuit; il dévore ses pleurs,
Et de l'amour encore il n'a que les fureurs.
Dans l'agitation d'un si cruel orage,
Un moment quelquefois renverse un grand courage.
Je sais quel est Titus : ardent, impétueux,
S'il se rend, il ira plus loin que je ne veux.
La fière ambition qu'il renferme dans l'âme
Au flambeau de l'amour peut rallumer sa flamme.
Avec plaisir sans doute il verrait à ses pieds
Des sénateurs tremblants les fronts humiliés :
Mais je vous tromperais, si j'osais vous promettre
Qu'à cet amour fatal il veuille se soumettre.
Je peux parler encore, et je vais aujourd'hui....

ARONS.

Puisqu'il est amoureux, je compte encor sur lui.
Un regard de Tullie, un seul mot de sa bouche,
Peut plus, pour amollir cette vertu farouche,
Que les subtils détours et tout l'art séducteur
D'un chef de conjurés et d'un ambassadeur.
N'espérons des humains rien que par leurs faiblesses.
L'ambition de l'un, de l'autre la tendresse,
Voilà des conjurés qui serviront mon roi;
C'est d'eux que j'attends tout : ils sont plus forts que moi.

(Tullie entre. Messala se retire.)

SCÈNE III. — TULLIE, ARONS, ALGINE.

ARONS.

Madame, en ce moment je reçois cette lettre
Qu'en vos augustes mains mon ordre est de remettre,
Et que jusqu'en la mienne a fait passer Tarquin.

TULLIE.

Dieux ! protégez mon père, et changez son destin !
(Elle lit.)
*Le trône des Romains peut sortir de sa cendre :*
*Le vainqueur de son roi peut en être l'appui :*
*Titus est un héros; c'est à lui de défendre*
*Un sceptre que je veux partager avec lui.*
*Vous, songez que Tarquin vous a donné la vie;*
*Songez que mon destin va dépendre de vous.*
*Vous pourriez refuser le roi de Ligurie;*
*Si Titus vous est cher, il sera votre époux.*

Ai-je bien lu ?... Titus ?... seigneur.... est-il possible?
Tarquin, dans ses malheurs jusqu'alors inflexible,

Pourrait?... Mais d'où sait-il?... et comment?... Ah, seigneur!
Ne veut-on qu'arracher les secrets de mon cœur?
Épargnez les chagrins d'une triste princesse;
Ne tendez point de piége à ma faible jeunesse.

ARONS.

Non, madame; à Tarquin je ne sais qu'obéir,
Écouter mon devoir, me taire, et vous servir;
Il ne m'appartient point de chercher à comprendre
Des secrets qu'en mon sein vous craignez de répandre.
Je ne veux point lever un œil présomptueux
Vers le voile sacré que vous jetez sur eux;
Mon devoir seulement m'ordonne de vous dire
Que le ciel veut par vous relever cet empire,
Que ce trône est un prix qu'il met à vos vertus.

TULLIE.

Je servirais mon père, et serais à Titus!
Seigneur, il se pourrait....

ARONS.

N'en doutez point, princesse.
Pour le sang de ses rois ce héros s'intéresse.
De ces républicains la triste austérité
De son cœur généreux révolte la fierté;
Les refus du sénat ont aigri son courage :
Il penche vers son prince : achevez cet ouvrage.
Je n'ai point dans son cœur prétendu pénétrer;
Mais puisqu'il vous connaît, il vous doit adorer.
Quel œil, sans s'éblouir, peut voir un diadème
Présenté par vos mains, embelli par vous-même?
Parlez-lui seulement, vous pourrez tout sur lui;
De l'ennemi des rois triomphez aujourd'hui;
Arrachez au sénat, rendez à votre père
Ce grand appui de Rome et son dieu tutélaire;
Et méritez l'honneur d'avoir entre vos mains
Et la cause d'un père, et le sort des Romains.

SCÈNE IV. — TULLIE, ALGINE.

TULLIE.

Ciel! que je dois d'encens à ta bonté propice!
Mes pleurs t'ont désarmé, tout changé; et ta justice
Aux feux dont j'ai rougi rendant leur pureté,
En les récompensant, les met en liberté.
    (A Algine.)
Va le chercher, va, cours. Dieux! il m'évite encore :
Faut-il qu'il soit heureux, hélas! et qu'il l'ignore?
Mais.... n'écouté-je point un espoir trop flatteur?
Titus pour le sénat a-t-il donc tant d'horreur?

Que dis-je? hélas! devrais-je au dépit qui le presse
Ce que j'aurais voulu devoir à sa tendresse?
### ALGINE.
Je sais que le sénat alluma son courroux,
Qu'il est ambitieux, et qu'il brûle pour vous.
### TULLIE.
Il fera tout pour moi, n'en doute point; il m'aime.
*(Algine sort.)*
Va, dis-je.... Cependant ce changement extrême....
Ce billet!... De quels soins mon cœur est combattu!
Éclatez, mon amour, ainsi que ma vertu!
La gloire, la raison, le devoir, tout l'ordonne.
Quoi! mon père à mes feux va devoir sa couronne!
De Titus et de lui je serais le lien!
Le bonheur de l'État va donc naître du mien!
Toi que je peux aimer, quand pourrai-je t'apprendre
Ce changement du sort où nous n'osions prétendre?
Quand pourrai-je, Titus, dans mes justes transports,
T'entendre sans regrets, te parler sans remords?
Tous mes maux sont finis : Rome, je te pardonne;
Rome, tu vas servir si Titus t'abandonne;
Sénat, tu vas tomber si Titus est à moi :
Ton héros m'aime; tremble, et reconnais ton roi.

### SCÈNE V. — TITUS, TULLIE.

### TITUS.
Madame, est-il bien vrai? daignez-vous voir encore
Cet odieux Romain que votre cœur abhorre,
Si justement haï, si coupable envers vous,
Cet ennemi...?
### TULLIE.
Seigneur, tout est changé pour nous.
Le destin me permet.... Titus.... il faut me dire
Si j'avais sur votre âme un véritable empire.
### TITUS.
Eh! pouvez-vous douter de ce fatal pouvoir,
De mes feux, de mon crime, et de mon désespoir?
Vous ne l'avez que trop, cet empire funeste;
L'amour vous a soumis mes jours, que je déteste :
Commandez, épuisez votre juste courroux;
Mon sort est en vos mains.
### TULLIE.
Le mien dépend de vous.
### TITUS.
De moi! Titus tremblant ne vous en croit qu'à peine
Moi, je ne serais plus l'objet de votre haine!

Ah! princesse, achevez; quel espoir enchanteur
M'élève en un moment au faîte du bonheur!

TULLIE, *en donnant la lettre.*

Lisez, rendez heureux, vous, Tullie, et mon père.
(Tandis qu'il lit.)
Je puis donc me flatter.... Mais quel regard sévère!
D'où vient ce morne accueil, et ce front consterné?
Dieux!

TITUS.

Je suis des mortels le plus infortuné;
Le sort, dont la rigueur à m'accabler s'attache,
M'a montré mon bonheur, et soudain me l'arrache;
Et, pour combler les maux que mon cœur a soufferts,
Je puis vous posséder, je vous aime, et vous perds.

TULLIE.

Vous, Titus?

TITUS.

Ce moment a condamné ma vie
Au comble des horreurs ou de l'ignominie,
A trahir Rome ou vous; et je n'ai désormais
Que le choix des malheurs ou celui des forfaits.

TULLIE.

Que dis-tu? quand ma main te donne un diadème,
Quand tu peux m'obtenir, quand tu vois que je t'aime!
Je ne m'en cache plus; un trop juste pouvoir,
Autorisant mes vœux, m'en a fait un devoir.
Hélas! j'ai cru ce jour le plus beau de ma vie;
Et le premier moment où mon âme ravie
Peut de ses sentiments s'expliquer sans rougir,
Ingrat, est le moment qu'il m'en faut repentir!
Que m'oses-tu parler de malheur et de crime?
Ah! servir des ingrats contre un roi légitime,
M'opprimer, me chérir, détester mes bienfaits;
Ce sont là mes malheurs, et voilà tes forfaits.
Ouvre les yeux, Titus, et mets dans la balance
Les refus du sénat, et la toute-puissance.
Choisis de recevoir ou de donner la loi,
D'un vil peuple ou d'un trône, et de Rome ou de moi.
Inspirez-lui, grands dieux, le parti qu'il doit prendre.

TITUS, *en lui rendant la lettre.*

Mon choix est fait.

TULLIE.

Eh bien! crains-tu de me l'apprendre?
Parle, ose mériter ta grâce ou mon courroux.
Quel sera ton destin?..

TITUS.

D'être digne de vous,

## ACTE III, SCÈNE V.

Digne encor de moi-même, à Rome encor fidèle;
Brûlant d'amour pour vous, de combattre pour elle;
D'adorer vos vertus, mais de les imiter;
De vous perdre, madame, et de vous mériter.

TULLIE.
Ainsi donc pour jamais....

TITUS.
                Ah! pardonnez, princesse:
Oubliez ma fureur, épargnez ma faiblesse;
Ayez pitié d'un cœur de soi-même ennemi,
Moins malheureux cent fois quand vous l'avez haï.
Pardonnez, je ne puis vous quitter ni vous suivre
Ni pour vous, ni sans vous, Titus ne saurait vivre;
Et je mourrai plutôt qu'un autre ait votre foi.

TULLIE.
Je te pardonne tout, elle est encore à toi.

TITUS.
Eh bien! si vous m'aimez, ayez l'âme romaine,
Aimez ma république, et soyez plus que reine;
Apportez-moi pour dot, au lieu du rang des rois,
L'amour de mon pays, et l'amour de mes lois.
Acceptez aujourd'hui Rome pour votre mère,
Son vengeur pour époux, Brutus pour votre père:
Que les Romains, vaincus en générosité,
A la fille des rois doivent leur liberté.

TULLIE.
Qui? moi, j'irais trahir...?

TITUS.
                Mon désespoir m'égare.
Non, toute trahison est indigne et barbare.
Je sais ce qu'est un père, et ses droits absolus;
Je sais.... que je vous aime.... et ne me connais plus.

TULLIE.
Écoute au moins ce sang qui m'a donné la vie.

TITUS.
Eh! dois-je écouter moins mon sang et ma patrie?

TULLIE.
Ta patrie! ah, barbare! en est-il donc sans moi?

TITUS.
Nous sommes ennemis.... La nature, la loi
Nous impose à tous deux un devoir si farouche

TULLIE.
Nous ennemis! ce nom peut sortir de ta bouche!

TITUS.
Tout mon cœur le dément.

TULLIE.
                Ose donc me servir;
Tu m'aimes, venge-moi.

SCÈNE VI. — BRUTUS, ARONS, TITUS, TULLIE, MESSALA, ALBIN, PROCULUS, LICTEURS.

BRUTUS, à Tullie.
   Madame, il faut partir.
Dans les premiers éclats des tempêtes publiques,
Rome n'a pu vous rendre à vos dieux domestiques ;
Tarquin même en ce temps, prompt à vous oublier,
Et du soin de nous perdre occupé tout entier,
Dans nos calamités confondant sa famille,
N'a pas même aux Romains redemandé sa fille.
Souffrez que je rappelle un triste souvenir :
Je vous privai d'un père, et dus vous en servir.
Allez, et que du trône, où le ciel vous appelle,
L'inflexible équité soit la garde éternelle.
Pour qu'on vous obéisse, obéissez aux lois ;
Tremblez en contemplant tout le devoir des rois ;
Et si de vos flatteurs la funeste malice
Jamais dans votre cœur ébranlait la justice,
Prête alors d'abuser du pouvoir souverain,
Souvenez-vous de Rome, et songez à Tarquin :
Et que ce grand exemple, où mon espoir se fonde,
Soit la leçon des rois et le bonheur du monde.
   (A Arons.)
Le sénat vous la rend, seigneur ; et c'est à vous
De la remettre aux mains d'un père et d'un époux.
Proculus va vous suivre à la porte Sacrée.

TITUS, éloigné.
O de ma passion fureur désespérée !
   (Il va vers Arons.)
Je ne souffrirai point, non.... Permettez, seigneur....

(Brutus et Tullie sortent avec leur suite ; Arons et Messala restent.)

Dieux ! ne mourrai-je point de honte et de douleur !
   (A Arons.)
Pourrai-je vous parler ?

ARONS.
   Seigneur, le temps me presse.
Il me faut suivre ici Brutus et la princesse ;
Je puis d'une heure encor retarder son départ ;
Craignez, seigneur, craignez de me parler trop tard.
Dans son appartement nous pouvons l'un et l'autre
Parler de ses destins, et peut-être du vôtre.
   (Il sort.)

## SCÈNE VII. — TITUS, MESSALA.

TITUS.

Sort qui nous as rejoints, et qui nous désunis !
Sort, ne nous as-tu faits que pour être ennemis ?
Ah ! cache, si tu peux, ta fureur et tes larmes.

MESSALA.

Je plains tant de vertus, tant d'amour et de charmes ;
Un cœur tel que le sien méritait d'être à vous.

TITUS.

Non, c'en est fait ; Titus n'en sera point l'époux.

MESSALA.

Pourquoi ? Quel vain scrupule à vos désirs s'oppose ?

TITUS.

Abominables lois que la cruelle impose !
Tyrans que j'ai vaincus, je pourrais vous servir !
Peuples que j'ai sauvés, je pourrais vous trahir !
L'amour dont j'ai six mois vaincu la violence,
L'amour aurait sur moi cette affreuse puissance !
J'exposerais mon père à ces tyrans cruels !
Et quel père ? un héros, l'exemple des mortels,
L'appui de son pays, qui m'instruisit à l'être,
Que j'imitai, qu'un jour j'eusse égalé peut-être.
Après tant de vertus quel horrible destin !

MESSALA.

Vous eûtes les vertus d'un citoyen romain ;
Il ne tiendra qu'à vous d'avoir celles d'un maître :
Seigneur, vous serez roi dès que vous voudrez l'être.
Le ciel met dans vos mains, en ce moment heureux,
La vengeance, l'empire, et l'objet de vos feux.
Que dis-je ? ce consul, ce héros que l'on nomme
Le père, le soutien, le fondateur de Rome,
Qui s'enivre à vos yeux de l'encens des humains,
Sur les débris d'un trône écrasé par vos mains,
S'il eût mal soutenu cette grande querelle,
S'il n'eût vaincu par vous, il n'était qu'un rebelle.
Seigneur, embellissez ce grand nom de vainqueur
Du nom plus glorieux de pacificateur ;
Daignez nous ramener ces jours où nos ancêtres
Heureux, mais gouvernés, libres, mais sous des maîtres,
Pesaient dans la balance, avec un même poids,
Les intérêts du peuple et la grandeur des rois.
Rome n'a point pour eux une haine immortelle ;
Rome va les aimer, si vous régnez sur elle.
Ce pouvoir souverain que j'ai vu tour à tour
Attirer de ce peuple et la haine et l'amour,
Qu'on craint en des États, et qu'ailleurs on désire,

Est des gouvernements le meilleur ou le pire,
Affreux sous un tyran, divin sous un bon roi.

TITUS.

Messala, songez-vous que vous parlez à moi?
Que désormais en vous je ne vois plus qu'un traître,
Et qu'en vous épargnant je commence de l'être?

MESSALA.

Eh bien! apprenez donc que l'on va vous ravir
L'inestimable honneur dont vous n'osez jouir;
Qu'un autre accomplira ce que vous pouviez faire.

TITUS.

Un autre! arrête; dieux! parle... qui?

MESSALA.

Votre frère.

TITUS.

Mon frère?

MESSALA.

A Tarquin même il a donné sa foi.

TITUS.

Mon frère trahit Rome?

MESSALA.

Il sert Rome et son roi;
Et Tarquin, malgré vous, n'acceptera pour gendre
Que celui des Romains qui l'aura pu défendre.

TITUS.

Ciel! perfide!... écoutez : mon cœur longtemps séduit
A méconnu l'abîme où vous m'avez conduit.
Vous pensez me réduire au malheur nécessaire
D'être ou le délateur, ou complice d'un frère :
Mais plutôt votre sang....

MESSALA.

Vous pouvez m'en punir;
Frappez, je le mérite en voulant vous servir.
Du sang de votre ami que cette main fumante
Y joigne encor le sang d'un frère et d'une amante;
Et, leur tête à la main, demandez au sénat,
Pour prix de vos vertus, l'honneur du consulat;
Ou moi-même à l'instant, déclarant les complices,
Je m'en vais commencer ces affreux sacrifices.

TITUS.

Demeure, malheureux, ou crains mon désespoir.

SCÈNE VIII. — TITUS, MESSALA, ALBIN.

ALBIN.

L'ambassadeur toscan peut maintenant vous voir;
Il est chez la princesse.

ACTE III, SCÈNE VIII.

TITUS.
Oui, je vais chez Tullie....
J'y cours. O dieux de Rome! ô dieux de ma patrie!
Frappez, percez ce cœur de sa honte alarmé,
Qui serait vertueux, s'il n'avait point aimé.
C'est donc à vous, sénat, que tant d'amour s'immole?
(A Messala.)
A vous, ingrats!... Allons.... Tu vois ce Capitole
Tout plein des monuments de ma fidélité.

MESSALA.
Songez qu'il est rempli d'un sénat détesté.

TITUS.
Je le sais. Mais.... du ciel qui tonne sur ma tête
J'entends la voix qui crie : « Arrête, ingrat, arrête
Tu trahis ton pays.... » Non, Rome! non, Brutus!
Dieux qui me secourez, je suis encor Titus.
La gloire a de mes jours accompagné la course;
Je n'ai point de mon sang déshonoré la source;
Votre victime est pure; et s'il faut qu'aujourd'hui
Titus soit aux forfaits entraîné malgré lui,
S'il faut que je succombe au destin qui m'opprime;
Dieux! sauvez les Romains; frappez avant le crime!

## ACTE QUATRIÈME.

SCÈNE I. — TITUS, ARONS, MESSALA.

TITUS.
Oui, j'y suis résolu, partez; c'est trop attendre;
Honteux, désespéré, je ne veux rien entendre;
Laissez-moi ma vertu, laissez-moi mes malheurs.
Fort contre vos raisons, faible contre ses pleurs,
Je ne la verrai plus. Ma fermeté trahie
Craint moins tous vos tyrans qu'un regard de Tullie.
Je ne la verrai plus! oui, qu'elle parte.... Ah, dieux!

ARONS.
Pour vos intérêts seuls arrêté dans ces lieux,
J'ai bientôt passé l'heure avec peine accordée
Que vous-même, seigneur, vous m'aviez demandée.

TITUS.
Moi, je l'ai demandée!

ARONS.
Hélas! que pour vous deux
J'attendais en secret un destin plus heureux!
J'espérais couronner des ardeurs si parfaites;

Il n'y faut plus penser.

TITUS.
Ah! cruel que vous êtes;
Vous avez vu ma honte et mon abaissement;
Vous avez vu Titus balancer un moment,
Allez, adroit témoin de mes lâches tendresses,
Allez à vos deux rois annoncer mes faiblesses;
Contez à ces tyrans terrassés par mes coups
Que le fils de Brutus a pleuré devant vous;
Mais ajoutez au moins que, parmi tant de larmes,
Malgré vous et Tullie, et ses pleurs, et ses charmes,
Vainqueur encor de moi, libre, et toujours Romain,
Je ne suis point soumis par le sang de Tarquin;
Que rien ne me surmonte, et que je jure encore
Une guerre éternelle à ce sang que j'adore.

ARONS.
J'excuse la douleur où vos sens sont plongés;
Je respecte en partant vos tristes préjugés.
Loin de vous accabler, avec vous je soupire :
Elle en mourra, c'est tout ce que je peux vous dire.
A lieu, seigneur.

MESSALA.
O ciel!

SCÈNE II. — TITUS, MESSALA.

TITUS.
Non, je ne puis souffrir
Que des remparts de Rome on la laisse sortir ;
Je veux la retenir au péril de ma vie.

MESSALA.
Vous voulez....

TITUS.
Je suis loin de trahir ma patrie.
Rome l'emportera, je le sais; mais enfin
Je ne puis séparer Tullie et mon destin.
Je respire, je vis, je périrai pour elle.
Prends pitié de mes maux, courons, et que ton zèle
Soulève nos amis, rassemble nos soldats :
En dépit du sénat je retiendrai ses pas;
Je prétends que dans Rome elle reste en otage ;
Je le veux.

MESSALA.
Dans quels soins votre amour vous engage!
Et que prétendez-vous par ce coup dangereux,
Que d'avouer sans fruit un amour malheureux?

TITUS.
Eh bien! c'est au sénat qu'il faut que je m'adresse.

ACTE IV, SCÈNE II.

Va de ces rois de Rome adoucir la rudesse;
Dis-leur que l'intérêt de l'État, de Brutus....
Hélas! que je m'emporte en desseins superflus!
MESSALA.
Dans la juste douleur où votre âme est en proie,
Il faut, pour vous servir....
TITUS.
Il faut que je la voie;
Il faut que je lui parle. Elle passe en ces lieux;
Elle entendra du moins mes éternels adieux.
MESSALA.
Parlez-lui, croyez-moi.
TITUS.
Je suis perdu, c'est elle.

SCÈNE III. — TITUS, MESSALA, TULLIE, ALGINE
ALGINE.
On vous attend, madame.
TULLIE.
Ah! sentence cruelle!
L'ingrat me touche encore, et Brutus à mes yeux
Paraît un dieu terrible armé contre nous deux.
J'aime, je crains, je pleure, et tout mon cœur s'égare.
Allons.
TITUS.
Non, demeurez.
TULLIE.
Que me veux-tu, barbare?
Me tromper, me braver?
TITUS.
Ah! dans ce jour affreux
Je sais ce que je dois, et non ce que je veux;
Je n'ai plus de raison, vous me l'avez ravie.
Eh bien! guidez mes pas, gouvernez ma furie,
Régnez donc en tyran sur mes sens éperdus;
Dictez, si vous l'osez, les crimes de Titus.
Non, plutôt que je livre aux flammes, au carnage,
Ces murs, ces citoyens qu'a sauvés mon courage;
Qu'un père, abandonné par un fils furieux,
Sous le fer de Tarquin....
TULLIE.
M'en préservent les dieux!
La nature te parle, et sa voix m'est trop chère;
Tu m'as trop bien appris à trembler pour un père;
Rassure-toi; Brutus est désormais le mien;
Tout mon sang est à toi, qui te répond du sien;
Notre amour, mon hymen, mes jours en sont le gage:

Je serai dans tes mains sa fille, son otage.
Peux-tu délibérer? Penses-tu qu'en secret
Brutus te vît au trône avec tant de regret?
Il n'a point sur son front placé le diadème;
Mais, sous un autre nom, n'est-il pas roi lui-même?
Son règne est d'une année, et bientôt.... Mais, hélas!
Que de faibles raisons, si tu ne m'aimes pas!
Je ne dis plus qu'un mot. Je pars.... et je t'adore.
Tu pleures, tu frémis; il en est temps encore :
Achève, parle, ingrat! que te faut-il de plus?

TITUS.
Votre haine; elle manque au malheur de Titus.

TULLIE.
Ah! c'est trop essuyer tes indignes murmures,
Tes vains engagements, tes plaintes, tes injures;
Je te rends ton amour dont le mien est confus,
Et tes trompeurs serments, pires que tes refus.
Je n'irai point chercher au fond de l'Italie
Ces fatales grandeurs que je te sacrifie,
Et pleurer loin de Rome, entre les bras d'un roi,
Cet amour malheureux que j'ai senti pour toi.
J'ai réglé mon destin; Romain dont la rudesse
N'affecte de vertu que contre ta maîtresse,
Héros pour m'accabler, timide à me servir,
Incertain dans tes vœux, apprends à les remplir.
Tu verras qu'une femme, à tes yeux méprisable,
Dans ses projets au moins était inébranlable;
Et par la fermeté dont ce cœur est armé,
Titus, tu connaîtras comme il t'aurait aimé.
Au pied de ces murs même où régnaient mes ancêtres,
De ces murs que ta main défend contre leurs maîtres,
Où tu m'oses trahir, et m'outrager comme eux,
Où ma foi fut séduite, où tu trompas mes feux,
Je jure à tous les dieux qui vengent les parjures,
Que mon bras, dans mon sang effaçant mes injures,
Plus juste que le tien, mais moins irrésolu,
Ingrat, va me punir de t'avoir mal connu;
Et je vais....

TITUS, *l'arrêtant*.
Non, madame, il faut vous satisfaire :
Je le veux, j'en frémis, et j'y cours pour vous plaire;
D'autant plus malheureux, que, dans ma passion,
Mon cœur n'a pour excuse aucune illusion;
Que je ne goûte point, dans mon désordre extrême,
Le triste et vain plaisir de me tromper moi-même;
Que l'amour aux forfaits me force de voler;
Que vous m'avez vaincu sans pouvoir m'aveugler;

Et qu'encore indigné de l'ardeur qui m'anime,
Je chéris la vertu, mais j'embrasse le crime.
Haïssez-moi, fuyez, quittez un malheureux
Qui meurt d'amour pour vous, et déteste ses feux,
Qui va s'unir à vous sous ces affreux augures,
Parmi les attentats, le meurtre, et les parjures.

TULLIE.

Vous insultez, Titus, à ma funeste ardeur;
Vous sentez à quel point vous régnez dans mon cœur.
Oui, je vis pour toi seul, oui, je te le confesse;
Mais malgré ton amour, mais malgré ma faiblesse,
Sois sûr que le trépas m'inspire moins d'effroi
Que la main d'un époux qui craindrait d'être à moi;
Qui se repentirait d'avoir servi son maître,
Que je fais souverain, et qui rougit de l'être.
Voici l'instant affreux qui va nous éloigner.
Souviens-toi que je t'aime, et que tu peux régner.
L'ambassadeur m'attend; consulte, délibère :
Dans une heure avec moi tu reverras mon père.
Je pars, et je reviens sous ces murs odieux
Pour y rentrer en reine, ou périr à tes yeux.

TITUS.

Vous ne périrez point. Je vais....

TULLIE.

Titus, arrête;
En me suivant plus loin tu hasardes ta tête;
On peut te soupçonner; demeure : adieu; résous
D'être mon meurtrier ou d'être mon époux.

SCÈNE IV. — TITUS.

Tu l'emportes, cruelle, et Rome est asservie;
Reviens régner sur elle ainsi que sur ma vie;
Reviens : je vais me perdre, ou vais te couronner :
Le plus grand des forfaits est de t'abandonner.
Qu'on cherche Messala; ma fougueuse imprudence
A de son amitié lassé la patience.
Maîtresse, amis, Romains, je perds tout en un jour.

SCÈNE V. — TITUS, MESSALA.

TITUS.

Sers ma fureur enfin, sers mon fatal amour;
Viens, suis-moi.

MESSALA.

Commandez; tout est prêt; mes cohortes
Sont au mont Quirinal, et livreront les portes.
Tous nos braves amis vont jurer avec moi

De reconnaître en vous l'héritier de leur roi.
Ne perdez point de temps, déjà la nuit plus sombre
Voile nos grands desseins du secret de son ombre.

TITUS.

L'heure approche; Tullie en compte les moments,
Et Tarquin, après tout, eut mes premiers serments.
(Le fond du théâtre s'ouvre.)
Le sort en est jeté. Que vois-je? c'est mon père!

SCÈNE VI. — BRUTUS, TITUS, MESSALA, LICTEURS.

BRUTUS.

Viens, Rome est en danger; c'est en toi que j'espère.
Par un avis secret le sénat est instruit
Qu'on doit attaquer Rome au milieu de la nuit.
J'ai brigué pour mon sang, pour le héros que j'aime,
L'honneur de commander dans ce péril extrême :
Le sénat te l'accorde; arme-toi, mon cher fils;
Une seconde fois va sauver ton pays;
Pour notre liberté va prodiguer ta vie;
Va, mort ou triomphant, tu feras mon envie.

TITUS.

Ciel !...

BRUTUS.

Mon fils !...

TITUS.

Remettez, seigneur, en d'autres mains
Les faveurs du sénat et le sort des Romains.

MESSALA.

Ah ! quel désordre affreux de son âme s'empare !

BRUTUS.

Vous pourriez refuser l'honneur qu'on vous prépare ?

TITUS.

Qui ? moi, seigneur !

BRUTUS.

Eh quoi ! votre cœur égaré
Des refus du sénat est encore ulcéré !
De vos prétentions je vois les injustices.
Ah ! mon fils, est-il temps d'écouter vos caprices ?
Vous avez sauvé Rome et n'êtes pas heureux ?
Cet immortel honneur n'a pas comblé vos vœux ?
Mon fils au consulat a-t-il osé prétendre
Avant l'âge où les lois permettent de l'attendre ?
Va, cesse de briguer une injuste faveur;
La place où je t'envoie est ton poste d'honneur;
Va, ce n'est qu'aux tyrans que tu dois ta colère :
De l'État et de toi je sens que je suis père;
Donne ton sang à Rome, et n'en exige rien;

ACTE IV, SCÈNE VI.

Sois toujours un héros ; sois plus, sois citoyen.
Je touche, mon cher fils, au bout de ma carrière ;
Tes triomphantes mains vont fermer ma paupière ;
Mais, soutenu du tien, mon nom ne mourra plus ;
Je renaîtrai pour Rome, et vivrai dans Titus.
Que dis-je ? je te suis. Dans mon âge débile
Les dieux ne m'ont donné qu'un courage inutile ;
Mais je te verrai vaincre, ou mourrai, comme toi,
Vengeur du nom romain, libre encore, et sans roi.

TITUS.

Ah, Messala !

SCÈNE VII. — BRUTUS, VALÉRIUS, TITUS, MESSALA.

VALÉRIUS.
Seigneur, faites qu'on se retire.
BRUTUS, *à son fils.*
Cours, vole...
(Titus et Messala sortent.)
VALÉRIUS.
On trahit Rome.
BRUTUS.
Ah ! qu'entends-je ?
VALÉRIUS.
On conspire.
Je n'en saurais douter ; on nous trahit, seigneur.
De cet affreux complot j'ignore encor l'auteur ;
Mais le nom de Tarquin vient de se faire entendre,
Et d'indignes Romains ont parlé de se rendre.
BRUTUS.
Des citoyens romains ont demandé des fers !
VALÉRIUS.
Les perfides m'ont fui par des chemins divers ;
On les suit. Je soupçonne et Ménas et Lélie,
Ces partisans des rois et de la tyrannie,
Ces secrets ennemis du bonheur de l'État,
Ardents à désunir le peuple et le sénat.
Messala les protège ; et, dans ce trouble extrême,
J'oserais soupçonner jusqu'à Messala même,
Sans l'étroite amitié dont l'honore Titus.
BRUTUS.
Observons tous leurs pas ; je ne puis rien de plus :
La liberté, la loi, dont nous sommes les pères,
Nous défend des rigueurs peut-être nécessaires ·
Arrêter un Romain sur de simples soupçons,
C'est agir en tyrans, nous qui les punissons.
Allons parler au peuple, enhardir les timides,
Encourager les bons, étonner les perfides.

Que les pères de Rome et de la liberté
Viennent rendre aux Romains leur intrépidité;
Quels cœurs en nous voyant ne reprendront courage ?
Dieux, donnez-nous la mort plutôt que l'esclavage !
Que le sénat nous suive.

SCÈNE VIII. — BRUTUS, VALÉRIUS, PROCULUS.

PROCULUS.
Un esclave, seigneur,
D'un entretien secret implore la faveur.
BRUTUS.
Dans la nuit ? à cette heure ?
PROCULUS.
Oui, d'un avis fidèle
Il apporte, dit-il, la pressante nouvelle.
BRUTUS.
Peut-être des Romains le salut en dépend :
Allons, c'est les trahir que tarder un moment.
(A Proculus.)
Vous, allez vers mon fils; qu'à cette heure fatale
Il défende surtout la porte Quirinale,
Et que la terre avoue, au bruit de ses exploits,
Que le sort de mon sang est de vaincre les rois.

# ACTE CINQUIÈME.

SCÈNE I. — BRUTUS, LES SÉNATEURS, PROCULU<
LICTEURS, L'ESCLAVE VINDEX.

BRUTUS.
Oui, Rome n'était plus; oui, sous la tyrannie
L'auguste liberté tombait anéantie;
Vos tombeaux se rouvraient; c'en était fait : Tarquin
Rentrait dès cette nuit, la vengeance à la main.
C'est cet ambassadeur, c'est lui dont l'artifice
Sous les pas des Romains creusait ce précipice.
Enfin, le croirez-vous ? Rome avait des enfants
Qui conspiraient contre elle, et servaient les tyrans;
Messala conduisait leur aveugle furie,
A ce perfide Arons il vendait sa patrie :
Mais le ciel a veillé sur Rome et sur vos jours;
(En montrant l'esclave.)
Cet esclave a d'Arons écouté les discours;
Il a prévu le crime, et son avis fidèle

## ACTE V, SCÈNE I.

A réveillé ma crainte, a ranimé mon zèle.
Messala, par mon ordre arrêté cette nuit,
Devant vous à l'instant allait être conduit :
J'attendais que du moins l'appareil des supplices
De sa bouche infidèle arrachât ses complices ;
Mes licteurs l'entouraient, quand Messala soudain,
Saisissant un poignard qu'il cachait dans son sein,
Et qu'à vous, sénateurs, il destinait peut-être :
« Mes secrets, a-t-il dit, que l'on cherche à connaître,
C'est dans ce cœur sanglant qu'il faut les découvrir ;
Et qui sait conspirer, sait se taire et mourir. »
On s'écrie ; on s'avance : il se frappe, et le traître
Meurt encore en Romain, quoique indigne de l'être.
Déjà des murs de Rome Arons était parti :
Assez loin vers le camp nos gardes l'ont suivi ;
On arrête à l'instant Arons avec Tullie.
Bientôt, n'en doutez point, de ce complot impie
Le ciel va découvrir toutes les profondeurs ;
Publicola partout en cherche les auteurs.
Mais quand nous connaîtrons le nom des parricides,
Prenez garde, Romains, point de grâce aux perfides ;
Fussent-ils nos amis, nos frères, nos enfants,
Ne voyez que leur crime, et gardez vos serments.
Rome, la liberté, demandent leur supplice ;
Et qui pardonne au crime en devient le complice.
(A l'esclave.)
Et toi, dont la naissance et l'aveugle destin
N'avait fait qu'un esclave et dut faire un Romain,
Par qui le sénat vit, par qui Rome est sauvée,
Reçois la liberté que tu m'as conservée ;
Et, prenant désormais des sentiments plus grands,
Sois l'égal de mes fils, et l'effroi des tyrans.
Mais qu'est-ce que j'entends ? quelle rumeur soudaine ?
PROCULUS.
Arons est arrêté, seigneur, et je l'amène.
BRUTUS.
De quel front pourra-t-il ?...

SCÈNE II. — BRUTUS, LES SÉNATEURS, ARONS, LICTEURS.

ARONS.
Jusques à quand, Romains,
Voulez-vous profaner tous les droits des humains ?
D'un peuple révolté conseils vraiment sinistres,
Pensez-vous abaisser les rois dans leurs ministres ?
Vos licteurs insolents viennent de m'arrêter :
Est-ce mon maître ou moi que l'on veut insulter ?

Et chez les nations ce rang inviolable....
BRUTUS.
Plus ton rang est sacré, plus il te rend coupable;
Cesse ici d'attester des titres superflus.
ARONS.
L'ambassadeur d'un roi !...
BRUTUS.
Traître, tu ne l'es plus;
Tu n'es qu'un conjuré paré d'un nom sublime,
Que l'impunité seule enhardissait au crime.
Les vrais ambassadeurs, interprètes des lois,
Sans les déshonorer savent servir leurs rois;
De la foi des humains discrets dépositaires,
La paix seule est le fruit de leurs saints ministères;
Des souverains du monde ils sont les nœuds sacrés,
Et, partout bienfaisants, sont partout révérés.
A ces traits, si tu peux, ose te reconnaître :
Mais si tu veux au moins rendre compte à ton maître
Des ressorts, des vertus, des lois de cet État,
Comprends l'esprit de Rome, et connais le sénat.
Ce peuple auguste et saint sait respecter encore
Les lois des nations que ta main déshonore :
Plus tu les méconnais, plus nous les protégeons;
Et le seul châtiment qu'ici nous t'imposons,
C'est de voir expirer les citoyens perfides
Qui liaient avec toi leurs complots parricides.
Tout couvert de leur sang répandu devant toi,
Va d'un crime inutile entretenir ton roi;
Et montre en ta personne, aux peuples d'Italie,
La sainteté de Rome et ton ignominie.
Qu'on l'emmène, licteurs.

SCÈNE III. — LES SÉNATEURS, BRUTUS, VALÉRIUS, PROCULUS.

BRUTUS.
Eh bien ! Valérius,
Ils sont saisis sans doute, ils sont au moins connus ?
Quel sombre et noir chagrin, ouvrant votre visage,
De maux encor plus grands semble être le présage ?
Vous frémissez.
VALÉRIUS.
Songez que vous êtes Brutus.
BRUTUS.
Expliquez-vous....
VALÉRIUS.
Je tremble à vous en dire plus.

### ACTE V, SCÈNE III.

(Il lui donne des tablettes.)

Voyez, seigneur; lisez, connaissez les coupables.

BRUTUS, *prenant les tablettes.*

Me trompez-vous, mes yeux ? O jours abominables !
O père infortuné ! Tibérinus ? mon fils !
Sénateurs, pardonnez.... Le perfide est-il pris ?

VALÉRIUS.

Avec deux conjurés il s'est osé défendre;
Ils ont choisi la mort plutôt que de se rendre;
Percé de coups, seigneur, il est tombé près d'eux :
Mais il reste à vous dire un malheur plus affreux,
Pour vous, pour Rome entière, et pour moi plus sensible

BRUTUS.

Qu'entends-je ?

VALÉRIUS.

Reprenez cette liste terrible,
Que chez Messala même a saisi Proculus.

BRUTUS.

Lisons donc.... Je frémis, je tremble. Ciel ! Titus !

(Il se laisse tomber entre les bras de Proculus.)

VALÉRIUS.

Assez près de ces lieux je l'ai trouvé sans armes,
Errant, désespéré, plein d'horreur et d'alarmes.
Peut-être il détestait cet horrible attentat.

BRUTUS.

Allez, pères conscrits, retournez au sénat;
Il ne m'appartient plus d'oser y prendre place :
Allez, exterminez ma criminelle race;
Punissez-en le père, et jusque dans mon flanc
Recherchez sans pitié la source de leur sang.
Je ne vous suivrai point, de peur que ma présence
Ne suspendît de Rome ou fléchît la vengeance.

### SCÈNE IV. — BRUTUS.

Grands dieux ! à vos décrets tous mes vœux sont soumis !
Dieux vengeurs de nos lois, vengeurs de mon pays,
C'est vous qui par mes mains fondiez sur la justice
De notre liberté l'éternel édifice :
Voulez-vous renverser ses sacrés fondements ?
Et contre votre ouvrage armez-vous mes enfants ?
Ah ! que Tibérinus, en sa lâche furie,
Ait servi nos tyrans, ait trahi sa patrie,
Le coup en est affreux, le traître était mon fils !
Mais Titus ! un héros ! l'amour de son pays !
Qui dans ce même jour, heureux et plein de gloire,
A vu par un triomphe honorer sa victoire !

Titus, qu'au Capitole ont couronné mes mains!
L'espoir de ma vieillesse, et celui des Romains!
Titus! dieux!

SCÈNE V. — BRUTUS, VALÉRIUS, SUITE, LICTEURS.

VALÉRIUS.

Du sénat la volonté suprême
Est que sur votre fils vous prononciez vous-même.

BRUTUS.

Moi?

VALÉRIUS.

Vous seul.

BRUTUS.

Et du reste en a-t-il ordonné?

VALÉRIUS.

Des conjurés, seigneur, le reste est condamné;
Au moment où je parle, ils ont vécu peut-être.

BRUTUS.

Et du sort de mon fils le sénat me rend maître?

VALÉRIUS.

Il croit à vos vertus devoir ce rare honneur.

BRUTUS.

O patrie!

VALÉRIUS.

Au sénat que dira, seigneur?

BRUTUS.

Que Brutus voit le prix de cette grâce insigne,
Qu'il ne la cherchait pas.... mais qu'il s'en rendra digne....
Mais mon fils s'est rendu sans daigner résister;
Il pourrait.... Pardonnez si je cherche à douter;
C'était l'appui de Rome, et je sens que je l'aime.

VALÉRIUS.

Seigneur, Tullie....

BRUTUS.

Eh bien?...

VALÉRIUS.

Tullie, au moment même,
N'a que trop confirmé ces soupçons odieux.

BRUTUS.

Comment, seigneur?

VALÉRIUS.

A peine elle a revu ces lieux,
A peine elle aperçoit l'appareil des supplices,
Que, sa main consommant ces tristes sacrifices,
Elle tombe, elle expire, elle immole à nos lois
Ce reste infortuné de nos indignes rois.
Si l'on nous trahissait, seigneur, c'était pour elle.

Je respecte en Brutus la douleur paternelle ;
Mais, tournant vers ces lieux ses yeux appesantis,
Tullie en expirant a nommé votre fils.
### BRUTUS.
Justes dieux !
### VALÉRIUS.
C'est à vous à juger de son crime.
Condamnez, épargnez, ou frappez la victime ;
Rome doit approuver ce qu'aura fait Brutus.
### BRUTUS.
Licteurs, que devant moi l'on amène Titus.
### VALÉRIUS.
Plein de votre vertu, seigneur, je me retire :
Mon esprit étonné vous plaint et vous admire ;
Et je vais au sénat apprendre avec terreur
La grandeur de votre âme et de votre douleur.

## SCÈNE VI. — BRUTUS, PROCULUS.

### BRUTUS.
Non, plus j'y pense encore, et moins je m'imagine
Que mon fils des Romains ait tramé la ruine :
Pour son père et pour Rome il avait trop d'amour ;
On ne peut à ce point s'oublier en un jour.
Je ne le puis penser, mon fils n'est point coupable.
### PROCULUS.
Messala, qui forma ce complot détestable,
Sous ce grand nom peut-être a voulu se couvrir ;
Peut-être on hait sa gloire, on cherche à la flétrir.
### BRUTUS.
Plût au ciel !
### PROCULUS.
De vos fils c'est le seul qui vous reste.
Qu'il soit coupable ou non de ce complot funeste,
Le sénat indulgent vous remet ses destins :
Ses jours sont assurés, puisqu'ils sont dans vos mains ;
Vous saurez à l'État conserver ce grand homme,
Vous êtes père enfin.
### BRUTUS.
Je suis consul de Rome.

## SCÈNE VII. — BRUTUS, PROCULUS, TITUS, *dans le fond du théâtre, avec des licteurs.*

### PROCULUS.
Le voici.
### TITUS.
C'est Brutus ! O douloureux moments

O terre, entr'ouvre-toi sous mes pas chancelants !
Seigneur, souffrez qu'un fils....

BRUTUS.

Arrête, téméraire !
De deux fils que j'aimai les dieux m'avaient fait père ;
J'ai perdu l'un ; que dis-je ? ah, malheureux Titus !
Parle : ai-je encore un fils ?

TITUS.

Non, vous n'en avez plus.

BRUTUS.

Réponds donc à ton juge, opprobre de ma vie !
(Il s'assied.)
Avais-tu résolu d'opprimer ta patrie ?
D'abandonner ton père au pouvoir absolu ?
De trahir tes serments ?

TITUS.

Je n'ai rien résolu.
Plein d'un mortel poison dont l'horreur me dévore,
Je m'ignorais moi-même, et je me cherche encore ;
Mon cœur, encor surpris de son égarement,
Emporté loin de soi, fut coupable un moment ;
Ce moment m'a couvert d'une honte éternelle ;
A mon pays que j'aime il m'a fait infidèle :
Mais, ce moment passé, mes remords infinis
Ont égalé mon crime et vengé mon pays.
Prononcez mon arrêt. Rome, qui vous contemple,
A besoin de ma perte et veut un grand exemple ;
Par mon juste supplice il faut épouvanter
Les Romains, s'il en est qui puissent m'imiter.
Ma mort servira Rome autant qu'eût fait ma vie ;
Et ce sang, en tout temps utile à sa patrie,
Dont je n'ai qu'aujourd'hui souillé la pureté,
N'aura coulé jamais que pour la liberté.

BRUTUS.

Quoi ! tant de perfidie avec tant de courage !
De crimes, de vertus, quel horrible assemblage !
Quoi ! sous ces lauriers même, et parmi ces drapeaux
Que son sang à mes yeux rendait encor plus beaux !
Quel démon t'inspira cette horrible inconstance ?

TITUS.

Toutes les passions, la soif de la vengeance,
L'ambition, la haine, un instant de fureur....

BRUTUS.

Achève, malheureux !

TITUS.

Une plus grande erreur.
Un feu qui de mes sens est même encor le maître.

Qui fit tout mon forfait, qui l'augmente peut-être.
C'est trop vous offenser par cet aveu honteux,
Inutile pour Rome, indigne de nous deux.
Mon malheur est au comble ainsi que ma furie :
Terminez mes forfaits, mon désespoir, ma vie,
Votre opprobre et le mien. Mais si dans les combats
J'avais suivi la trace où m'ont conduit vos pas,
Si je vous imitai, si j'aimai ma patrie,
D'un remords assez grand si ma faute est suivie,
(Il se jette à genoux.)
A cet infortuné daignez ouvrir les bras;
Dites du moins : « Mon fils, Brutus ne te hait pas; »
Ce mot seul, me rendant mes vertus et ma gloire,
De la honte où je suis défendra ma mémoire :
On dira que Titus, descendant chez les morts,
Eut un regard de vous pour prix de ses remords,
Que vous l'aimiez encore, et que, malgré son crime,
Votre fils dans la tombe emporta votre estime.

BRUTUS.

Son remords me l'arrache. O Rome ! ô mon pays !
Proculus.... à la mort que l'on mène mon fils.
Lève-toi, triste objet d'horreur et de tendresse;
Lève-toi, cher appui qu'espérait ma vieillesse;
Viens embrasser ton père : il t'a dû condamner;
Mais, s'il n'était Brutus, il t'allait pardonner.
Mes pleurs, en te parlant, inondent ton visage :
Va, porte à ton supplice un plus mâle courage;
Va, ne t'attendris point, sois plus Romain que moi,
Et que Rome t'admire en se vengeant de toi.

TITUS.

Adieu : je vais périr digne encor de mon père.
(On l'emmène.)

SCÈNE VIII. — BRUTUS, PROCULUS.

PROCULUS.

Seigneur, tout le sénat, dans sa douleur sincère,
En frémissant du coup qui doit vous accabler....

BRUTUS.

Vous connaissez Brutus, et l'osez consoler !
Songez qu'on nous prépare une attaque nouvelle :
Rome seule a mes soins : mon cœur ne connaît qu'elle.
Allons, que les Romains, dans ces moments affreux
Me tiennent lieu du fils que j'ai perdu pour eux;
Que je finisse au moins ma déplorable vie
Comme il eût dû mourir, en vengeant la patrie.

SCÈNE IX. — BRUTUS, PROCULUS, UN SÉNATEUR.

LE SÉNATEUR.

Seigneur....

BRUTUS.

Mon fils n'est plus?

LE SÉNATEUR.

C'en est fait.... et mes yeux...

BRUTUS.

Rome est libre : il suffit.... Rendons grâces aux dieux.

---

# VARIANTES
### DE LA TRAGÉDIE DE BRUTUS.

Dans les éditions de 1731 et 1736, l'acte II commençait par les trois scènes suivantes, que l'auteur a supprimées en 1738.

SCÈNE I. — TULLIE, ALGINE.

ALGINE.

Oui, vous allez régner; le destin, moins sévère,
Vous rend tout ce qu'il ôte à Tarquin votre père;
Un hymen glorieux va ranger sous vos lois
Un peuple obéissant, et fidèle à ses rois.
Un grand roi vous attend; l'heureuse Ligurie
Va vous faire oublier cette ingrate patrie.
Cependant votre cœur, ouvert aux déplaisirs,
Dans ses prospérités s'abandonne aux soupirs;
Vous accusez les dieux qui pour vous s'attendrissent.
Vos yeux semblent ternis des pleurs qui les remplissent.
Ah! si mon amitié, partageant vos malheurs,
N'a connu de tourments que vos seules douleurs;
Si vous m'aimez, parlez; quel chagrin vous dévore?
Pourriez-vous en partant regretter Rome encore?

TULLIE.

Rome! séjour sanglant de carnage et d'horreur!
Rome! tombeau du trône et de tout mon bonheur!
Lieux où je suis encore aux fers abandonnée!
Demeure trop funeste au sang dont je suis née;
Rome! pourquoi faut-il qu'en cet affreux séjour
Un héros vertueux, Titus, ait vu le jour?

ALGINE.

Quoi! de Titus encor l'âme préoccupée,
Vous en gémissiez seule, et vous m'aviez trompée?
Quoi! vous qui vous vantiez de ne voir en Titus
Que l'ennemi des rois, que le fils de Brutus;
Qu'un destructeur du trône, armé pour sa ruine;
Vous qui le haïssiez....

TULLIE.

Je le croyais, Algine.
Honteuse de moi-même et de ma folle ardeur,

## VARIANTES.

Je cherchais à douter du crime de mon cœur.
Avec toi renfermée, et fuyant tout le monde,
Me livrant dans tes bras à ma douleur profonde,
Hélas! je me flattais de pleurer avec toi,
Et la mort de mon frère, et les malheurs du roi
Ma douleur quelquefois me semblait vertueuse;
Je détournais les yeux de sa source honteuse;
Je me trompais; pardonne, il faut tout avouer.
Ces pleurs que tant de fois tu daignas essuyer,
Que d'un frère au tombeau me demandait la cendre,
L'amour les arracha, Titus les fit répandre.
Je sens trop à son nom d'où partaient mes ennuis.
Je sens combien je l'aime, alors que je le fuis;
Cet ordre, cet hymen, ce départ qui me tue,
M'arrachent le bandeau qui me couvrait la vue;
Tu vois mon âme entière, et toutes ses erreurs.

ALGINE.

Fuyez donc à jamais ces fiers usurpateurs;
Pour le sang des Tarquins Rome est trop redoutable.

TULLIE.

Hélas! quand je l'aimai, je n'étais point coupable;
C'est toi seule, c'est toi, qui, vantant ses vertus,
Me découvris mes feux à moi-même inconnus.
Je ne t'accuse point du malheur de ma vie;
Mais lorsque dans ces lieux la paix me fut ravie,
Pourquoi démêlais-tu ce timide embarras
D'un cœur né pour aimer, qui ne le savait pas?
Tu me peignais Titus, à la cour de mon père,
Entraînant tous les cœurs empressés à lui plaire;
Digne du sang des rois, qui coule avec le sien;
Digne du choix d'un père, et plus encor du mien.
Hélas! en t'écoutant ma timide innocence
S'enivra du poison d'une vaine espérance.
Tout m'aveugla. Je crus découvrir dans ses yeux,
D'un feu qu'il me cachait l'aveu respectueux;
J'étais jeune, j'aimais, je croyais être aimée.
Chère et fatale erreur qui m'avez trop charmée!
O douleur! ô revers plus affreux que la mort!
Rome et moi dans un jour ont vu changer leur sort.
Le fier Brutus arrive; il parle, on se soulève;
Sur le trône détruit la liberté s'élève;
Mon palais tombe en cendre, et les rois sont proscrits.
Tarquin fuit ses sujets, ses dieux, et son pays;
Il fuit, il m'abandonne, il me laisse en partage,
Dans ces lieux désolés, la honte, l'esclavage,
La haine qu'on lui porte; et, pour dire encor plus,
Le poids humiliant des bienfaits de Brutus.
La guerre se déclare, et Rome est assiégée;
Rome, tu succombais, j'allais être vengée;
Titus, le seul Titus, arrête tes destins!
Je vois tes murs tremblants soutenus par ses mains;
Il combat, il triomphe; ô mortelles alarmes!
Titus est en tout temps la source de mes larmes.
Entends-tu tous ces cris? vois-tu tous ces honneurs.

Que ce peuple décerne à ses triomphateurs!
Ces aigles à Tarquin par Titus arrachées,
Ces dépouilles des rois à ce temple attachées,
Ces lambeaux précieux d'étendards tout sanglants,
Ces couronnes, ces chars, ces festons, cet encens,
Tout annonce en ces lieux sa gloire et mon outrage.
Mon cœur, mon lâche cœur l'en chérit davantage.
Par ces tristes combats, gagnés contre son roi,
Je vois ce qu'il eût fait s'il combattait pour moi ;
Sa valeur m'éblouit ; cet éclat qui m'impose
Me laisse voir ma gloire, et m'en cache la cause.

ALBINE.

L'absence, la raison, ce trône où vous montez,
Rendront un heureux calme à vos sens agités ;
Vous vaincrez votre amour, et, quoi qu'à vous en coûte,
Vous saurez....

TULLIE.

Oui, mon cœur le haïra sans doute.
Ce fier républicain, tout plein de ses exploits,
Voit d'un œil de courroux la fille de ses rois :
Ce jour, tu t'en souviens, plein d'horreur et de gloire,
Ce jour que signala sa première victoire,
Quand Brutus enchanté le reçut dans ces lieux,
Du sang de mon parti tout couvert à mes yeux ;
Incertaine, tremblante, et démentant ma bouche,
J'interdis ma présence à ce Romain farouche.
Quel penchant le cruel sentait à m'obéir!
Combien depuis ce temps il se plaît à me fuir!
Il me laisse à mon trouble, à ma faiblesse extrême,
A mes douleurs.

ALBINE.

On vient, Madame, c'est lui-même.

SCÈNE II. — TITUS, TULLIE, ALBINE.

TITUS, au fond du théâtre.

Voyons-la, n'écoutons que mon seul désespoir.

TULLIE.

Dieux! je ne puis le fuir, et tremble de le voir.

TITUS.

Mon abord vous surprend, madame ; et ma présence
Est à vos yeux en pleurs une nouvelle offense :
Mon cœur s'était flatté de vous obéir mieux ;
Mais vous partez. Daignez recevoir les adieux
D'un Romain qui pour vous eût prodigué sa vie ;
Qui ne vous préféra que sa seule patrie ;
Qui le ferait encor, mais qui dans son bonheur,
Où l'amour du pays précipita ses pas,
Ne chercha qu'à finir sa vie infortunée,
Puisqu'à vous offenser les dieux l'ont condamnée.

TULLIE.

Dans quel temps à mes yeux le cruel vient s'offrir!
Quoi? vous, fils de Brutus, vous, que je dois haïr,
Vous, l'auteur inhumain des malheurs de ma vie,

Vous opprimez mon père, et vous plaignez Tullie?
Dans ce jour de triomphe, et parmi tant d'honneurs,
Venez-vous à mes yeux jouir de mes douleurs?
Tant de gloire suffit : n'y joignez point mes larmes.

TITUS.

Le ciel a de ma gloire empoisonné les charmes.
Puisse ce ciel, pour vous plus juste désormais,
A vos malheurs passés égaler ses bienfaits!
Il vous devoit un trône; allez régner, madame;
Partagez d'un grand roi la couronne, et la flamme;
Il sera trop heureux, il combattra pour vous;
Et c'est le seul des rois dont mon cœur est jaloux,
Le seul dans l'univers digne de mon envie.

TULLIE.

Calme ton trouble affreux, malheureuse Tullie;
Sortons.... où suis-je?

TITUS.

Hélas! où vais-je m'emporter?
Mon sort est-il toujours de vous persécuter?
Eh bien! voyez mon cœur, et daignez me connaître.
Je fus votre ennemi, madame, et j'ai dû l'être;
Mais, pour vous en venger, les destins en courroux
M'avoient fait votre esclave, en m'armant contre vous;
Ce feu que je condamne, autant qu'il vous offense,
Né dans le désespoir, nourri dans le silence,
Accru par votre haine en ces derniers moments,
Ne peut plus devant vous se cacher plus longtemps
Punissez, confondez un aveu téméraire;
Secondez mes remords, armez votre colère;
Je n'attends, je ne veux ni pardon, ni pitié,
Et ne mérite rien que votre inimitié.

TULLIE.

Quels maux tu m'as causés, Brutus inexorable!

TITUS.

Vengez-vous sur son fils, il est le seul coupable.
Punissez ses exploits, ses feux, ses cruautés;
Il poursuit votre père, il vous aime.

TULLIE.

Arrêtez....
Vous savez qui je suis, et qu'un Romain peut-être
Devrait plus de respect au sang qui m'a fait naître;
Mais je ne m'arme point contre un fils de Brutus
Du vain orgueil d'un rang qu'il ne reconnaît plus.
Je suis dans Rome encor, mais j'y suis prisonnière;
Je porte ici le poids des malheurs de mon père;
Mes maux sont votre ouvrage, et j'ose me flatter
Qu'un héros tel que vous n'y veut point insulter
Qu'il ne recherche point la criminelle gloire
De tenter sur mon cœur une indigne victoire.
Mais si pour comble enfin de mes destins affreux
J'ai sur vous en effet ce pouvoir malheureux,
Si le cœur d'un Romain connaît l'obéissance,
Si je puis commander, évitez ma présence;

Pour la dernière fois, cessez de m'accabler,
Et respectez les pleurs que vos mains font couler.

### SCÈNE III. — TITUS, seul.

Qu'ai-je dit? que ferai-je? et que viens-je d'entendre?
Jusqu'où ma passion m'a-t-elle pu surprendre?
Ah! pourquoi faites-vous, destins trop rigoureux,
Du jour de mon triomphe un jour si malheureux?

### SCÈNE IV. — TITUS, MESSALA.

TITUS.

Messala, c'est à toi qu'il faut que je confie
Le trouble, le secret, le crime de ma vie,
Les orages soudains de mon cœur agité.

MESSALA.

Quoi, seigneur! du sénat l'injuste autorité....

TITUS.

L'amour, l'ambition, le sénat, tout m'accable,
De ce conseil de rois l'orgueil insupportable, etc.

Dans les éditions de 1731 et 1736, après la scène entre Titus et Arons, qui était la cinquième, venait le monologue suivant :

### TITUS, seul.

Il sort; en quel état, en quel trouble il me laisse!
Tarquin me l'eût donnée! ah! douleur qui me presse!
Moi, j'aurais pu!... mais non; ministre dangereux,
Tu venais découvrir le secret de mes feux.
Hélas! en me voyant se peut-il qu'on l'ignore!
Il a lu dans mes yeux l'ardeur qui me dévore.
Certain de ma faiblesse, il retourne à sa cour,
Insulter aux projets d'un téméraire amour.
J'aurais pu l'épouser, lui consacrer ma vie
Le ciel à mes désirs eût destiné Tullie!
Grands dieux! s'il était vrai.... Quels vains égarements
De leur erreur flatteuse empoisonnent mes sens?
Cependant que j'embrasse une image frivole,
Rome entière m'appelle aux murs du Capitole.
Le peuple, rassemblé sous ces arcs triomphaux
Tout chargés de ma gloire, et pleins de mes travaux,
M'attend pour commencer les serments redoutables,
De notre liberté garants inviolables.
Allons.... mais j'y verrai ces sénateurs jaloux,
Cette foule de rois, l'objet de mon courroux.
Malheureux! ce sénat, dont l'orgueil t'humilie,
Le haïrais-tu tant, si tu n'aimais Tullie?
Tout révolte en ces lieux tes sens désespérés;
Tout paraît injustice à tes yeux égarés.
Va, c'est trop à la fois éprouver de faiblesse.
Étouffe ton dépit, commande à ta tendresse.
Que tant de passions qui déchirent ton cœur
Soient au rang des tyrans dont Titus est vainqueur!

VARIANTES.

Dans les éditions de 1731 et 1736, l'acte IV commence ainsi :

SCÈNE I. — TULLIE, ALGINE.

TULLIE.

Laisse-moi. Je ne veux lui parler ni l'entendre ;
A des affronts nouveaux faut-il encor m'attendre ?
Faut-il voir le cruel allumer tour à tour
Le flambeau de la haine, et celui de l'amour ?
De quel saisissement je demeure frappée !
Ministre dangereux, pourquoi m'as-tu trompée ?
Et lorsqu'un prompt départ allait m'en séparer,
Pourquoi pour mon malheur l'as-tu pu différer ?

ALGINE.

On vous attend, madame.

TULLIE.

Et je demeure encore !
Et je ne puis quitter un séjour que j'abhorre !
De mes lâches regrets je me sens consumer ;
Pour qui ? pour un ingrat qui rougit de m'aimer.
Malheureuse ! est-ce à toi d'éclater en murmures ?
Tu méritas trop bien ta honte et tes injures,
Quand, du pur sang des rois trahissant la splendeur,
D'un sujet révolté l'amour fit ton vainqueur.
Tu vois comme il me traite ; il ne m'a point suivie.
Fier de ses attentats, et plein de sa patrie,
Le cruel s'applaudit de sa fausse vertu.

ALGINE.

Plus que vous ne pensez Titus est combattu ;
Ainsi que votre amour il ressent vos alarmes ;
Je l'ai vu retenir et répandre des larmes.
Vous-même, contre vous, témoin de ses efforts,
Vous devriez, madame, excuser ses remords ;
Ils sont dignes de vous ; son cœur noble et sincère,
Imitant vos vertus, ne peut trahir son père.
Que dis-je ? vous savez par quels affreux serments
Rome à ses intérêts enchaîne ses enfants.
Ce matin, dans ces lieux, Titus jurait encore
Une haine éternelle à ce sang qu'il adore :
Que peut faire, après tout, son cœur désespéré ?

TULLIE.

M'obéir, il n'a point de devoir plus sacré.
Quoi donc, tant de Romains, Tibérinus son frère,
Briguent de me venger, sans espoir de me plaire ;
Et lui.... dirai-je, hélas ! lui si cher à mes yeux,
Lui sans qui désormais le jour m'est odieux,
Après que mon devoir, après que sa tendresse,
A cet excès d'amour ont conduit ma faiblesse,
Lui me trahir ?

ALGINE.

Au fond de son cœur agité,
Vous l'emportez sur Rome, et sur la liberté.

TULLIE.

Ah ! liberté coupable, et vertu de rebelle !

Ah! plus cruel amant que citoyen fidèle!
N'attendons plus, partons, si je puis, sans regret.
Je ne sais quelle horreur m'épouvante en secret.
Peut-être ma terreur est injuste et frivole;
Mais je vois en tremblant cet affreux Capitole;
Je crains pour Titus même; et Brutus à mes yeux
Paraît un dieu terrible, armé contre nous deux;
J'aime, je crains, je pleure, et tout mon cœur s'égare;
Allons....

### SCÈNE II. — TULLIE, ALGINE, TITUS.

TITUS.

Non, demeurez; daignez encor....

TULLIE.

Barbare,
Veux-tu par tes discours....

TITUS.

Ah! dans ce jour affreux...

FIN DE BRUTUS.

# LES ORIGINAUX,
## OU MONSIEUR DU CAP-VERT.

COMÉDIE EN TROIS ACTES ET EN PROSE,

REPRÉSENTÉE SUR UN THÉÂTRE PARTICULIER,
EN 1732.

---

### PERSONNAGES.

M. DU CAP-VERT, armateur.
LE PRÉSIDENT BODIN.
LA PRÉSIDENTE BODIN.
LE COMTE DES APPRÊTS, gendre du président.
LA COMTESSE, épouse du comte.
LE CHEVALIER DU HASARD, frère inconnu du comte.
FANCHON, fille cadette du président, sœur de la comtesse, et amante du chevalier.
MADAME DU CAP-VERT, femme de l'armateur.
M. DE L'ÉTRIER, écuyer du comte.
M. DU TOUPET, perruquier du comte.
PLUSIEURS VALETS DE CHAMBRE.
UN PAGE.
CHAMPAGNE, laquais de la présidente.
NUIT-BLANCHE, laquais du chevalier du Hasard.
MADAME RAFLE, gouvernante.

La scène est dans la maison du président.

---

## ACTE PREMIER.

SCÈNE I. — LE CHEVALIER DU HASARD, NUIT-BLANCHE.

LE CHEVALIER. — Nuit-Blanche!
NUIT-BLANCHE. — Monsieur?
LE CHEVALIER. — N'est-ce point ici la maison?
NUIT-BLANCHE. — Je crois que nous y voici. Nous sommes près du jardin du président Bodin : n'est-ce pas cela que vous cherchez?
LE CHEVALIER. — Oui, c'est cela même; mais il faut bien autre chose. (Ils s'introduisent dans le jardin.) Elle ne paraît point encore.
NUIT-BLANCHE. — Qui?
LE CHEVALIER. — Elle.

NUIT-BLANCHE. — Qui, elle?

LE CHEVALIER. — Cette fille charmante.

NUIT-BLANCHE. — Quoi ! monsieur, la fille du président Bodin vous aurait déjà donné rendez-vous?

LE CHEVALIER. — Je vous trouve bien impertinent avec votre déjà : il y a un mois entier que je l'aime, et qu'elle le sait ; il y a par conséquent bientôt un mois qu'elle aurait dû m'accorder cette petite faveur. Mais que veux-tu? les filles s'enflamment aisément et se rendent difficilement : si c'était une dame un peu accoutumée au monde, nous nous serions peut-être déjà quittés.

NUIT-BLANCHE. — Eh! de grâce, monsieur, où avez-vous déjà fait connaissance avec cette demoiselle dont le cœur est si aisé, et l'accès si difficile?

LE CHEVALIER. — Où je l'ai vue? Partout, à l'Opéra, au concert, à la comédie ; enfin en tous les lieux où les femmes vont pour être lorgnées, et les hommes perdre leur temps. J'ai gagné sa suivante de la façon dont on vient à bout de tout, avec de l'argent : c'était à elle que tu portais toutes mes lettres, sans la connaître. Enfin, après bien des prières et des refus, elle consent à me parler ce soir. Les fenêtres de sa chambre donnent sur le jardin. On ouvre, avançons.

SCÈNE II. — FANCHON, *à la fenêtre;*
LE CHEVALIER, *au-dessous.*

FANCHON. — Est-ce vous, monsieur le chevalier?

LE CHEVALIER. — Oui, c'est moi, mademoiselle, qui fais, comme vous voyez, l'amour à l'espagnole, et qui serais très-heureux d'être traité à la française, et de dire à vos genoux que je vous adore, au lieu de vous le crier sous les fenêtres, au hasard d'être entendu d'autres que de vous.

FANCHON. — Cette discrétion me plaît : mais parlez-moi franchement, m'aimez-vous?

LE CHEVALIER. — Depuis un mois, je suis triste avec ceux qui sont gais ; je deviens solitaire, insupportable à mes amis et à moi-même ; je mange peu, je ne dors point : si ce n'est pas là de l'amour, c'est de la folie ; et, de façon ou d'autre, je mérite un peu de pitié.

FANCHON. — Je me sens toute disposée à vous plaindre ; mais si vous m'aimiez autant que vous dites, vous vous seriez déjà introduit auprès de mon père et de ma mère, et vous seriez le meilleur ami de la maison, au lieu de faire ici le pied de grue et de sauter les murs d'un jardin.

LE CHEVALIER. — Hélas! que ne donnerais-je point pour être admis dans la maison !

FANCHON. — C'est votre affaire ; et, afin que vous puissiez y réussir, je vais vous faire connaître le génie des gens que vous avez à ménager.

LE CHEVALIER. — De tout mon cœur, pourvu que vous commenciez par vous.

FANCHON. — Cela ne serait pas juste; je sais trop ce que je dois à mes parents. Premièrement, mon père est un vieux président riche et bon homme, fou de l'astrologie, où il n'entend rien. Ma mère est la meilleure femme du monde, folle de la médecine, où elle entend tout aussi peu : elle passe sa vie à faire et à tuer des malades. Ma sœur aînée est une grande créature, bien faite, folle de son mari, qui ne l'est point du tout d'elle. Son mari, mon beau-frère, est un soi-disant grand seigneur, fort vain, très-fat, et rempli de chimères. Et moi je deviendrais peut-être encore plus folle que tout cela si vous m'aimiez aussi sincèrement que vous venez de me l'assurer.

LE CHEVALIER. — Ah! madame! que vous me donnez d'envie de figurer dans votre famille! mais....

FANCHON. — Mais, il serait bon que vous me parlassiez un peu de la vôtre; car je ne connais encore de vous que vos lettres.

LE CHEVALIER. — Vous m'embarrassez fort : il me serait impossible de donner du ridicule à mes parents.

FANCHON. — Comment! impossible! vous n'avez donc ni père ni mère?

LE CHEVALIER. — Justement.

FANCHON. — Ne peut-on pas savoir au moins de quelle profession vous êtes?

LE CHEVALIER. — Je fais profession de n'en avoir aucune; je m'en trouve bien. Je suis jeune, gai, honnête homme; je joue, je bois, je fais, comme vous voyez, l'amour : on ne m'en demande pas davantage. Je suis assez bien venu partout; enfin je vous aime de tout mon cœur : c'est une maladie que votre astrologue de père n'a pas prévue, et que votre bonne femme de mère ne guérira pas, et qui durera peut-être plus que vous et moi ne voudrions.

FANCHON. — Votre humeur me fait plaisir; mais je crains bien d'être aussi malade que vous : je ne vous en dirais pas tant si nous étions de plain-pied; mais je me sens un peu hardie de loin.... Eh! mon Dieu! voici ma grande sœur qui entre dans ma chambre, et mon père et ma mère dans le jardin. Adieu; je jugerai de votre amour si vous vous tirez de ce mauvais pas en habile homme.

NUIT-BLANCHE, *en se collant à la muraille*. — Ah! monsieur, nous sommes perdus! voici des gens avec une arquebuse.

LE CHEVALIER. — Non, ce n'est qu'une lunette; rassure-toi. Je suis sûr de plaire à ces gens-ci, puisque je connais leur ridicule et leur faible.

SCÈNE III. — LE PRÉSIDENT BODIN, LA PRÉSIDENTE, DOMESTIQUES, LE CHEVALIER, NUIT-BLANCHE.

LE PRÉSIDENT, *avec une grande lunette*. — On voit bien que je suis né sous le signe du cancre; toutes mes affaires vont de guingois. Il y a six mois que j'attends mon ami, M. du Cap-Vert, ce fameux capitaine de vaisseau qui doit épouser ma cadette; et je vois certainement qu'il ne viendra de plus d'un an : le bourreau a Vénus rétrograde. Voici d'un autre côté mon impertinent gendre, M. le comte Des Apprêts, à qui j'ai donné mon aînée; il affecte l'air de la mépriser; il ne veut pas me faire l'honneur de me donner des petits-enfants : ceci est bien plus rétrograde encore. Ah! malheureux président! malheureux beau-père! sur quelle étoile ai-je marché? Çà, voyons un peu en quel état est le ciel ce soir.

LA PRÉSIDENTE. — Je vous ai déjà dit, mon toutou, que votre astrologie n'est bonne qu'à donner des rhumes; vous devriez laisser là vos lunettes et vos astres. Que ne vous occupez-vous, comme moi, de choses utiles? J'ai trouvé enfin l'élixir universel, et je guéris tout mon quartier. Eh bien Champagne, comment se porte ta femme, à qui j'en ai fait prendre une dose?

CHAMPAGNE. — Elle est morte ce matin.

LA PRÉSIDENTE. — J'en suis fâchée : c'était une bonne femme. Et mon filleul, comment est-il depuis qu'il a pris ma poudre corroborative? Eh mais! que vois-je, mon toutou? un homme dans notre jardin!

LE PRÉSIDENT. — Ma toute, il faut observer ce que ce peut dire, et bien calculer ce phénomène.

LE CHEVALIER, *tirant sa lunette d'Opéra*. — Le soleil entre dans sa cinquantième maison.

LE PRÉSIDENT. — Et vous, monsieur, qui vous fait entrer dans la mienne, s'il vous plaît?

LE CHEVALIER, *en regardant le ciel*. L'influence des astres, monsieur, Vénus, dont l'ascendance....

LE PRÉSIDENT. — Que veut dire ceci? c'est apparemment un homme de la profession. (*Ils se regardent tous deux avec leurs lunettes.*)

LA PRÉSIDENTE. — C'est apparemment quelque jeune homme qui vient me demander des remèdes; il est vraiment bien joli : c'est grand dommage d'être malade à cet âge.

LE PRÉSIDENT. — Excusez, monsieur, si n'ayant pas l'honneur de vous connaître....

LE CHEVALIER. — Ah! monsieur, c'était un bonheur que les conjonctions les plus bénignes me faisaient espérer : je me promenais près de votre magnifique maison pour....

LA PRÉSIDENTE. — Pour votre santé apparemment.

LE CHEVALIER. — Oui, madame; je languis depuis un mois,

et je me flatte que je trouverai enfin du secours. On m'a assuré que vous aviez ici ce qui me guérirait.

LA PRÉSIDENTE. — Oui, oui, je vous guérirai ; je vous entreprends, et je veux que ma poudre et mon dissolvant....

LE PRÉSIDENT. — C'est ma femme, monsieur, que je vous présente. (*Parlant bas et se touchant le front.*) La pauvre toute est un peu blessée là.... Mais parlons un peu raison, s'il vous plaît. Ne disiez-vous pas qu'en vous promenant près de ma maison vous aviez....

LE CHEVALIER. — Oui, monsieur, je vous disais que j'avais découvert un nouvel astre au-dessus de cette fenêtre, et qu'en le contemplant j'étais entré dans votre jardin.

LE PRÉSIDENT. — Un nouvel astre ! comment ! cela fera du bruit.

LE CHEVALIER. — Je voudrais bien pourtant que la chose fût secrète. Il brillait comme Vénus, et je crois qu'il a les plus douces influences du monde. Je le contemplais, j'ose dire, avec amour ; je ne pouvais en écarter mes yeux : j'ai même, puisqu'il faut vous le dire, été fâché quand vous avez paru.

LE PRÉSIDENT. — Vraiment, je le crois bien.

LE CHEVALIER. — Pardonnez, monsieur, à ce que je vous dis ; ne me regardez pas d'un aspect malin, et ne soyez pas en opposition avec moi : vous devez savoir l'empressement que j'avais de vous faire ma cour. Mais enfin quand il s'agit d'un astre....

LE PRÉSIDENT. — Ah ! sans doute. Et où l'avez-vous vu ? vous me faites palpiter le cœur.

LE CHEVALIER. — C'est l'état où je suis. Je l'ai vu, vous dis-je. Ah ! quel plaisir j'avais en le voyant ! quel aspect ! c'était tout juste ici ; mais cela est disparu dès que vous êtes venu dans le jardin.

LE PRÉSIDENT. — Ceci mérite attention : c'était sans doute quelque comète.

LE CHEVALIER. — Du moins elle avait une fort jolie chevelure.

LA PRÉSIDENTE, *le tirant par le bras*. — Mon pauvre jeune homme, ne vous arrêtez point aux visions cornues de mon mari. Venons au fait : peut-être votre mal presse.

LE CHEVALIER. — Oui, madame ; je me sentais tout en feu avant que vous parussiez.

LA PRÉSIDENTE, *lui tâtant le pouls*. — Voilà cependant un pouls bien tranquille.

LE CHEVALIER. — Ah ! madame, ce n'est que depuis que j'ai l'honneur de vous parler : c'était tout autre chose auparavant. Ah ! quelle différence, madame !

LA PRÉSIDENTE. — Pauvre enfant ! vous avez pourtant la couleur bonne et l'œil assez vif. Çà, ne déguisez rien : avez-vous la liberté du...

LE CHEVALIER. — Plus de liberté, madame; c'est là mon mal: cela commença, il y a un mois, sur l'escalier de la comédie; mes yeux furent dans un éblouissement involontaire, mon sang s'agita; j'éprouvai des palpitations, des inquiétudes, ah! madame, des inquiétudes !...

LA PRÉSIDENTE. — Dans les jambes?

LE CHEVALIER. — Ah! partout, madame, des inquiétudes cruelles; je ne dormais plus; je rêvais toujours la même chose, j'étais mélancolique.

LA PRÉSIDENTE. — Et rien ne vous a donné de soulagement?

LE CHEVALIER. — Pardonnez-moi, madame; cinq ou six ordonnances par écrit m'ont donné un peu de tranquillité. Je me suis mis entre les mains d'un médecin charmant, qui a entrepris ma cure; mais je commence à croire qu'il faudra que vous daigniez l'aider : heureux si vous pouvez consulter avec lui sur les moyens de me mettre dans l'état où j'aspire.

LA PRÉSIDENTE. — Oh! vous n'avez qu'à l'amener, je le purgerai lui-même, je vous en réponds.

LE PRÉSIDENT. — Or çà, monsieur, point de compliments entre gens du métier : vous souperez avec nous ce soir, si vous le trouvez bon; et cela en famille avec ma femme, ma fille la comtesse, et ma fille Fanchon.

LE CHEVALIER. — Ah! monsieur, vous ne pouviez, je vous jure, me faire un plus grand plaisir.

LE PRÉSIDENT. — Et après souper, je veux que nous observions ensemble l'état du ciel.

LE CHEVALIER. — Pardonnez-moi, monsieur; j'ai d'ordinaire après souper la vue un peu trouble.

LA PRÉSIDENTE. — Vous voulez me tuer ce pauvre garçon; et moi je vous dis qu'après souper il prendra trois de mes pilules. Mais je veux auparavant qu'il fasse connaissance avec toute ma famille.

LE PRÉSIDENT. — C'est bien dit, ma toute : qu'on fasse descendre Mme la comtesse et Fanchon.

LA PRÉSIDENTE. — Mes filles! madame la comtesse!

LA COMTESSE. — Nous descendons, madame.

FANCHON. — Je vole, ma mère.

SCÈNE IV. — LE PRÉSIDENT, LA PRÉSIDENTE, MADAME LA COMTESSE, FANCHON, LE CHEVALIER.

LA PRÉSIDENTE. — Mes filles, voici un de mes malades que je vous recommande : je veux que vous en ayez soin ce soir à souper.

FANCHON. — Ah! ma mère, si nous en aurons soin! Il sera entre nous deux, et ce sera moi qui le servirai.

LE PRÉSIDENT. — Ce jeune gentilhomme, mes filles, est

des grands astrologues que nous ayons : ne manquez pas de lui bien faire les honneurs de la maison.

LE CHEVALIER. — Ah! monsieur, je revois la brillante comète dont la vue est si charmante.

LE PRÉSIDENT. — J'ai beau guigner, je ne vois rien.

LE CHEVALIER. — C'est que vous ne regardez pas avec les mêmes yeux que moi.

LA PRÉSIDENTE. — Eh bien! madame la comtesse, serez-vous toujours triste? et ne pourrai-je point purger cette mauvaise humeur? J'ai deux filles bien différentes. Vous diriez Démocrite et Héraclite : l'une a l'air d'une veuve affligée; et cette étourdie-ci rit toujours. Il faut que je donne des gouttes d'Angleterre à l'une, et de l'opium à l'autre.

LA COMTESSE. — Hélas! madame, vous me traitez de veuve; il est trop vrai que je le suis. Vous m'avez mariée, et je n'ai point de mari : M. le comte s'est mis dans la tête qu'il dérogerait s'il m'aimait. J'ai le malheur de respecter des nœuds qu'il néglige, et de l'aimer parce qu'il est mon mari, comme il me méprise parce que je suis sa femme : je vous avoue que j'en suis inconsolable.

LA PRÉSIDENTE. — Votre mari est un jeune fat, et toi une sotte, ma chère fille : je n'ai point de remèdes pour des cas si désespérés. Le comte ne vous voit point du tout la nuit; rarement le jour. Je sais bien que l'affront est sanglant; mais enfin c'est ainsi que M. le président en use avec moi depuis quinze ans : vois-tu que je m'arrache les cheveux pour cela?

FANCHON. — La chose est un peu différente : pour moi, si j'étais à la place de ma sœur aînée, je sais bien ce que je ferais.

LA PRÉSIDENTE. — Eh quoi, coquine?

FANCHON. — Ce qu'elle est assez sotte pour ne pas faire.

LE PRÉSIDENT. — J'ai beau observer, je me donne le torticolis, et je ne découvre rien. Je vois bien que vous êtes plus habile que moi : oui, vous êtes venu tout à propos pour me tirer de bien des embarras.

LE CHEVALIER. — Il n'y a rien que je ne voulusse faire pour vous.

LE PRÉSIDENT. — Vous voyez, monsieur, mes deux filles : l'une est malheureuse parce qu'elle a un mari; et celle-ci commence à l'être parce qu'elle n'en a point. Mais ce qui me désoriente et me fait voir des étoiles en plein midi....

FANCHON. — Eh bien, mon père?

LE CHEVALIER. — Eh bien, monsieur?

LE PRÉSIDENT. — C'est que le mari qui est destiné à ma fille cadette...

FANCHON. — Un mari, mon père!

LE CHEVALIER. — Un mari, monsieur!

LA PRÉSIDENTE. — Eh bien ! ce mari, peut-être est-il malade Cela ne sera rien ; je le guérirai.

LE PRÉSIDENT. — Ce mari, M. du Cap-Vert, ce fameux armateur...

FANCHON. — Ah ! mon père, un corsaire ?

LE PRÉSIDENT. — C'est mon ancien ami : vous croyez bien que j'ai tiré sa nativité. Il est né sous le signe des poissons. Je lui avais promis de plus Fanchon avant qu'elle fût née ; en un mot, ce qui me confond, c'est que je vois clairement que Fanchon sera mariée bientôt, et encore plus clairement que M. du Cap-Vert ne sera de retour que dans un an : il faut que vous m'aidiez à débrouiller cette difficulté.

FANCHON. — Cela me paraît très-aisé, mon père : vous verrez que je serai mariée incessamment, et que je n'épouserai pas votre marin.

LE CHEVALIER. — Autant que mes faibles lumières peuvent me faire entrevoir, Mlle votre fille, monsieur, raisonne en astrologue judicieuse encore plus que judiciaire ; et je crois, moi, par les aspects d'aujourd'hui, que ce forban ne sera jamais son mari.

FANCHON. — Sans avoir étudié, je l'ai deviné tout d'un coup.

LE PRÉSIDENT. — Et sur quoi pensez-vous, monsieur, que le capitaine ne sera pas mon gendre ?

LE CHEVALIER. — C'est qu'il est déjà gendre d'un autre. Ce capitaine n'est-il pas de Bayonne ?

LE PRÉSIDENT. — Oui, monsieur.

LE CHEVALIER. — Eh bien ! je suis aussi de Bayonne, moi qui vous parle.

FANCHON. — Je crois que le pays d'où vous êtes sera le pays de mon mari.

LE PRÉSIDENT. — Que fait au mariage de ma fille que vous soyez de Bayonne ou de Pampelune ?

LE CHEVALIER. — Cela fait que j'ai connu M. du Cap-Vert lorsque j'étais enfant, et que je sais qu'il était marié à Bayonne.

LE PRÉSIDENT. — Eh bien ! je vois que vous ne savez pas le passé aussi bien que l'avenir. Je vous apprends qu'il n'est plus marié ; que sa femme est morte il y a quinze ans, qu'il en avait environ cinquante quand il l'a perdue, et que, dès qu'il sera de retour, il épousera Fanchon. Allons tous souper.

LE CHEVALIER. — Oui. Mais je n'ai point ouï dire que sa femme fût morte.

FANCHON. — Je me trompe bien fort, ou les étoffes auront un pied de nez dans cette affaire, et je ne m'embarquerai pas avec M. du Cap-Vert.

LE CHEVALIER. — Au moins, mademoiselle, le voyage ne serait pas de long cours. Par le calcul de M. votre père, le pauvre cher homme a soixante-dix ans, et pourrait mourir de vieillesse avant de me faire mourir de douleur.

LA PRÉSIDENTE. — Allons, mon malade, ne vous amusez point ici. Tout ce que je connais du ciel à l'heure qu'il est, c'est qu'il tombe du serein. Donnez-moi la main, et venez vous mettre à table à côté de moi.

### SCÈNE V. — LA COMTESSE, FANCHON.

LA COMTESSE. — Demeure un peu, ma sœur Fanchon.

FANCHON. — Il faut que j'aille servir notre malade, ma chère comtesse : le ciel le veut comme cela.

LA COMTESSE. — Donne-moi pour un moment la préférence.

FANCHON. — Pour un moment, passe.

LA COMTESSE. — Je n'ai plus de confiance qu'en toi, ma petite sœur.

FANCHON. — Hélas ! que puis-je pour vous, moi qui suis si fort embarrassée pour moi-même?

LA COMTESSE. — Tu peux m'aider.

FANCHON. — A quoi? à vous venger de votre glorieux et impertinent mari? oh! de tout mon cœur.

LA COMTESSE. — Non, mais à m'en faire aimer.

FANCHON. — Il n'en vaut pas la peine, puisqu'il ne vous aime pas. Mais voilà malheureusement la raison pourquoi vous êtes si fort attachée à lui : s'il était à vos pieds, vous seriez peut-être indifférente.

LA COMTESSE. — Le cruel me traite avec tant de mépris!... Il en use avec moi comme si nous étions mariés de cinquante ans.

FANCHON. — C'est un air aisé : il prétend que ce sont les manières du grand monde. Le fat! ah! que vous êtes bonne, ma sœur, d'être honnête femme!

LA COMTESSE. — Prends pitié de ma sottise.

FANCHON. — Oui, mais à condition que vous prendrez part à ma folie.

LA COMTESSE. — Aide-moi à gagner le cœur de mon mari.

FANCHON. — Pourvu que vous me prêtiez quelque secours pour m'empêcher d'être l'esclave du corsaire qu'on me destine.

LA COMTESSE. — Viens, je te communiquerai mes desseins après souper.

FANCHON. — Et moi je vous communiquerai mes petites idées.... Voilà comme les sœurs devraient toujours vivre. Allons donc, ne pleurez plus, pour que je puisse rire.

## ACTE SECOND.

### SCÈNE I. — LA COMTESSE, FANCHON.

LA COMTESSE. — J'ai passé une nuit affreuse, ma chère petite sœur.

FANCHON. — Je n'ai pas plus dormi que vous.

LA COMTESSE. — J'ai toujours les dédains de mon mari sur le cœur.

FANCHON. — Et moi les agréments du chevalier dans l'imagination.

LA COMTESSE. — Tu te moques de moi, de voir à quel point j'aime mon mari.

FANCHON. — Vous ne songez guère combien le chevalier me tourne la tête.

LA COMTESSE. — Je tremble pour toi.

FANCHON. — Et moi je vous plains.

LA COMTESSE. — Aimer un jeune aventurier qui a même la bonne foi de faire entendre qu'il n'a ni naissance ni fortune !

FANCHON. — Larmoyer pour un mari qui n'est peut-être pas si grand seigneur qu'il le dit !

LA COMTESSE. — Ah !

FANCHON. — Qui a plus de dettes que de bien, plus d'impertinence que d'esprit, plus d'orgueil que de magnificence, plus....

LA COMTESSE. — Ah ! ma sœur !

FANCHON. — Qui vous dédaigne, qui prodigue avec des filles d'opéra ce que vous lui avez apporté en mariage, un débauché, un fat....

LA COMTESSE. — Ah ! ma sœur, arrêtez donc.

FANCHON. — Un petit freluquet idolâtre de sa figure, et qui est plus longtemps que nous à sa toilette, qui copie tous les ridicules de la cour sans en prendre une seule bonne qualité ; qui fait l'important, qui....

LA COMTESSE. — Ma sœur, je ne puis en entendre davantage.

FANCHON. — Il ne tient pourtant qu'à vous : cela ne finira pas sitôt.

LA COMTESSE. — Il a de grands défauts, sans doute, je ne les connais que trop ; je les ai remarqués exprès, j'y ai pensé nuit et jour pour me détacher de lui, ma chère enfant : mais, à force de les avoir toujours présents à l'esprit, enfin je m'y suis presque accoutumée comme aux miens ; et peut-être qu'avec le temps ils me seront également chers.

FANCHON. — Ah ! ma sœur, s'il vous faisait l'honneur de vous traiter comme sa femme, et si vous connaissiez sa personne aussi bien que vous connaissez ses vices, peut-être en peu de temps seriez-vous tranquille sur son compte. Enfin vous voilà donc résolue d'employer à sa conversion tout ce vous tenez de la libéralité de mon père?

LA COMTESSE. — Assurément : quand il n'en coûte que de l'argent pour gagner un cœur, on l'a toujours à bon marché.

FANCHON. — Oui, mais un cœur ne s'achète point : il se donne, et ne peut se vendre.

LA COMTESSE. — Quelquefois on est touché des bienfaits. Ma chère enfant, je te charge de tout.

FANCHON. — Vous me donnez un emploi singulier entre un mari et sa femme. Le métier que je m'en vais faire est un peu hardi : il faudra que je prenne les apparences de la friponnerie pour faire une action de vertu. Allons, il n'y a rien qu'on ne fasse pour sa sœur. Retirez-vous ; allez faire votre cour à sa toilette : je prendrai mon temps pour lui parler. Souvenez-vous de moi dans l'occasion, je vous en prie, et empêchez qu'on ne m'envoie sur mer.

SCÈNE II. — *Le fond du théâtre s'ouvre.* — LE COMTE DES APPRÊTS *paraît à sa toilette, essayant son habit ;* SON ÉCUYER, UN TAILLEUR, UN PAGE, UN LAQUAIS ; LA COMTESSE *entre chez lui.*

LE COMTE, *sans l'apercevoir, parlant toujours d'un air important.* — Je vous ai déjà dit, mons des Coutures, que les paniers de mes habits ne sont jamais assez amples : il faut, s'il vous plaît, les faire aussi larges que ceux des femmes, afin que l'on puisse un peu être seul dans le fond de son carrosse. Et vous, mons du Toupet, songez un peu plus à faire fuir la perruque en arrière : cela donne plus de grâce au visage. (*A la comtesse.*) Ah! vous voilà, comtesse! (*A ses gens.*) Hé! un peu d'eau de miel, hé! (*A la comtesse.*) Je suis fort aise de vous voir, madame. (*A l'un de ses gens.*) Un miroir, hé!... Page, a-t-on fait porter ce vin d'Espagne chez la petite Troussé?

LE PAGE. — Oui, monseigneur.

LA COMTESSE. — Pourrait-on avoir l'honneur de vous dire un mot, monsieur?

LE COMTE. — Écoute, page : était-elle éveillée, la petite?

LE PAGE. — Non, monseigneur.

LE COMTE. — Et la grosse duchesse?

LE PAGE. — Monseigneur, elle s'est couchée à huit heures du matin.

M. DE L'ÉTRIER. — Monseigneur, voici votre lingère, votre baigneur, votre parfumeur, votre rôtisseur, votre doreur, votre sellier, votre éperonnier, votre bijoutier, votre usurier qui attendent dans l'antichambre, et qui demandent tous de l'argent.

LE COMTE, *d'un air languissant.* — Eh mais! qu'on les jette par les fenêtres : c'est ainsi que j'en ai usé avec la moitié de mon bien, qui m'était pourtant plus cher que tous ces messieurs-là. Allez, allez ; dites-leur qu'ils reviennent.... dans quelques années, dans quelques années.... Há! prenez ce miroir, page; et vous, mons de L'Étrier....

L'ÉTRIER. — Monseigneur?

LE COMTE. — Dites un peu, mons de L'Étrier, qu'on mette mes chevaux napolitains à ma calèche verte et or.

L'ÉTRIER. — Monseigneur, je les vendis hier pour acheter des boucles d'oreilles à Mlle Manon.

LE COMTE. — Eh bien! qu'on mette les chevaux barbes.

L'ÉTRIER. — Un coquin de marchand de foin les fit saisir hier avec votre berline neuve.

LE COMTE. — En vérité, le roi devrait mettre ordre à ces insolences : comment veut-on que la noblesse se soutienne, si on l'oblige de déroger au point de payer ses dettes?...

LA COMTESSE. — Pourrai-je obtenir audience à mon tour?

LE COMTE. — Ah! vous voici encore, madame? je vous croyais partie avec mes autres créanciers.

LA COMTESSE. — Peut-on se voir méprisée plus indignement! Eh bien! vous ne voulez donc pas m'écouter?

LE COMTE, *à son écuyer*. — Mons de L'Étrier, un peu d'or dans mes poches.... Eh! madame, revenez dans quelques années.

LA COMTESSE. — Mauvaise plaisanterie à part, il faut pourtant que je vous parle.

LE COMTE. — Eh bien! allons donc, il faut bien un peu de galanterie avec les dames : mais ne soyez pas longue.

LA COMTESSE. — Que de coups de poignard!

LE COMTE, *à ses gens*. — Messieurs de la chambre, qu'on ôte un peu cette toilette.

SCÈNE III. — LE COMTE, LA COMTESSE.

LA COMTESSE. — Avez-vous résolu, monsieur, de me faire mourir de chagrin?

LE COMTE. — Comment donc, madame! en quoi vous ai-je déplu, s'il vous plaît?

LA COMTESSE. — Hélas! c'est moi qui ne vous déplais que trop. Il y a six mois que nous sommes mariés, et vous me traitez comme si nous étions brouillés depuis trente ans.

LE COMTE, *se regardant dans un miroir de poche, en ajustant sa perruque*. — Vous voilà toute prête à pleurer. De quoi vous plaignez-vous? n'avez-vous pas une très-grosse pension? n'êtes-vous pas maîtresse de vos actions? suis-je un ladre, un bourru, un jaloux?

LA COMTESSE. — Plût à Dieu que vous fussiez jaloux! Insultez-vous ainsi à mon attachement? vous ne me donnez que des marques d'aversion : était-ce pour cela que je vous ai épousé ?

LE COMTE, *se nettoyant les dents*. — Mais vous m'avez épousé, madame, vous m'avez épousé pour être dame de qualité, pour prendre le pas sur vos compagnes avec qui vous avez été élevée, pour les faire crever de dépit. Moi, je vous ai épousée.... je vous ai épousée, madame, pour ajouter deux cent mille écus à mon bien. De ces deux cent mille écus, j'en ai déjà mangé cent mille ; par conséquent, je ne vous dois plus que la moitié des égards que je vous devais. Quand j'aurai mangé les cent mille autres, je serai tout à fait quitte avec vous. Raillerie à part, je vous aime ; je ne veux pas que vous soyez malheureuse, mais j'exige que vous ayez un peu d'indulgence.

LA COMTESSE. — Vous m'outrez : vous vous repentirez peut-être un jour de m'avoir désespérée.

LE COMTE. — Quoi donc ! qu'avez-vous ? venez-vous ici gronder votre mari de quelque tour que vous aura joué votre amant ? Ah ! comtesse, parlez-moi avec confiance : qui aimez-vous actuellement ?

LA COMTESSE. — Ciel ! que ne puis-je aimer quelque autre que vous !

LE COMTE. — On dit que vous soupâtes hier avec le chevalier du Hasard. Il est vraiment aimable : je veux que vous me le présentiez.

LA COMTESSE. — Quelles étranges idées ! vous ne pensez donc pas qu'une femme puisse aimer son mari ?

LE COMTE. — Oh ! pardonnes-moi ; je pense qu'il y a des occasions où une femme aime son mari : quand il va à la campagne sans elle pour deux ou trois années, quand il se meurt, quand elle essaye son habit de veuve.

LA COMTESSE. — Voilà comme vous êtes ; vous croyez que toutes les femmes sont faites sur le modèle de celles avec qui vous vous ruinez, vous pensez qu'il n'y en a point d'honnêtes.

LE COMTE. — D'honnêtes femmes ! mais si fait, si fait ; il y en a de fort honnêtes : elles trichent un peu au jeu, mais ce n'est qu'une bagatelle.

LA COMTESSE. — Voilà donc tous les sentiments que j'obtiendrai de vous !

LE COMTE. — Croyez-moi, le président et la présidente ont beau faire, je ne veux pas vivre sitôt en bourgeois ; et puisque vous êtes Mme la comtesse Des Apprêts, je veux que vous souteniez votre dignité, et que vous n'ayez rien de commun avec votre mari que le nom, les armes, et les livrées. Vous ne savez pas votre monde ; vous vous imaginez qu'un mari et une femme sont faits pour vivre ensemble : quelle idée ! Holà ! hé ! là-bas ! quelqu'un ! holà ! hé ! messieurs de la chambre !

SCÈNE IV. — LE PRÉSIDENT, LA PRÉSIDENTE, LE COMTE, LA COMTESSE, LE CHEVALIER, UN PAGE.

LE PAGE. — Monseigneur, voici le président et la présidente.

LE PRÉSIDENT. — Vous pourriez bien dire monsieur le président, petit maroufle.

LE PAGE, *en s'en allant*. — Ah! le vilain bourgeois!

LE PRÉSIDENT. — Par Saturne, monsieur le comte, vous en usez bien indignement avec nous, et c'est un phénomène bien étrange que votre conduite. Vous nous méprisez, moi, ma femme et ma fille, comme si vous étiez une étoile de la première grandeur. Vous nous traitez en bourgeois. Parbleu! quand vous seriez au zénith de la fortune, apprenez qu'il est d'un malhonnête homme de mépriser sa femme, et la famille dans laquelle on est entré. Corbleu! je suis las de vos façons : nous ne sommes point faits pour habiter sous le même méridien. Je vous le dis, il faudra que nous nous séparions; et de par tout le zodiaque! car vous me faites jurer, dans quelles éphémérides a-t-on jamais lu qu'un gendre traite de haut en bas son beau-père le président, et sa belle-mère la présidente, ne dîne jamais en famille, ne revienne au point du jour que pour coucher seul? Parbleu! si j'étais Mme la comtesse, je vous ferais coucher avec moi, mon petit mignon, ou je vous dévisagerais.

LE COMTE. — Bonjour, président, bonjour.

LA PRÉSIDENTE. — N'est-ce pas une honte qu'on ne puisse vous guérir de cette maladie? et que moi, qui ai guéri tout mon quartier, aie chez moi un gendre qui me désespère, et fait mourir sa femme des pâles couleurs? Et où en seriez-vous, si M. le président en eût toujours usé ainsi avec moi? vous n'auriez pas touché six cents sacs de mille livres que nous vous avons donnés en dot. Savez-vous bien que ma fille est l'élixir des femmes, et que vous ne la méritez pas pour épouse, ni moi pour belle-mère, ni M. le président pour beau-père, ni mon.... ni mon.... Allez, vous êtes un monstre.

LE COMTE. — Je suis charmé de vous voir et de vous entendre, ma chère présidente.... Eh! voilà, je crois, le chevalier du Hasard, dont on m'a tant parlé. Bonjour, mons du Hasard, bonjour : vraiment, je suis fort aise de vous voir.

LE CHEVALIER. — Il me semble que j'ai vu cet homme-là à Bayonne dans mon enfance. Monsieur, je compte sur l'honneur de votre protection.

LE COMTE. — Comment trouvez-vous Mme la comtesse, mons le chevalier?

LE CHEVALIER. — Monsieur, je....

LE COMTE. — Ne vous sentez-vous rien pour elle?

LE CHEVALIER. — Le respect que...

LE COMTE. — Ne pourrai-je point vous être bon à quelque chose à la cour, mons le chevalier ?

LE CHEVALIER. — Monsieur, je ne....

LE COMTE, *l'interrompant toujours d'un air important.* — Auprès de quelques ministres, de quelques dames de la cour ?

LE CHEVALIER. — Heureusement, monsieur....

LE COMTE. — Il faudra que vous veniez prendre huit tableaux de cavagnole chez la grosse duchesse. Président, présidente, voilà midi qui sonne ; allez, allez dîner : vous dînez de bonne heure, vous autres. Holà ! hé ! quelqu'un ! qu'on ouvre à ces dames. Adieu, mesdames. Vous viendrez me voir quelque matin, monsieur le chevalier.

LE CHEVALIER, *en s'en allant.* — Votre gendre est singulier.

LE PRÉSIDENT. — Il est lunatique.

LA PRÉSIDENTE, *en s'en allant.* — Il est incurable.

LA COMTESSE. Je suis bien malheureuse !

### SCÈNE V. — LE COMTE, M. DE L'ÉTRIER.

LE COMTE. — Mons de L'Étrier, je ne laisse pas d'être bien embarrassé, oui.

L'ÉTRIER. — Et moi aussi, monseigneur.

LE COMTE. — J'ai mangé en trois mois deux années de mon revenu d'avance.

L'ÉTRIER. — Cela prouve votre générosité.

LE COMTE. — Je vois que les vertus sont assez mal récompensées en ce monde : personne ne veut me prêter. Comme je suis un grand seigneur, on me craint ; si j'étais un bourgeois, j'aurais cent bourses à mon service.

L'ÉTRIER. — Au lieu de cent prêteurs vous avez cent créanciers. J'ai l'honneur d'être votre écuyer, et vous n'avez point de chevaux. Vous avez un page qui n'a point de chemises, des laquais sans gages, des terres en décret : ma foi, j'oserais vous conseiller d'accepter quelque bonne somme du beau-père, et de lui faire un petit comte Des Apprêts.

LE COMTE. — Je ne veux rien faire d'indigne d'un grand seigneur. Ne voudrais-tu pas que je soupasse, comme un homme désœuvré, avec ma femme ? que j'allasse bourgeoisement au lit avec elle, tristement affublé d'un bonnet de nuit, et asservi comme un homme vulgaire aux lois insipides d'un devoir languissant ? que je m'humiliasse jusqu'à paraître en public à côté de ma femme ? ridicule pendant le jour, dégoûté pendant la nuit ; et pour comble d'impertinence, père de famille ? Dans trente ans, nous verrons ce que nous pourrons faire de la fille du président.

L'ÉTRIER. — Mais ne la trouvez-vous pas jolie ?

LE COMTE. — Comment ! elle est charmante.

L'ÉTRIER. — Eh bien donc !

LE COMTE. — Ah ! si elle était la femme d'un autre, j'en serais amoureux comme un fou ; je donnerais tout ce que je dois (et c'est beaucoup) pour la posséder, pour en être aimé : mais elle est ma femme ; il n'y a pas moyen de la souffrir : j'ai trop l'honneur en recommandation ; il faut un peu soutenir son caractère dans le monde.

L'ÉTRIER. — Elle est vertueuse, elle vous aime.

LE COMTE. — Parlons de ce que j'aime : aurez-vous de l'argent ?

L'ÉTRIER. — Non, monseigneur.

LE COMTE. — Comment, mons L'Étrier, vous n'avez pu trouver de l'argent chez des bourgeois ?

## SCÈNE VI. — FANCHON, LE COMTE.

FANCHON, *au page qui la suivait.* — Mon petit page, allez un peu voir là dedans si j'y suis. (*Le page et M. de l'Étrier s'en vont.*)

LE COMTE, *à Fanchon.* — Eh ! ma chère enfant, qui vous amène si matin dans mon appartement ?

FANCHON. — L'envie de vous rendre un petit service.

LE COMTE. — Aimable créature, toute sœur de ma femme que vous êtes, vous me feriez tourner la tête si vous vouliez.

FANCHON. — Je voudrais vous la changer un peu. Ne me dites point de douceurs : ce n'est pas pour moi que je viens ici.

LE COMTE. — Comment !

FANCHON. — Soyez discret, au moins.

LE COMTE. — Je vous le jure, ma chère enfant.

FANCHON. — N'allez jamais en parler à votre femme.

LE COMTE. — Est-ce qu'on parle à sa femme ?

FANCHON. — A M. le président, ni à Mme la présidente.

LE COMTE. — Est-ce qu'on parle à son beau-père ou à sa belle-mère ?

FANCHON. — A mon mari quand j'en aurai un.

LE COMTE. — Est-ce qu'un mari sait jamais rien ?

FANCHON. — Eh bien ! je suis chargée de la part d'une jeune femme extrêmement jolie....

LE COMTE. — Voilà un plaisant métier à votre âge !

FANCHON. — Plus noble que vous ne pensez : les intentions justifient tout ; et quand vous saurez de quoi il est question, vous aurez meilleure opinion de moi, et vous verrez que tout ceci est en tout bien et en tout honneur.

LE COMTE. — Eh bien, mon cœur, une jolie femme ?...

FANCHON. — Qui a de la confiance en moi, m'a priée de vous dire....

LE COMTE. — Quoi ?

FANCHON. — Que vous êtes le plus....

LE COMTE. — Ah ! j'entends.

FANCHON. — Le plus ridicule de tous les hommes.
LE COMTE. — Comment! race de président....
FANCHON. — Écoutez jusqu'au bout : vous allez être bien surpris. Elle vous trouve donc, comme j'avais l'honneur de vous le dire, extrêmement ridicule, vain comme un paon, dupe comme une buse, fat comme Narcisse; mais, au travers de ces défauts, elle croit voir en vous des agréments. Vous l'indignez, et vous lui plaisez; elle se flatte que, si vous l'aimiez, elle ferait de vous un honnête homme. Elle dit que vous ne manquez pas d'esprit, et elle espère de vous donner du jugement. La seule chose où elle en manque, c'est en vous aimant; mais c'est son unique faiblesse : elle est folle de vous, comme vous l'êtes de vous-même. Elle sait que vous êtes endetté par-dessus les oreilles; elle a voulu vous donner des preuves de sa tendresse qui vous enseignassent à avoir des procédés généreux; elle a vendu toutes ses nippes, elle en a tiré vingt mille francs en billets et en or, qui déchirent mes poches depuis une heure. Tenez, les voilà; ne me demandez pas son nom; promettez-moi seulement un rendez-vous pour elle ce soir, dans votre chambre, et corrigez-vous pour mériter ses bontés.

LE COMTE, *en prenant l'argent*. — Ma belle Fanchon, votre inconnue m'a la mine d'être une laideron, avec ses vingt mille francs.

FANCHON. — Elle est belle comme le jour; et vous êtes un misérable, indigne que la petite Fanchon se mêle de vos affaires. Adieu; tâchez de mériter mon estime et mes bontés.

### SCÈNE VII. — LE COMTE.

Franchement, je suis assez heureux. Né sans fortune, je suis devenu riche sans industrie; inconnu dans Paris, il m'a été très-aisé d'être grand seigneur; tout le monde l'a cru, et je le crois à la fin moi-même plus que personne. J'ai épousé une belle femme (*ad honores*), j'ai le noble plaisir de la mépriser; à peine manqué-je un peu d'argent, que voilà une femme de la première volée, titrée sans doute, qui me prête mille louis d'or, et qui ne veut être payée que par un rendez-vous ! Oh ! oui, madame, vous serez payée; je vous attends chez moi tout le jour; et, pour la première fois de ma vie, je passerai mon après-dînée sans sortir. Holà ! hé ! page, écoutez. Page, qu'on ne laisse entrer chez moi qu'une dame qui viendra avec la petite Fanchon.

### SCÈNE VIII. — M. DU CAP-VERT, *heurtant à la porte*; LE COMTE, L'ÉTRIER, LE PAGE.

LE COMTE. — Voici apparemment cette dame de qualité à qui j'ai tourné la tête.

LE PAGE, *allant à la porte*. — Est-ce vous, mademoiselle Fanchon ?

M. DU CAP-VERT, *poussant la porte en dedans*. — Eh ! ouvrez, ventrebleu ! voici une rade bien difficile : il y a une heure que je parcours ce bâtiment sans pouvoir trouver le patron. Où est donc le président et la présidente ? et où est Fanchon ?

LE PAGE. — Tout cela est allé promener bourgeoisement en famille. Kair, mon ami, on n'entre point ainsi dans cet appartement : dénichez.

M. DU CAP-VERT. — Petit mousse, je te ferai donner la cale.

LE COMTE, *d'un ton nonchalant*. — Qu'est-ce que c'est que ça ? mais qu'est-ce que c'est que ça ? Mes gens ! holà ! hé ! mes gens ! Mons de L'Étrier ! qu'on fasse un peu sortir cet homme-là de chez moi ; qu'on lui dise un peu qui je suis, où il est, et qu'on lui apprenne un peu à vivre.

M. DU CAP-VERT. — Comment ! qu'on me dise qui vous êtes ! et n'êtes-vous pas assez grand pour le dire vous-même, jeune muguet ? Qu'on me dise un peu où je suis ! je crois, ma foi, être dans la boutique d'un parfumeur ; je suis empuanti d'odeur de fleur d'orange.

L'ÉTRIER. — Mons, mons, doucement : vous êtes ici chez un seigneur qui a bien voulu épouser la fille aînée du président Bodin.

M. DU CAP-VERT. — C'est bien de l'honneur pour lui ; voilà un plaisant margajat ! Eh bien ! monsieur, puisque vous êtes le gendre de.....

L'ÉTRIER. — Appelez-le monseigneur, s'il vous plaît.

M. DU CAP-VERT. — Lui ! monseigneur ? je pense que vous êtes fou, mon drôle : j'aimerais autant appeler galion une chaloupe, ou donner le nom d'esturgeon à une sole. Écoutez, gendre du président, j'ai à vous avertir....

LE COMTE. — Arrêtez, arrêtez ; l'ami, êtes-vous gentilhomme ?

M. DU CAP-VERT. — Non, ventrebleu ! je ne suis point gentilhomme ; je suis honnête homme, brave homme, bon homme.

LE COMTE, *toujours d'un air important*. — Eh bien donc, je ne prendrai pas la peine de vous faire sortir moi-même. Mons de L'Étrier, mes gens, faites un peu sortir monsieur.

M. DU CAP-VERT. — Par la sainte-barbe ! si votre chiourme branle, je vous coulerai tous à fond de cale, esclaves.

LE PAGE. — Oh ! quel ogre !

L'ÉTRIER, *en tremblant*. — Monsieur, ce n'est pas pour vous manquer de respect....

M. DU CAP-VERT. — Taisez-vous, ou je vous lâcherai une bordée. (*Il prend une chaise, et s'assied auprès du comte.*) C'est donc vous, monsieur le freluquet, qui avez épousé Catan ?

LE COMTE, *d'un ton radouci*. — Oui, monsieur : asseyez-vous donc, monsieur.

M. DU CAP-VERT. — Savez-vous que je suis M. du Cap-Vert ?

LE COMTE. — Non, monsieur.... Oh! quel importun!

M. DU CAP-VERT. — Eh bien! je vous l'apprends donc. Avez-vous jamais été à Rio-Janeiro?

LE COMTE. — Non, je n'ai jamais été à cette maison de campagne-là.

M. DU CAP-VERT. — Ventre de boulets! c'est une maison de campagne un peu forte, que nous prîmes d'assaut à deux mille lieues d'ici, sous l'autre tropique. C'était en 1711, au mois de septembre. Monsieur le blanc-poudré, je voudrais que vous eussiez été là, vous seriez mort de peur. Il y faisait chaud, mon enfant, je vous en réponds. Connaissez-vous celui qui nous commandait?

LE COMTE. — Qui? celui qui vous commandait?

M. DU CAP-VERT. — Oui, celui qui nous commandait, de par tous les vents!

LE COMTE. — C'était un très-bel homme, à ce que j'ai ouï dire: il s'appelait le duc de....

M. DU CAP-VERT. — Et non, cornes de fer, ce n'était ni un duc, ni un de vos marquis; c'était un drôle qui a pris plus de vaisseaux anglais en sa vie que vous n'avez trompé de bégueules et écrit de fades billets doux. Ce fut une excellente affaire que cette prise du fort de Saint-Sébastien de Rio-Janeiro : j'en eus vingt mille écus pour ma part.

LE COMTE. — Si vous vouliez m'en prêter dix mille, vous me feriez plaisir.

M. DU CAP-VERT. — Je ne vous prêterais pas du tabac à fumer, mon petit mignon, entendez-vous, avec vos airs d'importance? Tout ce que j'ai est pour ma femme : vous avez épousé l'aînée Catau, et je viens exprès pour épouser la cadette Fanchon, et être votre beau-frère. Le président reviendra-t-il bientôt?

LE COMTE. — Vous! mon beau-frère!

M. DU CAP-VERT. — Par la sancable! oui, votre beau-frère, puisque j'épouse votre belle-sœur.

LE COMTE. — Vous pouvez épouser Fanchon tant qu'il vous plaira; mais vous ne serez point mon beau-frère : je vous avertis que je ne signe point au contrat de mariage.

M. DU CAP-VERT. — Parbleu! que vous signiez ou que vous ne signiez pas, qu'est-ce que cela me fait? ce n'est pas vous que j'épouse, et je n'ai que faire de votre signature. Mais est-ce que le président tardera encore longtemps à venir? cet homme-là est bien mauvais voilier.

LE COMTE. — Je vous conseille, monsieur du Cap-Vert, de l'aller attendre ailleurs.

M. DU CAP-VERT. — Comment! est-ce que ce n'est pas ici sa maison?

LE COMTE. — Oui, mais c'est ici mon appartement.

M. DU CAP-VERT. — Eh bien! je le verrai ici.

LE COMTE, à part. — Le traître !... (À M. Du Cap-Vert.) J'attends du monde à qui j'ai donné rendez-vous.

M. DU CAP-VERT. — Je ne vous empêche pas de l'attendre.

LE COMTE, à part. — Le bourreau !... (À M. du Cap-Vert.) C'est une dame de qualité.

M. DU CAP-VERT. — De qualité ou non, que m'importe ?

LE COMTE, à part. — Je voudrais que ce monstre marin-là fût à cinq cents brasses avant dans la mer.

M. DU CAP-VERT. — Que dites-vous là de la mer, beau garçon ?

LE COMTE. — Je dis qu'elle me fait soulever le cœur. Eh ! voilà, pour m'achever de peindre, le président et la présidente : je n'y puis plus tenir, je quitte la partie, je vais me réfugier ailleurs.

SCÈNE IX. — LE PRÉSIDENT, LA PRÉSIDENTE, M. DU CAP-VERT, LE CHEVALIER DU HASARD.

LE PRÉSIDENT, regardant attentivement M. du Cap-Vert. — Ce que je vois là est incompréhensible !

M. DU CAP-VERT. — Cela est très-aisé à comprendre : j'arrive de la côte de Zanguebar, et je viens débarquer chez vous, et épouser Fanchon.

LE PRÉSIDENT. — Il ne se peut pas que ce soit là M. du Cap-Vert : son thème porte qu'il ne reviendra que dans deux ans.

M. DU CAP-VERT. — Eh bien ! faites donc votre thème en deux façons ; car me voilà revenu.

LA PRÉSIDENTE. — Il a bien mauvais visage.

LE CHEVALIER. — Monsieur, soyez le très-bien arrivé en cette ville.

LE PRÉSIDENT. — Est-ce que je ne serais qu'un ignorant ?

M. DU CAP-VERT. — Beau-père, votre raison va à la bouline : parbleu ! vous perdez la tramontane. Dressez vos lunettes, observez-moi ; je n'ai point changé de pavillon : ne reconnaissez-vous pas mons du Cap-Vert, votre ancien camarade de collége ? Il n'y a que trente-cinq ans que nous nous sommes quittés, et vous ne me remettez pas !

LE PRÉSIDENT. — Si fait, si fait ; mais,...

M. DU CAP-VERT. — Mais oublier ses amis en si peu de temps ! Tout le monde me paraît bien étourdi du bateau dans cette maison-ci. Je viens de voir un jeune fat, mon beau-frère, qui a perdu la raison ; le beau-père a perdu la mémoire. Bonhomme de président, allons, où est votre fille ?

LA PRÉSIDENTE. — Ma fille, monsieur, s'habille pour paraître devant vous ; mais je ne crois pas que vous vouliez l'épouser sitôt.

M. DU CAP-VERT. — Je lui donne du temps ; je ne compte me marier que dans trois ou quatre heures. J'ai hâte, ma bonne ; j'arrive de loin.

LA PRÉSIDENTE. — Quoi ! vous voulez vous marier aujourd'hui avec le visage que vous portez ?

M. DU CAP-VERT. — Sans doute : je n'irai pas emprunter celui d'un autre.

LA PRÉSIDENTE. — Allez, vous vous moquez ; il faut que vous soyez auparavant quinze jours entre mes mains.

M. DU CAP-VERT. — Pas un quart d'heure seulement. Présidente, quelle proposition me faites-vous là ?

LA PRÉSIDENTE. — Voyez ce jeune homme que je vous présente ! quel teint ! qu'il est frais ! je ne l'ai pourtant entrepris que d'hier.

M. DU CAP-VERT. — Comment dites-vous ? depuis hier ce jeune homme et vous....

LE CHEVALIER. — Oui, monsieur, madame daigne prendre soin de moi.

LA PRÉSIDENTE. — C'est moi qui l'ai mis dans l'état où vous le voyez.

LE PRÉSIDENT, *à part.* — Non, il n'est pas possible que cet homme-là soit arrivé.

M. DU CAP-VERT. — Je ne comprends rien à toutes les lanternes que vous me dites, vous autres.

LA PRÉSIDENTE. — Je vous dis qu'il faut que vous soyez saigné et purgé dûment avant de songer à rien.

M. DU CAP-VERT. — Moi, saigné et purgé ! j'aimerais mieux être entre les mains des Turcs qu'entre celles des médecins.

LA PRÉSIDENTE. — Après un voyage de long cours, vous devez avoir amassé des humeurs de quoi infecter une province : vous autres marins, vous avez de si vilaines maladies !

M. DU CAP-VERT. — Parlez pour vous, messieurs du continent : les gens de mer sont des gens propres ; mais vous !...

LA PRÉSIDENTE. — Je vous en quitterai pour cinquante pilules.

M. DU CAP-VERT. — J'aimerais mieux épouser la fille d'un Cafre, ma bonne femme ; je romprai plutôt le marché.

LE CHEVALIER, *en lui faisant une grande révérence.* — Souffrez que je vous dise, par l'intérêt que je prends à ce mariage....

M. DU CAP-VERT, *de même.* — Eh ! quel intérêt prenez-vous, s'il vous plaît, à ce mariage ?

LE CHEVALIER. — Je vous conseille de ne rien précipiter, et de suivre l'avis de madame : j'ai des raisons importantes pour cela, j'ose vous le dire.

M. DU CAP-VERT. — L'équipage de ce bâtiment-ci est composé d'étranges gens, j'ose vous le dire : un fat me refuse la porte, un doucereux me fait des révérences et me donne des conseils sans me connaître ; l'un me parle de ma nativité, l'autre veut qu'on me purge. Je n'ai jamais vu de vaisseau si mal frété que cette maison-ci.

LE PRÉSIDENT. — Oh çà! puisque vous voilà, nous allons préparer Fanchon à vous venir trouver.

M. DU CAP-VERT. — Allez, beau-père et belle-mère.

SCÈNE X. — M. DU CAP-VERT, LE CHEVALIER.

LE CHEVALIER. — Monsieur, je ne me sens pas de joie de vous voir.

M. DU CAP-VERT. — Vraiment, je le crois bien que vous ne vous sentez pas de joie en me voyant : pourquoi en sentiriez-vous? vous ne me connaissez pas.

LE CHEVALIER. — Je veux dire que ma joie est si forte....

M. DU CAP-VERT. — Vous vous moquez de moi. Qui êtes-vous? et que me voulez-vous?

LE CHEVALIER. — Ah! monsieur, que c'est une belle chose que la mer!

M. DU CAP-VERT. — Oui, fort belle.

LE CHEVALIER. — J'ai toujours eu envie de servir sur cet élément.

M. DU CAP-VERT. — Qui vous en empêche?

LE CHEVALIER. — Quel plaisir que ces combats de mer, surtout lorsqu'on s'accroche!

M. DU CAP-VERT. — Vous avez raison : il n'y a qu'un plaisir au-dessus de celui-là.

LE CHEVALIER. — Et quel, monsieur, s'il vous plaît?

M. DU CAP-VERT. — C'est lorsqu'on se débarrasse sur terre des importuns.

LE CHEVALIER. — Oui, cela doit être délicieux. Que vous êtes heureux, monsieur, que vous êtes heureux! Vous avez sans doute vu le cap de Bonne-Espérance, monsieur?

M. DU CAP-VERT. — Assurément. Je veux vous faire lire le récit d'un petit combat assez drôle que je donnai à la vue du cap : je vous assure que je menai mes gens galamment.

LE CHEVALIER. — Vous me ferez la plus insigne faveur : ah! monsieur, que c'est dommage qu'un homme comme vous se marie!

M. DU CAP-VERT. — Pourquoi, dommage?

LE CHEVALIER. — Voilà qui est fait; il ne sera plus question de vous dans les gazettes; vous n'aurez plus le plaisir de l'abordage; vous allez languir dans les douces chaînes d'un hymen plein de charmes; une beauté tendre, touchante, voluptueuse, va vous enchaîner dans ses bras. Ne savez-vous pas que Vénus est sortie du sein de la mer?

M. DU CAP-VERT. — Peu me chaut d'où elle est sortie. Je ne comprends rien à votre galimatias.

LE CHEVALIER. — Oui, dis-je, voilà qui est fait; M. du Cap-Vert devient un homme terrestre, un vil habitant de la terre ferme, un citoyen qui s'enterre avec Mlle Fanchon.

M. DU CAP-VERT. — Non ferai, par mes sabords : je l'emmène dans huit jours en Amérique.

LE CHEVALIER. — Vous! monsieur?

M. DU CAP-VERT. — Assurément; je veux une femme, il me faut une femme, je grille d'avoir une femme.... Fanchon est-elle jolie?

LE CHEVALIER. — Assez passable pour un officier de terre : mais, pour un marin délicat, oh! je ne sais pas. Vous comptez donc réellement épouser cette jeune demoiselle?

M. DU CAP-VERT. — Oui, très-réellement.

LE CHEVALIER. — A votre place, je n'en ferais rien.

M. DU CAP-VERT. — Vraiment, je crois bien que vous n'en ferez rien.... Mais que me vient conter cet homme-ci?

LE CHEVALIER. — Je me sens attaché tendrement à vous. Je dois vous parler vrai : elle n'a pas assez d'embonpoint pour un capitaine de vaisseau.

M. DU CAP-VERT. — J'aime les tailles déliées.

LE CHEVALIER. — Elle parle trop vite.

M. DU CAP-VERT. — Elle en parlera moins longtemps.

LE CHEVALIER. — Elle est folle, folle à lier, vous dis-je.

M. DU CAP-VERT. — Tant mieux! elle me divertira.

LE CHEVALIER. — Oh bien! puisqu'il ne vous faut rien cacher, elle a une inclination.

M. DU CAP-VERT. — C'est une preuve qu'elle a le cœur tendre, et qu'elle pourra m'aimer.

LE CHEVALIER. — Enfin, pour vous dire tout, elle a deux enfants en nourrice.

M. DU CAP-VERT. — Ce serait une marque certaine que j'en aurai lignée : mais je ne crois rien de toutes ces fadaises-là.

LE CHEVALIER. — Voilà un homme inébranlable : c'est un rocher.

SCÈNE XI. — FANCHON, LE CHEVALIER, M. DU CAP-VERT.

LE CHEVALIER. — Ah! la voici qui vient reconnaître l'ennemi : mon amiral, voilà donc l'écueil contre lequel vous échouez. A votre place, j'irais me jeter la tête la première dans la mer : un grand homme comme vous! ah! quelle faiblesse!

M. DU CAP-VERT. — Taisez-vous, babillard. C'est donc vous, Fanchon, qui m'allez appartenir? Je jette l'ancre dans votre port, m'amie, et je veux, avant qu'il soit quatre jours, que nous partions tous les deux pour Saint-Domingue.

FANCHON, *au chevalier.* — Quoi! monsieur le chevalier, c'est donc là ce fameux M. du Cap-Vert, cet homme illustre, la terreur des mers et la mienne?

LE CHEVALIER. — Oui, mademoiselle.

M. DU CAP-VERT. — Voilà une fille bien apprise.

FANCHON. — C'est donc vous, monsieur, dont mon père m'a entretenue si souvent?

M. DU CAP-VERT. — Oui, ma poupe, oui, mon perroquet; c'est moi-même.

FANCHON. — Il y a cinquante ans que vous êtes son intime ami?

M. DU CAP-VERT. — Environ, si mon estime est juste.

FANCHON. — Voudriez-vous faire à sa fille un petit plaisir?

M. DU CAP-VERT. — Assurément, et de tout mon cœur; je suis tout prêt : parlez, mon enfant. Vous me paraissez timide : qu'est-ce que c'est?

FANCHON. — C'est, monsieur, de ne me point épouser.

M. DU CAP-VERT. — J'arrive pourtant exprès pour cette affaire, et pour me donner à vous avec tous mes agrès : vous m'étiez promise avant que vous fussiez née. Il y a trente ans que votre père m'a promis une fille. Je consommerai tout cela ce soir, vers les dix heures, si vous le trouvez bon, m'amie.

FANCHON. — Mais entre nous, M. du Cap-Vert, vous figurez-vous qu'à mon âge, et faite comme je suis, il soit si plaisant pour moi de vous épouser, d'être empaquetée dans votre bord comme votre pacotille, et d'aller vous servir d'esclave aux antipodes?

M. DU CAP-VERT. — Vous vous imaginez donc, la belle, que je vous épouse pour votre plaisir? apprenez que c'est pour moi que je me marie, et non pas pour vous. Ai-je donc si longtemps vogué dans le monde pour ne savoir pas ce que c'est que le mariage? Si l'on ne prenait une femme que pour en être aimé, les notaires de votre pays feraient, ma foi, peu de contrats. M'amie, il me faut une femme, votre père m'en doit une, vous voilà ; préparez-vous à m'épouser.

FANCHON. — Savez-vous bien ce que risque un mari de soixante-cinq ans quand il épouse une fille de quinze?

M. DU CAP-VERT. — Eh bien! merluche, que risque-t-il?

FANCHON. — N'avez-vous jamais ouï dire qu'il y a eu autrefois des cocus dans le monde?

M. DU CAP-VERT. — Oui, oui, petite effrontée; et j'ai ouï dire aussi qu'il y a des filles qui font deux ou trois enfants avant leur mariage; mais je n'y regarde pas de si près.

FANCHON, en glapissant. — Trois enfants avant mon mariage!

M. DU CAP-VERT. — Nous savons ce que nous savons.

FANCHON. — Trois enfants avant mon mariage, imposteur!

M. DU CAP-VERT. — Trois ou deux, qu'importe?

FANCHON. — Et qui vous dit ces belles nouvelles-là?

M. DU CAP-VERT. — Parbleu! c'est ce jeune muguet frisé.

FANCHON. — Quoi! c'est vous qui....

LE CHEVALIER. — Ah! mademoiselle....

M. DU CAP-VERT. — Mais je suis bien bon, moi, de parler ici

de balivernes avec des enfants, lorsqu'il faut que j'aille signer les articles avec le beau-père. Adieu, adieu : vous entendrez bientôt parler de moi.

SCÈNE XII. — LE CHEVALIER, FANCHON.

LE CHEVALIER. — Me voilà au désespoir : ce loup marin-là vous épousera comme il le dit, au moins.

FANCHON. — Je mourrais plutôt mille fois.

LE CHEVALIER. — Il y aurait quelque chose de mieux à faire.

FANCHON. — Et quoi, chevalier?

LE CHEVALIER. — Si vous étiez assez raisonnable pour faire vec moi une folie, pour m'épouser, ce serait bien le vrai moyen de désorienter notre corsaire.

FANCHON. — Et que diraient le président et la présidente?

LE CHEVALIER. — Le président s'en prendrait aux astres, la présidente ne me donnerait plus de ses remèdes, les choses s'apaiseraient au bout de quelque temps, M. du Cap-Vert irait jeter l'ancre ailleurs, et nous serions tous contents.

FANCHON. — J'en suis un peu tentée; mais, chevalier, pensez-vous que mon père veuille absolument me sacrifier à ce vilain homme?

LE CHEVALIER. — Je le crois fermement, dont j'enrage.

FANCHON. — Ah! que je suis malheureuse!

LE CHEVALIER. — Il ne tient qu'à vous de faire mon bonheur et le vôtre.

FANCHON. — Je ne me sens pas le courage de faire d'emblée un coup si hardi : je vois qu'il faut que vous m'y accoutumiez par degrés.

LE CHEVALIER. — Ma belle Fanchon, si vous m'aimiez....

FANCHON. — Je ne vous aime que trop : vous m'attendrissez, vous m'allez faire pleurer, vous me déchirez le cœur; allez-vous-en.

SCÈNE XIII. — LA COMTESSE, FANCHON, LE CHEVALIER

LA COMTESSE. — Eh bien! comment vont nos affaires?

FANCHON. — Hélas! tout de travers.

LA COMTESSE. — Quoi! n'aurait-il pas daigné...?

FANCHON. — Bon! il veut seulement avoir une femme pour la faire mourir de chagrin.

LA COMTESSE. — Mais enfin, ma sœur, vous lui avez parlé?

FANCHON. — Je vous en réponds, et de la bonne manière : M. le chevalier y était présent.

LA COMTESSE. — Et pourquoi M. le chevalier?

FANCHON. — Parce que heureusement il s'est trouvé là.

LA COMTESSE — Mais enfin, qu'est-ce que ce cruel ? répondu?

FANCHON. — Lui, ma sœur? il m'a répondu que j'étais une merluche, une impertinente, une morveuse.

LA COMTESSE. — Oh ciel!

FANCHON. — Il m'a dit que j'avais eu deux ou trois enfants, mais qu'il ne s'en mettait pas en peine.

LA COMTESSE. — A quel excès....

FANCHON. — Que cela ne l'empêcherait de rien.

LA COMTESSE. — Hélas!

FANCHON. — Qu'il allait trouver mon père et ma mère.

LA COMTESSE. — Mais, ma sœur!...

FANCHON. — Qu'il signerait les articles ce soir.

LA COMTESSE. — Quels articles?

FANCHON. — Et qu'il m'épouserait cette nuit.

LA COMTESSE. — Lui, ma sœur!

FANCHON, *criant et pleurant*. — En dût-il être cocu! ah! le cœur me fend. M. le chevalier et moi, nous sommes inconsolables.

LA COMTESSE. — Je ne comprends rien à ce que vous me dites. Quoi! M. le comte, mon mari....

FANCHON. — Eh non! ce n'est pas de votre mari dont je parle; c'est du bourreau qui veut être le mien.

LA COMTESSE. — Quoi! mon père s'obstine à vouloir vous donner pour mari ce grand vilain M. du Cap-Vert? que je vous plains, ma sœur! Mais avez-vous parlé à M. le comte?

FANCHON. — Au nom de Dieu, ma sœur, engagez mon père à différer ce mariage. M. le chevalier vous en prie avec moi.

LE CHEVALIER. — Vous êtes sœurs; vous devez vous rendre la vie douce l'une à l'autre; et je voudrais vous rendre service à toutes deux.

LA COMTESSE. — J'irai me jeter aux pieds de mon père et de ma mère. Mais avez-vous vu M. le comte?

FANCHON. — Ma sœur, ne m'abandonnez pas.

LA COMTESSE. — Mais dites si vous avez fait quelque chose pour moi.

LE CHEVALIER. — Donnez donc quelque réponse à madame.

FANCHON. — Voyez-vous, ma sœur, si l'on me force à épouser cet homme-là, je suis fille à mettre le feu aux poudres, et à sauter en l'air avec son maudit vaisseau, lui, l'équipage, et moi.

LA COMTESSE. — Si je ne puis parvenir à rendre mon mari raisonnable, vous me verrez expirer de douleur.

FANCHON. — Ne manquez pas de représenter à ma mère la cruauté qu'il y aurait à me laisser manger par ce cancre de corsaire.

LE CHEVALIER. — Vous avez toutes deux la tête pleine de votre affaire. Daignez rentrer l'une et l'autre, et souffrez que je vous donne mes petits avis pour le bonheur de tous trois.

## ACTE TROISIÈME.

### SCÈNE I. — LE COMTE, L'ÉTRIER.

L'ÉTRIER. — Votre excellence n'a pas le sou, à ce que je vois.

LE COMTE. — Il est vrai : ayant su que mon rendez-vous n'était que pour le soir, j'ai été jouer chez la grosse duchesse; j'ai tout perdu. Mais j'ai de quoi me consoler : ce sont au moins des gens titrés qui ont eu mon argent.

L'ÉTRIER. — Argent mal acquis ne profite pas, comme vous voyez.

LE COMTE. — Il n'était, ma foi, ni bien ni mal acquis; il n'était point acquis du tout : je ne sais qui me l'a envoyé; c'est pour moi un rêve, je n'y comprends rien. Il semble que Fanchon ait voulu se moquer de moi. Voilà pourtant vingt mille francs que j'ai reçus et que j'ai perdus en un quart d'heure. Oui, je suis piqué, je suis piqué, outré; je sens que je serais au désespoir si cela n'était pas au-dessous de moi.... Mons de L'Étrier!

(Fanchon, entrée pendant que le comte parlait, entend la fin de son discours.)

### SCÈNE II. — LE COMTE, FANCHON.

FANCHON, *faisant signe à L'Étrier de sortir.* — C'est-à-dire, notre beau-frère, que vous avez perdu l'argent que je vous avais donné tantôt.

LE COMTE. — Ne songeons point à ces bagatelles, ma belle enfant. Quand voulez-vous me faire voir cette généreuse inconnue, cette beauté, cette divinité qui se transforme en pluie d'or pour m'obtenir ?

FANCHON. — Vous ne pourrez la voir que ce soir, sur le tard : mais je viens vous consoler.

LE COMTE. — Mon aimable enfant, rien n'est si consolant que votre vue; et, le diable m'emporte ! il me prend fantaisie de vous payer ce que je dois à cette aimable personne.

FANCHON. — Je ne suis point intéressée, et ne vais point sur le marché des autres. Réservez toutes vos bontés pour elle ; elle les mérite mieux que moi : c'est le visage du monde le plus aimable, la taille la plus belle, des airs charmants.

LE COMTE. — Ah! ma chère Fanchon!

FANCHON. — Un ton de voix tendre et touchant, un esprit juste, fin, doux, le cœur le plus noble : hélas! vous vous en apercevrez assez. Si vous vouliez être honnête homme au lieu d'être petit-maître, vous conduire en homme sage au lieu de vous ruiner en grand seigneur, elle vous adorera toute sa vie.

LE COMTE. — Ma chère Fanchon !

FANCHON. — Soyez sûr qu'elle ne vivra que pour vous, et que son amour ne sera point incommode ; qu'elle chérira votre personne, votre honneur, votre famille, comme sa personne, son honneur, sa famille propre ; que vous goûterez ensemble un bonheur dont vous n'avez point d'idée.... ni moi non plus.

LE COMTE. — Ma chère Fanchon, vous m'éblouissez, vous me ravissez ! je suis en extase, je meurs déjà d'amour pour elle. Ah ! pourquoi faut-il que j'attende encore une heure à la voir ?

FANCHON. — Vous voilà ému de tout ce que je viens de dire ; vous le seriez bien davantage si.... Enfin, que diriez-vous si je vous donnais de sa part cinquante mille livres en diamants ?

LE COMTE. — Ce que je dirais ?... je dirais que cela est impossible ; je ferais imprimer ce conte à la fin des *Mille et une Nuits*.

FANCHON. — Cela n'est point impossible : les voilà.

LE COMTE. — Juste ciel ! est-ce un miracle ? est-ce un songe ?... j'avoue que j'ai cru jusqu'ici avoir quelque petit mérite ; mais je ne pensais pas en avoir à ce point-là.

FANCHON. — Écoutez bien : ce n'est pas parce que vous avez du mérite que l'on vous traite ainsi ; mais c'est afin que vous en ayez, si vous pouvez. Ah çà ! je vous ai parlé assez longtemps de vos affaires ; venons aux miennes ; je vous rends, je crois, un assez joli service ; il faut me récompenser.

LE COMTE. — Parlez : le service est si récent, qu'il n'y a pas moyen que je sois ingrat.

FANCHON. — Mon père a chaussé dans sa tête de me faire Mme du Cap-Vert : on dresse actuellement le contrat, c'est-à-dire mon arrêt de mort. Jugez de l'état où je suis, puisque j'ai perdu toute ma gaieté : cependant je suis si bonne, que j'ai pensé à vos affaires avant que de régler les miennes. Le moment fatal arrive, la tête commence à me tourner ; je ne sais plus que devenir.

LE COMTE, *d'un air important*. — Eh bien ! que voulez-vous que je fasse ?

FANCHON. — Je n'en sais rien ; mais que je ne sois pas Mme du Cap-Vert.

LE COMTE. — Ma fille, il faudra voir cette affaire-là. On lavera la tête au président. Je lui parlerai, je lui parlerai, et du bon ton : oui, fiez-vous à moi. Mais quand viendra la fée aux diamants et à l'argent comptant ?

FANCHON. — Elle a plus d'envie de vous voir que vous n'en avez de la remercier : elle viendra bientôt, je vous jure. Vous savez que l'on court après son argent ; mais ceux qui l'ont reçu sont d'ordinaire fort tranquilles. Adieu ; je vais chercher une femme qui vous aime : servez-moi seulement contre un homme que je n'aime point.

SCÈNE III. — LE COMTE, L'ÉTRIER.

LE COMTE. — Mons de L'Étrier, il arrive d'étranges choses dans la vie.

L'ÉTRIER. — Oui, et surtout aux étranges gens, monseigneur.

LE COMTE. — Ne gratte-t-on pas à la porte?

L'ÉTRIER. — Oui, monseigneur.

LE COMTE. — C'est sans doute celle à qui j'ai tourné la tête : je vous avoue que j'ai quelque curiosité de la voir.

SCÈNE IV. — LE COMTE, MADAME DU CAP-VERT, *avec une canne à bec-de-corbin, un habillement de vieille, et une petite voix glapissante.*

LE COMTE. — C'est sans doute elle qui se cache dans ses coiffes.

MADAME DU CAP-VERT, *à L'Étrier.* — C'est donc ici la maison du président Bodin?

L'ÉTRIER, *en sortant.* — Oui, la vieille, c'est la maison du président Bodin; mais c'est ici chez M. le comte.

MADAME DU CAP-VERT, *sautant au cou du comte.* — Ah! mon petit comte, vois-tu, il faut que tu secoures ici une pauvre affligée.

LE COMTE. — Madame, souffrez qu'à vos genoux....

MADAME DU CAP-VERT. — Non, mon cher enfant, c'est à moi de me jeter aux tiens.

LE COMTE, *en l'examinant.* — Elle a raison.... Ah! qu'elle est laide! eh bien! madame, c'est donc vous qui avez bien voulu me faire des avances si solides, et qui....

MADAME DU CAP-VERT. — Oui, mon ami, je te fais toutes les avances. Est-il bien vrai que mon petit traître est dans la maison?

LE COMTE. — Quoi! madame! quel traître? de qui me parlez-vous? est-ce de moi?

MADAME DU CAP-VERT. — Mon traître, mon petit traître, mon petit mari : on dit qu'il est ici.

LE COMTE. — Votre mari? eh! s'il vous plaît, comment nommez-vous ce pauvre homme-là?

MADAME DU CAP-VERT. — M. du Cap-Vert, M. du Cap-Vert.

LE COMTE, *d'un air important.* — Eh mais! oui, madame, je crois qu'oui; je crois qu'il est ici.

MADAME DU CAP-VERT. — Tu crois qu'oui !... me voilà la femme de la terre habitable la plus heureuse. J'aurai le plaisir de dévisager ce fripon-là. Il est joli! il y a vingt ans qu'il m'a abandonnée, il y a vingt ans que je le cherche : je le trouve; voilà qui est fait. Où est-il? qu'on me le montre! qu'on me le montre!

LE COMTE. — Quoi! sérieusement, vous seriez un peu Mme du Cap-Vert?

MADAME DU CAP-VERT. — Oui, mon petit fripon; il y a tantôt cinquante ans.

LE COMTE. — Écoutez : vous arrivez fort mal à propos pour moi, mais encore plus mal à propos pour lui. Il va se marier à la fille du président Bodin.

MADAME DU CAP-VERT. — Lui, épouser une fille du président ! non, mort de ma vie ! je l'en empêcherai bien.

LE COMTE. — Et pourquoi ? j'en ai bien épousé une, moi qui vous parle.

MADAME DU CAP-VERT. — Il y a vingt ans qu'il me joue de ces tours-là, et qu'il va épousant tout le monde. Il me fit mettre dans un couvent après deux ans de mariage, à cause d'un certain régiment de dragons qui vint alors à Bayonne, et qui était extrêmement galant : mais nous avons sauté les murs, nous nous sommes vengés ! ah ! que nous nous sommes vengés, mon petit freluquet !

LE COMTE. — Est-ce donc vous, ma bonne, qui m'avez envoyé....

MADAME DU CAP-VERT. — Moi, je ne t'ai rien envoyé que je sache : je viens chercher mon traître.

LE COMTE. — O ciel ! mon destin sera-t-il toujours d'être importuné ! M'amie, il y a ici deux affaires importantes : la première est un rendez-vous que vous venez interrompre; la seconde est le mariage de M. du Cap-Vert, que je ne serai pas fâché d'empêcher. C'est un brutal; il est bon de le mortifier un peu : je vous prends sous ma protection. Retirez-vous un peu, s'il vous plaît. Holà ! hé ! quelqu'un ! mons L'Étrier, qu'on ait soin de madame. Allez, ma bonne, on vous présentera à M. du Cap-Vert dans l'occasion.

MADAME DU CAP-VERT. — Tu me parais tant soit peu impertinent; mais puisque tu me rends service de si bon cœur, je te le pardonne.

## SCÈNE V. — LE COMTE.

Serai-je enfin libre un moment ? oh ciel ! encore un importun ! ah ! je n'y puis plus tenir; j'aime mieux quitter la partie. (*Il s'en va.*)

## SCÈNE VI. — LE CHEVALIER, FANCHON.

LE CHEVALIER. — A qui diable en a-t-il donc de s'enfuir ? et vous, à qui diable en avez-vous, de ne vouloir pas que je vous parle ?

FANCHON. — J'ai affaire ici : retirez-vous, vous dis-je; songez seulement à éloigner M. du Cap-Vert.

LE CHEVALIER. — Mais quelle affaire si pressante...?

FANCHON. — Croyez-vous que je n'ai pas ici d'autres intérêts à ménager que les vôtres ?

LE CHEVALIER. — Vous me désespérez.
FANCHON. — Vous m'excédez.
LE CHEVALIER. — Je veux savoir absolument....
FANCHON. — Absolument vous ne saurez rien.
LE CHEVALIER. — Je resterai jusqu'à ce que je voie de quoi il s'agit.
FANCHON. — Oh! oh! vous voulez être jaloux
LE CHEVALIER. — Non, mais je suis curieux.
FANCHON. — Je n'aime ni les curieux ni les jaloux, je vous en avertis : si vous étiez mon mari, je ne vous pardonnerais jamais; mais je vous le passe, parce que vous n'êtes que mon amant. Dénichez, voici ma sœur.
LE CHEVALIER. — Puisque ce n'est que sa sœur, encore passe.

### SCÈNE VII. — LA COMTESSE, FANCHON.

FANCHON. — Ma chère sœur, vos affaires et les miennes sont embarrassantes : ce n'est pas une petite entreprise de réformer le cœur de M. le comte, et de renvoyer le monstre marin qu'on me veut donner. Mais où avez-vous laissé M. du Cap-Vert?
LA COMTESSE. — Il est là-bas qui gronde tout le monde, et qui jure qu'il vous épousera dans un quart d'heure. Mais, M. le comte, que fait-il, ma sœur?
FANCHON. — Il est à sa toilette, qui se poudre pour vous recevoir.
LA COMTESSE. — Va-t-il venir bientôt?
FANCHON. — Tout à l'heure.
LA COMTESSE. — Ne me reconnaîtra-t-il point?
FANCHON. — Non, si vous parlez bas, si vous déguisez le son de votre voix, et s'il n'y a point de lumières.
LA COMTESSE. — Le cœur me bat, les larmes me viennent aux yeux....
FANCHON. — Ne pleurez donc point : songez-vous bien que je vais peut-être mourir de douleur dans un quart d'heure, moi qui vous parle? mais cela ne m'empêche pas de rire en attendant. Ah! voici votre fat de mari : emmitoufflez-vous bien dans vos coiffes s'il vous plaît. Monsieur le comte, arrivez, arrivez

### SCÈNE VIII. — LE COMTE, LA COMTESSE, FANCHON.

LE COMTE. — Enfin donc, ma chère Fanchon, voici la divinité aux louis d'or et aux diamants.
FANCHON. — Oui, c'est elle-même : préparez-vous à lui rendre vos hommages.
LA COMTESSE. — Je tremble.
FANCHON. — Ma présence est un peu inutile ici : je vais trouver mon cher M. du Cap-Vert. Adieu; comportez-vous en honnête homme.

SCÈNE IX. — LE COMTE, LA COMTESSE, *dans l'obscurité.*

LE COMTE. — Quoi! généreuse inconnue, vous m'accablez de bienfaits, vous daignez joindre à tant de bontés celle de venir jusque dans mon appartement, et vous m'enviez le bonheur de votre vue, qui est pour moi d'un prix mille fois au-dessus de vos diamants!

LA COMTESSE. — Je crains que, si vous me voyez, votre reconnaissance diminue : je voudrais être sûre de votre amour avant que vous puissiez lire le mien dans mes yeux.

LE COMTE. — Doutez-vous que je ne vous adore, et qu'en vous voyant je ne vous en aime davantage?

LA COMTESSE. — Hélas! oui; c'est dont je doute, et c'est ce qui fait mon malheur.

LE COMTE, *se jetant à ses pieds.* — Je jure, par ces mains adorables, que j'aurai pour vous la passion la plus tendre.

LA COMTESSE. — Je vous avoue que je n'ai jamais rien désiré que d'être aimée de vous; et si vous me connaissiez bien, vous avoueriez peut-être que je le mérite, malgré ce que je suis.

LE COMTE. — Hélas! ne pourrai-je du moins connaître celle qui m'honore de tant de bontés?

LA COMTESSE. — Je suis la plus malheureuse femme du monde : je suis mariée, et c'est ce qui fait le chagrin de ma vie. J'ai un mari qui n'a jamais daigné me regarder : si je lui parlais, à peine reconnaîtrait-il ma voix.

LE COMTE. — Le brutal! est-il possible qu'il puisse mépriser une femme comme vous?

LA COMTESSE. — Il n'y a que vous qui puissiez m'en venger; mais il faut que vous me donniez tout votre cœur; sans cela, je serais encore plus malheureuse qu'auparavant.

LE COMTE. — Souffrez donc que je vous venge des cruautés de votre indigne mari; souffrez qu'à vos pieds....

LA COMTESSE. — Je vous assure que c'est lui qui s'attire cette aventure : s'il m'aimait, je vous jure qu'il aurait en moi la femme la plus tendre, la plus soumise, la plus fidèle.

LE COMTE. — Le bourreau! il mérite bien le tour que vous lui jouez.

LA COMTESSE. — Vous êtes mon unique ressource dans le monde. Je me suis flattée que, dans le fond, vous êtes un honnête homme; qu'après les obligations que vous m'avez, vous vous ferez un devoir de bien vivre avec moi.

LE COMTE. — Tenez-moi pour le plus grand faquin, pour un homme indigne de vivre, si je trompe vos espérances. Ce que vous faites pour moi me touche sensiblement; et, quoique je ne connaisse de vous que ces mains charmantes que je tiens entre les miennes, je vous aime déjà comme si je vous avais vue. Ne différez plus mon bonheur : permettez que je fasse venir des lumières, que je voie toute ma félicité.

LA COMTESSE. — Attendez encore un instant, vous serez peut-être étonné de ce que je vais vous dire. Je compte souper avec vous ce soir, et ne vous pas quitter sitôt : en vérité, je ne crois pas qu'il y ait en cela aucun mal. Promettez-moi seulement de ne m'en pas moins estimer.

LE COMTE. — Moi ! vous en estimer moins, pour avoir fait le bonheur de ma vie ! il faudrait que je fusse un monstre. Je veux dans l'instant....

LA COMTESSE. — Encore un mot, je vous prie. Je vous aime plus pour vous que pour moi : promettez-moi d'être un peu plus rangé dans vos affaires, et d'ajouter le mérite solide d'un homme sage et modeste aux agréments extérieurs que vous avez. Je ne puis être heureuse si vous n'êtes heureux vous-même, et vous ne pourrez jamais l'être sans l'estime des honnêtes gens.

LE COMTE. — Tout ceci me confond : vos bienfaits, votre conversation, vos conseils, m'étonnant, me ravissent. Eh quoi ! vous n'êtes venue ici que pour me faire aimer la vertu !

LA COMTESSE. — Oui, je veux que ce soit elle qui me fasse aimer de vous : c'est elle qui m'a conduite ici, qui règne dans mon cœur, qui m'intéresse pour vous, qui me fait tout sacrifier pour vous ; c'est elle qui vous parle sous des apparences criminelles ; c'est elle qui me persuade que vous m'aimerez.

LE COMTE. — Non, madame, vous êtes un ange descendu du ciel : chaque mot que vous me dites me pénètre l'âme. Si je vous aimerai, grand Dieu !...

LA COMTESSE. — Jurez-moi que vous m'aimerez quand vous m'aurez vue.

LE COMTE. — Oui, je vous le jure à vos pieds, par tout ce qu'il y a de plus tendre, de plus respectable, de plus sacré dans le monde. Souffrez que le page qui vous a introduite apporte enfin des flambeaux : je ne puis demeurer plus longtemps sans vous voir.

LA COMTESSE. — Eh bien donc ! j'y consens.

LE COMTE. — Holà ! page, des lumières.

LA COMTESSE. — Vous allez être bien surpris.

LE COMTE. — Je vais être charmé.... Juste ciel ! c'est ma femme !

LA COMTESSE, *à part*. — C'est déjà beaucoup qu'il m'appelle de ce nom : c'est pour la première fois de sa vie.

LE COMTE. — Est-il possible que ce soit vous ?

LA COMTESSE. — Voyez si vous êtes honnête homme, et si vous tiendrez vos promesses.

LE COMTE. — Vous avez touché mon cœur : vos bontés l'emportent sur mes défauts. On ne se corrige pas tout d'un coup :

je vivrai avec vous en bourgeois; je vous aimerai; mais qu'on n'en sache rien, s'il-vous plaît.

SCÈNE X. — FANCHON, *arrivant toute essoufflée*; LE PRÉSIDENT, LA PRÉSIDENTE, M. DU CAP-VERT, LE CHEVALIER, LE COMTE, LA COMTESSE.

FANCHON. — Au secours! au secours contre des parents et un mari! M. le comte, rendez-moi service à votre tour.

M. DU CAP-VERT. — Eh bien! est-on prêt à démarrer?

LE PRÉSIDENT. — Allons, ma petite fille, point de façon : voici l'heure de l'année la plus favorable pour un mariage.

FANCHON. — Voici l'heure la plus triste de ma vie.

LA PRÉSIDENTE. — Ma fille, il faut avaler la pilule.

FANCHON, *se jetant à genoux*. — Mon père, encore une fois....

M. DU CAP-VERT. — Levez-vous; vous remercierez votre père après.

FANCHON. — Ma chère mère....

LA PRÉSIDENTE. — Vous voilà bien malade!

FANCHON. — Mon cher monsieur le comte....

LE COMTE. — Je vois bien qu'il vous faut tirer d'intrigue.... Mons de L'Étrier, amenez un peu cette dame.... Mons le marin, je crois qu'on va mettre quelque opposition à vos bans.

SCÈNE XI. — MADAME DU CAP-VERT, LES PRÉCÉDENTS.

MADAME DU CAP-VERT. — Eh! mon petit mari, te voilà, infâme, bigame, polygame! je vais te faire pendre, mon cher cœur.

M. DU CAP-VERT. — Sainte-barbe! c'est ma femme! quoi! tu n'es pas morte il y a vingt ans?

MADAME DU CAP-VERT. — Non, mon bijou; il y a vingt ans que je te guettais. Embrasse-moi, fripon, embrasse-moi : il vaut mieux tard que jamais.

LE PRÉSIDENT. — Quoi! c'est là Mme du Cap-Vert, que j'ai enterrée dans toutes les règles!

MADAME DU CAP-VERT. — Tes règles ne valent pas le diable, ni toi non plus. Mon mari, il est temps d'être sage : tu as assez couru le monde, et moi aussi. Tu seras heureux avec moi; quitte cette petite morveuse-là.

M. DU CAP-VERT. — Mais de quoi t'avises-tu de n'être pas morte?

LE PRÉSIDENT. — Je croyais cela démontré.

FANCHON, *à Mme du Cap-Vert*. — Ma chère dame, embrassez-moi. Mon Dieu! que je suis aise de vous voir!

LE CHEVALIER. — Ma bonne dame du Cap-Vert, vous ne pouviez venir plus à propos; je vous en remercie.

MADAME DU CAP-VERT. — Voilà un assez aimable garçon.

(*A M. du Cap-Vert.*) Traître! si mes deux enfants étaient aussi aimables que cela, je te pardonnerais tout. Où sont-ils, où sont-ils, mes deux enfants?

M. DU CAP-VERT. — Tes deux enfants? Ma foi, c'est à toi à en savoir des nouvelles; il y a vingt ans que je n'ai vu toute cette marmaille-là : Dieu les bénisse! j'ai été cinq ou six fois aux antipodes depuis; j'ai mouillé une fois à Bayonne pour en apprendre des nouvelles : je crois que tout cela est crevé. J'en suis fâché au fond, car je suis bon homme.

MADAME DU CAP-VERT. — Traître! et Mme Éberne, chez qui tu avais mis un de mes enfants?

M. DU CAP-VERT. — C'était une fort honnête personne, et qui m'a toujours été d'un grand secours.

LE CHEVALIER. — Eh mon dieu! à qui en parlez-vous? j'ai été élevé par cette Mme Éberne à Bayonne : je me souviens des soins qu'elle prit de mon enfance, et je ne les oublierai jamais.

LE COMTE. — Mais qu'est-ce que c'est que ça? mais qu'est-ce que c'est que ça? Je me souviens aussi fort bien de cette Mme Éberne.

M. DU CAP-VERT. — Eh corbleu! qu'est-ce que c'est que ça aussi? par la sambleu! voilà qui serait drôle! Vous êtes donc aussi de Bayonne, monsieur le fat?

LE COMTE. — Point d'injures, s'il vous plaît : oui la maison Des Apprêts est aussi de Bayonne.

M. DU CAP-VERT. — Et comment avez-vous connu Mme Éberne?

MADAME DU CAP-VERT. — Oui, comment? répondez. Vous.... vous.... ouf! mon cœur me dit....

LE COMTE. — C'était ma gouvernante, Mme Rafle, qui m'y menait souvent.

M. DU CAP-VERT, *au comte.* — Mme Rafle vous a élevé?

MADAME DU CAP-VERT, *au chevalier.* — Mme Éberne a été votre mie?

LE COMTE. — Oui, monsieur.

LE CHEVALIER. — Oui, madame.

M. DU CAP-VERT. — Ouais! cela serait plaisant! cela ne se peut pas. Mais si cela se pouvait, je ne me sentirais pas de joie.

MADAME DU CAP-VERT. — Je commence déjà à pleurer de tendresse.

SCÈNE XII. — MADAME RAFLE, LES PRÉCÉDENTS.

MADAME DU CAP-VERT. — Approchez, approchez, madame Rafle, et reconnaissez, comme vous pourrez, ces deux espèces-là.

LE PRÉSIDENT. — Allez, allez, je vois bien ce qui vous tient : vous vous imaginez qu'on peut retrouver vos enfants : cela ne se peut pas. J'ai tiré leur horoscope : ils sont morts en nourrice.

M. DU CAP-VERT. — Oh! si votre art les a tués, je les crois donc en vie : sans doute, je retrouverai mes enfants.

MADAME DU CAP-VERT. — Assurément, cela va tout seul, n'est-il pas vrai, madame Rafle? Vous savez comment celui-ci est venu : c'était un petit mystère.

MADAME RAFLE. — Eh! mon dieu oui! je les reconnais... Bonjour, mes deux espiègles. Comme cela est devenu grand!

MADAME DU CAP-VERT. — Allons, allons, n'en parlons plus. J'ai retrouvé mes trois vagabonds : tout cela est à moi.

MADAME RAFLE, *en examinant le comte et le chevalier*. — On ne peut pas s'y méprendre : voilà vingt marques indubitables auxquelles je les reconnais.

M. DU CAP-VERT. — Oh! cela va tout seul, et je n'y regarde pas de si près.

LE PRÉSIDENT. — Qu'est-ce que vous dites là?

LA PRÉSIDENTE. — Quelles vapeurs avez-vous dans la tête?

LE CHEVALIER, *se jetant aux genoux de Mme du Cap-Vert*. Quoi! vous seriez effectivement ma mère?

LE COMTE. — Mais qu'est-ce que ça? qu'est-ce que ça? (*A M. du Cap-Vert.*) Si vous êtes mon père, vous êtes donc un homme de qualité?

M. DU CAP-VERT. — Malheureux! comment as-tu fait pour le devenir, et pour être gendre du président?

LE COMTE. — Mais, mais, que me demandez-vous là? que me demandez-vous là? cela s'est fait tout seul, tout aisément. Premièrement, j'ai l'air d'un grand seigneur; j'ai épousé d'abord la veuve d'un négociant qui m'a enrichi, et qui est morte; j'ai acheté des terres; je me suis fait comte; j'ai épousé madame; je veux qu'elle soit comtesse toute sa vie.

LA COMTESSE. — Dieu m'en préserve! j'ai été trop maltraitée sous ce titre. Contentez-vous d'être fils de votre père, gendre de votre beau-père, et mari de votre femme.

M. DU CAP-VERT, *au comte*. — Écoute : s'il t'arrive de faire encore le seigneur, c'est-à-dire le fat, je te romprai bras et jambes. (*Au chevalier.*) Et toi, mons le freluquet, par quel hasard es-tu dans cette maison?

LE CHEVALIER. — Par un dessein beaucoup plus raisonnable que le vôtre, mon père, avec le respect que je vous dois : je voulais épouser mademoiselle, dont je suis amoureux, et qui me convient un peu mieux qu'à vous.

LE PRÉSIDENT. — Ma foi, tout ceci n'était point dans mes éphémérides. Voilà qui est fait, je renonce à l'astrologie.

LA PRÉSIDENTE. — Puisque ce malade-ci m'a trompée, je ne veux plus me mêler de médecine.

M. DU CAP-VERT. — Moi, je renonce à la mer pour le reste de ma vie.

LE COMTE. — Et moi à mes sottises.

M. DU CAP-VERT. — Je partage mon bien entre mes enfants, et donne cet étourdi-ci à cette étourdie-là. Je ne suis pas si malheureux : il est vrai que j'ai retrouvé ma femme; mais puisque le ciel me redonne aussi mes deux enfants, ne pensons plus qu'à nous réjouir. J'ai amené quelques Turcs avec moi, qui vont vous donner un petit ballet en attendant la noce.

---

### ENTRÉE DE DIVERSES NATIONS,

#### APRÈS LA DANSE.

##### UNE TURQUE CHANTE.
Tout l'Orient
Est un vaste couvent.
Un musulman voit à ses volontés
Obéir cent beautés.
La coutume est bien contraire en France;
Une femme sous ses lois
A vingt amants à la fois.
Ah! quelle différence!

Un Portugais
Est toujours aux aguets,
Et jour et nuit de son diable battu,
Il craint d'être cocu.
On n'est point si difficile en France :
Un mari, sans craindre rien,
Est cocu tout aussi bien;
Ah! quelle différence!

Par tout pays
On voit de sots maris,
Fesse-matthieux, ou bourrus, ou jaloux;
On les respecte tous.
C'est, ma foi, tout autre chose en France :
Un seul couplet de chanson
Les met tous à la raison;
Ah! quelle différence!

Un Allemand
Est quelquefois pesant;
Le sombre Anglais même dans ses amours
Veut raisonner toujours.
On est bien plus raisonnable en France.
Chacun sait se réjouir,
Chacun vit pour le plaisir;
Ah! quelle différence

Dans l'univers
On fait de mauvais vers ;
Chacun jouit du droit de rimailler
Et de nous ennuyer.
On y met un bon remède en France :
On inventa les sifflets,
Dont Dieu nous garde à jamais !
Ah ! quelle différence

FIN DES ORIGINAUX.

# ÉRIPHYLE.

## TRAGÉDIE EN CINQ ACTES.

(7 mars 1732.)

### DISCOURS
#### PRONONCÉ AVANT LA REPRÉSENTATION D'ÉRIPHYLE.

Juges plus éclairés que ceux qui dans Athène
Firent naître et fleurir les lois de Melpomène,
Daignez encourager des jeux et des écrits
Qui de votre suffrage attendent tout leur prix.
De vos décisions le flambeau salutaire
Est le guide assuré qui mène à l'art de plaire.
En vain contre son juge un auteur mutiné
Vous accuse ou se plaint quand il est condamné;
Un peu tumultueux, mais juste et respectable,
Ce tribunal est libre, et toujours équitable.

Si l'on vit quelquefois des écrits ennuyeux
Trouver par d'heureux traits grâce devant vos yeux,
Ils n'obtinrent jamais grâce en votre mémoire :
Applaudis sans mérite, ils sont restés sans gloire;
Et vous vous empressez seulement à cueillir
Ces fleurs que vous sentez qu'un moment va flétrir.
D'un acteur quelquefois la séduisante adresse
D'un vers dur et sans grâce adoucit la rudesse;
Des défauts embellis ne vous révoltent plus :
C'est Baron qu'on aimait, ce n'est pas Régulus [1].
Sous le nom de Couvreur, Constance [2] a pu paraître;
Le public est séduit ; mais alors il doit l'être ;
Et, se livrant lui-même à ce charmant attrait,
Écoute avec plaisir ce qu'il lit à regret.

Souvent vous démêlez, dans un nouvel ouvrage,
De l'or faux et du vrai le trompeur assemblage :
On vous voit tour à tour applaudir, réprouver,
Et pardonner sa chute à qui peut s'élever.

Des sons fiers et hardis du théâtre tragique,
Paris court avec joie aux grâces du comique.
C'est là qu'il veut qu'on change et d'esprit et de ton :
Il se plaît au naïf, il s'égaye au bouffon;
Mais il aime surtout qu'une main libre et sûre

---

1. *Régulus*, tragédie de Pradon. (Éd.)
2. Nom d'un des personnages de l'*Inès de Castro*, tragédie de La Motte. (Éd.)

Trace des mœurs du temps la riante peinture
Ainsi dans ce sentier, avant lui peu battu,
Molière en se jouant conduit à la vertu.

Folâtrant quelquefois sous un habit grotesque,
Une muse descend au faux goût du burlesque :
On peut à ce caprice en passant s'abaisser,
Moins pour être applaudi, que pour se délasser.
Heureux ces purs écrits que la sagesse anime,
Qui font rire l'esprit, qu'on aime et qu'on estime
Tel est du *Glorieux*[1] le chaste et sage auteur :
Dans ses vers épurés la vertu parle au cœur.
Voilà ce qui nous plaît, voilà ce qui nous touche;
Et non ces froids bons mots dont l'honneur s'effarouche,
Insipide entretien des plus grossiers esprits,
Qui font naître à la fois le rire et le mépris.
Ah! qu'à jamais la scène, ou sublime ou plaisante,
Soit des vertus du monde une école charmante!

Français, c'est dans ces lieux qu'on vous peint tour a tour
La grandeur des héros, les dangers de l'amour.
Souffrez que la terreur aujourd'hui reparaisse;
Que d'Eschyle au tombeau l'audace ici renaisse.
Si l'on a trop osé, si, dans nos faibles chants,
Sur des tons trop hardis nous montons nos accents,
Ne décourageź point un effort téméraire,
Eh! peut-on trop oser quand on cherche à vous plaire?
Daignez vous transporter dans ces temps, dans ces lieux,
Chez ces premiers humains vivant avec les dieux
Et que votre raison se ramène à des fables
Que Sophocle et la Grèce ont rendu vénérables.
Vous n'aurez point ici ce poison si flatteur
Que la main de l'Amour apprête avec douceur.

Souvent dans l'art d'aimer Melpomène avilie
Farda ses nobles traits du pinceau de Thalie.
On vit des courtisans, des héros déguisés,
Pousser de froids soupirs en madrigaux usés,
Non, ce n'est point ainsi qu'il est permis qu'on aime;
L'amour n'est excusé que quand il est extrême.
Mais ne vous plairez-vous qu'aux fureurs des amants,
A leurs pleurs, à leur joie, à leurs emportements?
N'est-il point d'autres coups pour ébranler une âme?
Sans les flambeaux d'amour, il est des traits de flamme,
Il est des sentiments, des vertus, des malheurs,
Qui d'un cœur élevé savent tirer des pleurs.
Aux sublimes accents des chantres de la Grèce
On s'attendrit en homme, on pleure sans faiblesse;
Mais pour suivre les pas de ces premiers auteurs,
De ce spectacle utile illustres inventeurs,
Il faudrait pouvoir joindre en sa fougue tragique,
L'élégance moderne avec la force antique.

1. *Le Glorieux* de Destouches, joué la même année qu'Ériphyle. (Éд.)

D'un œil critique et juste il faut s'examiner,
Se corriger cent fois, ne se rien pardonner ;
Et soi-même avec fruit se jugeant par avance,
Par ses sévérités gagner votre indulgence.

## PERSONNAGES.

ÉRIPHYLE, reine d'Argos, veuve d'Amphiaraüs.
ALCMÉON, jeune guerrier, fils inconnu d'Amphiaraüs et d'Ériphyle.
HERMOGIDE, prince du sang royal d'Argos.
THÉANDRE, vieillard qui a élevé Alcméon et dont il est cru le père.
POLÉMON, officier de la maison de la reine.
ZÉLONIDE, confidente de la reine.
EUPHORBE, confident d'Hermogide.
L'OMBRE D'AMPHIARAÜS.
CHŒUR D'ARGIENS.
PRÊTRES DU TEMPLE.
SOLDATS D'ALCMÉON.
SOLDATS D'HERMOGIDE.

La scène est à Argos, dans le parvis qui sépare le temple de
Jupiter et le palais de la reine.

## ACTE PREMIER.

### SCÈNE I. — HERMOGIDE, EUPHORBE.

HERMOGIDE.

Tous les chefs sont d'accord, et dans ce jour tranquille,
Argos attend un roi de la main d'Ériphyle ;
Nous verrons si le sort, qui m'outrage et me nuit,
De vingt ans de travaux m'arrachera le fruit.

EUPHORBE.

A ce terme fatal Ériphyle amenée
Ne peut plus reculer son second hyménée ;
Argos l'en sollicite, et la voix de nos dieux
Soutient la voix du peuple et parle avec nos vœux.
Chacun sait cet oracle et cet ordre suprême
Qu'Ériphyle autrefois a reçu des dieux même :
« Lorsqu'en un même jour deux rois seront vaincus,
Tes mains rallumeront le flambeau d'hyménée ;
Attends jusqu'à ce jour ; attends la destinée
Et du peuple, et du trône, et du sang d'Inachus. »
Ce jour est arrivé ; votre élève intrépide
A vaincu les deux rois de Pylos et d'Élide.

HERMOGIDE.

Eh ! c'est un des sujets du trouble où tu me vois.

Qu'un autre qu'Hermogide ait pu vaincre ces rois;
Que la fortune, ailleurs occupant mon courage,
Ait au jeune Alcméon laissé cet avantage.
Ce fils d'un citoyen, ce superbe Alcméon,
Par ses nouveaux exploits semble égaler mon nom :
La reine le protége; on l'aime : il peut me nuire;
Et j'ignore aujourd'hui si je peux le détruire.
Sans lui, toute l'armée était en mon pouvoir.
Des chefs et des soldats je tentais le devoir.
Je marchais au palais, je m'expliquais en maître;
Je saisissais un bien que je perdrai peut-être.

EUPHORBE.

Mais qui choisir que vous? cet empire aujourd'hui
Demande votre bras pour lui servir d'appui.
Ériphyle et le peuple ont besoin d'Hermogide;
Seul vous êtes du sang d'Inachus et d'Alcide;
Et pour donner le sceptre elle ne peut choisir
Des tyrans étrangers, armés pour le ravir.

HERMOGIDE.

Elle me doit sa main : je l'ai bien méritée;
A force d'attentats je l'ai trop achetée.
Sa foi m'était promise avant qu'Amphiaraüs
Vint ravir à mes vœux l'empire d'Inachus.
Ce rival odieux, indigne de lui plaire,
L'arrachant à ma foi, l'obtint des mains d'un père.
Mais il a peu joui de cet auguste rang;
Mon bras désespéré se baigna dans son sang.
Elle le sait, l'ingrate, et du moins en son âme
Ses yeux favorisaient et mon crime et ma flamme.
Je poursuivis partout le sang de mon rival :
J'exterminai le fruit de son hymen fatal;
J'en effaçai la trace. Un voile heureux et sombre
Couvrait tous ces forfaits du secret de son ombre.
Ériphyle elle-même ignore le destin
De ce fils qu'à tes yeux j'immolai de ma main
Son époux et son fils privés de la lumière
Du trône à mon courage entr'ouvraient la barrière,
Quand la main de nos dieux la ferma sous mes pas.
J'avais pour moi mon nom, la reine, les soldats.
Mais la voix de ces dieux, ou plutôt de nos prêtres,
M'a dépouillé vingt ans du rang de mes ancêtres
Il fallut succomber aux superstitions
Qui sont bien plus que nous les rois des nations.
Un oracle, un pontife, une voix fanatique,
Sont plus forts que mon bras et que ma politique;
Et ce fatal oracle a pu seul m'arrêter
Au pied du même trône où je devais monter.

ACTE I, SCÈNE I.

EUPHORBE.

Vous n'avez jusqu'ici rien perdu qu'un vain titre :
Seul, des destins d'Argos on vous a vu l'arbitre.
Le trône d'Ériphyle aurait tombé sans vous.
L'intérêt de l'État vous nomme son époux :
Elle ne sera pas sans doute assez hardie
Pour oser hasarder le secret qui vous lie.
Votre pouvoir sur elle....

HERMOGIDE.
Ah! sans dissimuler,
Tout mon pouvoir se borne à la faire trembler.
Elle est femme, elle est faible; elle a, d'un œil timide,
D'un époux immolé regardé l'homicide.
J'ai laissé, malgré moi, par le sort entraîné,
Le loisir des remords à son cœur étonné.
Elle voit mes forfaits, et non plus mes services;
Il me faut en secret dévorer ses caprices;
Et son amour pour moi semble s'être effacé
Dans le sang d'un époux que mon bras a versé.

EUPHORBE.
L'aimeriez-vous encor, seigneur, et cette flamme....?

HERMOGIDE.
Moi ! que cette faiblesse ait amolli mon âme !
Hermogide amoureux ! ah ! qui veut être roi
Ou n'est pas fait pour l'être, ou n'aime rien que soi.
A la reine engagé, je pris sur sa jeunesse
Cet heureux ascendant que les soins, la souplesse,
L'attention, le temps, savent si bien donner
Sur un cœur sans dessein, facile à gouverner.
Le bandeau de l'amour et l'art trompeur de plaire,
De mes vastes desseins ont voilé le mystère;
Mais de tout temps, ami, la soif de la grandeur
Fut le seul sentiment qui régna dans mon cœur.
Il est temps aujourd'hui que mon sort se décide
Je n'aurai pas en vain commis un parricide
J'attends la reine ici : pour la dernière fois,
Je viens voir si l'ingrate ose oublier mes droits.
Si je dois de sa main tenir le diadème,
Ou, pour le mieux saisir, me venger d'elle-même.
Mais on ouvre chez elle.

SCÈNE II. — HERMOGIDE, EUPHORBE, ZÉLONIDE.

HERMOGIDE.
Eh bien, puis-je savoir
Si la reine aujourd'hui se résout à me voir ?
Si je puis obtenir un instant d'audience ?

ZÉLONIDE.

Ah ! daignez de la reine éviter la présence.
En proie aux noirs chagrins qui viennent la troubler,
Ériphyle, seigneur, peut-elle vous parler ?
Solitaire, accablée, et fuyant tout le monde,
Ces lieux seuls sont témoins de sa douleur profonde.
Daignez vous dérober à ses yeux éperdus.

HERMOGIDE.

Il suffit, Zélonide, et j'entends ce refus.
J'épargne à ses regards un objet qui la gêne ;
Hermogide irrité respecte encor la reine ;
Mais, malgré mon respect, vous pouvez l'assurer
Qu'il serait dangereux de me désespérer.

(Il sort avec Euphorbe.)

SCÈNE III. — ÉRIPHYLE, ZÉLONIDE.

ZÉLONIDE.

La voici. Quel effroi trouble son âme émue !

ÉRIPHYLE.

Dieux ! écartez la main sur ma tête étendue.
Quel spectre épouvantable en tous lieux me poursuit !
Quels dieux l'ont déchaîné de l'éternelle nuit ?
Je l'ai vu : ce n'est point une erreur passagère
Que produit du sommeil la vapeur mensongère.
Le sommeil, à mes yeux refusant ses douceurs,
N'a point sur mon esprit répandu ses erreurs.
Je l'ai vu.... je le vois.... il vient.... cruel, arrête !
Quel est ce fer sanglant que tu tiens sur ma tête ?
Il me montre sa tombe, il m'appelle, et son sang
Ruisselle sur ce marbre, et coule de son flanc.
Eh bien ! m'entraînes-tu dans l'éternel abîme ?
Portes-tu le trépas ? Viens-tu punir le crime ?

ZÉLONIDE.

Pour un hymen, ô ciel ! quel appareil affreux !
Ce jour semblait pour vous des jours le plus heureux.

ÉRIPHYLE.

Qu'on détruise à jamais ces pompes solennelles.
Quelles mains s'uniraient à mes mains criminelles ?
Je ne puis....

ZÉLONIDE.

Hermogide, en ce palais rendu,
S'attendait aujourd'hui....

ÉRIPHYLE.

Quel nom prononces-tu
Hermogide, grands dieux ! lui de qui la furie
Empoisonna les jours de ma fatale vie ;

ACTE I, SCÈNE III.

Hermogide ! ah ! sans lui, sans ses indignes feux,
Mon cœur, mon triste cœur eût été vertueux.
ZÉLONIDE.
Quoi ! toujours le remords vous presse et vous tourmente ?
ÉRIPHYLE.
Pardonne, Amphiaraüs, pardonne, ombre sanglante !
Cesse de m'effrayer du sein de ce tombeau :
Je n'ai point dans tes flancs enfoncé le couteau ;
Je n'ai point consenti... que dis-je ? misérable !
ZÉLONIDE.
De la mort d'un époux vous n'êtes point coupable.
Pourquoi toujours d'un autre adopter les forfaits ?
ÉRIPHYLE.
Ah ! je les ai permis : c'est moi qui les ai faits.
ZÉLONIDE.
Lorsque le roi périt, lorsque la destinée
Vous affranchit des lois d'un injuste hyménée,
Vous sortiez de l'enfance, et de vos tristes jours
Seize printemps à peine avaient formé le cours.
ÉRIPHYLE.
C'est cet âge fatal et sans expérience,
Ouvert aux passions, faible, plein d'imprudence ;
C'est cet âge indiscret qui fit tout mon malheur.
Un traître avait surpris le chemin de mon cœur :
L'aurais-tu pu penser que ce fier Hermogide,
Race des demi-dieux, issu du sang d'Alcide,
Sous l'appât d'un amour si tendre, si flatteur,
Des plus noirs sentiments cachât la profondeur ?
On lui promit ma main : ce cœur faible et sincère,
Dans ses rapides vœux soumis aux lois d'un père,
Trompé par son devoir et trop tôt enflammé,
Brûla pour un barbare indigne d'être aimé :
Et quand sous d'autres lois il fallut me contraindre,
Mes feux trop allumés ne pouvaient plus s'éteindre.
Amphiaraüs en vain me demanda ma foi,
Et l'empire d'un cœur qui n'était plus à moi.
L'amour qui m'aveuglait.... ah ! quelle erreur m'abuse !
L'amour aux attentats doit-il servir d'excuse ?.
Objet de mes remords, objet de ma pitié,
Demi-dieu dont je fus la coupable moitié,
Je portai dans tes bras une ardeur étrangère ;
J'écoutai le cruel qui m'avait trop su plaire.
Il répandit sur nous et sur notre union
La discorde, la haine et la confusion.
Cette soif de régner, dont il brûlait dans l'âme,
De son coupable amour empoisonnait la flamme :
Je vis le coup affreux qu'il allait te porter

Et je n'osai lever le br...s pour l'arrêter.
Ma faiblesse a conduit les coups du parricide !
C'est moi qui t'immolai par la main d'Hermogide.
Venge-toi, mais du moins songe avec quelle horreur
J'ai reçu l'ennemi qui fut mon séducteur.
Je m'abhorre moi-même, et je me rends justice :
Je t'ai déjà vengé; mon crime est mon supplice.

ZÉLONIDE.

N'écarterez-vous point ce cruel souvenir?
Des fureurs d'un barbare ardente à vous punir,
N'effacerez-vous point cette image si noire ?
Ce meurtre est ignoré; perdez-en la mémoire.

ÉRIPHYLE.

Tu vois trop que les dieux ne l'ont point oublié.
O sang de mon époux ! comment t'ai-je expié ?
Ainsi donc j'ai comblé mon crime et ma misère.
J'eus autrefois les noms et d'épouse et de mère,
Zélonide ! Ah ! grands dieux ! que m'avait fait mon fils ?

ZÉLONIDE.

Le destin le comptait parmi vos ennemis.
Le ciel que vous craignez vous protége et vous aime;
Il vous fit voir ce fils armé contre vous-même;
Par un secret oracle il vous dit que sa main....

ÉRIPHYLE.

Que n'a-t-il pu remplir son horrible destin !
Que ne m'a-t-il ôté cette vie odieuse !

ZÉLONIDE.

Vivez, régnez, madame.

ÉRIPHYLE.

Eh ! pour qui, malheureuse?
Mes jours, mes tristes jours, de trouble environnés,
Consumés dans les pleurs, de crainte empoisonnés,
D'un malheur tout nouveau renaissantes victimes,
Étaient-ils d'un tel prix? valaient-ils tant de crimes?
Je l'arrachai pleurant de mes bras maternels :
J'abandonnai son sort au plus vil des mortels.
J'ôte à mon fils son trône, à mon époux la vie;
Mais ma seule faiblesse a fait ma barbarie.

SCÈNE IV. — ÉRIPHYLE, ZÉLONIDE, POLÉMON.

ÉRIPHYLE.

Eh bien, cher Polémon, qu'avez-vous vu? parlez.
Tous les chefs de l'État, au palais assemblés,
Exigent-ils de moi que dans cette journée
J'allume les flambeaux d'un nouvel hyménée?
Veulent-ils m'y forcer? ne puis-je obtenir d'eux

Le temps de consulter et mon cœur et mes vœux

POLÉMON.

Je ne le puis celer : l'État demande un maître;
Déjà les factions commencent à renaître;
Tous ces chefs dangereux, l'un de l'autre ennemis,
Divisés d'intérêt et pour le crime unis,
Par leurs prétentions, leurs brigues et leurs haines,
De l'État qui chancelle embarrassent les rênes.
Le peuple impatient commence à s'alarmer :
Il a besoin d'un maître, il pourrait le nommer.
Veuve d'Amphiaraüs, et digne de ce titre,
De ces grands différends et la cause et l'arbitre,
Reine, daignez d'Argos accomplir les souhaits.
Que le droit de régner soit un de vos bienfaits;
Que votre voix décide, et que cet hyménée
De la Grèce et de vous règle la destinée.

ÉRIPHYLE.

Pour qui penche ce peuple?

POLÉMON.

Il attend votre choix:
Mais on sait qu'Hermogide est du sang de nos rois.
Du souverain pouvoir il est dépositaire;
Cet hymen à l'État semble être nécessaire.
Vous le savez assez : ce prince ambitieux,
Sûr de ses droits au trône et fier de ses aïeux,
Sans le frein que l'oracle a mis à son audace,
Eût malgré vous peut-être occupé cette place.

ÉRIPHYLE.

On veut que je l'épouse, et qu'il soit votre roi.

POLÉMON.

Madame, avec respect nous suivrons votre loi;
Prononcez, mais songez quelle en sera la suite!

ÉRIPHYLE.

Extrémité fatale où je me vois réduite!
Quoi! le peuple en effet penche de son côté!

POLÉMON.

Ce prince est peu chéri, mais il est respecté.
On croit qu'à son hymen il vous faudra souscrire;
Mais, madame, on le croit plus qu'on ne le désire.

ÉRIPHYLE.

Ainsi de faire un choix on m'impose la loi!
On le veut; j'y souscris; je vais nommer un roi.
Aux états assemblés portez cette nouvelle.

(Polémon sort.)

SCÈNE V. — ÉRIPHYLE, ZÉLONIDE.

ÉRIPHYLE.

Je sens que je succombe à ma douleur mortelle.
Alcméon ne vient point. L'a-t-on fait avertir?

ZÉLONIDE.

Déjà du camp des rois il aura dû partir.
Quoi, madame, à ce nom votre douleur redouble!

ÉRIPHYLE.

Je n'éprouvai jamais de plus funeste trouble.
Si du moins Alcméon paraissait à mes yeux!

ZÉLONIDE.

Il est l'appui d'Argos, il est chéri des dieux.

ÉRIPHYLE.

Ce n'est qu'en sa vertu que j'ai quelque espérance.
Puisse-t-il de sa reine embrasser la défense!
Puisse-t-il me sauver de tous mes ennemis!
O dieux de mon époux! et vous, dieux de mon fils!
Prenez de cet État les rênes languissantes;
Remettez-les vous-même en des mains innocentes;
Ou si dans ce grand jour il me faut déclarer,
Conduisez donc mon cœur, et daignez l'inspirer.

## ACTE SECOND.

SCÈNE I. — ALCMÉON, THÉANDRE.

THÉANDRE.

Alcméon, c'est vous perdre. Avez-vous oublié
Que de votre destin ma main seule eut pitié?
Ah! trop jeune imprudent, songez-vous qui vous êtes?
Apprenez à cacher vos ardeurs indiscrètes.
De vos désirs secrets l'orgueil présomptueux
Éclate malgré vous, et parle dans vos yeux;
Et j'ai tremblé cent fois que la reine offensée
Ne punît de vos feux la fureur insensée.
Qui? vous! jeter sur elle un œil audacieux
Vous le fils de Phaon! Esclave ambitieux,
Faut-il vous voir ôter, par vos fougueux caprices,
L'honneur de vos exploits, le fruit de vos services,
Le prix de tant de sang versé dans les combats?

ALCMÉON.

Pardonne, cher ami, je ne me connais pas.
Je l'avoue; oui, la reine et la grandeur suprême
Emportent tous mes vœux au delà de moi-même.

J'ignore pour quel roi ce bras a triomphé :
Mais, pressé d'un dépit avec peine étouffé,
A mon cœur étonné c'est un secret outrage
Qu'un autre enlève ici le prix de mon courage ;
Que ce trône ébranlé, dont je fus le rempart,
Dépende d'un coup d'œil, ou se donne au hasard.
Que dis-je ? hélas ! peut-être est-il le prix du crime !
Mais non, n'écoutons point le transport qui m'anime ;
Hermogide.... à quel roi me faut-il obéir ?
Quoi ! toujours respecter ceux que l'on doit haïr !
Ah ! si la vertu seule, et non pas la naissance....

THÉANDRE.

Écoutez. J'ai sauvé, j'ai chéri votre enfance ;
Je vous tins lieu de père, orgueilleux Alcméon ;
J'en eus l'autorité, la tendresse et le nom ,
Vous passez pour mon fils ; la fortune sévère,
Inégale en ses dons, pour vous marâtre et mère,
De vos jours conservés voulut mêler le fil
De l'éclat le plus grand et du sort le plus vil.
Sous le nom de soldat et du fils de Théandre,
Aux honneurs d'un sujet vous avez pu prétendre.
Vouloir monter plus haut, c'est tomber sans retour.
On saura le secret que je cachais au jour ;
Les yeux de cent rivaux éclairés par leurs haines
Verront sous vos lauriers les marques de vos chaînes ;
Reconnu, méprisé, vous serez aujourd'hui
La fable des États dont vous étiez l'appui.

ALCMÉON.

Ah ! c'est ce qui m'accable et qui me désespère.
Il faut rougir de moi, trembler au nom d'un père ;
Me cacher par faiblesse aux moindres citoyens,
Et reprocher ma vie à ceux dont je la tiens.
Préjugé malheureux ! éclatante chimère
Que l'orgueil inventa, que le faible révère ,
Par qui je vois languir le mérite abattu
Aux pieds d'un prince indigne, ou d'un grand sans vertu
Les mortels sont égaux : ce n'est point la naissance,
C'est la seule vertu qui fait leur différence.
C'est elle qui met l'homme au rang des demi-dieux,
Et qui sert son pays n'a pas besoin d'aïeux.
Princes, rois, la fortune a fait votre partage :
Mes grandeurs sont à moi ; mon sort est mon ouvrage.
Et ces fers si honteux, ces fers où je naquis,
Je les ai fait porter aux mains des ennemis.
Je n'ai plus rien du sang qui m'a donné la vie ;
Il a dans les combats coulé pour la patrie :
Je vois ce que je suis et non ce que je fus,

Et crois valoir au moins des rois que j'ai vaincus.

THÉANDRE.

Alcméon, croyez-moi, l'orgueil qui vous inspire,
Que je dois condamner, et que pourtant j'admire,
Ce principe éclatant de tant d'exploits fameux,
En vous rendant si grand, vous fait trop malheureux.
Contentez-vous, mon fils, de votre destinée;
D'une gloire assez haute elle est environnée.
On doit....

ALCMÉON.

Non, je ne puis; au point où je me voi,
Le faîte des grandeurs n'est plus trop haut pour moi.
Je le vois d'un œil fixe, et mon âme affermie
S'élève d'autant plus que j'eus plus d'infamie.
A l'aspect d'Hermogide une secrète horreur
Malgré moi, dès longtemps, s'empara de mon cœur;
Et cette aversion, que je retiens à peine,
S'irrite et me transporte au seul nom de la reine.

THÉANDRE.

Dissimulez du moins.

### SCÈNE II. — ALCMÉON, THÉANDRE, POLÉMON.

POLÉMON.

La reine en cet instant
Veut ici vous parler d'un objet important.
Elle vient; il s'agit du salut de l'empire.

ALCMÉON.

Elle épouse Hermogide! Eh! qu'a-t-elle à me dire?

THÉANDRE.

Modérez ces transports. Sachez vous retenir.

ALCMÉON.

Pour la dernière fois je vais l'entretenir.

### SCÈNE III. — ÉRIPHYLE, ALCMÉON, ZÉLONIDE, SUITE

ÉRIPHYLE.

C'est à vous, Alcméon, c'est à votre victoire
Qu'Argos doit son bonheur, Ériphyle sa gloire.
C'est par vous que, maîtresse et du trône et de moi,
Dans ces murs relevés je puis choisir un roi.
Mais, prête à le nommer, ma juste prévoyance
Veut s'assurer ici de votre obéissance.
J'ai de nommer un roi le dangereux honneur.
Faites plus, Alcméon, soyez son défenseur.

ALCMÉON.

D'un prix trop glorieux ma vie est honorée:

A vous servir, madame, elle fut consacrée.
Je vous devais mon sang, et quand je l'ai versé,
Puisqu'il coula pour vous, je fus récompensé.
Mais telle est de mon sort la dure violence,
Qu'il faut que je vous trompe ou que je vous offense.
Reine, je vais parler : des rois humiliés
Briguent votre suffrage et tombent à vos pieds;
Tout vous rit : que pourrais-je, en ce séjour tranquille,
Vous offrir qu'un vain zèle et qu'un bras inutile?
Laissez-moi fuir des lieux où le destin jaloux
Me ferait, malgré moi, trop coupable envers vous.
### ÉRIPHYLE.
Vous me quittez! ô dieux! dans quel temps!
### ALCMÉON.
Les orages
Ont cessé de gronder sur ces heureux rivages;
Ma main les écarta. La Grèce en ce grand jour
Va voir enfin l'Hymen, et peut-être l'Amour,
Par votre auguste voix nommer un nouveau maître
Reine, jusqu'aujourd'hui vous avez pu connaître
Quelle fidélité m'attachait à vos lois,
Quel zèle inaltérable échauffait mes exploits.
J'espérais à jamais vivre sous votre empire :
Mes vœux pourraient changer, et j'ose ici vous dire
Que cet heureux époux, sur ce trône monté,
Éprouverait en moi moins de fidélité;
Et qu'un sujet soumis, dévoué, plein de zèle,
Peut-être à d'autres lois deviendrait un rebelle.
### ÉRIPHYLE.
Vous, vivre loin de moi? vous, quitter mes États?
La vertu m'est trop chère, ah! ne me fuyez pas.
Que craignez-vous? parlez : il faut ne me rien taire.
### ALCMÉON.
Je ne dois point lever un regard téméraire
Sur les secrets du trône, et sur ces nouveaux nœuds
Préparés par vos mains pour un roi trop heureux.
Mais de ce jour enfin la pompe solennelle
De votre choix au peuple annonce la nouvelle.
Ce secret dans Argos est déjà répandu :
Princesse, à cet hymen on s'était attendu;
Ce choix sans doute est juste, et la raison le guide;
Mais je ne serai point le sujet d'Hermogide.
Voilà mes sentiments; et mon bras aujourd'hui,
Ayant vaincu pour vous, ne peut servir sous lui.
Punissez ma fierté, d'autant plus condamnable,
Qu'ayant osé paraître elle est inébranlable.

(Il veut sortir.)

ÉRIPHYLE.

Alcméon, demeurez ; j'atteste ici les dieux,
Ces dieux qui sur le crime ouvrent toujours les yeux,
Qu'Hermogide jamais ne sera votre maître;
Sachez que c'est à vous à l'empêcher de l'être :
Et contre ses rivaux, et surtout contre lui,
Songez que votre reine implore votre appui.

ALCMÉON.

Qu'entends-je? ah! disposez de mon sang, de ma vie.
Que je meure à vos pieds en vous ayant servie!
Que ma mort soit utile au bonheur de vos jours!

ÉRIPHYLE.

C'est de vous seul ici que j'attends du secours.
Allez : assurez-vous des soldats dont le zèle
Se montre à me servir aussi prompt que fidèle.
Que de tous vos amis ces murs soient entourés;
Qu'à tout événement leurs bras soient préparés.
Dans l'horreur où je suis, sachez que je suis prête
A marcher s'il le faut, à mourir à leur tête.
Allez.

SCÈNE IV. — ÉRIPHYLE, ZÉLONIDE, SUITE.

ZÉLONIDE.

Que faites-vous? Quel est votre dessein?
Que veut cet ordre affreux?

ÉRIPHYLE.

Ah! je succombe enfin.
Dieux! comme en lui parlant, mon âme déchirée
Par des nœuds inconnus se sentait attirée!
De quels charmes secrets mon cœur est combattu!
Quel état!... Achevons ce que j'ai résolu.
Je le veux : étouffons ces indignes alarmes.

ZÉLONIDE.

Vous parlez d'Alcméon, et vous versez des larmes!
Que je crains qu'en secret une fatale erreur....

ÉRIPHYLE.

Ah! que jamais l'amour ne rentre dans mon cœur!
Il m'en a trop coûté : que ce poison funeste
De mes jours languissants ne trouble point le reste!
Zélonide, sans lui, sans ses coupables feux,
Mon sort dans l'innocence eût coulé trop heureux.
Mes malheurs ont été le prix de mes tendresses.
Ah! barbare! est-ce à toi d'éprouver des faiblesses?
Déchiré des remords qui viennent m'alarmer,
Ce cœur plein d'amertume est-il fait pour aimer?

ZÉLONIDE.

Eh! qui peut à l'amour nous rendre inaccessibles

Les cœurs des malheureux n'en sont que plus sensibles.
L'adversité rend faible, et peut-être aujourd'hui....
ÉRIPHYLE.
Non, ce n'est point l'amour qui m'entraîne vers lui;
Non, un dieu plus puissant me contraint à me rendre.
L'amour est-il si pur? l'amour est-il si tendre?
Je l'ai connu cruel, injuste, plein d'horreur,
Entraînant après lui le meurtre et la fureur.
Irais-je encor brûler d'une ardeur insensée?
Mais, hélas! puis-je lire au fond de ma pensée
Ces nouveaux sentiments qui m'ont su captiver,
Dont je nourris le germe, et que j'ose approuver,
Peut-être ils n'ont pour moi qu'une douceur trompeuse;
Peut-être ils me feraient coupable et malheureuse.
ZÉLONIDE.
Dans une heure au plus tard on attend votre choix.
Qu'avez-vous résolu?
ÉRIPHYLE.
D'être juste une fois.
ZÉLONIDE.
Si vous vous abaissez jusqu'au fils de Théandre,
D'Amphiaraüs encor c'est outrager la cendre.
ÉRIPHYLE.
Cendres de mon époux, mânes d'Amphiaraüs,
Mânes ensanglantés, ne me poursuivez plus!
Sur tous mes sentiments le repentir l'emporte:
L'équité dans mon cœur est enfin la plus forte.
Je suis mère, et je sens que mon malheureux fils
Joint sa voix à la vôtre et sa plainte à vos cris.
Nature, dans mon cœur si longtemps combattue,
Sentiments partagés d'une mère éperdue,
Tendre ressouvenir, amour de mon devoir,
Reprenez sur mon âme un absolu pouvoir.
Moi régner! moi bannir l'héritier véritable!
Ce sceptre ensanglanté pèse à ma main coupable.
Réparons tout: allons; et vous, dieux dont je sors,
Pardonnez des forfaits moindres que mes remords.
 (A sa suite.)
Qu'on cherche Polémon. Ciel! que vois-je? Hermogide!

SCÈNE V. — ÉRIPHYLE, HERMOGIDE, ZÉLONIDE,
ÉUPHORBE, SUITE DE LA REINE.

HERMOGIDE.
Madame, je vois trop le transport qui vous guide;
Je vois que votre cœur sait peu dissimuler;
Mais les moments sont chers, et je dois vous parler

Souffrez de mon respect un conseil salutaire;
Votre destin dépend du choix qu'il vous faut faire.
Je ne viens point ici rappeler des serments
Dictés par votre père, effacés par le temps;
Mon cœur, ainsi que vous, doit oublier, madame,
Les jours infortunés d'une inutile flamme;
Et je rougirais trop, et pour vous et pour moi,
Si c'était à l'amour à nous donner un roi.
Un sentiment plus digne et de l'un et de l'autre
Doit gouverner mon sort et commander au vôtre.
Vos aïeux et les miens, les dieux dont nous sortons,
Cet État périssant si nous nous divisons,
Le sang qui nous a joints, l'intérêt qui nous lie,
Nos ennemis communs, l'amour de la patrie,
Votre pouvoir, le mien, tous deux à redouter,
Ce sont là les conseils qu'il vous faut écouter.
Bannissez pour jamais un souvenir funeste;
Le présent nous appelle, oublions tout le reste.
Le passé n'est plus rien : maîtres de l'avenir,
Le grand art de régner doit seul nous réunir.
Les plaintes, les regrets, les vœux, sont inutiles :
C'est par la fermeté qu'on rend les dieux faciles.
Ce fantôme odieux qui vous trouble en ce jour,
Qui naquit de la crainte, et l'enfante à son tour,
Doit-il nous alarmer par tous ses vains prestiges ?
Pour qui ne les craint point, il n'est point de prodiges :
Ils sont l'appât grossier des peuples ignorants,
L'invention du fourbe, et le mépris des grands.
Pensez en roi, madame, et laissez au vulgaire
Des superstitions le joug imaginaire.

ÉRIPHYLE.

Quoi ! vous....

HERMOGIDE.
   Encore un mot, madame, et je me tais.
Le seul bien de l'État doit remplir vos souhaits :
Vous n'avez plus les noms et d'épouse et de mère;
Le ciel vous honora d'un plus grand caractère,
Vous régnez; mais songez qu'Argos demande un roi.
Vous avez à choisir, vos ennemis, ou moi :
Moi, né près de ce trône, et dont la main sanglante
A soutenu quinze ans sa grandeur chancelante;
Moi, dis-je, ou l'un des rois, sans force et sans appui,
Que mon lieutenant seul a vaincus aujourd'hui.
Je me connais; je sais que, blanchi sous les armes,
Ce front triste et sévère a pour vous peu de charmes.
Je sais que vos appas, encor dans leur printemps,
Devraient s'effaroucher de l'hiver de mes ans:

Mais la raison d'État connaît peu ces caprices;
Et de ce front guerrier les nobles cicatrices
Ne peuvent se couvrir que du bandeau des rois.
Vous connaissez mon rang, mes attentats, mes droits
Sachant ce que j'ai fait, et voyant où j'aspire,
Vous me devez, madame, ou la mort ou l'empire.
Quoi ! vos yeux sont en pleurs, et vos esprits troublés....

ÉRIPHYLE.

Non, seigneur, je me rends; mes destins sont réglés :
On le veut, il le faut; ce peuple me l'ordonne,
C'en est fait : à mon sort, seigneur, je m'abandonne.
Vous, lorsque le soleil descendra dans les flots,
Trouvez-vous dans ce temple avec les chefs d'Argos.
A mes aïeux, à vous, je vais rendre justice :
Je prétends qu'à mon choix l'univers applaudisse;
Et vous pourrez juger si ce cœur abattu
Sait conserver sa gloire et chérit la vertu.

HERMOGIDE.

Mais, madame, voyez....

ÉRIPHYLE.

Dans mon inquiétude,
Mon esprit a besoin d'un peu de solitude;
Mais jusqu'à ces moments que mon ordre a fixés,
Si je suis reine encor, seigneur, obéissez.

### SCÈNE VI. — HERMOGIDE, EUPHORBE.

HERMOGIDE.

Demeure : ce n'est pas au gré de son caprice
Qu'il faut que ma fortune et que mon cœur fléchisse;
Et je n'ai pas versé tout le sang de mes rois,
Pour dépendre aujourd'hui du hasard de son choix.
Parle : as-tu disposé cette troupe intrépide,
Ces compagnons hardis du destin d'Hermogide?
Contre la reine même osent-ils me servir ?

EUPHORBE.

Pour vos intérêts seuls ils sont prêts à périr.

HERMOGIDE.

Je saurai me sauver du reproche et du blâme
D'attendre pour régner les bontés d'une femme.
Je fus vingt ans sans maître, et ne puis obéir:
Le fruit de tant de soins est lent à recueillir.
Mais enfin l'heure approche, et c'était trop attendre
Pour suivre Amphiaraüs ou régner sur sa cendre.
Mon destin se décide; et si le premier pas
Ne m'élève à l'empire, il m'entraîne au trépas.
Entre le trône et moi tu vois le précipice :
Allons, que ma fortune y tombe, ou le franchisse.

## ACTE TROISIÈME.

SCÈNE I. — HERMOGIDE, EUPHORBE, SUITE D'HERMOGIDE.

HERMOGIDE.

Voici l'instant fatal où, dans ce temple même,
La reine avec sa main donne son diadème.
Euphorbe, ou je me trompe, ou de bien des horreurs
Ces dangereux moments sont les avant-coureurs.

EUPHORBE.

Polémon de sa part flatte votre espérance.

HERMOGIDE.

Polémon veut en vain tromper ma défiance.

EUPHORBE.

En faveur de vos droits ce peuple enfin s'unit;
Du trône devant vous le chemin s'aplanit;
Argos, par votre main, faite à la servitude,
Longtemps de votre joug prit l'heureuse habitude :
Nos chefs seront pour vous.

HERMOGIDE.

Je compte sur leur foi,
Tant que leur intérêt les peut joindre avec moi.
Mais surtout Alcméon me trouble et m'importune;
Son destin, je l'avoue, étonne ma fortune.
Je le crains malgré moi. La naissance et le sang
Séparent pour jamais sa bassesse et mon rang;
Cependant par son nom ma grandeur est ternie;
Son ascendant vainqueur impose à mon génie ;
Son seul aspect ici commence à m'alarmer.
Je le hais d'autant plus qu'il sait se faire aimer,
Que des peuples séduits l'estime est son partage;
Sa gloire m'avilit, et sa vertu m'outrage.
Je ne sais, mais le nom de ce fier citoyen,
Tout obscur qu'il était, semble égaler le mien.
Et moi, près de ce trône où je dois seul prétendre,
J'ai lassé ma fortune à force de l'attendre.
Mon crédit, mon pouvoir adoré si longtemps,
N'est qu'un colosse énorme ébranlé par les ans,
Qui penche vers sa chute, et dont le poids immense
Veut, pour se soutenir, la suprême puissance :
Mais du moins en tombant je saurai me venger.

EUPHORBE.

Qu'allez-vous faire ici ?

HERMOGIDE.

Ne plus rien ménager ;

Déchirer, s'il le faut, le voile heureux et sombre
Qui couvrit mes forfaits du secret de son ombre;
Les justifier tous par un nouvel effort,
Par les plus grands succès, ou la plus belle mort,
Et, dans le désespoir où je vois qu'on m'entraîne,
Ma fureur.... Mais on entre, et j'aperçois la reine.

SCÈNE II. — ÉRIPHYLE, ALCMÉON, HERMOGIDE, POLÉMON, EUPHORBE, CHŒUR D'ARGIENS.

ALCMÉON.

Oui, ce peuple, madame, et les chefs, et les rois,
Sont prêts à confirmer, à chérir votre choix;
Et je viens, en leur nom, présenter leur hommage
A votre heureux époux, leur maître, et votre ouvrage.
Ce jour va de la Grèce assurer le repos.

ÉRIPHYLE.

Vous, chefs qui m'écoutez, et vous, peuple d'Argos,
Qui venez en ces lieux reconnaître l'empire
Du nouveau souverain que ma main doit élire,
Je n'ai point à choisir : je n'ai plus qu'à quitter
Un sceptre que mes mains n'avaient pas dû porter.
Votre maître est vivant, mon fils respire encore.
Ce fils infortuné, qu'à sa première aurore,
Par un trépas soudain vous crûtes enlevé,
Loin des yeux de sa mère en secret élevé,
Fut porté, fut nourri dans l'enceinte sacrée,
Dont le ciel à mon sexe a défendu l'entrée.
Celui que je chargeai de ses tristes destins,
Ignorait quel dépôt fut mis entre ses mains.
Je voulus qu'avec lui renfermé dès l'enfance,
Mon fils de ses parents n'eût jamais connaissance.
Mon amour maternel, timide et curieux,
A cent fois sur sa vie interrogé les cieux;
Aujourd'hui même encor, ils m'ont dit qu'il respire.
Je vais mettre en ses mains mes jours et mon empire.
Je sais trop que ce dieu, maître éternel des cieux,
Jupiter, dont l'oracle est présent en ces lieux,
Me prédit, m'assura que ce fils sanguinaire
Porterait le poignard dans le sein de sa mère.
Puisse aujourd'hui, grand dieu, l'effort que je me fais,
Vaincre l'affreux destin qui l'entraîne aux forfaits!
Oui, peuple, je le veux : oui, le roi va paraître :
Je vais à le montrer obliger le grand-prêtre.
Les dieux qui m'ont parlé veillent encor sur lui.
Ce secret au grand jour va briller aujourd'hui.
De mon fils désormais il n'est rien que je craigne;

Qu'on me rende mon fils, qu'il m'immole et qu'il règne.
HERMOGIDE.
Peuple, chefs, il faut donc m'expliquer à mon tour.
L'affreuse vérité va donc paraître au jour.
Ce fils qu'on redemande afin de mieux m'exclure,
Cet enfant dangereux, l'horreur de la nature,
Né pour le parricide, et dont la cruauté
Devait verser le sang du sein qui l'a porté :
Il n'est plus. Son supplice a prévenu son crime.
ÉRIPHYLE.
Ciel !
HERMOGIDE.
Aux portes du temple on frappa la victime.
Celui qui l'enlevait le suivit au tombeau.
Il fallait étouffer ce monstre en son berceau ;
A la reine, à l'État, son sang fut nécessaire ;
Les dieux le demandaient : je servis leur colère.
Peuple, n'en doutez point : Euphorbe, Nicétas,
Sont les secrets témoins de ce juste trépas.
J'atteste mes aïeux et ce jour qui m'éclaire,
Que j'immolai le fils, que j'ai sauvé la mère ;
Que si ce sang coupable a coulé sous nos coups,
J'ai prodigué le mien pour la Grèce et pour vous.
Vous m'en devez le prix : vous voulez tous un maître ;
L'oracle en promet un, je vais périr ou l'être ;
Je vais venger mes droits contre un roi supposé ;
Je vais rompre un vain charme à moi seul opposé.
Soldat par mes travaux, et roi par ma naissance,
De vingt ans de combats j'attends la récompense.
Je vous ai tous servis. Ce rang des demi-dieux
Défendu par mon bras, fondé par mes aïeux,
Cimenté de mon sang, doit être mon partage.
Je le tiendrai de vous, de moi, de mon courage,
De ces dieux dont je sors, et qui seront pour moi.
Amis, suivez mes pas, et servez votre roi.

(Il sort suivi des siens.)

SCÈNE III. — ÉRIPHYLE, ALCMÉON, POLÉMON,
CHŒUR D'ARGIENS.

ÉRIPHYLE.
Où suis-je ? de quels traits le cruel m'a frappée !
Mon fils ne serait plus ! Dieux ! m'auriez-vous trompée ?
(A Polémon.)
Et vous que j'ai chargé de rechercher son sort....
POLÉMON.
On l'ignore en ce temple, et sans doute il est mort.

## ACTE III, SCÈNE III.

**ALCMÉON.**
Reine, c'est trop souffrir qu'un monstre vous outrage
Confondez son orgueil et punissez sa rage.
Tous vos guerriers sont prêts, permettez que mon bras....

**ÉRIPHYLE.**
Es-tu lasse, Fortune ? Est-ce assez d'attentats ?
Ah ! trop malheureux fils, et toi, cendre sacrée
Cendre de mon époux de vengeance altérée,
Mânes sanglants, faut-il que votre meurtrier
Règne sur votre tombe et soit votre héritier ?
Le temps, le péril presse, il faut donner l'empire.
Un dieu dans ce moment, un dieu parle et m'inspire
Je cède ; je ne puis, dans ce jour de terreur,
Resister à la voix qui s'explique à mon cœur.
C'est vous, maître des rois et de la destinée,
C'est vous qui me forcez à ce grand hyménée.
Alcméon, si mon fils est tombé sous ses coups...
Seigneur.... vengez mon fils, et le trône est à vous.

**ALCMÉON.**
Grande reine, est-ce à moi que ces honneurs insignes....

**ÉRIPHYLE.**
Ah ! quels rois dans la Grèce en seraient aussi dignes ?
Ils n'ont que des aïeux, vous avez des vertus.
Ils sont rois, mais c'est vous qui les avez vaincus.
C'est vous que le ciel nomme, et qui m'allez défendre :
C'est vous qui de mon fils allez venger la cendre.
Peuple, voilà ce roi si longtemps attendu,
Qui seul vous a fait vaincre, et seul vous était dû,
Le vainqueur de deux rois, prédit par les dieux même.
Qu'il soit digne à jamais de ce saint diadème !
Que je retrouve en lui les biens qu'on m'a ravis,
Votre appui, votre roi, mon époux, et mon fils !

SCÈNE IV. — ÉRIPHYLE, ALCMÉON, POLÉMON, THÉANDRE,
CHŒUR D'ARGIENS.

**THÉANDRE.**
Que faites-vous, madame ? et qu'allez-vous résoudre ?
Le jour fuit, le ciel gronde : entendez-vous la foudre ?
De la tombe du roi le pontife a tiré
Un fer que sur l'autel ses mains ont consacré.
Sur l'autel à l'instant ont paru les Furies :
Les flambeaux de l'hymen sont dans leurs mains impies.
Tout le peuple tremblant, d'un saint respect touché,
Baisse un front immobile, à la terre attaché.

**ÉRIPHYLE.**
Jusqu'où veux-tu pousser ta fureur vengeresse,

O ciel ? Peuple, rentrez : Théandre, qu'on me laisse.
Quel juste effroi saisit mes esprits égarés !
Quel jour pour un hymen !

### SCÈNE V. — ÉRIPHYLE, ALCMÉON.

ÉRIPHYLE.

Ah ! seigneur, demeurez.
Eh quoi ! je vois les dieux, les enfers, et la terre,
S'élever tous ensemble et m'apporter la guerre :
Mes ennemis, les morts, contre moi déchaînés ;
Tout l'univers m'outrage, et vous m'abandonnez !

ALCMÉON.

Je vais périr pour vous, ou punir Hermogide,
Vous servir, vous venger, vous sauver d'un perfide.

ÉRIPHYLE.

Je vous faisais son roi ; mais, hélas ! mais, seigneur,
Arrêtez ; connaissez mon trouble et ma douleur.
Le désespoir, la mort, le crime m'environne :
J'ai cru les écarter en vous plaçant au trône ;
J'ai cru même apaiser ces mânes en courroux,
Ces mânes soulevés de mon premier époux.
Hélas ! combien de fois, de mes douleurs pressée,
Quand le sort de mon fils accablait ma pensée,
Et qu'un léger sommeil venait enfin couvrir
Mes yeux trempés de pleurs et lassés de s'ouvrir :
Combien de fois ces dieux ont semblé me prescrire
De vous donner ma main, mon cœur, et mon empire
Cependant, quand je touche au moment fortuné
Où vous montez au trône à mon fils destiné,
Le ciel et les enfers alarment mon courage ;
Je vois les dieux armés condamner leur ouvrage :
Et vous seul m'inspirez plus de trouble et d'effroi
Que le ciel et ces morts irrités contre moi.
Je tremble en vous donnant ce sacré diadème ;
Ma bouche en frémissant prononce : « Je vous aime. »
D'un pouvoir inconnu l'invincible ascendant
M'entraîne ici vers vous, m'en repousse à l'instant,
Et, par un sentiment que je ne puis comprendre,
Mêle une horreur affreuse à l'amour le plus tendre.

ALCMÉON.

Quels moments ! quel mélange, ô dieux qui m'écoutez
D'étonnement, d'horreurs, et de félicités !
L'orgueil de vous aimer, le bonheur de vous plaire,
Vos terreurs, vos bontés, la céleste colère,
Tant de biens, tant de maux, me pressent à la fois,
Que mes sens accablés succombent sous leur poids.

Encor loin de ce rang que vos bontés m'apprêtent,
C'est sur vos seuls dangers que mes regards s'arrêtent.
C'est pour vous délivrer de ce péril nouveau
Que votre époux lui-même a quitté le tombeau.
Vous avez d'un barbare entendu la menace;
Où ne peut point aller sa criminelle audace?
Souffrez qu'au palais même assemblant vos soldats,
J'assure au moins vos jours contre ses attentats;
Que du peuple étonné j'apaise les alarmes;
Que, prêts au moindre bruit, mes amis soient en armes.
C'est en vous défendant que je dois mériter
Le trône où votre choix m'ordonne de monter.

ÉRIPHYLE.

Allez : je vais au temple, où d'autres sacrifices
Pourront rendre les dieux à mes vœux plus propices.
Ils ne recevront pas d'un regard de courroux
Un encens que mes mains n'offriront que pour vous.

# ACTE QUATRIÈME.

### SCÈNE I. — ALCMÉON, THÉANDRE.

ALCMÉON.

Tu le vois, j'ai franchi cet intervalle immense
Que mit du trône à moi mon indigne naissance.
Oui, tout me favorise; oui, tout sera pour moi.
Vainqueur de tous côtés, on m'aime et je suis roi;
Tandis que mon rival, méditant sa vengeance,
Va des rois ennemis implorer l'assistance.
L'hymen me paye enfin le prix de ma valeur;
Je ne vois qu'Ériphyle, un sceptre, et mon bonheur.

THÉANDRE.

Et les dieux!...

ALCMÉON.

Que dis-tu? ma gloire est leur ouvrage.
Au pied de leurs autels je viens en faire hommage.
Entrons....

(Alcméon et Théandre marchent vers la porte du temple.)

Ces murs sacrés s'ébranlent à mes yeux!...
Quelle plaintive voix s'élève dans ces lieux?

THÉANDRE.

Ah! mon fils, de ce jour les prodiges funestes
Sont les avant-coureurs des vengeances célestes.
Craignez....

ALCMÉON.

L'air s'obscurcit.... Qu'entends-je? quels éclats!

THÉANDRE.

O ciel!

ALCMÉON.

La terre tremble et fuit devant mes pas.

THÉANDRE.

Les dieux même ont brisé l'éternelle barrière
Dont ils ont séparé l'enfer et la lumière.
Amphiaraüs, dit-on, bravant les lois du sort,
Apparaît aujourd'hui du séjour de la mort :
Moi-même, dans la nuit, au milieu du silence,
J'entendais une voix qui demandait vengeance.
« Assassins, disait-elle, il est temps de trembler;
Assassins, l'heure approche, et le sang va couler.
La vérité terrible éclaire enfin l'abîme
Où dans l'impunité s'était caché le crime. »
Ces mots, je l'avouerai, m'ont glacé de terreur.

ALCMÉON.

Laisse, laisse aux méchants l'épouvante et l'horreur.
C'est sur leurs attentats que mon espoir se fonde;
Ce sont eux qu'on menace, et si la foudre gronde,
La foudre me rassure, et ce ciel que tu crains,
Pour les mieux écraser, la mettra dans mes mains.

THÉANDRE.

Eh! c'est ce qui pour vous m'effraye et m'intimide.

ALCMÉON.

Crains-tu donc que mon bras ne punisse Hermogide?
Lui, l'ennemi des dieux, des hommes, et des lois!
Lui, dont la main versa tout le sang de nos rois
Quand pourrai-je venger ce meurtre abominable?

THÉANDRE.

Je souhaite, Alcméon, qu'il soit le moins coupable.

ALCMÉON.

Comment, que me dis-tu?

THÉANDRE.

De tristes vérités.
Peut-être contre vous les dieux sont irrités.

ALCMÉON.

Contre moi!

THÉANDRE.

Des héros imitateur fidèle,
Vous jurez aux forfaits une guerre immortelle;
Vous vous croyez, mon fils, armé pour les venger;
Gardez de les défendre et de les partager.

ALCMÉON.

Comment! que dites-vous?

THÉANDRE.

Vous êtes jeune encore :
A peine aviez-vous vu votre première aurore,

Quand ce roi malheureux descendit chez les morts.
Peut-être ignorez-vous ce qu'on disait alors,
Et de la cour du roi quel fut l'affreux langage.

ALCMÉON.

Eh bien?

THÉANDRE.

Je vais vous faire un trop sensible outrage ;
Le secret est horrible, il faut le révéler :
Je vous tiens lieu de père, et je dois vous parler.

ALCMÉON.

Eh bien ! que disait-on ? achève.

THÉANDRE.

Que la reine
Avait lié son cœur d'une coupable chaîne ;
Qu'au barbare Hermogide elle promit sa main,
Et jusqu'à son époux conduisit l'assassin.

ALCMÉON.

Rends grâce à l'amitié qui pour toi m'intéresse :
Si tout autre que toi soupçonnait la princesse,
Si quelque audacieux avait pu l'offenser....
Mais que dis-je ! toi-même, as-tu pu le penser?
Peux-tu me présenter ce poison que l'envie
Répand aveuglément sur la plus belle vie?
Tu connais peu la cour; mais la crédulité
Aiguise ainsi les traits de la malignité ;
Vos oisifs courtisans, que les chagrins dévorent,
S'efforcent d'obscurcir les astres qu'ils adorent :
Si l'on croit de leurs yeux le regard pénétrant,
Tout ministre est un traître, et tout prince un tyran :
L'hymen n'est entouré que de feux adultères,
Le frère à ses rivaux est vendu par ses frères ;
Et sitôt qu'un grand roi penche vers son déclin,
Ou son fils, ou sa femme, ont hâté son destin.
Je hais de ces soupçons la barbare imprudence :
Je crois que sur la terre il est quelque innocence ;
Et mon cœur, repoussant ces sentiments cruels,
Aime à juger par lui du reste des mortels.
Qui croit toujours le crime, en paraît trop capable.
A mes yeux comme aux tiens Hermogide est coupable :
Lui seul a pu commettre un meurtre si fatal ;
Lui seul est parricide.

THÉANDRE.

Il est votre rival :
Vous écoutez sur lui vos soupçons légitimes ;
Vous trouvez du plaisir à détester ses crimes.
Mais un objet trop cher....

ALCMÉON.
Ah! ne l'offense plus;
Et garde le silence, ou vante ses vertus.

SCÈNE II. — ÉRIPHYLE, ALCMÉON, THÉANDRE, ZÉLONIDE, SUITE DE LA REINE.

ÉRIPHYLE.
Roi d'Argos, paraissez, et portez la couronne;
Vos mains l'ont défendue, et mon cœur vous la donne.
Je ne balance plus : je mets sous votre loi
L'empire d'Inachus, et vos rivaux, et moi.
J'ai fléchi de nos dieux les redoutables haines;
Leurs vertus sont en vous, leur sang coule en mes veines;
Et jamais sur la terre on n'a formé de nœuds
Plus chers aux immortels, et plus dignes des cieux.

ALCMÉON.
Ils lisent dans mon cœur : ils savent que l'empire
Est le moindre des biens où mon courage aspire.
Puissent tomber sur moi leurs plus funestes traits,
Si ce cœur infidèle oubliait vos bienfaits!
Ce peuple qui m'entend, et qui m'appelle au temple,
Me verra commander, pour lui donner l'exemple;
Et, déjà par mes mains instruit à vous servir,
N'apprendra de son roi qu'à vous mieux obéir.

ÉRIPHYLE.
Enfin la douce paix vient rassurer mon âme :
Dieux! vous favorisez une si pure flamme!
Vous ne rejetez plus mon encens et mes vœux!
(A Alcméon.)
Recevez donc ma main....

SCÈNE III. — LES ACTEURS PRÉCÉDENTS, L'OMBRE D'AMPHIARAÜS.

(Le temple s'ouvre, l'ombre d'Amphiaraüs paraît à l'entrée de ce temple, dans une posture menaçante.)

L'OMBRE D'AMPHIARAÜS.
Arrête, malheureux!
ÉRIPHYLE.
Amphiaraüs! ô ciel! où suis-je?
ALCMÉON.
Ombre fatale,
Quel dieu te fait sortir de la nuit infernale?
Quel est ce sang qui coule? et quel es-tu?
L'OMBRE.
Ton roi
Si tu prétends régner, arrête, et venge-moi.

ACTE IV, SCÈNE III.

ALCMÉON.
Eh bien ! mon bras est prêt ; parle, que dois-je faire ?
L'OMBRE.
Me venger sur ma tombe.
ALCMÉON.
Eh ! de qui ?
L'OMBRE.
De ta mère.
ALCMÉON.
Ma mère ! que dis-tu ? quel oracle confus !
Mais l'enfer le dérobe à mes yeux éperdus.
Les dieux ferment leur temple !
(L'ombre rentre dans le temple, qui se referme.)

SCÈNE IV. — ÉRIPHYLE, suite, ALCMÉON, THÉANDRE, ZÉLONIDE.

THÉANDRE.
O prodige effroyable !
ALCMÉON.
O d'un pouvoir funeste oracle impénétrable !
ÉRIPHYLE.
A peine ai-je repris l'usage de mes sens !
Quel ordre ont prononcé ces horribles accents ?
De qui demandent-ils le sanglant sacrifice ?
ALCMÉON.
Ciel ! peux-tu commander que ma mère périsse !
ÉRIPHYLE, à Théandre.
Votre épouse, sa mère, a terminé ses jours ?
ALCMÉON.
Hélas ! le ciel vous trompe et me poursuit toujours.
Théandre jusqu'ici m'a tenu lieu de père ;
Je ne suis pas son fils, et je n'ai plus de mère.
ÉRIPHYLE.
Vous n'êtes point son fils ! Dieux ! que d'obscurités !
ALCMÉON.
Je n'entends que trop bien ces mânes irrités.
Je commence à sentir que les destins sont justes,
Que je ne suis point né pour ces grandeurs augustes,
Que j'ai dû me connaître.
ÉRIPHYLE.
Ah ! qui que vous soyez,
Cher Alcméon, mes jours à vos jours sont liés.
ALCMÉON.
Non, reine, devant vous je ne dois point paraître.
ÉRIPHYLE, à Théandre.
Il n'est point votre fils ! et qui donc peut-il être ?

ALCMÉON.
Je suis le vil jouet des destins en courroux :
Je suis un malheureux trop indigne de vous.

ÉRIPHYLE.
Hélas! au nom des traits d'une si vive flamme,
Par l'amour et l'effroi qui remplissent mon âme,
Par ce cœur que le ciel forma pour vous aimer,
Par ces flambeaux d'hymen que je veux rallumer,
Ne vous obstinez point à garder le silence.
Hélas! je m'attendais à plus de confiance.
(A Théandre, qui était dans le fond du théâtre avec la suite de la reine.)
Théandre, revenez, parlez, répondez-moi.
Sans doute il est d'un sang fait pour donner la loi.
Quel héros, ou quel dieu lui donna la naissance?

THÉANDRE.
Mes mains ont autrefois conservé son enfance;
J'ai pris soin de ses jours à moi seul confiés.
Le reste est inconnu; mais si vous m'en croyez,
Si, parmi les horreurs dont frémit la nature,
Vous daignez écouter ma triste conjecture,
Vous n'achèverez point cet hymen odieux.

ÉRIPHYLE.
Ah! je l'achèverai, même en dépit des dieux.
(A Alcméon.)
Oui, fussiez-vous le fils d'un ennemi perfide,
Fussiez-vous né du sang du barbare Hermogide,
Je veux être éclaircie.

ALCMÉON.
Eh bien, souffrez du moins
Que je puisse un moment vous parler sans témoins.
Pour la dernière fois vous m'entendrez peut-être;
Je vous avais trompée, et vous m'allez connaître.

ÉRIPHYLE.
Sortez. De toutes parts ai-je donc à trembler?

## SCÈNE V. — ÉRIPHYLE, ALCMÉON.

ALCMÉON.
Il n'est plus de secrets que je doive celer.
Connu par ma fortune et par ma seule audace,
Je cachais aux humains les malheurs de ma race;
Mais je ne me repens, au point où je me vois,
Que de m'être abaissé jusqu'à rougir de moi.
Voilà ma seule tache et ma seule faiblesse.
J'ai craint tant de rivaux dont la maligne adresse
A d'un regard jaloux sans cesse examiné,

Non pas ce que je suis, mais de qui je suis né,
Et qui, de mes exploits rabaissant tout le lustre,
Pensaient ternir mon nom quand je le rends illustre.
J'ai cru que ce vil sang dans mes veines transmis,
Plus pur par mes travaux, était d'assez grand prix,
Et que lui préparant une plus digne course,
En le versant pour vous, j'ennoblissais sa source.
Je fis plus : jusqu'à vous l'on me vit aspirer,
Et, rival de vingt rois, j'osai vous adorer.
Ce ciel, enfin, ce ciel m'apprend à me connaître;
Il veut confondre en moi le sang qui m'a fait naître;
La mort entre nous deux vient d'ouvrir ses tombeaux,
Et l'enfer contre moi s'unit à mes rivaux.
Sous les obscurités d'un oracle sévère,
Les dieux m'ont reproché jusqu'au sang de ma mère.
Madame, il faut céder à leurs cruelles lois;
Alcméon n'est point fait pour succéder aux rois.
Victime d'un destin que même encor je brave,
Je ne m'en cache plus, je suis fils d'un esclave.

ÉRIPHYLE.

Vous, seigneur?

ALCMÉON.

Oui, madame; et, dans un rang si bas,
Souvenez-vous qu'enfin je ne m'en cachai pas;
Que j'eus l'âme assez forte, assez inébranlable,
Pour faire devant vous l'aveu qui vous accable,
Que ce sang, dont les dieux ont voulu me former,
Me fit un cœur trop haut pour ne vous point aimer.

ÉRIPHYLE.

Un esclave!

ALCMÉON.

Une loi fatale à ma naissance
Des plus vils citoyens m'interdit l'alliance.
J'aspirais jusqu'à vous dans mon indigne sort
J'ai trompé vos bontés, j'ai mérité la mort.
Madame, à mon aveu vous tremblez de répondre

ÉRIPHYLE.

Quels soupçons ! quelle horreur vient ici me confondre !
Dans les mains d'un esclave autrefois j'ai remis....
M'avez-vous pardonné, destins trop ennemis?
O criminelle épouse ! ô plus coupable mère !..
Alcméon, dans quel temps a péri votre père?

ALCMÉON.

Lorsque dans ce palais le céleste courroux
Eut permis le trépas du prince votre époux.

ÉRIPHYLE.

O crime !

ALCMÉON.
　　　　　Hélas ! ce fut dans ma plus tendre enfance
Qu'on fit périr, dit-on, l'auteur de ma naissance,
Dans la confusion que des séditieux
A la mort de leur maître excitaient en ces lieux.
ÉRIPHYLE.
Mais où vous a-t-on dit qu'il termina sa vie ?
ALCMÉON.
Ici, dans ce lieu même elle lui fut ravie,
Au pied de ce palais de tant de demi-dieux,
D'où jusque sur son fils vous abaissiez les yeux.
Près du corps tout sanglant de mon malheureux père
Je fus laissé mourant dans la foule vulgaire
De ces vils citoyens, triste rebut du sort,
Oubliés dans leur vie, inconnus dans leur mort.
Théandre cependant sauva mes destinées ;
Il renoua le fil de mes faibles années.
J'ai passé pour son fils : le reste vous est dû.
Vous fîtes mes grandeurs, et je me suis perdu.
ÉRIPHYLE.
M'alarmerais-je en vain ? Mais cet oracle horrible....
Le lieu, le temps, l'esclave.... ô ciel ! est-il possible ?
(A Alcméon.)
Théandre dès longtemps vous a sans doute appris
Le nom du malheureux dont vous êtes le fils :
C'était....
ALCMÉON.
　　　　　Qu'importe, hélas ! au repos de la Grèce,
Au vôtre, grande reine, un nom dont la bassesse
Redouble encor ma honte et ma confusion ?
ÉRIPHYLE.
S'il m'importe ? ah ! parlez....
ALCMÉON, *avec hésitation*.
　　　　　　　　　　Il se nommait Phaon.
ÉRIPHYLE.
(A part.)　　　(A Alcméon.)
Ah ! je n'en doute plus.... Ma crainte, ma tendresse....
ALCMÉON.
Quelle est en me parlant la douleur qui vous presse ?
ÉRIPHYLE.
Alcméon, votre sang....
ALCMÉON.
　　　　　　　D'où vient que vous pleurez ?
ÉRIPHYLE.
Ah ! prince !
ALCMÉON.
　　　　　De quel nom, reine, vous m'honorez !

## ACTE IV, SCÈNE V.

ÉRIPHYLE.
Eh bien! ne tarde plus, remplis ta destinée;
Porte ce fer sanglant sur cette infortunée;
Étouffe dans mon sang cet amour malheureux
Que dictait la nature en nous trompant tous deux;
Punis-moi, venge-toi, venge la mort d'un père;
Reconnais-moi, mon fils : frappe, et punis ta mère!

ALCMÉON.
Moi, votre fils? grands dieux!

ÉRIPHYLE.
      C'est toi dont, au berceau,
Mon indigne faiblesse a creusé le tombeau;
Toi le fils vertueux d'une mère homicide;
Toi, dont Amphiaraüs demande un parricide;
Toi mon sang, toi mon fils, que le ciel en courroux,
Sans ce prodige horrible, aurait fait mon époux!

ALCMÉON.
De quel coup ma raison vient d'être confondue!
Dieux! sur elle et sur moi puis-je arrêter la vue?
Je ne sais où je suis : dieux, qui m'avez sauvé,
Reprenez tout ce sang par vos mains conservé.
Est-il bien vrai, madame, on a tué mon père?
Il veut votre supplice, et vous êtes ma mère?

ÉRIPHYLE.
Oui, je fus sans pitié : sois barbare à ton tour,
Et montre-toi mon fils en m'arrachant le jour.
Frappe.... Mais quoi! tes pleurs se mêlent à mes larmes?
O mon cher fils! ô jour plein d'horreur et de charmes!
Avant de me donner la mort que tu me dois,
De la nature encor laisse parler la voix :
Souffre au moins que les pleurs de ta coupable mère
Arrosent une main si fatale et si chère.

ALCMÉON.
Cruel Amphiaraüs! abominable loi!
La nature me parle, et l'emporte sur toi.
O ma mère!

ÉRIPHYLE, *en l'embrassant.*
     O cher fils que le ciel me renvoie,
Je ne méritais pas une si pure joie!
J'oublie et mes malheurs, et jusqu'à mes forfaits;
Et ceux qu'un dieu t'ordonne, et tous ceux que j'ai faits.

SCÈNE VI. — ÉRIPHYLE, ALCMÉON, POLÉMON.

POLÉMON.
Madame, en ce moment l'insolent Hermogide,
Suivi jusqu'en ces lieux d'une troupe perfide.

La flamme dans les mains, assiége ce palais.
Déjà tout est armé, déjà volent les traits.
Nos gardes rassemblés courent pour vous défendre;
Le sang de tous côtés commence à se répandre.
Le peuple épouvanté, qui s'empresse ou qui fuit,
Ne sait si l'on vous sert ou si vous l'on trahit.

ALCMÉON.

O ciel! voilà le sang que ta voix me demande;
La mort de ce barbare est ma plus digne offrande.
Reine, dans ces horreurs cessez de vous plonger;
Je suis l'ordre des dieux, mais c'est pour vous venger.

## ACTE CINQUIÈME.

(Sur un côté du parvis on voit, dans l'intérieur du temple de Jupiter, des vieillards et de jeunes enfants qui embrassent un autel; de l'autre côté la reine, sortant de son palais, soutenue par ses femmes, est bientôt suivie et entourée d'une foule d'Argiens des deux sexes qui viennent partager sa douleur.)

### SCÈNE I. — ÉRIPHYLE, ZÉLONIDE, LE CHŒUR.

ZÉLONIDE.

Oui, les dieux irrités nous perdent sans retour;
Argos n'est plus; Argos a vu son dernier jour,
Et la main d'Hermogide en ce moment déchire
Les restes malheureux de ce puissant empire.
De tous ses partisans l'adresse et les clameurs
Ont égaré le peuple et séduit tous les cœurs.
Le désordre est partout; la discorde, la rage,
D'une vaste cité font un champ de carnage,
Les feux sont allumés, le sang coule en tous lieux,
Sous les murs du palais, dans les temples des dieux;
Et les soldats sans frein, en proie à leur furie,
Pour se donner un roi renversent la patrie.
Vous voyez devant vous ces vieillards désolés,
Qu'au pied de nos autels la crainte a rassemblés;
Ces vénérables chefs de nos tristes familles,
Ces enfants éplorés, ces mères et ces filles
Qui cherchent en pleurant d'inutiles secours
Dans le temple des dieux armés contre nos jours.

ÉRIPHYLE, *aux femmes qui l'entourent.*

Hélas! de mes tourments compagnes gémissantes,
Puis-je au ciel avec vous lever mes mains tremblantes?
J'ai fait tous vos malheurs; oui, c'est moi qui sur vous
Des dieux que j'offensai fais tomber le courroux.

Oui, vous voyez la mère, hélas! la plus coupable,
La mère la plus tendre et la plus misérable.
LE CHŒUR
Vous, madame!
ÉRIPHYLE.
Alcméon, ce prince, ce héros
Qui soutenait mon trône et qui vengeait Argos,
Lui pour qui j'allumais les flambeaux d'hyménée,
Lui pour qui j'outrageais la nature étonnée,
Lui dont l'amitié tendre abusait mes esprits....
LE CHŒUR.
Ah! qu'il soit votre époux.
ÉRIPHYLE.
Peuples, il est mon fils.
LE CHŒUR.
Qui? lui!
ÉRIPHYLE.
D'Amphiaraüs c'est le précieux reste.
L'horreur de mon destin l'entraînait à l'inceste :
Les dieux aux bords du crime ont arrêté ses pas.
Dieux, qui me poursuivez, ne l'en punissez pas!
Rendez ce fils si cher à sa mère éplorée;
Sa mère fut cruelle et fut dénaturée;
Que mon cœur est changé! Dieux! si le repentir
Fléchit votre vengeance et peut vous attendrir,
Ne pourrai-je attacher sur sa tête sacrée
Cette couronne, hélas! que j'ai déshonorée?
Qu'il règne, il me suffit, dût-il en sa fureur....

SCÈNE II. — ÉRIPHYLE, ZÉLONIDE, LE CHŒUR, THÉANDRE.

ÉRIPHYLE.
Ah! mon fils est-il roi? mon fils est-il vainqueur?
THÉANDRE.
Il le sera du moins, si nos dieux équitables
Secourent l'innocence et perdent les coupables;
Mais jusqu'à ce moment son rival odieux
A partagé l'armée et le peuple et nos dieux.
Hermogide ignorait qu'il combattait son maître :
Le peuple doute encor du sang qui l'a fait naître;
Quelques-uns à grands cris le nommaient votre époux;
Les autres s'écriaient qu'il était né de vous.
Il ne pouvait, madame, en ce tumulte horrible,
Éclaircir à leurs yeux la vérité terrible;
Il songeait à combattre, à vaincre, à vous venger :
Mais entouré des siens qu'on venait d'égorger,
De ses tristes sujets déplorant la misère,
Avec le nom de roi prenant un cœur de père,

Il se plaignait aux dieux que le sang innocent
Souillait le premier jour de son règne naissant.
Il s'avance aussitôt; ses mains ensanglantées
Montrent de l'olivier les branches respectées.
Ce signal de la paix étonne les mutins,
Et leurs traits suspendus s'arrêtent dans leurs mains.
« Amis, leur a-t-il dit, Argos et nos provinces
Ont gémi trop longtemps des fautes de leurs princes;
Sauvons le sang du peuple, et qu'Hermogide et moi
Attendent de ses mains le grand titre de roi.
Voyons qui de nous deux est plus digne de l'être.
Oui, peuple, en quelque rang que le ciel m'ait fait naître,
Mon cœur est au-dessus; et ce cœur aujourd'hui
Ne veut qu'une vengeance aussi noble que lui.
Pour le traître et pour moi choisissez une escorte
Qui du temple d'Argos environne la porte.
Et toi, viens, suis mes pas sur ce tombeau sacré,
Sur la cendre d'un roi par tes mains massacré.
Combattons devant lui, que son ombre y décide
Du sort de son vengeur et de son parricide. »
Ah! madame, à ces mots ce monstre s'est troublé;
Pour la première fois Hermogide a tremblé.
Bientôt il se ranime, et cette âme si fière
Dans ses yeux indignés reparaît tout entière,
Et bravant à la fois le ciel et les remords :
« Va, dit-il, je ne crains ni les dieux, ni les morts,
Encor moins ton audace; et je vais te l'apprendre
Au pied de ce tombeau qui n'attend que ta cendre. »
Il dit : un nombre égal de chefs et de soldats
Vers ce tombeau funeste accompagne leurs pas;
Et moi, des justes dieux conjurant la colère,
Je viens joindre mes vœux aux larmes d'une mère.
Puisse le ciel vengeur être encor le soutien
De votre auguste fils, qui fut longtemps le mien !

ÉRIPHYLE.

Quoi! seul et sans secours il combat Hermogide?

THÉANDRE.

Oui, madame.

ÉRIPHYLE.

Mon fils se livre à ce perfide!
Mon fils, cher Alcméon! mon cœur tremble pour toi;
Le cruel te trahit s'il t'a donné sa foi.
Ta jeunesse est crédule, elle est trop magnanime;
Hermogide est savant dans l'art affreux du crime.
Dans ses piéges sans doute il va t'envelopper.
Sa seule politique est de savoir tromper.
Crains sa barbare main par le meurtre éprouvée

Sa main de tout ton sang dès longtemps abreuvée.
Allons, je préviendrai ce lâche assassinat;
Courons au lieu sanglant choisi pour le combat.
Je montrerai mon fils.

THÉANDRE.

Reine trop malheureuse!
Osez-vous approcher de cette tombe affreuse?
Les morts et les vivants y sont vos ennemis.

ÉRIPHYLE.

Que vois-je? quel tumulte! on a trahi mon fils!

SCÈNE III. — ÉRIPHYLE, ALCMÉON, HERMOGIDE, THÉANDRE, SOLDATS *qui entrent sur la scène avec Hermogide*.

ÉRIPHYLE, *aux soldats d'Hermogide*.

Cruels, tournez sur moi votre inhumaine rage.

ALCMÉON.

J'espère en la vertu, j'espère en mon courage.

HERMOGIDE, *aux siens*.

Amis, suivez-moi tous, frappez, imitez-moi.

ALCMÉON, *aux siens*.

Vertueux citoyens, secondez votre roi.

(Alcméon, Hermogide, entrent avec leur escorte dans le temple où est le tombeau d'Amphiaraüs.)

ÉRIPHYLE, *aux soldats qu'elle suit*.

O peuples, écoutez votre reine et sa mère!

(Elle entre après eux dans le temple.)

SCÈNE IV. — THÉANDRE, LE CHŒUR

THÉANDRE.

Reine, arrête! où vas-tu? crains ton destin sévère.
Ciel! remplis ta justice, et nos maux sont finis;
Mais pardonne à la mère et protége le fils.
Ah! puissent les remords dont elle est consumée
Éteindre enfin ta foudre à nos yeux allumée!
Impénétrables dieux! est-il donc des forfaits
Que vos sévérités ne pardonnent jamais?
Vieillards, qui, comme moi, blanchis dans les alarmes,
Pour secourir vos rois n'avez plus que des larmes;
Vous, enfants, réservés pour de meilleurs destins,
Levez aux dieux cruels vos innocentes mains.

LE CHŒUR.

O vous, maîtres des rois et de la destinée,
Épargnez une reine assez infortunée :
Ses crimes, s'il en est, nous étaient inconnus.
Nos cœurs reconnaissants attestent ses vertus.

ÉPIPHYLE.

THÉANDRE.

Entendez-vous ces cris?... Polémon....

SCÈNE V. — THÉANDRE, POLÉMON; LE CHŒUR, *qui se compose du peuple, de ministres du temple, de soldats.*

POLÉMON.

Cher Théandre....

THÉANDRE.

Quel désastre ou quel bien venez-vous nous apprendre?
Quel est le sort du prince?

POLÉMON.

Il est rempli d'horreur.

THÉANDRE.

Les cieux l'ont-ils trahi?

POLÉMON.

Non : son bras est vainqueur.

THÉANDRE.

Eh bien?

POLÉMON.

Ah! de quel sang sa victoire est punie?
Par quelles mains, ô ciel! Ériphyle est ternie!
Dans l'horreur du combat, son fils, son propre fils....
Vous conduisiez ses coups, dieux toujours ennemis!
J'ai vu, n'en doutez point, une horrible Furie
D'un héros malheureux guider le bras impie.
Il vole vers sa mère; il ne la connaît pas,
Il la traîne, il la frappe.... O jour plein d'attentats!
O triste arrêt des dieux, cruel, mais légitime!
Tout est rempli, le crime est puni par le crime.
Ministre infortuné des décrets du destin,
Lui seul ignore encor les forfaits de sa main.
Hélas! il goûte en paix sa victoire funeste.

SCÈNE VI. — ALCMÉON, HERMOGIDE, THÉANDRE, POLÉMON, SUITE D'ALCMÉON, SOLDATS D'HERMOGIDE, CAPTIFS, LE CHŒUR.

ALCMÉON, *à ses soldats.*

Enchaînez ce barbare, épargnez tout le reste :
Il a trop mérité ces supplices cruels
Réservés par nos lois pour les grands criminels;
Sa perte par mes mains serait trop glorieuse :
Ainsi que ses forfaits que sa mort soit honteuse.
   (A Hermogide.)
Et pour finir ta vie avec plus de douleur,
Traître, vois, en mourant, ton roi dans ton vainqueur.
Tes crimes sont connus, ton supplice commence.
Vois celui dont ta rage avait frappé l'enfance;
Vois le fils de ton roi.

HERMOGIDE.
Son fils! ah! dieux vengeurs!
Quoi! j'aurais cette joie au comble des malheurs!
Quoi! tu serais son fils! est-il bien vrai?

ALCMÉON.
Perfide,
Qui peut te transporter ainsi?

HERMOGIDE.
Ton parricide.

ALCMÉON.
Qu'on suspende sa mort.... Arrête, éclaircis-moi,
Ennemi de mon sang.

HERMOGIDE.
Je le suis moins que toi.
Va, je te crois son fils, et ce nom doit me plaire;
Je suis vengé : tu viens d'assassiner ta mère.

ALCMÉON.
Monstre!

HERMOGIDE.
Tourne les yeux : je triomphe, je voi
Que vous êtes tous deux plus à plaindre que moi.
Je n'ai plus qu'à mourir.

(On l'emmène.)

SCÈNE VII. — ALCMÉON, ÉRIPHYLE, THÉANDRE, ZÉLONIDE, SUITE DE LA REINE, LE CHŒUR.

ALCMÉON.
Ah! grands dieux! quelle rage!
(Il aperçoit Ériphyle.)
Malheureux!... quel objet!... que vois-je?

ÉRIPHYLE, *soutenue par ses femmes.*
Ton ouvrage.
Ma main, ma faible main volait à ton secours;
Je voulais te défendre, et tu tranches mes jours.

ALCMÉON.
Qui? moi! j'aurais sur vous porté mon bras impie!
Moi! qui pour vous cent fois aurais donné ma vie?
Ma mère! vous mourez!

ÉRIPHYLE.
Je vois à ta douleur
Que les dieux malgré toi conduisaient ta fureur.
Du crime de ton bras ton cœur n'est pas complice.
Ils égaraient tes sens pour hâter mon supplice.
Je te pardonne....

ALCMÉON.
Ah! dieux!

(A sa suite.)

Courez...., qu'un prompt secours....

ÉRIPHYLE.

Épargne-toi le soin de mes coupables jours.
Je ne demande point de revoir la lumière;
Je finis sans regret cette horrible carrière....
Approche-toi du moins; malgré mes attentats,
Laisse-moi la douceur d'expirer dans tes bras.
Ferme ces tristes yeux qui s'entr'ouvrent à peine.

ALCMÉON, *se jetant aux genoux d'Ériphyle.*

Ah! j'atteste des dieux la vengeance inhumaine,
Je jure par mon crime et par votre trépas
Que mon sang à vos yeux....,

ÉRIPHYLE.

Mon fils, n'achève pas.

ALCMÉON.

Moi! votre fils! qui, moi! ce monstre sanguinaire!

ÉRIPHYLE.

Va, tu ne fus jamais plus chéri de ta mère.
Je vois ton repentir,.... Il pénètre mon cœur,....
Le mien n'a pu des dieux apaiser la fureur.
Un moment de faiblesse, et même involontaire,
A fait tous mes malheurs, a fait périr ton père....
Souviens-toi des remords qui troublaient mes esprits...
Souviens-toi de ta mère...., ô mon fils...., mon cher fils!
C'en est fait.

(Elle meurt.)

ALCMÉON.

Sois content, impitoyable père!
Tu frappes par mes mains ton épouse et ma mère.
Viens combler mes forfaits, viens la venger sur moi.
Viens t'abreuver du sang que j'ai reçu de toi.
Je succombe, je meurs, ta rage est assouvie.

(Il tombe évanoui.)

THÉANDRE.

Secourez Alcméon; prenez soin de sa vie.
Que de ce jour affreux l'exemple menaçant
Rende son cœur plus juste, et son règne plus grand.

# VARIANTES
## DE LA TRAGÉDIE D'ÉRIPHYLE.

Dans la première édition d'*Ériphyle*, publiée seulement en 1779, il y avait un personnage de plus, le grand prêtre de Jupiter ; et la pièce commençait ainsi :

SCÈNE I. — LE GRAND PRÊTRE, THÉANDRE, SUITE DU GRAND PRÊTRE.

LE GRAND PRÊTRE.

Allez, ministres saints, annoncez à la terre
La justice du ciel et la fin de la guerre.
Des pompes de la paix que ces murs soient parés.
Quelle paix ! dieux vengeurs !... Théandre, demeurez.
Le sort va s'accomplir : la sagesse éternelle
A béni de vos soins la piété fidèle.
Cet enfant par mes mains à la mort arraché,
Ce présent des destins, chez vous longtemps caché,
Par des exploits sans nombre aujourd'hui justifie
L'œil pénétrant des dieux qui veilla sur sa vie.
Alcméon désormais est le soutien d'Argos ;
La victoire a suivi le char de ce héros ;
Et lorsque devant lui deux rois vaincus fléchissent,
De sa gloire sur vous les rayons rejaillissent :
Alcméon dans Argos passe pour votre fils.

THÉANDRE.

Depuis qu'entre mes mains cet enfant fut remis,
Ses vertus m'ont donné des entrailles de père.
Je m'indigne en secret de son destin sévère ;
J'ose accuser des dieux l'irrévocable loi,
Qui le fit naître esclave avec l'âme d'un roi ;
Qui se plut à produire au sein de la bassesse
Le plus grand des héros dont s'honora la Grèce.

LE GRAND PRÊTRE.

Aux yeux des immortels et devant leur splendeur,
Il n'est point de bassesse, il n'est point de grandeur.
Le plus vil des humains, le roi le plus auguste,
Tout est égal pour eux ; rien n'est grand que le juste.
Quels que soient ses aïeux, les destins aujourd'hui
De leurs ordres sacrés se reposent sur lui.
Songez à cet oracle, à cette loi suprême,
Que la reine autrefois a reçu des dieux même :
« Lorsqu'en un même jour deux rois seront vaincus
Tes mains prépareront un second hyménée ;
Ces temps, ce jour affreux, feront la destinée
Et des peuples d'Argos, et du sang d'Inachus. »
Ce jour est arrivé. Votre élève intrépide
A vaincu les deux rois de Pylos et d'Élide.
Tous vos chefs divisés qui désolaient Argos

Ce puissant Harpogide, et tous ces rois rivaux,
Dans une ombre de paix ont assoupi leur haine;
Ils ont remis leur sort à la voix de la reine;
Et l'hymen d'Ériphyle est bientôt déclaré.
Vous, si du dernier roi le nom vous est sacré,
D'Amphiaraüs encor si vous aimez la gloire,
Si ce roi malheureux vit dans votre mémoire,
Dans le cœur d'Alcméon gravez ces sentiments :
Conduisez sa vertu.... mais tremblez....

THÉANDRE.
           Dieux puissants!
Que nous annoncez-vous?

LE GRAND PRÊTRE.
           Voici le jour peut-être
Qui va redemander le sang de votre maître.
La vengeance implacable, et qui marche à pas lents,
Descend du haut des cieux après plus de quinze ans.
Gardez que d'Alcméon le courage inutile
Contre ces dieux vengeurs ne protége Ériphyle.

THÉANDRE.
Quoi! ce jour qui semblait marqué par leurs bienfaits...

LE GRAND PRÊTRE.
Jamais jour ne sera plus terrible aux forfaits :
Il faut d'Amphiaraüs venger la mort funeste.
Dans une obscure nuit les dieux cachent le reste.

THÉANDRE.
Il n'est donc que trop vrai : ce prince infortuné,
Ce grand Amphiaraüs est mort assassiné.
Quoi! sa femme elle-même aurait pu.... la barbare!
Hélas! quand de bons rois le ciel toujours avare
A ses tristes sujets ravit Amphiaraüs,
Il m'en souvient assez, un murmure confus,
Quelques secrètes voix, que je croyais à peine,
De cette mort funeste osaient charger la reine.
Mais quel mortel hardi pouvait jeter les yeux
Dans la nuit qui couvrait ce mystère odieux?
Nos timides soupçons ont tremblé de paraître ;
Ce bruit s'est dissipé.

LE GRAND PRÊTRE.
           Le ciel l'a fait renaître.
La Vérité terrible, avec des yeux vengeurs,
Vient sur l'aile du Temps et lit au fond des cœurs :
Son flambeau redoutable éclaire enfin l'abîme
Où dans l'impunité s'était caché le crime.

THÉANDRE.
O mon maître! ô grand roi lâchement égorgé,
Je mourrai satisfait si vous êtes vengé!
Comment dois-tu finir, solennelle journée
Que le destin fixa pour ce grand hyménée?
Ah! pour ce nouveau choix quel étrange appareil!
Ce matin, devançant le retour du soleil,
La reine était en pleurs, interdite, éperdue ;
Elle a d'Amphiaraüs embrassé la statue ;
Dans son appartement elle n'osait rentrer ;

Une secrète horreur semblait la pénétrer.
Tel est des criminels le partage effroyable :
Ciel ! qu'elle doit souffrir si son cœur est coupable !
LE GRAND PRÊTRE.
Bientôt de ces horreurs vous serez éclairci.
Suivez-moi dans ce temple.
THÉANDRE.
Ah ! seigneur, la voici.

SCÈNE II. — ÉRIPHYLE, ZÉLONIDE, LE GRAND PRÊTRE, THÉANDRE, SUITE DE LA REINE.

(*Ériphyle paraît accablée de tristesse.*)

ZÉLONIDE, *à la reine.*
Princesse, rappelez votre force première :
Que vos yeux sans frémir s'ouvrent à la lumière.
ÉRIPHYLE.
Ah dieux !
ZÉLONIDE.
Puissent ces dieux dissiper votre effroi !
ÉRIPHYLE, *au grand prêtre.*
Eh quoi ! ministre saint, vous fuyez devant moi !
Demeurez ; secourez votre reine éperdue ;
Écartez cette main sur ma tête étendue.
Un spectre épouvantable en tous lieux me poursuit :
Les dieux l'ont déchaîné de l'éternelle nuit.
Je l'ai vu, ce n'est point une erreur passagère
Que produit du sommeil la vapeur mensongère :
Le sommeil, à mes yeux refusant ses douceurs,
N'a point sur mon esprit répandu ses erreurs.
Je l'ai vu, je le vois.... Cette image effrayante
A mes sens égarés demeure encor présente.
Du sein de ces tombeaux de cent rois mes aïeux,
Il a percé l'abîme, il marche dans ces lieux.
Ces voiles malheureux qu'ici l'hymen m'apprête,
Sanglants et déchirés, semblaient couvrir sa tête,
Et cachaient son visage à mon œil alarmé :
D'un glaive étincelant son bras était armé.
J'entends encor ses cris et ses plaintes funestes.
Vous, confident sacré des volontés célestes,
Répondez : quel est donc ce fantôme cruel ?
Est-ce un dieu des enfers, ou l'ombre d'un mortel
Quel pouvoir a brisé l'éternelle barrière
Dont le ciel sépara l'enfer et la lumière ?
Les mânes des humains, malgré l'arrêt du sort,
Peuvent-ils revenir du séjour de la mort ?
LE GRAND PRÊTRE.
Oui : du ciel quelquefois la justice suprême
Suspend l'ordre éternel établi par lui-même.
Il permet à la mort d'interrompre ses lois,
Pour l'effroi de la terre et l'exemple des rois.
ÉRIPHYLE.
Hélas ! lorsque le ciel à vos autels m'entraîne,

Et d'un second hymen me fait subir la chaîne,
M'annonce-t-il la mort, ou défend-il mes jours?
S'arme-t-il pour ma perte, ou bien pour mon secours?
Que veut cet habitant du ténébreux abîme?
Que vient-il m'annoncer?

LE GRAND PRÊTRE.
　　　　　　　　Il vient punir le crime.
(*Il sort.*)

SCÈNE III. — ÉRIPHYLE, ZÉLONIDE.

ÉRIPHYLE.
Quelle réponse, ô ciel! et quel présage affreux!

ZÉLONIDE.
Ce jour semblait pour vous des jours le plus heureux.
De ces rois ennemis l'audace est confondue;
Par les mains d'Alcméon la paix vous est rendue;
Ces princes qui briguaient l'empire et votre main,
D'un mot de votre bouche attendent leur destin.

ÉRIPHYLE.
Le bras d'Alcméon seul a fait tous ces miracles.

ZÉLONIDE.
Les destins à vos vœux ne mettront plus d'obstacles.
Songez à votre gloire, à tous ces rois rivaux,
A l'hymen qui pour vous rallume ses flambeaux

ÉRIPHYLE.
Moi, rallumer encor ces flammes détestées!
Moi, porter aux autels des mains ensanglantées!
Moi, choisir un époux! ce nom cher et sacré
Par ma faiblesse horrible est trop déshonoré :
Qu'on détruise à jamais ces pompes solennelles.
Quelles mains s'uniraient à mes mains criminelles?
Je ne puis....

ZÉLONIDE.
　　　　Rassurez votre cœur éperdu ;
Hermogide bientôt....

ÉRIPHYLE.
　　　　Quel nom prononces-tu? etc.

Une autre version met ces paroles dans la bouche de Théandre, à la fin de la première scène que nous venons de donner en variante :

O mon maître, ô grand roi lâchement égorgé,
Je mourrai satisfait si vous êtes vengé.
Qu'avec étonnement cependant je contemple
Les couronnes de fleurs dont vous parez le temple!
La publique allégresse ici parle à mes yeux
Du bonheur de la terre et des faveurs des dieux.

LE GRAND PRÊTRE.
La Grèce ainsi l'ordonne; et voici la journée
Que, pour ce nouveau choix, elle a déterminée.
Hermogide et les rois d'Élide et de Pylos
Qui briguaient cet hymen et désolaient Argos,
Suspendant aujourd'hui leur discorde et leur haine,

## VARIANTES.

Ont remis leurs destins à la voix de la reine :
Elle doit en ce lieu disposer de sa foi,
Se choisir un époux et nous donner un roi.

THÉANDRE.

O ciel ! souffririez-vous que le traître Hermogide
Reçût ce noble prix d'un si lâche homicide ?

LE GRAND PRÊTRE.

La reine hésite encore, et craint de déclarer
Celui que de son choix elle veut honorer.
Mais, quel que soit enfin le dessein d'Ériphyle,
Les temps sont accomplis : son choix est inutile.

THÉANDRE.

Pour un hymen, grands dieux ! quel étrange appareil !
Ce matin, devançant le retour du soleil,
J'ai vu dans ce palais la garde redoublée ;
La reine était en pleurs, interdite, troublée ;
Dans son appartement elle n'osait rentrer ;
Une secrète horreur semblait la pénétrer ;
Elle invoquait les dieux, et tremblante, éperdue,
De son premier époux embrassait la statue.

Dans la scène III, acte I, après ce vers d'Ériphyle :

Mes feux trop allumés ne pouvaient plus s'éteindre,

une version présente ceux que voici :

D'un autre hymen alors on m'imposa la loi,
On demanda mon cœur, il n'était plus à moi.
Il fallut étouffer ma passion naissante,
D'autant plus forte en moi qu'elle était innocente,
Que la main de mon père avait formé nos nœuds,
Que mon sort en changeant ne changea point mes feux ;
Et qu'enfin le devoir, armé pour me contraindre,
Les ayant allumés, eut peine à les éteindre.
Cependant tu le sais, Athènes, Sparte, Argos,
Envoyèrent à Thèbe un peuple de héros.
Mon époux y courut ; le jaloux Hermogide
S'éloigna sur ses pas des champs de l'Argolide ;
Je reçus ses adieux : ô funestes moments,
Cause de mes malheurs, source de mes tourments !
Je crus pouvoir lui dire, en mon désordre extrême,
Que je serais à lui si j'étais à moi-même.
J'en dis trop, Zélonide ; et, faible que je suis,
Mes yeux mouillés de pleurs expliquaient mes ennuis.
De mes soupirs honteux je ne fus pas maîtresse ;
Même en le condamnant je flattais sa tendresse.
J'avouais ma défaite....

Dans une autre version on lit :

Amphiaraüs parut et changea mon destin ;
Il obtint de mon père et l'empire et ma main.
Il régna : je l'armai de ce fer redoutable,
Du fer sacré des rois, dont une main coupable

Osa depuis.... enfin je lui donnai ma foi
Je lui devais mon cœur, il n'était plus à moi.
Ingrate à ce héros, qui seul m'aurait dû plaire,
Je portais dans ses bras une amour étrangère.
Objet de mes remords, objet de ma pitié,
Demi-dieu, dont je fus la coupable moitié,
Quand tu quittas ces lieux, quand ce traître Hermogide
Te fit abandonner les champs de l'Argolide,
Pourquoi le vis-je encor? Trop faible que je suis,
Mon front mal déguisé fit parler mes ennuis.
L'aveugle ambition dont il brûlait dans l'âme
De son fatal amour empoisonna la flamme;
Il entrevit le trône ouvert à ses désirs;
Il expliqua mes pleurs, mes regrets, mes soupirs
Comme un ordre secret que ma timide bouche
Hésitait de proscrire à sa rage farouche.
Je t'en ai dit assez; et mon époux est mort.

ZÉLONIDE.
Le roi dans un combat vit terminer son sort?

ÉRIPHYLE.
Argos le croit ainsi; mais une main impie,
Ou plutôt ma faiblesse a terminé sa vie.
Hermogide en secret l'immola sous ses coups.
Le cruel, tout couvert du sang de mon époux,
Vint armé de ce fer, instrument de sa rage,
Qui des droits à l'empire était l'auguste gage;
Et, d'un assassinat pour moi seule entrepris,
Au pied de nos autels il demanda le prix.
Grands dieux! qui m'inspirez des remords légitimes,
Mon cœur, vous le savez, n'est point fait pour les crimes;
Il est né vertueux : je vis avec horreur
Le coupable ennemi qui fut mon séducteur;
Je détestai l'amour, et le trône, et la vie.

ZÉLONIDE.
Eh! ne pouviez-vous point punir sa barbarie?
Étiez-vous sourde aux cris de ce sang innocent?

ÉRIPHYLE.
Celui qui le versa fut toujours trop puissant;
Et son habileté, secondant son audace,
De ce crime aux mortels a dérobé la trace.
Je ne pus que pleurer, me taire, et le haïr.
Le ciel en même temps s'arma pour me punir;
La main des dieux sur moi toujours appesantie
Opprima mes sujets, persécuta ma vie.
Les princes de Cyrrha, d'Élide et de Pylos,
Se disputaient mon cœur et l'empire d'Argos;
De nos chefs divisés les brigues et les haines
De l'État qui chancelle embarrassaient les rênes :
Plus terrible qu'eux tous, plus grand, plus dangereux,
Sûr de ses droits au trône, et fier de ses aïeux,
Mêlant à ses forfaits la force et le courage,
Et briguant à l'envi ce sanglant héritage,
Le barbare Hermogide a disputé contre eux
Et le prix de son crime, et l'objet de ses feux.

Et moi, sur mon hymen, sur le sort de la guerre,
Je consultai la voix du maître du tonnerre :
A sa divinité, dont ces lieux sont remplis,
J'offris en frémissant mon encens et mes cris.
Sans doute tu l'appris : cet oracle funeste,
Ce triste avant-coureur du châtiment céleste,
Cet oracle me dit de ne choisir un roi
Que quand deux rois vaincus fléchiraient sous ma loi ;
Mais qu'alors, d'un époux vengeant le sang qui crie,
Mon fils, mon propre fils m'arracherait la vie.

ZÉLONIDE.

Juste ciel ! Eh ! que faire en cette extrémité ?

ÉRIPHYLE.

O mon fils ! que de pleurs ton destin m'a coûté !
Trop de crainte, peut-être, et trop de prévoyance
M'ont fait injustement éloigner son enfance.
Je n'osais ni trancher ni sauver ses destins ;
J'abandonnai son sort à d'étrangères mains ;
Il mourut pour sa mère ; et ma bouche infidèle
De son trépas ici répandit la nouvelle.
Je l'arrachai pleurant de mes bras maternels.
Quelle perte, grands dieux ! et quels destins cruels !
J'ôte à mon fils le trône, à mon époux la vie ;
Et ma seule faiblesse a fait ma barbarie.
Mais tant d'horreurs encor ne peuvent égaler
Ce détestable hymen dont tu m'oses parler.

SCÈNE IV. — ÉRIPHYLE, ZÉLONIDE, POLÉMON.

ÉRIPHYLE.

Eh bien ! cher Polémon, que venez-vous me dire ?

POLÉMON.

J'apporte à vos genoux les vœux de cet empire ;
Son sort dépend de vous ; le don de votre foi
Fait la paix de la Grèce et le bonheur d'un roi.
Ce long retardement à moi-même funeste
De nos divisions peut ranimer le reste.
Euryale, Tydée, et ces rois repoussés,
Vaincus par Alcméon, ne sont pas terrassés.
Dans Argos incertain leur parti peut renaître ;
Hermogide est puissant ; le peuple veut un maître :
Il se plaint, il murmure, et, prompt à s'alarmer,
Bientôt malgré vous-même il pourrait le nommer.

Acte II, scène I, après ce vers :

Contentez-vous, mon fils, de votre destinée

Théandre ajoutait :

Pliez à votre état ce fougueux caractère,
Qui d'un brave guerrier ferait un téméraire ;
C'est un des ennemis qu'il vous faut subjuguer.
Né pour servir le trône, et non pour le briguer,
Sachez vous contenter de votre destinée ;

D'une gloire assez haute elle est environnée :
N'en recherchez point d'autre. Eh ! qui sait si les dieux,
Qui toujours sur vos pas ont attaché les yeux,
Qui, pour venger Argos et pour calmer la Grèce,
Ont voulu vous tirer du sein de la bassesse,
N'ont point encor sur vous quelques secrets desseins?
Peut-être leur vengeance est mise entre vos mains.
Le sang de votre roi, dont la terre est fumante,
Élève encore au ciel une voix gémissante.
Sa voix est entendue, et les dieux aujourd'hui
Contre ses assassins se déclarent pour lui.
Le grand prêtre déjà voit la foudre allumée,
Qui se cache à nos yeux dans la nue enfermée.
Enfin que feriez-vous, si les arrêts du ciel
Vous pressaient de punir un meurtre si cruel?
Si, chargé malgré vous de leur ordre suprême,
Vous vous trouviez entre eux et la reine elle-même?
S'il vous fallait choisir....

### SCÈNE II. — ALCMÉON, THÉANDRE, POLÉMON.

POLÉMON.

La reine en ce moment
Vous mande de l'attendre en cet appartement. (1779.)

Acte III, scène I, après ces mots d'Hermogide :

Polémon veut en vain tromper ma défiance,

on lisait les vingt-huit vers suivants, qui ont presque tous été reportés dans la scène I du premier acte :

EUPHORBE.

Eh ! qui choisir que vous? cet empire aujourd'hui
Demande un bras puissant qui lui serve d'appui.
Que dis-je? vous l'aimiez, seigneur, et tant de flamme....

HERMOGIDE.

Moi ! que cette faiblesse ait amolli mon âme!
Hermogide amoureux ! ah ! qui veut être roi,
On n'est pas fait pour l'être, ou sait régner sur soi.
A la reine engagé, je pris sur sa jeunesse
Cet heureux ascendant que les soins, la souplesse,
L'attention, le temps, savent si bien donner
Sur un cœur sans desseins, facile à gouverner.
Le bandeau de l'amour, et l'art trompeur de plaire,
De mes vastes desseins ont voilé le mystère ;
Mais de tout temps, crois-moi, la soif de la grandeur
Fut le seul sentiment qui régna sur mon cœur.

EUPHORBE.

Tout vous portait au trône, et les vœux de l'armée,
Et la voix de ce peuple et de la renommée,
Et celle de la reine en qui vous espériez.

HERMOGIDE.

Par quels funestes nœuds mes destins sont liés!
Son époux et son fils, privés de la lumière,

Du trône à mon courage entr'ouvraient la barrière,
Quand la main de nos dieux la ferma sous mes pas.
Je sais que j'eus les vœux du peuple et des soldats;
Mais la voix de ces dieux, ou plutôt de nos prêtres,
M'a dépouillé quinze ans du rang de mes ancêtres.
Il fallut succomber aux superstitions
Qui sont, bien plus que nous, les rois des nations;
Et le zèle aveuglé d'un peuple fanatique
Fut plus fort que mon bras et que ma politique.

Dans l'édition de 1779, le quatrième acte commençait par les vers suivants :

ALCMÉON.

Tout est en sûreté : ce palais est tranquille,
Et je réponds du peuple, et surtout d'Ériphyle.

THÉANDRE.

Pensez plus au péril dont vous êtes pressé;
Il est rival et prince, et de plus offensé.
Il songe à la vengeance : il la jure; il l'apprête :
J'entends gronder l'orage autour de votre tête :
Son rang lui donne ici des soutiens trop puissants,
Et ses heureux forfaits lui font des partisans.
Cette foule d'amis qu'à force d'injustices....

ALCMÉON.

Lui, des amis ! Théandre, il n'a que des complices,
Plus prêts à le trahir que prompts à le venger;
Des cœurs nés pour le crime, et non pour le danger.
Je compte sur les miens : la guerre et la victoire
Nous ont longtemps unis par les nœuds de la gloire,
Avant que tant d'honneurs, sur ma tête amassés,
Traînassent après moi des cœurs intéressés :
Ils sont tous éprouvés, vaillants, incorruptibles;
La vertu qui nous joint nous rend tous invincibles :
Leurs bras victorieux m'aideront à monter
A ce rang qu'avec eux j'appris à mériter.
Mon courage a franchi cet intervalle immense
Que mit du trône à moi mon indigne naissance :
L'hymen va me payer le prix de ma valeur :
Je ne vois qu'Ériphyle, un sceptre, et mon bonheur.

THÉANDRE.

Mais ne craignez-vous point ces prodiges funestes
Qu'étalent à vos yeux les vengeances célestes?
Ces tremblements soudains, ces spectres menaçants,
Ces morts dont le retour est l'effroi des vivants !
D'une timide main ces victimes frappées,
Au fer qui les poursuit dans le temple échappées,
Ce silence des dieux, garant de leur courroux,
Tout me fait craindre ici, tout m'afflige pour vous.
Du ciel qui nous poursuit la vengeance obstinée
Semble se déclarer contre votre hyménée.

ALCMÉON.

Mon cœur fut toujours pur; il honora les dieux :
J'espère en leur justice, et je ne crains rien d'eux.
De quel indigne effroi ton âme est-elle atteinte?

Ah! les cœurs vertueux sont-ils nés pour la crainte?
Mon orgueilleux rival ne saurait me troubler;
Tout chargé de forfaits, c'est à lui de trembler.
C'est sur ses attentats que mon espoir se fonde;
C'est lui qu'un dieu menace; et si la foudre gronde,
La foudre me rassure; et le ciel que tu crains,
Pour l'en mieux écraser, la mettra dans mes mains.

THÉANDRE.

Le ciel n'a pas toujours puni les plus grands crimes;
Il frappe quelquefois d'innocentes victimes.
Amphiaraüs fut juste, et vous ne savez pas
Par quelles mains ce ciel a permis son trépas.

ALCMÉON.

Hermogide!

THÉANDRE.

Souffrez que, laissant la contrainte,
Seigneur, un vieux soldat vous parle ici sans feinte.

ALCMÉON.

Tu sais combien mon cœur chérit la vérité.

THÉANDRE.

Je connais de ce cœur toute la pureté.
Des héros de la Grèce imitateur fidèle, etc.

Acte IV, scène v, après ce vers d'Ériphyle :

Le lieu, le temps, l'esclave.... O ciel, est-il possible !

elle ajoutait :

Qu'on cherche le grand prêtre. Hélas! déjà les dieux,
Soit pitié, soit courroux, l'amènent à mes yeux.

SCÈNE IV. — ÉRIPHYLE, ALCMÉON; LE GRAND PRÊTRE,
*une épée à la main.*

LE GRAND PRÊTRE, *à Alcméon.*

L'heure vient, armez-vous, recevez cette épée;
Jadis de votre sang une traître l'a trempée.
Allez, vengez Argos, Amphiaraüs et vous.

ÉRIPHYLE.

Que vois-je? c'est le fer que portait mon époux,
Le fer que lui ravit le barbare Hermogide.
Tout me retrace ici le crime et l'homicide;
La force m'abandonne à cet objet affreux.
Parle : qui t'a remis ce dépôt malheureux?
Quel dieu te l'a donné?

LE GRAND PRÊTRE.

Le dieu de la vengeance.

(*A Alcméon.*)

Voici ce même fer qui frappa votre enfance,
Qu'un cruel, malgré lui ministre du destin,
Troublé par ses forfaits, laissa dans votre sein.
Ce dieu qui dans le crime effraya cet impie,
Qui fit trembler sa main, qui sauva votre vie,
Qui commande au trépas, ouvre et ferme le flanc,

# VARIANTES.

Venge un meurtre par l'autre, et le sang par le sang,
M'ordonna de garder ce fer toujours funeste
Jusqu'à l'instant marqué par le courroux céleste.
La voix, l'affreuse voix qui vient de vous parler,
Me conduit devant vous pour vous faire trembler.

ÉRIPHYLE.

Achève : romps le voile; éclaircis le mystère.
Son père, cet esclave....?

LE GRAND PRÊTRE.

Il n'était point son père;
Un sang plus noble crie.

ÉRIPHYLE.

Ah! seigneur! ah! mon roi!
Fils d'un héros,...

ALCMÉON.

Quels noms vous prodiguez pour moi!

ÉRIPHYLE, *se jetant entre les bras de Zélonide.*

Je ne puis achever; je me meurs, Zélonide.

LE GRAND PRÊTRE, *à Alcméon en lui donnant l'épée.*

Je laisse entre vos mains ce glaive parricide :
C'est un don dangereux; puisse-t-il désormais
Ne point servir, grands dieux, à de nouveaux forfaits!

## SCÈNE V. — ALCMÉON, ÉRIPHYLE.

ÉRIPHYLE.

Eh bien! ne tarde plus, etc.

---

## ACTE CINQUIÈME,
### D'APRÈS L'ÉDITION DE 1779.

SCÈNE I. — ALCMÉON, THÉANDRE, POLÉMON, SOLDATS

ALCMÉON.

Vous trahirai-je en tout, ô cendres de mon père?
Quoi! ce fier Hermogide a trompé ma colère!
Quoi! la nuit nous sépare, et ce monstre odieux
Partage encor l'armée, et ce peuple, et les dieux
Retranché dans ce temple, aux autels qu'il profane,
Il me brave : il jouit du ciel qui le condamne!
(*A Polémon.*)
Allez.

POLÉMON.

Et qu'avez-vous, seigneur, à ménager?
Tous les lieux sont égaux, quand il faut se venger;
Vous régnez sur Argos....

ALCMÉON.

Argos m'en est plus chère;
Avec le nom de roi, je prends un cœur de père.
Me faudrait-il verser, dans mon règne naissant,
Pour un seul ennemi, tant de sang innocent?
Est-ce à moi de donner le sacrilége exemple

D'attaquer les dieux même, et de souiller leur temple?
Ils poursuivent déjà ce cœur infortuné
Qui protège contre eux ce sang dont je suis né.
Va, dis-je, Polémon, va; c'est de ta prudence
Que ton maître et ce peuple attendent leur vengeance.
Agis, parle, promets; que surtout d'Alcméon
Il ne redoute point d'indigne trahison;
Fais qu'il s'éloigne au moins de ce temple funeste.
Rends-moi mon ennemi; mon bras fera le reste.

(*Polémon sort.*)

(*A Théandre.*)

Et vous, de cette enceinte et de ces vastes tours
Avez-vous parcouru les plus secrets détours?
Du palais de la reine a-t-on fermé les portes?

THÉANDRE.

J'ai tout vu, j'ai partout disposé vos cohortes.
Cependant votre mère....

ALCMÉON.

A-t-on soin de ses jours?

THÉANDRE.

Ses femmes en tremblant lui prêtent leur secours;
Elle a repris ses sens; son âme désolée
Sur ses lèvres encore à peine est rappelée.
Elle cherche le jour, le revoit et gémit.
Elle vous craint, vous aime; elle pleure et frémit.
Elle va préparer un secret sacrifice
A ces mânes sacrés, armés pour son supplice.
Son désespoir l'égare; elle va s'enfermer
Au tombeau de ce roi qu'elle n'ose nommer,
De ce fatal époux, votre malheureux père,
Dont vous savez....

ALCMÉON.

Grands dieux! je sais qu'elle est ma mère.

THÉANDRE.

Les dieux veulent son sang.

ALCMÉON.

Je ne l'ai point promis.
Cruels, tonnez sur moi si je vous obéis!
Le malheur m'environne et le crime m'assiège:
Je deviens parricide et me rends sacrilége.
Quel choix, et quel destin!

THÉANDRE.

Dans un tel désespoir
Quels conseils désormais pourriez-vous recevoir?

ALCMÉON.

Aucun. Quand le malheur, quand la honte est extrême,
Il ne faut prendre, ami, conseil que de soi-même.
Mon père!... Que veux-tu? chère ombre, apaise-toi.
Le nom sacré de fils est-il affreux pour moi?
Je t'entends, et ta voix m'appelle sur ta tombe!
De tous tes ennemis y veux-tu l'hécatombe?
Tu demandes du sang.... demeure, attends, choisis,
Ou le sang d'Hermogide, ou le sang de ton fils.

SCÈNE II. — ALCMÉON, THÉANDRE, POLÉMON.

ALCMÉON.

Eh bien! l'as-tu revu, cet ennemi farouche?
A lui parler d'accord as-tu forcé ta bouche?
Peut-il bien se résoudre à me voir en ces lieux,
Aux portes de ce temple, à l'aspect de ces dieux,
Dans ce parvis sacré, trop plein de sa furie,
Dans la place où lui-même attenta sur ma vie?
Les dieux le livrent-ils à ma juste fureur?
Sait-il ce qui se passe?

POLÉMON.

Il l'ignore, seigneur.
Il ne soupçonne point quel sang vous a fait naître;
Il méprise son prince, il méconnaît son maître;
Furieux, implacable, au combat préparé,
Et plus fier que le dieu dans ce temple adoré :
Mais il consent enfin de quitter son asile,
De vous entendre ici, de revoir Ériphyle.
Il veut qu'un nombre égal de chefs et de soldats
Également armés suivent de loin vos pas.
Il reçoit votre foi qu'à regret je lui porte;
Je règle votre suite; il nomme son escorte.

ALCMÉON.

Il va paraître?

POLÉMON.

Il vient; mais a-t-il mérité
Que vous lui conserviez tant de fidélité?
Doit-on rien aux méchants? et quel respect frivole
Expose votre sang....

ALCMÉON.

J'ai donné ma parole.

POLÉMON.

A qui la tenez-vous? A ce perfide?

ALCMÉON.

A moi.

THÉANDRE.

Et que prétendez-vous?

ALCMÉON.

Me venger, mais en roi.
Argos à mes vertus reconnaître son maître.
Mais près du temple, ami, ne vois-je pas le traître?

THÉANDRE.

Un dieu poursuit ses pas, et le conduit ici :
Il entre en frémissant.

ALCMÉON.

Dieux vengeurs! le voici.

SCÈNE III. — HERMOGIDE, *dans le fond du théâtre*; ALCMÉON THÉANDRE, POLÉMON, *sur le devant*; SUITE D'HERMOGIDE.

HERMOGIDE.

D'où vient donc qu'en ces lieux je ne vois pas la reine?
Quel silence! est-ce un piége où mon destin m'entraîne?

Rien ne paraît : un lâche a-t-il surpris ma foi?
Qui? moi, craindre! avançons.

ALCMÉON.

Demeure, et connais moi
Connais ce fer sacré : l'oses-tu voir encore?

HERMOGIDE.

Oui, c'est le fer d'un roi, qu'un sujet déshonore.

ALCMÉON.

Te souvient-il du sang dont l'a souillé ta main?

HERMOGIDE.

Peux-tu bien demander....

ALCMÉON.

Malheureux assassin,
Quel esclave a percé ces mains de sang fumantes?
Quel enfant innocent.... Eh quoi! tu t'épouvantes?
Tu t'en vantais tantôt, tu te tais; tu frémis!
Meurtrier de ton roi, sais-tu quel est son fils?

HERMOGIDE.

Ciel! tous les morts ici renaissent pour ma perte.
Son fils!

ALCMÉON.

De tes forfaits l'horreur est découverte;
Revois Amphiaraüs, vois son sang, vois ton roi.

HERMOGIDE.

Je ne vois rien ici que ton manque de foi.
Tremble, qui que tu sois; et devant que je meure,
Puisque tu m'as trahi....

ALCMÉON.

Non, barbare, demeure.
Connais-moi tout entier : sache au moins que mon bras
Ne sait point se venger par des assassinats.
Je dois de tes forfaits te punir avec gloire;
J'attends ton châtiment des mains de la victoire,
Et ce sang de tes rois, qui te parle aujourd'hui,
Ne veut qu'une vengeance aussi noble que lui.
Sans suite, ainsi que moi, viens, si tu l'oses, traître,
Chercher encor ma vie, et combattre ton maître.
Suis mes pas.

HERMOGIDE.

Où vas-tu?

ALCMÉON.

Sur ce tombeau sacré,
Sur la cendre d'un roi par tes mains massacré.
Combattons devant lui; que son ombre y décide
Du sort de son vengeur et de son homicide.
L'oses-tu?

HERMOGIDE.

Si je l'ose! en peux-tu bien douter?
Et les morts ou ton bras sont-ils à redouter?
Viens te rendre au trépas : viens, jeune téméraire,
M'immoler ou mourir, joindre ou venger ton père.

ALCMÉON.

(*Le grand prêtre entre.*)
Qu'aucun de vous ne suive; et vous, prêtre des dieux,

Ne craignez rien ; mon bras n'a point souillé ces lieux.
Allez au dieu d'Argos immoler vos victimes ;
Je vais tenir sa place en punissant les crimes.

SCÈNE IV. — LE GRAND PRÊTRE, THÉANDRE, POLÉMON.

THÉANDRE.

Ciel, sois pour la justice, et nos maux sont finis.

LE GRAND PRÊTRE.

Nos maux sont à leur comble ! il le faut.... je frémis....
L'ordre est irrévocable.... Ah ! mère malheureuse !
C'est la mort qui t'amène à cette tombe affreuse.

THÉANDRE.

Hermogide....

LE GRAND PRÊTRE.

Il expire : Alcméon est vainqueur.
C'en est assez, reviens, fuis de ce lieu d'horreur :
Amphiaraüs te suit ; il t'égare, il t'anime,
Il t'aveugle ; et le crime est puni par le crime.

THÉANDRE.

C'est la voix de la reine.

POLÉMON.

Ah ! quels lugubres cris !

LE GRAND PRÊTRE.

Crains ton roi, crains ton sang.

ÉRIPHYLE, *derrière le théâtre.*

Épargne-moi, mon fils !

ALCMÉON, *derrière le théâtre.*

Reçois le dernier coup, tombe à mes pieds, perfide !

(*On entend un cri d'Ériphyle.*)

POLÉMON.

Ciel ! qu'est-ce que j'entends ?

LE GRAND PRÊTRE.

La voix du parricide.

SCÈNE V. — ALCMÉON, THÉANDRE, LE GRAND PRÊTRE, POLÉMON.

ALCMÉON.

Je viens de l'immoler : il n'est plus ; je suis roi.
Dieux ! dissipez l'horreur qui s'empare de moi.
Mon bras vous a vengés, vous, ce peuple, et mon père,
Hermogide est tombé, même aux pieds de ma mère ;
Il demandait la vie ; il s'est humilié ;
Et mon cœur une fois s'est trouvé sans pitié.
Rendez-moi cette paix que la justice donne !
Quoi ! j'ai puni le crime, et c'est moi qui frissonne :
Ah ! pour les scélérats quels sont vos châtiments,
Si les cœurs vertueux éprouvent ces tourments !
Ériphyle, témoin de ma juste vengeance,
Viens régner avec moi. Quoi ! tu fuis ma présence ?
Tu crains ton fils : tu crains ce bras ensanglanté,
Et cet horrible arrêt que le ciel a dicté !
Vous, courez vers la reine, et calmez ses alarmes :

Dites-lui que nos mains vont essuyer ses larmes.
Mais non, je veux moi-même embrasser ses genoux;
Allons, je veux la voir....

SCÈNE VI. — ÉRIPHYLE, *soutenue par ses femmes*; ALCMÉON, LE GRAND PRÊTRE, THÉANDRE, POLÉMON, suite

LE GRAND PRÊTRE.
　　　　　　　　Ah! que demandez-vous?
ALCMÉON.
Je vais mettre à ses pieds le prix de mon courage
Oui, je veux.... Quel objet.... que vois-je?
ÉRIPHYLE.
　　　　　　　　　　　Ton ouvrage.
Les oracles cruels enfin sont accomplis,
Et je meurs par tes mains quand je retrouve un fils;
Le ciel est juste.
ALCMÉON.
　　　　　Ah! dieux! parricide exécrable!
Vous! ma mère! elle meurt.... et j'en serais coupable!
Non! je ne le suis pas, dieux cruels! et mon bras
Dans mon sang à vos yeux....
　　　　(*On le désarme.*)
ÉRIPHYLE.
　　　　　　　　Mon fils, n'achève pas.
Je péris par ta main; ton cœur n'est pas complice.
Les dieux t'ont aveuglé pour hâter mon supplice.
Je meurs contente.... approche.... après tant d'attentats
Laisse-moi la douceur d'expirer dans tes bras.
(*Alcméon se jette aux genoux d'Ériphyle.*)
Indigne que je suis du sacré nom de mère,
J'ose encor te dicter ma volonté dernière.
Il faut vivre et régner: le fils d'Amphiaraüs
Doit réparer ma vie à force de vertus.
Un moment de faiblesse, et même involontaire,
A fait tous mes malheurs, a fait périr ton père.
Souviens-toi des remords qui troublaient mes esprits.
Souviens-toi de ta mère,..., ô mon fils.... mon cher fils...
C'en est fait....
ALCMÉON.
　　　　Elle expire.... impitoyable père!
Sois content: j'ai tué ton épouse et ma mère.
Viens combler nos forfaits, viens la venger sur moi,
Viens t'abreuver du sang que j'ai reçu de toi.
Je renonce à ton trône, au jour que je déteste,
A tous les miens.... le trépas est tout ce qui me reste
Mânes qui m'entendez! dieux! enfers en courroux,
Je meurs au sein du crime, innocent malgré vous!

FIN DU PREMIER VOLUME.

# TABLE.

| | Pages. |
|---|---|
| Notice sur Voltaire.................................. | 1 |

### THÉATRE

| | |
|---|---|
| Avertissement de l'édition du théâtre de Voltaire, publiée en 1768, par les frères Cramer........................ | 1 |
| Œdipe, tragédie en cinq actes avec des chœurs............ | 5 |
| A Madame, duchesse douairière d'Orléans................ | 5 |
| Lettres écrites en 1719, qui contiennent la critique de l'Œdipe de Sophocle, de celui de Corneille, et de celui de l'auteur. | 5 |
| I. Au sujet des calomnies dont on avait chargé l'auteur... | 5 |
| II. ................................................. | 10 |
| III. Critique de l'Œdipe de Sophocle..................... | 11 |
| IV. Critique de l'Œdipe de Corneille..................... | 19 |
| V. Critique du nouvel Œdipe............................ | 24 |
| VI. Dissertation sur les chœurs........................ | 29 |
| VII. A l'association de plusieurs critiques qu'on a faites d'Œdipe | 30 |
| Préface de l'édition de 1730............................ | 32 |
| Des trois unités....................................... | 33 |
| De l'opéra............................................. | 36 |
| Des tragédies en prose................................. | 37 |
| Œdipe................................................ | 41 |
| Fragments d'Artémire, tragédie........................ | 83 |
| Mariamne, tragédie en cinq actes....................... | 107 |
| Variantes de la tragédie de Mariamne................... | 151 |
| L'Indiscret, comédie en un acte........................ | 169 |
| A Madame la marquise de Prie.......................... | 169 |
| La fête de Bélébat..................................... | 193 |
| A S. A. S. Mademoiselle de Clermont.................... | 193 |
| Brutus, tragédie en cinq actes.......................... | 207 |
| Discours sur la tragédie, à milord Bolingbroke........... | 207 |
| Brutus................................................ | 218 |
| Variantes de la tragédie de Brutus...................... | 260 |
| Les Originaux, ou M. du Cap-Vert...................... | 267 |
| Ériphyle, tragédie en cinq actes........................ | 305 |
| Discours prononcé avant la représentation d'Ériphyle..... | 305 |
| Variantes de la tragédie d'Ériphyle..................... | 343 |

FIN DE LA TABLE DU PREMIER VOLUME

Coulommiers. — Typogr. Albert PONSOT et P. BRODARD.

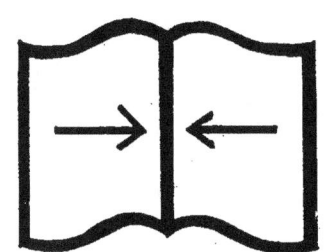
RELIURE SERREE
Absence de marges

CONTRASTE IRREGULIER

ILLISIBILITE PA

www.ingramcontent.com/pod-product-compliance
Lightning Source LLC
Chambersburg PA
CBHW071909230426
43671CB00010B/1542